STARK

LEXIKON DEUTSCH

Hartmut von der Heyde Hrsg.

Autoren und Werke

STARK

Impressum

Herausgeber
Hartmut von der Heyde

Die Beiträge wurden erarbeitet von
Lars Bednorz (LB), Isi Brandi (IB), Marike Eckholt (ME), Hartmut von der Heyde (HH), Kerstin Hörnemann (KH), Martin Kottkamp (MK), Daniela Krämer (DK), Gabriele Liedtke (GL), Christine Murra (CM), Knut Peters (KP), Wiebke Spitzer (WS), Katharina Ströbel (KS), Michael Tanger (MT)

Dieser Band wurde nach den Regeln der neuen Rechtschreibung abgefasst.

ISBN: 3-89449-510-3

Aktualisierte Auflage 2002
D-85318 Freising · Postfach 1852 · Tel. (08161) 1790

Vorwort

Liebe Schülerin, lieber Schüler,

vorliegendes Lexikon bietet Ihnen in komprimierter, doch gut verständlicher Form gründliche Kenntnisse über deutschsprachige Schriftsteller, literarische Werke und Epochen. Sie finden hier – alphabetisch nach Autorinnen und Autoren geordnet – Informationen über einen weiten Zeitraum der Entwicklung der deutschen Literatur: Dichter des 17. Jahrhunderts sind ebenso berücksichtigt wie eine Vielzahl von jungen Schriftstellern der Gegenwart.

Die einzelnen Autoren-Artikel sind nach einem dreiteiligen Schema aufgebaut:

Sie erhalten im Abschnitt **Kurzbiografie** zunächst einen Überblick über wichtige Lebensstationen des Autors, verbunden mit Hinweisen auf seine literarische Arbeit. Verschiedene Werke werden hier zugleich knapp charakterisiert, sodass der Zusammenhang von Biografie und literarischem Werk sichtbar wird.

Der zweite Teil bietet eine **literarische Einordnung** des Autors, in der charakteristische Merkmale, Themen und Intentionen seiner Texte zusammengefasst dargestellt und in den Horizont der jeweiligen literarischen Epoche eingeordnet sind.

Im dritten Teil schließlich, der **Werkbeschreibung**, werden einige besonders wichtige Werke des Schriftstellers genauer vorgestellt. Sie erhalten hier einen inhaltlichen Überblick über den Handlungszusammenhang und einige interpretierende Hinweise zum Verständnis des jeweiligen Textes. Das erleichtert Ihnen auch die eigene Lektüre.

Die Auswahl der Autoren und Werke ist unter dem Gesichtspunkt schulpraktischen Nutzens vorgenommen worden. Es ist natürlich unmöglich, sämtliche Schriftsteller der deutschen Sprache zu berücksichtigen. Doch haben wir darauf geachtet, die Autoren, die im Deutschunterricht der Oberstufe behandelt werden, in einem eigenen Artikel zu berücksichtigen und Texte, die häufig als Schullektüre gelesen werden, auch in einer ausführlicheren Werkbeschreibung vorzustellen. Den neuen Lehrplänen entsprechend ist außerdem Wert darauf gelegt worden, dass das Lexikon mit einer größeren Zahl von Gegenwartsautoren und ihren Werken bekannt macht.

Dieses Lexikon kann Ihnen daher als Hilfe dienen für die optimale Vorbereitung auf Klausuren, für das Anfertigen von Hausaufgaben und Referaten und für die gezielte Wiederholung von Wissensstoff für die Abiturprüfung im Fach Deutsch. Nicht vergessen werden sollte der Nutzen für die private Lektüre, die mithilfe des Lexikons zu einem intensiveren und breiteren Verständnis eines Autors und seiner Werke führt. Wenn das Buch Sie darüber hinaus dazu verleiten könnte, sich selbst irgendwo festzulesen und an der Literatur Neues und Interessantes zu entdecken, wäre das ein Ergebnis, das die Verfasser dieses Lexikons besonders freuen würde.

Auch in diesem Sinne wünschen alle, die an dem Lexikon mitgearbeitet haben, viel Spaß beim Lesen!

Dr. Hartmut von der Heyde (Herausgeber)

Autorinnen und Autoren von A bis Z

Alfred Andersch

geb. am 4. 2. 1914 in München
gest. am 21. 2. 1980 in Berzona (Schweiz)

Kurzbiografie

A. wuchs in München auf, sein Vater schickte ihn auf das traditionsreiche Wittelsbacher Gymnasium, das er jedoch in der Untertertia vorzeitig verlassen musste. 1928–1930 absolvierte er eine Buchhändlerlehre, anschließend war er arbeitslos. A.s Interesse an der Politik zeigte sich, als er mit 18 Jahren Organisationsleiter des Kommunistischen Jugendverbandes von Südbayern wurde. Nach der Machtergreifung der Nationalsozialisten 1933 war er einige Monate im Konzentrationslager Dachau inhaftiert. Enttäuscht löste er sich später von der KPD. Während er in München und, nach seiner Heirat mit Angelika Albert, in Hamburg Arbeit als Angestellter fand, begeisterte er sich für Kunst und Literatur und begann auch selbst zu schreiben. 1940 wurde er zur Wehrmacht eingezogen, kam nach Frankreich, später nach Italien, wo er im Juni 1944 zu den Amerikanern überlief. Im August 1944 wurde A. als Kriegsgefangener in die USA gebracht, dort redigierte er für die Zeitschrift *Der Ruf – Blätter für deutsche Kriegsgefangene*.

Nach seiner Rückkehr nach München 1945 war A. bei verschiedenen Zeitungs- und Rundfunkredaktionen in leitenden Positionen tätig. Er förderte durch seine literarische Zeitschrift *Texte und Zeichen* (1955–1957) die „junge" deutsche Literatur und die „westliche" Moderne, vertreten durch Ernest Hemingway, Jean Paul Sartre und Albert Camus. Sein Interesse an der Literatur zeigte sich aber besonders darin, dass er die *Gruppe 47* mitbegründete und förderte. Die *Gruppe 47*, die von 1947 bis 1967 bzw. 1977 existierte, bestand aus einem Kreis junger deutscher Autoren, die bis weit in die 60er-Jahre das Bild der bundesrepublikanischen Literatur bestimmten. Zu ihren Tagungsteilnehmern gehörten so bekannte Autoren wie Heinrich Böll, Günter Grass, Martin Walser, Gabriele Wohmann, Ingeborg Bachmann und Ilse Aichinger.

A.s eigene literarische Tätigkeit begann mit *Die Kirschen der Freiheit* (1952), einem autobiografisch gefärbten „Bericht", der entscheidende Lebenssituationen schildert, von der kommunistischen Tätigkeit bis hin zur Fahnenflucht. Aufgrund der rasch einsetzenden öffentlichen Diskussion über das „politische Anliegen" des Buches schenkte man der noch recht ungewohnten montagehaften Konstruktion, der Zeitschichtung, des Ineinanders von Bericht und Reflexion wenig Beachtung. 1957 erschien, ähnlich gestaltet, A.s erster Roman, *Sansibar oder der letzte Grund*, der ein großer Erfolg wurde. Zunehmend klagte A. jedoch über eine von ihm beobachtete Kommerzialisierung innerhalb des Literaturbetriebs und zog sich 1958 mit seiner zweiten Frau Gisela, einer bildenden Künstlerin, nach Berzona (Tessin) zurück, wo er als freier Schriftsteller lebte und 1972 die Schweizer Staatsangehörigkeit erwarb.

Der Roman *Die Rote* (1960) brachte A. einen recht umstrittenen Erfolg ein. Dessen Titelfigur flieht vor der Entscheidung zwischen dem Ehemann und dem Geliebten nach Italien, gerät dort allerdings in eine vergleichbare Situation mit einem ehemaligen britischen Offizier und einem ehemaligen Gestapo-Offizier, mit dem der Brite eine alte Rechnung begleichen will. Sie entscheidet sich schließlich für einen eigenen dritten Weg, indem sie ein einfaches Leben in Italien beginnt und sich der Kunst widmet. Kritikern missfiel der Roman, sie warfen A. zu starke Anleihen bei dem Kriminal- und Illustriertenroman vor, doch das Publikum reagierte positiv. A. hat den Text in einer veränderten Fassung 1972 nochmals veröffentlicht. Die Verfilmung durch Helmut Käutner (1962, mit Ruth Leuwerick und Gerd Fröbe in den Hauptrollen) greift auf die alte Fassung zurück.

Die Kritik reagierte ähnlich beim Erscheinen von A.s nächstem Roman, *Efraim* (1967). Größeren Erfolg hatte er mit seinen Erzählungen und Kurzgeschichten (*Ein Liebhaber des Halbschattens,* 1963), Hörspielen (*Fahrerflucht,* 1965), Essays (*Die Blindheit des Kunstwerks,* 1965) und seiner Reiseprosa (z. B. *Wanderungen im Norden,* 1962), was insgesamt seine Vielseitigkeit demonstriert.

Gelobt wurde A.s folgender Roman, *Winterspelt* (1974), der von dem Plan eines deutschen Majors erzählt, sich mit seinem ganzen Bataillon im Dezember 1944 kampflos den Amerikanern zu ergeben, um sinnloses Blutvergießen zu verhindern. Dieser Plan wird in allen Facetten von allen Beteiligten durchleuchtet, kann aber letztlich nicht in die Tat umgesetzt werden. Der Roman stellt eine Montage aus detailliert erzählten Augenblicken dar, versetzt mit Rückgriffen, Vorausdeutungen und Versatzstücken aus der Dokumentationsliteratur.

Demgegenüber weitaus konventioneller gestaltet ist A.s letzter Roman *Der Vater eines Mörders* (1980), den er erst kurz vor seinem Tod fertig stellte.

Literarische Einordnung

A.s Werk ist durchgängig vom Glauben an die Entscheidungsfreiheit des Einzelnen geprägt. Seine Nähe zum französischen Existenzialismus, für dessen Rezeption er sich im Nachkriegsdeutschland vielfältig einsetzte, wird darin deutlich. Sein grundsätzliches politisches Interesse und Engagement ist darüber hinaus in allen Texten spürbar. Er nahm vehement Stellung zu politischen Ereignissen der Vergangenheit und Gegenwart. Als er z. B. 1976 mit dem langen Gedicht *artikel 3 (3)* auf die Einführung des „Radikalenerlasses" antwortete, der politisch Andersdenkende auszugrenzen suchte, waren selbst Freunde von der Härte und Pauschalität seiner Kritik überrascht.

Bezüglich der formalen Gestaltung lässt sich A. nicht eindeutig festlegen. Sein Werk umfasst vielseitige Gestaltungsformen, vom eher traditionell geprägten Erzählstil bis hin zur Collage und Montage der Moderne. Die Wertschätzung bei Kritik und Publikum, die ihm zuteil wurde, zeigen seine Literaturpreise und Ehrungen, so die Verleihung des Nelly-Sachs-Preises der Stadt Dortmund 1967 und der Literaturpreis der Bayerischen Akademie der Schönen Künste 1975. Seine Romane wurden häufig verfilmt, z. B. *Sansibar oder der letzte Grund* (1961 mit Paul Dahlke, 1986 Regie: Bernhard Wicki), *Die Rote* (1962), *Der Vater eines Mörders* (1985 mit Hans Korte).

Werkbeschreibungen

Sansibar oder der letzte Grund (Roman, 1957): In dem kleinen Ostseehafen Rerik treffen 1937 zufällig fünf Menschen zusammen, die sich mit dem Gedanken einer Flucht nach Schweden tragen. Einen namenlos bleibenden Jungen treibt die Abenteuerlust aus Elternhaus und Heimatort fort, der kommunistische Funktionär Gregor will seinen illegalen Auftrag nutzen, um sich von seiner Partei und ihrem ihm aussichtslos erscheinenden Untergrundkampf zu lösen. Sein Genosse, der Fischer Knudsen, sagt sich ebenfalls von der Partei los, weil er glaubt, nur so seine geistig verwirrte Frau vor den Nationalsozialisten schützen zu können. Der Pfarrer Helander will aus seiner Kirche die Plastik *Der lesende Klosterschüler* (in Anspielung auf eine Figur Ernst Barlachs), die von den Nationalsozialisten als „entartet" erklärt zu werden droht, vor der sicheren Zerstörung retten. Die junge Jüdin Judith Levin hofft, dass ein schwedisches Schiff sie ins neutrale Ausland mitnimmt und in Sicherheit bringt. Trotz großer Angst und gegenseitigem Misstrauen kommt es durch das Betreiben Gregors zu einer Verknüpfung der Handlungsstränge, Judith und die Holzplastik werden schließlich gerettet. Die anderen Personen handeln jeweils entgegen ihren ursprünglichen Absichten: Knudsen riskiert heimlich in seinem Fischerboot die Überfahrt nach Schweden, obwohl er dadurch sich und seine Frau gefährdet; Gregor verzichtet auf seine Flucht, um Judith die Überfahrt zu ermöglichen; der Junge begräbt vorläufig seine Träume und kehrt wieder mit nach Rerik zurück, um Knudsen nicht zu gefährden. Der 15-jährige Schiffsjunge ist es, der dem Roman den Titel verleiht. Sein erträumtes „Sansibar" in der Ferne war eigentlich der wichtigste und „letzte Grund" für ihn, die Heimat zu verlassen. Den eindringlichen Mittelpunkt dieser Gruppe von Menschen aber bildet die Figur des *Lesenden Klosterschülers*, von dem A. sagt: „Er las ganz einfach. Er las aufmerksam. Er las genau. Er las sogar in höchster Konzentration. Aber las kritisch. Er sah aus, als wisse er in jedem Moment, was er da lese ... Liest er denn nicht einen heiligen Text, dachte Gregor. Ist er denn nicht wie ein junger Mönch? Kann man das: ein junger Mönch sein und sich nicht von dem Text überwältigen lassen? Die Kutte nehmen und trotzdem frei bleiben? Nach den Regeln leben, ohne den Geist zu binden?" Die Figur wird zum Symbol für die Möglichkeit jedes Einzelnen, frei, individuell und selbstbestimmt Entscheidungen treffen zu können.

Die Figuren des Romans werden von A. weitgehend parallel geführt. Zwischen die einzelnen Abschnitte, in denen von den Fluchtplänen und der Flucht selbst die Rede ist, sind kurze innere Monologe eingeschoben, die die Gedanken und Träume der Personen verdeutlichen. Mit der Schilderung nur weniger Einzelheiten, der massiven Kirche, des Hafens, der Schifferkneipe beispielsweise, in einer knappen, nüchternen Sprache fängt A. die deprimierende, beinahe aussichtslose Atmosphäre überzeugend ein.

Der Vater eines Mörders (Erzählung, 1980): Kurz vor seinem Tod schloss A. sein letztes Werk ab, eine „Schulgeschichte", wie er schrieb. Im Herbst 1980, nach seinem Tod, wurde sie veröffentlicht.

In der Rolle des Franz Kien, der bereits in früheren autobiografisch geprägten Texten aufgetreten ist, führt A. den Leser in seine Jugend zurück. Er berichtet von einer Griechischstunde im Wittelsbacher Gymnasium in München, die vom Vater des späteren Nationalsozialisten Heinrich Himmler, welcher tatsächlich A.s Lehrer gewesen ist, gehalten wird. Dieser Direktor des Gymnasiums – „Rex" genannt – nimmt die Unterrichtsstunde zum Anlass, um unbotmäßige und unliebsame Schüler von „seiner" Anstalt zu entfernen. Unter der Maßgabe, den Leistungsstand der Schüler überprüfen zu wollen, nimmt er dem Klassenlehrer die Stunde aus der Hand. Zunächst provoziert er den Schüler Konrad von Greiff zu patzigen Antworten und verweist ihn umgehend von der Schule. Dann wendet er sich seinem eigentlichen Opfer, Franz Kien, zu. Dieser kann die ihm gestellte Aufgabe, den Satz „Es ist verdienstvoll, das Land zu loben" – ironischerweise – ins Griechische zu übertragen, nicht lösen. Darüber hinaus muss er Beleidigungen seiner Familie ohnmächtig über sich ergehen lassen. Willkürlich und grausam wird er schließlich der Schule verwiesen.

Mithilfe der Schilderung dieser einen Unterrichtsstunde kann A. seinen Lesern deutlich machen, welche Einflüsse, welche Familie, welche Erziehungsprinzipien den Sohn des „Rex" geprägt haben müssen. Oberstudiendirektor Himmler ist *Der Vater eines Mörders*. GL

Ingeborg Bachmann

geb. am 25. 6. 1926 in Klagenfurt (Österr.)
gest. am 17. 10. 1973 in Rom

Kurzbiografie

B. wurde als älteste Tochter eines Lehrers geboren. Nach dem Abitur studierte sie in Innsbruck, Graz und Wien Philosophie, Psychologie und Germanistik und promovierte 1950 mit einer Dissertation über Martin Heidegger. 1951–1953 war sie Redakteurin und Lektorin am Wiener Sender *Rot-Weiß-Rot*, für den sie ihr erstes Hörspiel *Ein Geschäft mit Träumen* (1952) verfasste. Der Durchbruch gelang B. mit ihrer Lyrik bei einer Lesung der *Gruppe 47* in Niendorf/Ostsee. Die *Gruppe 47* war ein Kreis junger deutscher Autoren, der bis weit in die 60er-Jahre das Bild der bundesrepublikanischen Literatur bestimmte. 1953 wurde B. für ihren Gedichtband *Die gestundete Zeit* (1953) mit dem Literaturpreis dieser Gruppe ausgezeichnet.

Seit 1953 lebte B. für längere Zeit in Rom, wo auch ihr zweiter Gedichtband *Anrufung des großen Bären* (1956) entstand. In ihrer Dichtung drückt sich melancholisch die Situation der „Nachgeburt der Schrecken" aus, d. h. der durch den Krieg um ihre Jugend betrogenen Generation. Die Texte sind in einer merkwürdigen Mischung aus Hoffnung, Resignation und Trauer über die Sinnlosigkeit der Welt geschrieben.

Auch ihre Hörspiele fanden Beachtung, z. B. *Die Zikaden* (1955) und *Der gute Gott von Manhattan* (1958), für das sie 1958 mit dem Hörspielpreis der Kriegsblinden ausgezeichnet wurde.

1958 ging B. als freie Schriftstellerin nach München, 1959 nach Zürich, wo sie in Uetikon am See lebte. Ihre Beiträge erschienen u. a. in Anthologien wie *Stimmen der Gegenwart, Jahrhundertmitte, Deutsche Lyrik der Gegenwart*. Sie war Mitarbeiterin angesehener Zeitschriften und Zeitungen, z. B. *Merkur, Akzente* und *Jahresring*. 1961 legte B. ihren ersten Erzählband *Das dreißigste Jahr* vor, in dem mehrere Erzählungen vereinigt sind, u. a. auch, biografisch geprägt, *Jugend in einer österreichischen Stadt*. Es sind laut Literaturkritik „monologische Bekenntnisse des hoffnungslosen Menschen, der gegen unsere unwürdige Welt rebelliert". 1964 sammelte der Piper Verlag in der Reihe der *Bücher der Neunzehn* Bekanntes und Verstreutes von B. unter dem Titel *Gedichte, Erzählungen, Hörspiele, Essays*.

B. lebte Anfang der 60er-Jahre in Berlin, später wieder in Rom. Ihre Bemühungen für den um ein „modernes europäisches Musiktheater" ringenden Komponisten Hans Werner Henze führten zu Opernlibretti für *Der Prinz von Homburg* (1958) und *Der junge Lord* (1965). 1971 kam ihr erster Roman *Malina* heraus, der ursprünglich unter dem Titel *Todesarten* angekündigt worden war. Hier beschreibt sie eine Frau, deren Selbstverwirklichung an egozentrischen Partnern scheitert, wobei sie auch ihre Erfahrungen aus der gescheiterten Beziehung zu dem Schriftsteller Max Frisch mit einbezog. Der bei B. schon früher sich abzeichnende „Rückzug aus der Welt auf die Innerlichkeit des erzählten oder erzählenden Subjekts" sei in diesem Ich-Roman „bis zu einer äußersten Grenze vorgetrieben", so lautete ein Urteil der Kritiker.

Neue Erzählungen erschienen 1972 unter dem Titel *Simultan*. Hier wird das Leben von fünf Frauen geschildert, die in einer von Männern dominierten Welt Strategien entwickeln, die sie zunehmend unempfindlicher, härter, aber auch resignativer machen. 1973 erschienen die Erzählung *Gier* und der zusammen mit Ernst Haas geschriebene Band *Ende und Anfang*.

Anfang Oktober 1973 wurde B. in eine Klinik in Rom eingewiesen. Sie war mit einer brennenden Zigarette eingeschlafen; wenige Tage später erlag sie ihren schweren Brandverletzungen. Ihr schreckliches Sterben erschütterte die literarische Welt. In einem Nachruf wurde gewünscht, „dass die ohnehin sich schon zu Lebzeiten um die scheue Künstlerin bildende Legende und dieser sinnlose Flammentod nicht ihr Werk überdecken" mögen.

Literarische Einordnung

B.s Werk ist ausgesprochen vielseitig. Außer lyrischen und epischen Werken schrieb sie Hörspiele, daneben stehen wissenschaftliche, essayistische, poetologische und journalistische Publikationen, ihre Regietätigkeit für den Rundfunk sowie dramaturgische Arbeiten.

Frühen Ruhm brachten B. die Lyrikbände ein, obwohl ihre Gedichte als abstrakt und schwer zugänglich gelten. Jedoch vermochte sie es, in prägnanter, aber auch sinnlicher Sprache die Bedrohung des Ichs durch die Erfahrungen der Vergangenheit und der Gegenwart zu vermitteln. Verarbeitet werden Aufbruchs-, Widerstands- und Untergangsmotive. Die Liebe wird als letzter Halt des Menschen beschworen. Die Bilder der beschädigten Natur, die ihre Gedichte leitmotivisch durchziehen, können als tiefe Entfremdung des Ichs von der Welt verstanden werden.

B. erprobte Formen, schrieb in freien, fließenden Rhythmen und auch in strengen Reimschemata, verwendete Bilder aus Märchen und Mythen, durchsetzt mit Naturmetaphern und Chiffren der Angst.

Ihre Auffassung von Literatur legte B. in einer Vorlesung über die Probleme zeitgenössischer Dichtung an der Universität Frankfurt/M. (1959/60) dar: „Es gilt weiter zu schreiben. Wir werden uns weiter plagen müssen mit diesem Wort Literatur und mit der Literatur, dem, was sie ist und was wir meinen, das sie sei, und der Verdruss wird noch oft groß sein über die Unverlässlichkeit unserer kritischen Instrumente, über das Netz, aus dem sie immer schlüpfen wird. Aber seien wir froh, dass sie uns zuletzt entgeht, um unsertwillen, damit sie lebendig bleibt und unser Leben sich mit dem ihren verbindet in Stunden, wo wir mit ihr den Atem tauschen."

Die große Wertschätzung B.s wird auch in ihren Auszeichnungen deutlich: 1964 erhielt sie den Georg-Büchner-Preis, 1968 den Großen Österreichischen Staatspreis für Literatur.

Werkbeschreibung

Malina (Roman, 1971): In B.s bekanntestem Roman reflektiert die Ich-Erzählerin ihr Verhältnis zu zwei Männern: dem in der Nachbarschaft lebenden Ungarn Ivan und zu dem Militärhistoriker Malina, mit dem sie zusammenlebt. Wie bei einem Theaterstück werden Personen, Ort und Zeit („Heute") dem Text zunächst distanziert vorangestellt, was den Unterschied zur eigentlichen, emotionalen Erzählhaltung noch deutlicher hervortreten lässt.

Ivan ist der Mann, dem die Erzählerin ihre absolute Liebe entgegenbringt, die er jedoch in dieser Absolutheit nicht erwidern kann. Der erträumten Welt mit ihm steht die Realität mit Malina gegenüber, der in seiner rationalen Haltung die Bedingungen des gemeinsamen Lebens schafft und sichert. Die Konflikte spielen sich im Innern der Ich-Erzählerin ab, dort, wo „alle Dramen stattfinden".

Die Literaturkritik sprach nach dem Erscheinen des Romans zunächst vom Scheitern der Autorin, von ihrem „Seelen-Exhibitionismus" war die Rede. Erst später, vor dem Hintergrund der Frauenbewegung, verstand und akzeptierte man die besondere Sichtweise der Autorin, deren Frauengestalten in die Ausweglosigkeit getrieben werden und die diesen Prozess der Selbstzerstörung nicht aufhalten können und wollen. GL

Gottfried Benn

geb. am 2.5.1886 in Mansfeld (bei Berlin)
gest. am 7.7.1956 in Berlin

Kurzbiografie

Wie viele deutsche Dichter entstammte auch B. einem evangelischen Pfarrhaus. Von seiner Mutter jedoch, die aus der französischen Schweiz kam, erbte er jenen Anteil an Romanischem, aus dem er sein *Doppelleben,* wie er es später in seiner so betitelten Autobiografie nannte, herleitete. Soziale Gegensätze bestimmten seine Jugend: Er wuchs in Sellin, einem Gutsdorf nahe Landsberg an der Warthe auf, wo er nur mit den Kindern der adligen Gutsbesitzerfamilie bzw. mit den Landarbeiterkindern zusammenkam. In Frankfurt/O. legte er 1903 das Abitur ab, dann studierte er in Marburg und Berlin – zunächst auf Wunsch des Vaters Theologie. 1905 endlich durfte er zur Medizin wechseln; er studierte dieses Fach an der Berliner Militärakademie, wo er zugleich den Geist des kaiserlichen Militärs kennen lernte. Nach dem Examen arbeitete B. als Militärarzt, doch schied er 1912 aus Gesundheitsgründen aus dem aktiven Militärdienst aus und war bis 1913 in Krankenhäusern in Berlin tätig. Aus dem Erfahrungsbereich dieser Zeit resultiert seine Gedichtsammlung *Morgue,* die von ihrer sprachlichen wie auch inhaltlichen Seite her schockierte.

1914 zog B. als Militärarzt in den Ersten Weltkrieg. Doch entgegen der Stimmung der breiten Öffentlichkeit in Deutschland bejubelte er den Kriegsausbruch nicht, sondern schrieb 1915 in dem Einakter *Etappe* eine Satire auf diejenigen, die aus sicherer Position ihr Geschäft am Krieg machen, während die junge Generation auf dem Schlachtfeld stirbt. B. sah im Krieg ein typisches Merkmal der Verlogenheit der zerfallenden bürgerlichen Gesellschaft. Mehrere Jahre lang arbeitete er in der Kriegszeit in einem Prostituierten-Krankenhaus in Brüssel. Hier entstanden die 1916 unter dem Titel *Gehirne* veröffentlichten *Rönne*-Novellen. Zentralfigur ist die Gestalt des Arztes Dr. Rönne, der sich in einer zerfallenden Wirklichkeit und Gesellschaft erlebt. Wissenschaftliche Erkenntnisse splittern Wirklichkeit ins unanschauliche Detail auf, die Gesellschaft wird von kapitalistischen Interessen bestimmt und individuelles Verhalten schlägt in bloße Verhaltensroutinen um – so sieht Rönne seine „kranke“ Welt. Nur in Traumvisionen werden ihm archaische Bilder ursprünglicher Einheitlichkeit und „Heilheit“ fassbar, die sich in metaphorischen Wendungen wie „Zerstäubungen der Stirne“ bloß andeuten lassen. Die Zertrümmerung der alten Vorstellungen von Welt und Mensch wird auch, fast surrealistisch, im 1919 veröffentlichten Drama *Der Vermessungsdirigent* vorgeführt.

B. sah sich, auch nach Kriegsende und seiner Niederlassung als Arzt für Haut- und Geschlechtskrankheiten in Berlin Ende 1917, als Außenseiter der von ihm abgelehnten Gesellschaft. Dennoch war er als Autor längst beachtet und der Kulturbetrieb versuchte ihn zu integrieren. 1927/28 erschienen B.s *Gesammelte Gedichte* und *Gesammelte Prosa,* er wurde Mitglied des PEN-Clubs und 1932 in die Preußische Akademie der Wissenschaften gewählt. In einer Reihe von Texten und Reden fasste B. seine künstlerischen Vorstellungen in Worte.

Seine theoretischen Anschauungen ließen B. 1933 für kurze Zeit in die Nähe des Nationalsozialismus geraten, denn er glaubte den neuen Machthabern ihre Verurteilung der Weimarer Republik und ihr

Versprechen, einen neuen, besseren Menschen verwirklichen zu wollen. Doch bereits nach wenigen Wochen ging B. auf Distanz, indem er seine expressionistische Kunst gegen nationalsozialistische Vorstellungen verteidigte. Nach dem Röhm-Putsch im Juni 1934, bei dem die Gewalttätigkeit der Nazis gegenüber oppositionellen Kreisen drastisch sichtbar wurde, schrieb B., dass die „Träume von der Vereinigung von Geist u. Macht" vorbei seien. B. zog sich aus der Öffentlichkeit zurück. Seine *Ausgewählten Gedichte* (1936) wurden von der NS-Presse als „Ferkelei" beschimpft, einige Gedichte, wie *Mann und Frau gehen durch die Krebsbaracke*, mussten aus der zweiten Auflage, die im gleichen Jahr erschien, herausgenommen werden. In seinem monologartigen Erzähltext *Weinhaus Wolf* (1937/38) schlägt sich B.s grundsätzliche Kritik an der aktuellen Gesellschaft, ja der weißen Rasse überhaupt, nieder – die Welt der Kunst beschreibt er demgegenüber als unversöhnlichen Gegensatz zu dieser Wirklichkeit. B. wurde daraufhin aus der NS-Reichsschrifttumskammer ausgeschlossen und erhielt 1938 Schreibverbot.

Nach Kriegsbeginn war B. in Berlin als Militärarzt tätig. In Essays, z. B. *Kunst und Drittes Reich*, kennzeichnet er kritisch und drastisch die Nationalsozialisten und die Situation Deutschlands, die er als nicht mehr zum Besseren veränderbar durch die Kunst ansieht. In den *Biographischen Gedichten* von 1941 kommt die scharfe Kluft, die er zwischen vergänglicher Wirklichkeit und einzig wichtiger, überdauernder Kunst sieht, besonders deutlich zum Ausdruck: „(…) die Strophe aber streift von Mund zu Mund, sie übersteht die Völkerstreite und überdauert Macht und Mörderbund."

In der letzten Kriegsphase wurde B.s Dienststelle aus dem durch Luftangriffe gefährdeten Berlin östlich nach Landsberg an der Warthe verlegt. Dort schrieb er Teile seiner Biografie *Doppelleben*, Gedichte, Essays und den *Roman des Phänotyp*, einen Anti-Roman, in dem er in 18 meist kurzen Abschnitten keine wirkliche Handlung beschreibt, sondern in assoziativen Bildern und Gedanken den Untergang einer Epoche darstellt. Anfang 1945 musste B. vor der Sowjet-Armee fliehen und erreichte nach abenteuerlicher Flucht zusammen mit seiner Frau Berlin. Er brachte sie zu ihrem Schutz in das ruhige Neuhaus an der Elbe, wo sie sich in den Nachkriegswirren im Juli 1945 das Leben nahm.

Nach Kriegsende galt B. zunächst als „unerwünschter" Autor, da ihm die kurze Phase pro-nationalsozialistischer Haltung vorgeworfen wurde. Doch die Veröffentlichung seiner *Statischen Gedichte* 1948, die wesentlich auf die *Biographischen Gedichte* zurückgehen, veränderte die Rezeption B.s in der entstehenden Bundesrepublik. 1949 erschien die „Novelle" *Der Ptolemäer*, in der B. die Nachkriegssituation Berlins, das Leben in Schutt und unter der Besatzungsmacht enthistorisierend beschreibt, indem er sie gebunden an den Ablauf der Jahreszeiten darstellt. Weitere Gedichtbände (*Fragmente*, 1951; *Destillationen*, 1953) festigten die künstlerische Anerkennung B.s – erster sichtbarer Ausdruck war die Verleihung des Büchner-Preises 1951. Seinen letzten Gedichtband *Apréslude* konnte B. 1955 beenden. Er starb am Tag, an dem er gerade für den Kunstpreis des Landes Nordrhein-Westfalen vorgeschlagen war, an einem lange nicht erkannten Wirbelsäulentumor.

Literarische Einordnung

B. gilt als der bedeutendste Vertreter des Expressionismus. Die Erfahrungen von Krieg, wirtschaftlicher Veränderung hin zu einer „kapitalistischen" Gesellschaft und naturwissenschaftliche Innovationen, die das bisherige Weltbild radikal wandelten, prägen die expressionistische Generation von 1910 bis 1920 und erzeugen eine Wirklichkeitswahrnehmung, für die Zerstörung, Auflösung von Sinnorientierung und Identitätsverlust kennzeichnende Begriffe sind. Diese Wirklichkeit, die nur noch oberflächlich als zusammenhängendes Ganze erscheint – auch durch den Schein, zu dem ihr die traditionelle Literatur verhilft –, muss nach Auffassung der Expressionisten zerstört werden. Der Leser soll bewusst schockiert und aufgerüttelt werden. Beispielhaft führt B.s früher Lyrikband *Morgue* diese expressionistische Zielsetzung der Zerstörung traditioneller Erwartungen an Form und Inhalt von Lyrik vor Augen, indem er die Wirklichkeit hart und brutal aus ungewöhnlicher subjektiver Perspektive beschreibt. Vorstellungen einer anderen sinnvoll lebbaren Wirklichkeit und die Sehnsucht nach einem neuen Menschen können als Kontrast zur Realität nur noch in der künstlerischen Vision entworfen werden, wie sie B. seiner literarischen Gestalt des Dr. Rönne zuschreibt. Nur im Medium der Kunst kann somit den bestehenden Verhältnissen das Bild einer einheitlich geordneten Wirklichkeit entgegengehalten werden.

Wirklichkeit und Kunst sind nach B.s Auffassung unversöhnlich getrennt. Dichter können die Welt nicht ändern, so formulierte B. schon 1930 in einem Interview. Er lehnte es also ab – im Gegensatz etwa zum zeitgleichen Bertolt Brecht – Dichtung programmatisch als Mittel zur Verbesserung der gesellschaftlichen Verhältnisse anzusehen. Literarische Kunst, die „Dinge mystisch (zu) bannen durch das Wort", ist für B. vielmehr eine Art Schutz des Individuums angesichts des um sich greifenden Wirklichkeits- und Werteverfalls: Denn nur in der künstlerischen Gestaltung wird dieser Wirklichkeit gegenüber ein überdauerndes Gegengewicht geschaffen. So erläutert B. 1951 in einem Vortrag über *Probleme der Lyrik*: „Artistik ist der Versuch der Kunst (…) gegen den allgemeinen Nihilismus der Werte eine neue Transzendenz zu setzen: die Transzendenz der schöpferischen Lust."

B.s Bedeutung als Dichter des Expressionismus ist heute generell anerkannt, doch wird er unterschiedlich gewertet. Sein Verhalten 1933 und das fehlende politische Engagement wird ihm teilweise vorgehalten, in der DDR führten diese Vorwürfe zu einem Veröffentlichungsverbot seiner Werke. In der BRD änderte sich die anfängliche Zurückhaltung der frühen Nachkriegszeit durch die Büchner-Preis-Verleihung zu breiter Anerkennung.

Werkbeschreibung

Morgue (Gedichte, 1912): Schon der Titel dieser Gedichtsammlung provoziert. Es ist der Name des Pariser Leichenschauhauses, mit dem B. traditionelle Erwartungen an eine Verschönerung der Wirklichkeit durch Lyrik programmatisch aufstört. Aus der Sicht des sezierenden Arztes in nüchterner medizinischer Fachsprache, aber auch im brutalen Slang, wird die abstoßend-hässliche Seite der Realität frei gelegt. Elend, Krankheiten, Tod und Verwesung werden thematisiert und die dazugehörigen Schauplätze und Gestalten im literarischen Text inszeniert. Das bekannte Gedicht *Schöne Jugend* aus dem Zyklus ruft mit dem Titel und dem Eingangsvers „Der Mund eines Mädchens (…)" zunächst die Erwartung einer heilen Welt der Jugend und Schönheit hervor, doch diese werden brutal gebrochen: Das Mädchen ist tot und wird seziert: „Als man die Brust aufbrach, war die Speiseröhre so löcherig. / Schließlich in einer Laube unter dem Zwerchfell / Fand man ein Nest von jungen Ratten.", so heißt es weiter. Das Abstoßend-Eklige wird schockierend in Szene gesetzt. Menschliches Leben erscheint auf zerfallende Körperlichkeit reduziert und drückt B.s Verzweiflung über die Erfahrung der Sinnentleertheit menschlicher Existenz aus. B. will diese Sinnleere durch die sprachliche und inhaltliche Gestaltung aufzeigen und nicht mehr durch den oberflächlichen Schein sprachlicher Klischees überdecken. HH

Thomas Bernhard

geb. am 9. 2. 1931 in Heerlen (Niederlande)
gest. am 12. 2. 1989 in Gmünden (Österr.)

Kurzbiografie

„Ich bin immer ein Störenfried geblieben, in jedem Atemzug, in jeder Zeile, die ich schreibe.“, berichtete B. 1986 in seinem letzten Prosatext *Auslöschung* – und ein „Störenfried“ war er vom ersten bis zum letzten Atemzug. Zunächst für seinen Vater, Alois Zuckerstätter, der die Familie kurz nach der Geburt von Nicolas Thomas Bernhard verließ. Seine Mutter, Herta Bernhard, musste den unehelich geborenen Sohn zu den Großeltern Anna Bernhard und dem Schriftsteller Johannes Freumbichler nach Wien geben, während sie selbst als Dienstmädchen in Holland ihren Lebensunterhalt verdiente. B. wuchs mit einigen Unterbrechungen bei seinen Großeltern in Österreich auf. Der Großvater drängte trotz wirtschaftlicher Not auf die künstlerische Ausbildung seines Enkels: B. erhielt Geigen-, Zeichen- und Malunterricht. 1943–1945 besuchte B. das Internat in Salzburg. Nach Kriegsende wechselte er dort auf das Humanistische Staatsgymnasium, das er aber bereits nach zwei Jahren wieder verließ. Er begann eine Lehre in einem Lebensmittelgeschäft und erkrankte wenig später an einer Rippenfellentzündung, aus der sich in Folge eine Lungentuberkulose entwickelte. Während seiner Aufenthalte in Sanatorien und Lungenheilstätten, die sich bis 1951 hinzogen, begann er intensiv zu lesen und zu schreiben. 1949 starb B.s Großvater und wenig später, 1950, seine Mutter. Diese Todesfälle verzögerten seinen Heilungsprozess und mögen wohl auch ein Grund gewesen sein, sich an die 35 Jahre ältere Hedwig Stavianek zu binden, die er bei seinen Sanatoriumsaufenthalten kennen lernte. Sie begleitete ihn bis zu ihrem Tod 1984. Hedwig verschaffte ihm den Zugang zur kulturellen Szene Wiens und bereits 1950 erschien unter Pseudonym B.s erste kurze Erzählung. Durch die Vermittlung Carl Zuckmayers bekam er 1952 eine Stelle als freier Mitarbeiter beim Salzburger *Demokratischen Volksblatt* und konnte so, finanziell einigermaßen abgesichert, seine literarische Tätigkeit fortsetzen. 1955 beendete er seine journalistische Arbeit, um bis 1957 die Hochschule für Musik und darstellende Künste, das Mozarteum in Salzburg zu besuchen. 1957 erschien sein erster Lyrikband: *Auf der Erde und in der Hölle;* es folgten 1958 mit *In hora mortis* und *Unter dem Eisen des Mondes* weitere Gedichtbände. Unter dem Eindruck einer engen Freundschaft mit dem Kärntner Ehepaar Lampersberg experimentierte B. mit den neuen Ideen der avantgardistischen Bewegung. Daraus entstanden: *die rosen der einöde*; *fünf sätze für ballett; stimmen und orchester,* das Opernlibretto *Köpfe* sowie einige surrealistische Kurzdramen, die in Kärnten aufgeführt wurden. Als bedeutendes literarisches Ereignis wurde sein 1963 erschienener Roman *Frost* gewürdigt, für den er 1965 den Bremer Literaturpreis erhielt. Der Titel weist bereits hin auf die zentrale Thematik von geistiger Erstarrung und Sinnverlust, wie sie für B. typisch wird. Auch die von ihm besonders geliebte Erzählung *Amras* brachte eine besondere Ehrung: 1964 erhielt B. dafür den Julius-Campe-Preis.

B.s Sprachspiele ernteten Preise, seine Wortakrobatik wurde literarisch anerkannt und auch in Österreich mit dem Staatspreis belohnt – seine Dankrede jedoch wurde zu einem der vielen Eklats, die sein Werk und seine Auftritte bis zuletzt begleiteten. „Ich bin kein Mensch, der in Ruhe lässt", sagte er über sich in *Auslöschung*. So setzte er seinen Landsleuten einen Spiegel vor und beschrieb sie als noch viel gehässiger und judenfeindlicher als vor dem Krieg. Seinen Staat bezeichnete er als „stinkende Kloake", die Kirche als „weltweite Niedertracht" und den Bundespräsidenten als „verschlagenen Banausen".

Doch B.s Auseinandersetzungen mit seinem Staat machten ihn berühmt, die Missachtung der österreichischen Politiker konnte seinen Erfolg nicht verhindern. Jahr für Jahr kamen nun seine Bücher auf den Markt. Sein dritter Roman *Das Kalkwerk* erschien 1970. B. erhielt den Georg-Büchner-Preis und in Hamburg wurde sein erstes abendfüllendes Theaterstück *Ein Fest für Boris* unter der Regie von Claus Peymann aufgeführt, dem Regisseur, der von nun an fast alle B.-Stücke inszenierte. 1971 erschien die Erzählung *Gehen* sowie das Filmmanuskript *Der Italiener*. 1972 folgte die viel beachtete Premiere von *Der Ignorant und der Wahnsinnige*. Da entgegen der Regieanweisung nicht das Notlicht ausgeschaltet wurde, kam es zu einer Kontroverse und das Stück wurde abgesetzt. 1975 begann B. seine autobiografischen Erzählungen, die er 1982 mit dem Beitrag *Ein Kind* abschloss. Diese Auseinandersetzung B.s mit seiner Kindheit und Jugend liest sich nicht nur wie ein spannendes Zeitdokument, sondern schildert auch den Überlebenskampf eines Störenfrieds. Den Künstler als alten Mann zeigte dagegen sein berühmtes Stück *Minetti* mit Bernhard Minetti in der Titelrolle (1976). B. war nun auf der Höhe des Ruhmes und zusammen mit Peymann schrieb er ein Stück Theatergeschichte. Es folgten mit *Vor dem Ruhestand* und *Der Weltverbesserer* zeitkritische Stücke, die die Sinnlosigkeit menschlichen Daseins in dieser Welt darstellten. B. blieb auch in dieser Schaffensperiode ein unbequemer, kompromissloser Zeitgenosse: So trat er 1979 aus der Akademie für Sprache und Dichtung aus, weil der damalige Bundespräsident Walter Scheel dort aufgenommen wurde. (Scheel war aufgrund seiner Nazi-Vergangenheit in die Schlagzeilen geraten.)

Holzfällen. Eine Erregung wurde 1984 seinem Titel in jeder Beziehung gerecht. Der Schlüsselroman wurde polizeilich beschlagnahmt, eine Ehrenbeleidigungsklage von Lampersberg, seinem alten Freund aus Kärntner Tagen, folgte. B. verfügte daraufhin ein Auslieferungsverbot seiner Bücher in Österreich. Kurze Zeit später wurde bei den Salzburger Festspielen eines seiner erfolgreichsten Stücke, *Der Theatermacher*, uraufgeführt. 1986 erschien sein letzter Prosatext *Auslöschung*. Am 4.11.1988 entfachte das Stück *Heldenplatz*, in dem B. die Antisemitismus-Thematik in Österreich behandelt, eine Politiker- und Medienkampagne ohnegleichen. B. erlitt kurz nach der Aufführung eine schwere Herzattacke. Er starb in seiner Gmündener Wohnung.

Literarische Einordnung

Kennzeichnend für B.s Werk ist die präzise literarische Umsetzung persönlicher Erfahrungen eines Mannes, der sich von der Umwelt distanziert. Dabei jongliert er wie ein Akrobat mit Worten und wird zum Meister der Übertreibung. Seine frühe Lyrik erinnert an die expressionistische Sprache Trakls und seine Dramenfiguren scheinen aus dem absurden Theater zu stammen. Alles, was er schreibt, ist von absoluter Genauigkeit bestimmt und wirkt künstlich und überzogen. Denn durch diese Darstellungsweise überzeichnet er die Charaktere, ohne dabei eine wirkliche, zusammenhängende Geschichte zu erzählen. Die Sinnlosigkeit des menschlichen Daseins in einer feindlichen Welt bildet das zentrale Thema seiner Werke. Schreiben war für ihn eine Form des Überlebens. Typisch für B.s Romanhelden ist der monologisierende Ich-Erzähler, hinter dem sich der Autor oft selbst verbirgt.

Werkbeschreibungen

Gehen (Erzählung, 1971): In *Gehen* nimmt B. Motive früherer Werke, v.a. des Romans *Das Kalkwerk*, auf und radikalisiert sie. Zentral ist B.s Verfahren der Oppositions-Konstruktion. Er nimmt zwei Worte, „Gehen" und „Denken", und beschreibt, wie sie sich unterscheiden: wir denken nicht, wie wir gehen: „Gehen wir intensiver, lässt unser Denken nach, sagt Oehler, denken wir intensiver, unser Gehen."

Auf regelmäßigen Spaziergängen berichtet Oehler, der früher immer mit Karrer spazieren gegangen ist, einem Dritten, warum Karrer verrückt geworden ist. Karrer ist auf dem Höhepunkt seines Denkens verrückt geworden. Die Kunst des Nachdenkens besteht also darin, es genau vor dem tödlichen Augenblick abzubrechen. Das Problem ist nur, dass niemand weiß, wann dieser Augenblick erreicht ist.

Die Kunst des Wortspiels und der Wiederholung nutzt B., um seine Erfahrungen der Grenzüberschreitung – den tödlichen Augenblick – zu beschreiben.

Der Ignorant und der Wahnsinnige (Drama, 1972): In diesem Stück wird der Zuschauer mit drei absurden Figuren konfrontiert: Die Sängerin, ein Star auf allen Bühnen, ist zur Maschine mutiert, die Koloraturen produziert. Nicht die Kunst ist der Motor ihrer Perfektion, sondern die Panik, ins Nichts abzustürzen. Angst und Einsamkeit plagen die gehetzte Diva. Der Vater, blind, ewig betrunken, ist nur Stichwortgeber für den monologisierenden Doktor. Eigentliche Hauptperson ist der Doktor, der nur scheinbar dem Vater, in Wahrheit aber der eigenen Besessenheit folgend, alle Details einer Leichenöffnung erklärt.

Der Zuschauer verlässt verwirrt das Theater nach der letzten Szene, in der die Beschreibung der Obduktion bis zum Penis fortgeschritten ist, die Diva sich fast zu Tode gehustet hat und der Vater sprachlos erschöpft ist. So wird aus dem Dialog heraus B.s Vorstellung von der Sinnlosigkeit der Welt erschreckend erfahrbar. IB

Heinrich Böll

geb. am 21.12.1917 in Köln
gest. am 16.7.1985 in Langenbroich (Eifel)

Kurzbiografie

B. wurde als Sohn des Kunsttischlers Viktor B. und dessen zweiter Frau Maria Hermanns geboren. Er hatte fünf Geschwister. Der Vater besaß eine Schreinerei und die Familie bewohnte ihr eigenes Haus. Die Kinder der Familie wurden nach katholischen Werten erzogen. Zudem wurde ihnen die in der Familie übliche, antimilitärische Einstellung vermittelt.

1937 legte B. das Abitur ab und begann eine Buchhändlerlehre. Zwei Jahre später brach er die Ausbildung ab und verfasste seine ersten schriftstellerischen Arbeiten. 1939–1945 leistete er Kriegsdienst in Frankreich, in der Sowjetunion, in Rumänien, Ungarn und im Rheinland. Während des Krieges wurde er mehrfach verwundet und konnte öfter zur Genesung nach Köln zurückkehren. Während eines Fronturlaubs 1942 heiratete B. die Lehrerin Annemarie Cech. Nach Kriegsende begann er ein Studium der Germanistik in Köln.

Seine erste Veröffentlichung erschien 1947/48. Darauf folgten weitere Werke, wie die Erzählung *Der Zug war pünktlich* oder *Wanderer, kommst Du nach Spa …* Ab 1951 lebte B. als freier Schriftsteller und wurde in die *Gruppe 47*, ein Zusammenschluss von Schriftstellern und Kritikern der Nachkriegszeit, aufgenommen. B. veröffentlichte in den folgenden Jahren u.a. die Romane *Und sagte kein einziges Wort* und *Billard um halb zehn*. Er hatte sich inzwischen im In- und Ausland als Schriftsteller etabliert; Dichterlesungen und Vorträge führten ihn auf längere Reisen. 1963 sorgte der Roman *Ansichten eines Clowns* für eine öffentliche Diskussion. Ab 1971 wurde B. zum Präsidenten des PEN-Zentrums gewählt. Er nahm diese Aufgabe sehr ernst und verschaffte sich Aufmerksamkeit in den Medien, indem er die politische Verfolgung von Schriftstellern thematisierte. Im Sommer 1971 veröffentlichte B. seinen von vielen als bedeutendsten angesehenen Roman *Gruppenbild mit Dame*. Ein Jahr später erhielt er, nach vielen anderen Preisen, den Nobelpreis für Literatur.

In Deutschland wurde B. immer wieder als Sympathisant der RAF beschuldigt. Er setzte sich zur Wehr, indem er den Roman *Die verlorene Ehre der Katharina Blum oder: Wie Gewalt entstehen und wohin sie führen kann* schrieb. 1981 wurde B. in der Friedensbewegung aktiv. Seine Familie setzte ihn auf einem Friedhof bei Bonn nach katholischem Ritual bei, obwohl B. aus der Kirche ausgetreten war.

Literarische Einordnung

B. bekannte sich zur „Trümmerliteratur". Er schrieb realistisch über seine Erfahrungen in der Kriegs- und Nachkriegszeit. Eine besonders wirklichkeitsnahe Verarbeitung zeigt sich in seinen Kurzgeschichten, die er in einer knappen Sprache erzählt und die sich zudem durch einen einfachen Erzählverlauf auszeichnen. Entstanden sind die Kurzgeschichten zwischen 1947 und 1950. B. schreibt in seinen Erzählungen von den Werteverlusten und den Schicksalsschlägen der „kleinen Leute" während des Krieges, die aber trotzdem das Moment der menschlichen Größe erfahren.

In seinen Romanen thematisiert B. die Erfahrungen der Nachkriegszeit. Er spiegelt die Kriegsfolgen wie Wohnungsnot, Armut und Verzweiflung z. B. in *Und sagte kein einziges Wort* wider. Aber auch die angepasste Restaurationsgesellschaft der 60er-Jahre gerät ins kritische Blickfeld B.s, etwa in *Ansichten eines Clowns* (1963), wo er verlogene Konventionalität aus der Perspektive des Clowns durchschaut.

In den 70er-Jahren veränderte B. seine Schreibweise. Er ging über zum dokumentarischen Erzählen. Deutlich wird das v. a. im Roman *Gruppenbild mit Dame*. Der Erzähler setzt aus Informationen der Handlungsträger einen Bericht zusammen. Es entsteht ein dokumentarisches Bild der Gesellschaft der 30er- und 40er-Jahre. Auch die Erzählung *Die verlorene Ehre der Katharina Blum* enthält dokumentarische Züge. Hier greift B. die gesellschaftlich-politische Diskussion der 70er-Jahre in Deutschland auf und kritisiert gleichzeitig den radikalen Sensationsjournalismus.

Die Kritik an Verlogenheit, Heuchelei, Karrierestreben und einem nur oberflächlichen Christentum bildet einen roten Faden, der sich durch alle Texte B.s zieht.

Werkbeschreibungen

Ansichten eines Clowns (Roman, 1963): Das Werk sorgte schon mit seinem Vorabdruck in der *Süddeutschen Zeitung* für intensive Diskussion. Hans Schnier, „missratener" Sohn der millionenschweren Familie Schnier, will lieber ein Clown sein als ein Heuchler. Er lebt mit Marie über sechs Jahre in wilder Ehe. Doch Marie verlässt Hans, da er sich nicht verpflichten will, die zu erwartenden Kinder aus dieser Beziehung katholisch erziehen zu lassen.

Hans Schnier kehrt nach einer misslungenen Tournee in seine Bonner Wohnung zurück. Seine Ersparnisse neigen sich dem Ende zu und er sieht sich gezwungen, Geld bei Freunden und Verwandten zu leihen. Er sucht den Kontakt über das Telefon. Durch die Telefonate erfährt der Leser die Charakterisierung der Gesprächspartner aus der Sicht von Hans. Mittelpunkt aller Telefonate ist seine ehemalige Geliebte, Marie. Marie wird den „fortschrittlichen Katholiken" Heribert Züpfner heiraten. Nachdem Hans seine letzte Mark aus dem Fenster geworfen hat, macht er sich im

Clownskostüm und einer Gitarre auf zum Bonner Bahnhof. Der Clown setzt sich auf die Bahnhofstreppe und beginnt zu singen. Als die erste Münze in seinen Hut gelegt wird, wird Hans klar, dass er sich in der Endstation Gosse befindet.

Zwei Themen stehen bei diesem Roman im Mittelpunkt, zum einen die Eheproblematik und die damit verbundene Frage der Legitimation der Ehe durch die Kirche, zum anderen die Gesellschaftskritik. Letztere wird besonders deutlich an der heuchlerischen Familie Schnier, die ihre Vergangenheit verdrängt. Die Ansichten des Clowns Hans Schnier beinhalten eine Abrechnung mit Kirche und Staat, die durchaus auf die herrschenden Zustände der Entstehungszeit des Romans bezogen werden kann.

Die verlorene Ehre der Katharina Blum oder: Wie Gewalt entsteht und wohin sie führen kann (Roman, 1974): Die Hausangestellte Katharina Blum ist im katholischen Milieu aufgewachsen, aber aus der Kirche ausgetreten. Die geschiedene Katharina ist *stolz* und *treu*. Männliche Zudringlichkeit ist ihr zuwider. Die Romanhandlung setzt ein, als sie den polizeilich gesuchten Ludwig Götten kennen lernt. Nach einer gemeinsamen Nacht verhilft ihm Katharina zu weiterer Flucht. Am nächsten Morgen wird Katharina von der Zeitung als „Mörderbraut" und „Räuberliebchen" denunziert. Hauptverantwortlich für diese Hetzkampagne ist der Journalist Tötges. Die Kampagne führt die schwerkranke Mutter der Katharina in den Tod. Als Tötges ein Exklusiv-Interview mit Katharina führen will, tötet „die Reine" den Reporter. So erhält sie ein Stück ihrer „verlorenen Ehre" zurück. Ludwig Götten wird von der Polizei verhaftet. Katharina stellt sich der Polizei, empfindet aber keine Reue für ihre Tat. Katharina möchte einfach nur dort sein, wo ihr Ludwig ist.

B. zeichnet hier ein scharfes Bild von der Zerstörungsgewalt der Medien und deren Manipulationsmöglichkeiten. DK

Wolfgang Borchert

geb. am 20. 5. 1921 in Hamburg
gest. am 20. 11. 1947 in Basel (Schweiz)

Kurzbiografie

B. wurde als einziger Sohn eines Volksschullehrers und einer Heimatschriftstellerin geboren. Die Schule verließ er 1938 aufgrund von schlechten Leistungen bereits nach der Obersekunda, um widerwillig eine Buchhändlerlehre zu beginnen. Gleichzeitig nahm er privaten Schauspielunterricht. Nach bestandener Schauspielprüfung gab B. die Lehre auf und arbeitete ab 1941 als Schauspieler an der *Landesbühne Osthannover* in Lüneburg, wo er Rollen in Volkskomödien übernahm. Zwischen seinem 15. und 20. Lebensjahr entstanden unzählige Gedichte und einige Theaterstücke, die jedoch nur geringe Beachtung fanden.

1941 zog man B. zur Wehrmacht ein. An der Ostfront bei Kalinin wurde er im Januar 1942 an der Hand verletzt. Die Beschuldigung, dass er sich die Verwundung selbst beigebracht habe, um dem Wehrdienst zu entgehen, führte zur Anklage wegen Selbstverstümmelung. Unter Androhung der Todesstrafe wartete er im Sommer 1942 in Nürnberg auf sein Verfahren. Er wurde schließlich zur „Bewährung an der Front" begnadigt und wieder an die Ostfront zurück gebracht. Im Winter 1943 schickte man ihn mit Erfrierungen und Fleckfieberverdacht ins Seuchenlazarett nach Smolensk, von da aus zur Rekonvaleszenz in den Harz und schließlich als nicht mehr „frontdiensttauglich" nach Hamburg. B. sollte anschließend in einem Fronttheater arbeiten, doch kurz vor der Abkommandierung dorthin wurde er wegen einer Goebbels-Persiflage denunziert. Bis September 1944 war er in Berlin-Moabit inhaftiert, seine zweite „Frontbewährung“ endete im Frühjahr 1945 in Frankfurt/M., wo er in französische Gefangenschaft geriet. Er floh und legte zu Fuß die 600 Kilometer nach Hamburg zurück. Hier trat er für eine kurze Zeit in einem Kabarett auf. Seine Pläne, als Schauspieler und Regieassistent zu arbeiten, wurden durch seine geschwächte Gesundheit zunichte gemacht. Das angeborene Leberleiden wurde durch Fronteinsatz und Haft zur unheilbaren Organschwäche und fesselte ihn ab Herbst 1945 fast völlig ans Bett.

In kurzer Zeit entstanden nun die Werke, die B. berühmt gemacht haben. Die Stoffe sind eng verknüpft mit seinem Leben: Neben Kindheitserinnerungen (*Schischyphusch*, 1947) handeln die Texte von Gefängnis (*Die Hundeblume*, 1946; *Unser kleiner Mozart*, 1946), Krieg (*Mein bleicher Bruder*, 1946; *An diesem Dienstag*, 1947) und Heimkehr (*Die lange lange Straße lang*, 1947). Zerstörung und Tod (*Die Küchenuhr*, 1947), Hunger und Liebe (*Das Brot*, 1947) werden beschrieben. Seine Texte reichen von Menschlichkeit und Hoffnung (*Die drei dunklen Könige*, 1946; *Nachts schlafen die Ratten doch*, 1946) bis hin zu Grauen (*Die Kegelbahn*, 1946) und Aufschrei (*Dann gibt es nur eins!*, 1947). B.s Grundhaltung, Widersprüchliches und Ambivalentes zu sehen, kommt besonders in seinem Drama *Draußen vor der Tür* (1947) zum Ausdruck, wenn dem Kriegsheimkehrer Beckmann die lebensbejahende Figur des „Anderen“ gegenübergestellt wird.

Im Herbst 1947 ermöglichten Freunde dem inzwischen bekannten Autor einen Krankenhausaufenthalt in Basel (Schweiz), die letzten acht Wochen lag B. dort im Clara-Spital, wo er schließlich seinem Leberleiden erlag.

Literarische Einordnung

Formal sind B.s Texte vielfältig. Neben der Kurzgeschichte in der Tradition der amerikanischen Autoren der „Lost generation“, die teilweise episch entfaltet ist (*Die Hundeblume*), findet man knappe Entwürfe mit szenischen Elementen (*Radi*, 1947). Neben filmisch gegeneinandergesetzten Augenblicksskizzen (*An diesem Dienstag*) stehen längere Erzählstränge (*Im Mai, im Mai schrie der Kuckuck*, 1947) und testamentartige Bekenntnisse (*Das ist unser Manifest*, 1947). Strukturell zeigen die Texte ein breites Spektrum, Montagetechnik und innerer Monolog werden variabel eingesetzt. Wichtige Stilmittel sind B.s Lapidarstil, der aufaddiert und notiert, und sein dissonanter Reihungsstil, der Gegensätze zusammenfasst. Leitmotivisch, fast stakkatohaft, werden Worte und Sätze wiederholt. Diese Ausdrucksmittel fordert B. in *Das ist unser Manifest* als zeitgemäß: „Wir brauchen keine Dichter mit guter Grammatik. Zu guter Grammatik fehlt uns Geduld. Wir brauchen die mit dem heißen heiser geschluchzten Gefühl. Die zu Baum Baum und zu Weib Weib sagen und ja sagen und nein sagen: laut und deutlich und dreifach und ohne Konjunktiv. Für Semikolons haben wir keine Zeit und Harmonien machen uns weich und die Stilleben überwältigen uns.“

B.s Texte wurden rasch nacheinander veröffentlicht. Die erste Sammlung erschien unter dem Titel *Die Hundeblume* (April 1947) und die zweite mit dem Titel *An diesem Dienstag* (posthum veröffentlicht, November 1947). Eine Auswahl von Gedichten aus den Jahren 1940–1945 erschien im Dezember 1946 (*Laterne, Nacht und Sterne*). *Das Gesamtwerk* wurde 1949 herausgegeben, 1962 ergänzt durch *Die traurigen Geranien und andere Geschichten aus dem Nachlaß*.

B.s Werk bietet Identifikationsansätze für eine ganze Nachkriegsgeneration, die sich als verlorene Generation begriff. Jugend im Dritten Reich, Krieg und Zusammenbruch waren Kollektiverfahrungen, die den Rohstoff für seine Texte bildeten. Es entstand die sog. „Trümmerliteratur", die Schuld und Anklage, Hunger und Überlebenswillen thematisierte, durchsetzt von unerwartet auftretender Mitmenschlichkeit inmitten der Ruinen.

B.s Erzählungen und Kurzgeschichten fanden und finden Eingang in fast alle Schullesebücher. Besonders B.s letztes Vermächtnis, der beschwörende Appell gegen den Krieg: *Sag Nein!* (in: *Dann gibt es nur eins!*, 1947) verkörpert die Sprache der protestierenden Jugend, die den Text bisher in jeder Generation neu für sich entdeckt hat.

Werkbeschreibung

Draußen vor der Tür (Schauspiel, 1947): Zwischen September 1946 und Juni 1947 schrieb B. dieses Stück, dem Ernst Schnabel, Chefdramaturg des Hörspiels im Nordwestdeutschen Rundfunk, den Titel gab. „Ein Stück, das kein Theater spielen und kein Publikum sehen will", fügte B. im Untertitel hinzu. Nur wenige Wochen nach seiner Fertigstellung, am 13. 2. 1947, wurde es jedoch vom NWDR als Hörspiel mit großer Resonanz gesendet und einen Tag nach B.s Tod in den Hamburger Kammerspielen als Schauspiel uraufgeführt. Es sollte das meist gespielte deutsche Nachkriegsdrama werden. Verfilmt wurde das Werk bereits im Jahre 1948 unter dem Titel *Liebe 47*.

Die Figuren des Stückes sind bereits durch seinen Titel gekennzeichnet. „Draußen" ist der aus Sibirien heimkehrende, hungrige, vereinsamte Soldat Beckmann, „drinnen" sind die anderen: die treulose Frau, der selbstgerechte Offizier, die mitleidlose Frau, die die Wohnung seiner verstorbenen Eltern bewohnt. Neben den realen Figuren spielen groteske Allegorien in das Geschehen hinein: Der Tod ist der feiste Beerdigungsunternehmer, der sich an den vielen Kriegstoten überfressen hat, Gott ist der schwächliche Alte, der um seine Kinder jammert, ohne jedoch eingreifen zu können, und schließlich ist da die Elbe, die Beckmann unsanft ins Leben zurückschickt, als er Selbstmord begehen will. Immer wieder ermutigt von der Figur des „Anderen" geht er dann unter die Menschen, auf der Suche nach einem Neuanfang. In seinem Militärmantel und seiner Gasmaskenbrille ist er eine traurig-lächerliche Figur für alle, die sich schon wieder im Leben nach dem Krieg eingerichtet haben. Ein Mädchen nimmt ihn auf, doch kurz darauf kommt ihr Mann als Krüppel aus dem Krieg zurück, und Beckmann muss wieder hinaus auf die Straße. Er geht zu seinem früheren Oberst, auf dessen Befehl er elf Kameraden in den Tod geführt hat, und will an ihn seine Verantwortung zurückgeben, seine Schuld, die ihn Nacht für Nacht quält. Doch er erntet nur Unverständnis und Spott. Den einzelnen Stationen auf dem Weg Beckmanns steht eine zynische, geschwätzige, hilflose und gefühllose Bürgerwelt gegenüber, die ihn immer wieder nach draußen schickt, vor die Tür. Nach und nach zieht sich auch der Andere zurück und so schreit Beckmann zuletzt – allein – seine Anklage heraus: „Wo ist denn der alte Mann, der sich Gott nennt? Warum redet er denn nicht! … Gibt denn keiner, keiner Antwort???"

Das Schauspiel *Draußen vor der Tür* fand im Nachkriegsdeutschland und in der Welt einen ungeheuren Widerhall. Es gilt als das bedeutendste Stück jener „Trümmer- oder Kahlschlagliteratur" nach 1945. Seine Sprache ist eruptiv und teilweise von einer an den Expressionismus erinnernden Bildhaftigkeit, wenn Beckmann z. B. seinen Traum vom blutbeschmierten General herausschreit, der auf den Knochen der Gefallenen Xylophon spielt. Das Stück ist krasse Anklage und darüber hinaus ein Symbol für den geschundenen Menschen, der nicht einmal mehr bei Natur und übermenschlichen Mächten Erbarmen findet. GL

Volker Braun

geb. am 7. 5. 1939 in Dresden

Kurzbiografie

Nach dem Abitur bekam B. zunächst keinen Studienplatz. Deshalb arbeitete er in einer Druckerei als Betonrohrleger und im Tiefbau *Schwarze Pumpe*. Er begann 1959 eine Ausbildung zum Maschinisten für Tagebaugroßgeräte und fand Arbeit als Schmierer und Maschinist im Tagebau. Ab 1960 studierte er Philosophie in Leipzig. Nach dem Diplom 1965 zog er nach Berlin um und arbeitete dann als Theater-Assistent beim Berliner Ensemble in Ostberlin. Dort wurde sein Stück *Die Kipper* (1972), das in der Szenerie des Braunkohleabbaus spielt und von B.s eigenen Erfahrungen profitiert, inszeniert und aufgrund der Kritik an den bestehenden Arbeitsbedingungen verboten. Ab 1972 war B. am Deutschen Theater in Berlin beschäftigt. Mit *Tinka* (1975) und *Schmitten* (1978) schrieb er Werke, die sich mit den Lebens- und Arbeitsverhältnissen in der DDR beschäftigten und die Humanisierung des sozialistischen Staates vorantreiben wollten. Tinka, die Titelfigur, ist eine Frau, die sich für die Umgestaltung der Arbeitsverhältnisse im Sinne des Sozialismus einsetzt. B. kontrastiert sie mit Gegenfiguren, die ihr nicht folgen wollen oder können. Dass sie am Schluss mit einer Bierflasche erschlagen wird, zeigt B.s inzwischen reduzierte Hoffnung auf schnelle wirkliche gesellschaftliche Veränderung.

Das Bewusstsein von der Krise des real existierenden Sozialismus wird in seinen Stücken der 80er-Jahre deutlich, z. B. in *Übergangsgesellschaft* (1984), wo ein resignatives Familientreffen in einem verfallenen Haus in der Brandkatastrophe endet.

Von 1979 bis 1990 war B. wieder als Mitarbeiter am Berliner Ensemble tätig. Heute lebt er als freier Autor in Berlin und ist Mitglied der Akademie der Künste. Für sein Werk bekam er zahlreiche Preise und literarische Auszeichnungen, u. a. 1972 den Heinrich-Heine-Preis, 1992 den Friedrich-Schiller-Gedächtnispreis und im Jahr 2000 den Georg-Büchner-Preis.

Literarische Einordnung

B. gehört zu den Gegenwartsautoren, die – selbst in der ehemaligen DDR aufgewachsen – den sozialistischen Staat in der Entwicklung von der unzulänglichen Gegenwart zu einer von der Partei versprochenen besseren Zukunft sehen, er hat einen Blick für Realität und Utopie. Doch möchte er nicht das Bestehende durch neue Bedingungen ersetzen, sondern das bisher Erreichte in Frage stellen und das Gegebene zum Positiven verändern.

B. bleibt dem Sozialismus treu, will sich aber nicht von dessen Vertretern gängeln lassen, wenn er sich kritisch mit dem Staatssystem auseinander setzt. Er geht gemeinsam mit Sarah und Rainer Kirsch, Wolf Biermann und Karl Mickel in den 60er-Jahren gegen die Einschränkungen durch die Kulturpolitik vor.

Als Erzähler, Lyriker und Dramatiker beschäftigt er sich mit zeitgemäßen und gesellschaftspolitischen Themen und Fragen in der sozialistischen Gesellschaft, z. B. wie der Einzelne seine Individualität in der Gemeinschaft – des Kollektivs – verwirklichen kann. Vor allem seine lyrischen Arbeiten, die an den jungen Bertolt Brecht erinnern, machten ihn früh bei der jungen Generation beliebt.

Immer wieder bekam B. Schwierigkeiten mit der Veröffentlichung seiner Werke, so mit dem *Hinze-Kunze-Roman*, den er 1981 schrieb, der aber erst vier Jahre später als Buch erscheinen durfte. Selbst danach wurde das Buch durch die Kritik seitens der SED öffentlich geächtet.

Der Wiedervereinigung steht B. ablehnend gegenüber, er sieht in den westlichen Einflüssen nach der Wende eine Gefahr für die DDR-Kultur und die Gesellschaft. B. benutzt eindrucksvolle Bilder und eine aggressive, aber saloppe Sprache. Fast alle literarischen Werke B.s sind an literarische Vorbilder angelehnt, z. B. an Goethe oder Jean Paul.

Werkbeschreibung

Unvollendete Geschichte (Erzählung, 1977): Dieses Werk beruht auf wirklichen Ereignissen und durfte, nachdem es in der Literaturzeitschrift *Sinn und Form* in der DDR veröffentlicht wurde, ebenfalls erst Jahre später als Buch gedruckt werden.

Die Protagonistin Karin wird von ihrem Vater, einem hohen Parteimitglied, aufgefordert, den Kontakt zu ihrem Freund Frank abzubrechen. Seine Vergangenheit hat gezeigt, dass Frank kriminell war. Seine Brieffreundschaft zu einem DDR-Flüchtling mache ihn verdächtig. Frank hat sich aber längst in das Kollektiv eingefügt und außer diesem bloßen Verdacht kann man ihm nichts vorwerfen. Karins Vater spricht allgemein von einem Verdacht gegen Frank, sagt ihr aber nicht, womit der Verdacht begründet wird. Karin beugt sich zögernd dem Willen des Vaters, sie vertraut ihren Eltern und steht hinter dem staatlichen System. Wenn ihr Vater informiert wurde, dass Frank etwas Verdächtiges vorhabe, dann muss der Verdacht gut begründet sein, so denkt sie. Sie beendet die Beziehung zu ihrem Freund und bekommt kurz darauf die Zusage für ein Volontariat bei einer Zeitungsredaktion. Sie hält aber die emotionale Situation nicht aus und trifft sich wieder mit Frank, der sie aufrichtig liebt. Karin erzählt ihm von dem Verdacht gegen ihn. Sie erfährt von dem Brief, den ihm ein ehemaliger Klassenkamerad aus der Bundesrepublik geschrieben hat und der die Möglichkeit zur Flucht andeutet. Da Frank nicht mehr für westliche Einflüsse empfänglich ist, sehen sie darin beide keine Begründung für den Verdacht. Karin führt die Beziehung zu Frank neben ihrer Arbeit in der Redaktion weiter. Die Eltern erfahren davon und sind von ihrer sonst immer idealen sozialistischen und fügsamen Tochter enttäuscht und fühlen sich hintergangen. Karin verstrickt sich in ein Chaos aus Schuldgefühlen ihren Eltern und dem Freund gegenüber. Ihr Gewissen lässt sie nicht zur Ruhe kommen, sie will so sehr alles richtig machen, dann wird sie auch noch schwanger. Der Bruch mit den Eltern bringt Karin dazu, vorübergehend zu Frank zu ziehen. Sie kann sich aber dem Einfluss ihres Vaters nicht entziehen und übergibt der Partei Franks Briefe aus dem Westen. Vom Elternhaus und Vorgesetzten erneut bedrängt, trennt sich Karin endgültig von Frank. Dieser kann Karins Verhalten ihm gegenüber nicht verstehen. Als Karin ihn besucht, um sich ihre Sachen abzuholen, erkennt sie nicht, dass Frank kurz davor ist, sich das Leben zu nehmen, da er die Trennung nicht verkraftet. Sein Selbstmordversuch wird noch rechtzeitig entdeckt. Frank wird ins Krankenhaus eingeliefert, wo er lange um das Überleben kämpft. Karin ist entsetzt und fühlt sich wiederum schuldig, da sie ihre Gefühle aus Angst verraten hat. Sie kann derweil bei Franks Mutter wohnen, schläft aber aufgrund der großen psychischen Erschöpfung viel. Währenddessen erfährt der Vater, dass man Franks Fall fast abgeschlossen hat, der Verdacht hat sich als unhaltbar herausgestellt. In der Redaktion wird Karin entlassen. Sie ist bereit, für ihr Recht zu kämpfen, aber der Vater überzeugt sie, sich ruhig zu verhalten und die Kündigung hinzunehmen. Erst ihre wachsende Liebe zu ihrem Freund gibt der politisch resignierten und menschlich enttäuschten Karin Hoffnung auf eine glückliche Zukunft mit dem immer noch nicht wiederhergestellten Frank. KH

Bertolt Brecht

geb. am 10. 2. 1898 in Augsburg
gest. am 14. 8. 1956 in Ostberlin

Kurzbiografie

B. wuchs in gutbürgerlichen Verhältnissen auf, die Schulausbildung absolvierte er als durchschnittlicher, doch recht aufsässiger Schüler. Kriegsbedingt machte er 1917 das Notabitur und wurde als Kriegsdiensthelfer verpflichtet, später war er im Seuchenlazarett in Augsburg tätig. Im Oktober 1917 schrieb er sich in München als Student der Medizin und der Naturwissenschaften ein, ohne das Studium ernsthaft aufzunehmen (1921 Exmatrikulation).

Wesentlich stärker interessierte sich B. für Literatur, er verfasste Theaterkritiken und besuchte Literatur- und Theaterseminare, die ihn zu seinem ersten Drama *Baal* (erste Fassung 1918, Uraufführung 1923) anregten. Baal ist konzipiert als anarchischer, Branntwein und Frauen konsumierender „Dichter", der, wie B. selbst, Balladen und Moritaten in Kneipen vorträgt. Durch den Erfolg des Stückes konnte B. Kontakte zu verschiedenen Münchner Bühnen knüpfen, wo er selbst auch in verschiedenen Aufführungen mitspielte. Sein Drama *Trommeln in der Nacht* (Uraufführung 1922) brachte ihm den Kleist-Preis ein. Auch sein Stück *Im Dickicht der Städte* (1923) wurde ein Erfolg. Ein Dramaturgenvertrag an den Münchner Kammerspielen folgte. B. zog es jedoch weiter in die Metropole Berlin. Dort konnte er am Deutschen Theater, unter der Leitung von Max Reinhardt, als Dramaturg auch zunehmend eigene Stücke inszenieren (1924–1926). Freundschaften mit linksgerichteten Künstlern führten ihn zur kritischen Haltung gegenüber der Weimarer Republik. Die Lektüre von Karl Marx' *Kapital* machte ihn mit dem Marxismus vertraut. Er fand Anschluss an die kommunistische Bewegung, ohne sich jedoch allzu sehr mit der Partei zu identifizieren.

Inzwischen hatte B. bereits drei Kinder: den Sohn Frank (*1919) mit seiner Jugendliebe Paula Banholzer, die Tochter Hanne (*1923) mit der Sängerin Marianne Zoff, die er 1922 geheiratet hatte (Scheidung 1927), und den Sohn Stefan (*1924) mit der Schauspielerin Helene Weigel, mit der er 1929 die Ehe einging. Das vierte Kind B.s, die Tochter Barbara, brachte Helene Weigel 1930 zur Welt. Die vielfältigen Beziehungen zu Frauen, mit denen B. auch ein intensives Arbeitsverhältnis verband, spielten für sein Werk eine bedeutsame Rolle. Neben vielen weiteren (wechselnden) Mitarbeiterinnen sind dabei v. a. Elisabeth Hauptmann (ab 1925), Margarete Steffin (1931–1941) und Ruth Berlau (ab 1933) zu nennen, deren Einflüsse in verschiedenen Texten nachzuweisen sind.

Auch als Lyriker war B. erfolgreich, 1927 wurde seine *Hauspostille* zum ersten Mal aufgelegt. Ebenso entstanden in diesen Jahren viele seiner Parabeln und Kurzgeschichten (*Geschichten vom Herrn Keuner*, 1930). Ein durchschlagender Publikumserfolg war die *Dreigroschenoper* (Uraufführung 1928). Sie begründete seinen Ruhm als „Stückeschreiber", wie er sich selbst gern nannte, und öffnete den Weg zum Theater am Schiffbauerdamm auch für weitere Experimente. So entstanden die kommunistisch orientierten „Lehrstücke" wie *Die heilige Johanna der Schlachthöfe* (1929/30). Die Uraufführung der Oper *Aufstieg und Fall der Stadt Mahagonny* (1930), dem Modell einer kapitalistischen Stadt, in der nur der bestehen kann, der Geld besitzt, endete in Leipzig mit einem Theaterskandal. Im Februar 1933, ein Tag nach dem Reichtagsbrand, ging B. mit seiner Familie in die Emigration. Bei der Bücherverbrennung auf dem Opernplatz in Berlin übergaben die Nationalsozialisten auch seine Werke den Flammen. 1935 wurde ihm die deutsche Staatsbürgerschaft aberkannt.

Über mehrere Stationen gelangte B. nach Dänemark, dort lebte er mit einigen Unterbrechungen bis 1939 bei Svendborg auf der Insel Fünen (*Svendborger Gedichte*, 1939). Seine Arbeit stand fast ausschließlich im Dienst des antifaschistischen Kampfes. So beteiligte er sich an der Moskauer Exilzeitschrift *Das Wort*, in der er einen Teil seiner Arbeiten publizierte, aber auch seine Vorstellungen von Literatur in der sog. „Expressionismusdebatte" vehement verteidigte. Mit seinem Leitsatz „Über literarische Formen muss man die Realität befragen, nicht die Ästhetik, auch nicht die des Realismus" forderte er die Ausbildung von künstlerischen Formen nach den jeweiligen realen Gegebenheiten der Zeit. Dabei lehnte B. (bloße) „Widerspiegelung" ab und propagierte die Aufdeckung der gesellschaftlichen Realitäten und ihrer Widersprüche.

Vom Publikum und von der praktischen Theaterarbeit abgeschnitten, begann im Exil die reichste Phase seiner literarischen Produktion. Es entstanden u. a. das Lehrstück *Die Horatier und die Kuriatier* (1934), die Szenenfolge *Furcht und Elend des Dritten Reiches* (1936), der Einakter *Die Gewehre der Frau Carrar* (1937), der Roman *Die Geschäfte des Herrn Julius Cäsar* (1938), der Essay *Vergnügungstheater oder Lehrtheater* und das Drama *Leben des Galilei* (1938, Uraufführung 1943). Wegen der drohenden Besetzung Dänemarks durch die deutschen Truppen flüchtete B. 1939 nach Schweden, hier schrieb er *Mutter Courage und ihre Kinder* (Uraufführung 1941) und den Essay *Über reimlose Lyrik mit unregelmäßigen Rhythmen* (1939), und schließlich 1940 nach Finnland, wo die Dramen *Herr Puntila und sein Knecht Matti* (Uraufführung 1948) und *Der aufhaltsame Aufstieg des Arturo Ui* (Uraufführung 1958) entstanden. Das Stück schildert den Aufstieg Hitlers in der Weimarer Republik. B. stellt hier die Verflechtung von kapitalistischer Wirtschaft, bürgerlicher Gesellschaftsform und Faschismus dar.

Vor dem sich ausbreitenden Krieg flüchtete B. nach Santa Monica (Kalifornien). Seine Versuche, dort als Drehbuchautor tätig zu werden, schlugen fehl. Jedoch schrieb er 1943 *Schweyk im Zweiten Weltkrieg* und 1944 wurden die Dramen *Der gute Mensch von Sezuan*, in dem er zeigt, wie die gesellschaftlichen Verhältnisse das Gut-Sein eines Menschen verhindern und zu einer Persönlichkeitsspaltung führen, und *Der kaukasische Kreidekreis* fertig gestellt. Obwohl er in Kalifornien mit vielen emigrierten deutschen Autoren und Künstlern Kontakt aufnehmen konnte, bereitete er bald nach Kriegsende seine Rückkehr nach Deutschland vor.

B.s Rückkehr erfolgte 1947 über Zürich (hier entstanden die *Kalendergeschichten* und sein *Kleines Organon für das Theater*) in den Ostsektor von Berlin (1949). Hier versuchte er seine Kunstauffassung gegen die des offiziell vertretenen „Sozialistischen Realismus" durchzusetzen. Obwohl B. offiziell geehrt wurde, blieben seine Arbeiten in der DDR nicht gänzlich unumstritten. Er gründete 1949 mit Helene Weigel das *Berliner Ensemble*, das ab 1954 unter ihrer Leitung im Theater am Schiffbauerdamm arbeitete. Damit hatte B. die Möglichkeit, sich ganz auf die Theaterpraxis zu konzentrieren und durch Inszenierungen seiner und fremder Stücke seine Vorstellungen vom „epischen Theater" zu realisieren.

B.s Lyrikband *Buckower Elegien* (1953) gilt als Ausdruck seines Vermächtnisses. Ergänzend diktierte er noch kurz vor seinem Tod: „Schreiben Sie, dass ich unbequem war und es auch nach meinem Tod zu bleiben gedenke. Es gibt auch dann noch gewisse Möglichkeiten." B. starb an den Folgen eines Herzinfarkts.

Literarische Einordnung

B. war von den marxistisch-kommunistischen Ideen überzeugt. Zum ersten Mal fanden diese Erkenntnisse Ausdruck in seinen „Lehrstücken". Sie sind radikal in der Form und politisch in ihrem Inhalt. Der Zuschauer soll nicht nur betrachten, sondern selbst tätig werden. Er soll das Bühnengeschehen beurteilen, diskutieren und Erkenntnisse daraus gewinnen. Hier bereits gibt sich B.s Konzeption vom „epischen Theater" zu erkennen, die er später immer weiter differenziert hat und die bestimmend für sein Schaffen geblieben ist: Das herkömmlich-aristotelische Theater möchte das Publikum durch Mimesis (Nachahmung) ansprechen. Der Zuschauer soll mitfühlen und sich mit dem Geschehen auf der Bühne identifizieren. Im epischen Theater soll der Zuschauer lernen. Er soll neue Erkenntnisse über die Gesellschaft gewinnen. Deshalb darf er sich nicht mit dem Geschehen auf der Bühne identifizieren. Statt dessen muss er eine kritische Distanz wahren, sowohl zum Stück als auch zum Schauspieler, was über die „Verfremdungseffekte" gelingt. Damit ist es möglich, aktives Mitdenken anzuregen. Verfremden heißt, einen eigentlich selbstverständlichen Vorgang oder Charakter so fremdartig darzustellen, dass der Zuschauer ins Staunen gerät und nachzudenken beginnt. Verfremden heißt darüber hinaus, das Selbstverständliche so darzustellen, dass der Zuschauer dessen Veränderbarkeit begreift.

Nicht nur im Bereich der Dramatik war B. innovativ. In enger Zusammenarbeit mit seinen Komponisten (Hanns Eisler, Kurt Weill, Paul Dessau) wurden neue Formen der Musik für seine Stücke entwickelt. Nach der herkömmlichen Vorstellung sollen die Einzelteile eines Kunstwerks, einer Oper, zu einem Ganzen zusammenfließen. Der Musik kommt dabei die Aufgabe zu, die Illusion zu verstärken. B. dagegen fordert eine strikte Trennung der Einzelteile des Kunstwerks. Musik und Text sollen nicht Teile eines Ganzen sein, sondern als selbstständige Elemente nebeneinander stehen. B.s Songs stehen gleichberechtigt neben der dramatischen Handlung und bieten dem Schauspieler eine weitere Möglichkeit zur Verfremdung, zur Distanzierung von seiner Rolle.

B.s Bedeutung zeigt sich auch in seiner Lyrik, mit ungefähr 2 500 Gedichten in verschiedenen Lyriksammlungen war er einer der schaffensfreudigsten Lyriker seiner Zeit. Seine Gedichte zeigen unverwechselbare Eigenarten in Motiv, Bild und Sprache. So schrieb er Gedichte über Alltägliches, Frivoles und Politisches, nahm aber auch traditionelle Themen auf und brachte sie in neue, überraschende Verbindungen. B. beherrschte alle wesentlichen Formen der Lyrik: Er übernahm mit Hexametern und Odenstrophen antike Metren, dichtete in Kinderreimen und volkstümlichen Liedformen, verfasste mit Sonetten und Balladen klassische Gedichtformen, schrieb seine programmatische „reimlose Lyrik mit unregelmäßigen Rhythmen" und Gedichte in Ein-Wort-Versen (*Vergnügungen*, um 1954).

Ebenbürtig neben die Lyrik treten die kurzen *Kalendergeschichten* und die pointierten *Geschichten vom Herrn Keuner*, die dem Leser überraschende Erkenntnisse vermitteln.

B. zählt zu den „modernen Klassikern" der deutschen Literatur, stellt aber insofern einen Sonderfall dar, als er mit seiner Entscheidung, in der DDR zu leben und zu arbeiten, zum Streitfall der Politik wurde. In der Bundesrepublik Deutschland galt er offiziell lange Zeit als kommunistischer Dichter, der bereitwillig Propaganda für die Unmenschlichkeit des Sozialismus machte. Dennoch setzten die Theater und nicht zuletzt das Publikum das Werk B.s durch und sorgten dafür, dass B. heute einer der meist gespielten Bühnenautoren ist und mit seinem Werk den Literaturkanon von Schule und Hochschule entscheidend bestimmt.

Werkbeschreibungen

Leben des Galilei (Schauspiel, 1938): Die erste Fassung des Schauspiels in 15 Bildern schrieb B. 1938. Die zweite Fassung entstand 1944–1947, die dritte in der Zeit 1953–1956. Allen Fassungen gemeinsam ist das Grundgerüst der Dramenhandlung: Da Galilei im republikanischen Padua mit seinen wissenschaftlichen Versuchen, das damals neu entwickelte „Kopernikanische Weltsystem" zu beweisen, in finanzielle Schwierigkeiten gerät, begibt er sich nach Florenz unter die Herrschaft der Kirche als weltlicher Macht. Galileis Erkenntnisse werden zwar vom Vatikan bestätigt, seine Veröffentlichungen aber auf den Index gesetzt, weil sie mit der vorherrschenden Lehrmeinung der Kirche, dass die Erde das Zentrum des Universums sei, nicht übereinstimmen. Jahre später, voller Hoffnung wegen der Wahl eines Wissenschaftlers zum Papst, nimmt Galilei seine Arbeiten wieder auf und findet mit ihnen im Volk auch große Anerkennung. Als die Inquisition der Kirche Galilei jedoch mit der Folter droht, widerruft er seine Lehre. So verliert er zwar an Achtung, kann aber seine wissenschaftlichen Forschungen an einen möglichen Nachfolger übergeben und damit in die „neue Zeit" retten.

Die Aussage des Dramas, dass man durch List die Mächtigen besiegen kann, wird schon in der ersten Fassung deutlich. B.s Arbeit an der zweiten Fassung wurde stark durch die Atombomben auf Hiroshima und Nagasaki beeinflusst. Galilei wird abgewertet als ein „bürgerlicher Intellektueller", der seine wissenschaftliche Tätigkeit von seiner sozialen Verantwortung trennt. B. fordert dementsprechend „ein Gelöbnis (der Naturwissenschaftler), ihr Wissen einzig zum Wohle der Menschheit anzuwenden". In der dritten Fassung, entstanden nach der Entwicklung der Wasserstoff-Bombe, präzisiert B. seine Kritik an der Hauptfigur noch weiter. Sein Galilei räumt ein: „Hätte ich widerstanden, hätten die Naturwissenschaftler etwas wie den hippokratischen Eid der Ärzte entwickeln können, das Gelöbnis, ihr Wissen einzig zum Wohle der Menschheit anzuwenden! Wie es nun steht, ist das Höchste, was man erhoffen kann, ein Geschlecht erfinderischer Zwerge, die für alles gemietet werden können." Für Galilei kommt diese Erkenntnis zu spät, sie sollte jedoch für die Wissenschaftler der Gegenwart und Zukunft fruchtbar sein und ihr Handeln bestimmen. Wie vielleicht keine andere Figur ist der *Galilei* damit Sprachrohr seines Autors.

Mutter Courage und ihre Kinder (Schauspiel, 1941): Das Schauspiel in 12 Bildern ist eines von B.s meist gespielten Stücken. Als Vorlage diente ihm u. a. die „Landstörzerin Courasche" aus Grimmelshausens Schelmenroman *Trutz Simplex* (1670). Die Marketenderin Anna Fierling, genannt Mutter Courage, zieht mit ihrem Planwagen und ihren drei Kindern im Tross der Soldaten durch das Land. Einerseits will sie ihre Kinder vor dem Krieg schützen, andererseits lebt sie vom Krieg. Es entsteht ein Widerspruch zwischen Händlerin und Mutter, der nicht auflösbar ist und zum Tod der Kinder führt. Am Ende zieht die Courage allein mit ihrem Wagen weiter. Während ihre Kinder umkommen, weil sie sich auch im Krieg tugendhaft verhalten, schlägt sich die Mutter Courage mit ihrem Opportunismus durch und kann sogar zeitweilig vom Krieg profitieren. Am Schluss aber ist auch sie nicht mehr nur Mitläuferin, sondern Opfer, sie hat alles verloren.

B. entwickelte aus der Inszenierung der *Mutter Courage* 1949 (Titelrolle: Helene Weigel) das erste theaterpraktische Modellbuch des Berliner Ensembles. Er kennzeichnet darin das Drama als ein Stück, das die epische Technik konsequent anwendet. Der Zuschauer wird durch seine Kritik an der Courage zwangsläufig zu der Erkenntnis geleitet, dass man sich mit dem Krieg nicht arrangieren kann, weil er der Humanität zutiefst widerspricht. GL

Clemens Brentano

geb. am 9.9.1778 in Ehrenbreitstein (bei Koblenz)
gest. am 28.7.1842 in Aschaffenburg

Kurzbiografie

B. stammt aus einer wohlhabenden und angesehenen Kaufmannsfamilie, die nicht nur in enger Beziehung zu politischen Größen der Zeit stand – der Kurfürst und Erzbischof von Trier war Taufpate –, sondern auch der literarischen Kultur verbunden war: Die Großmutter Sophie von La Roche war als Schriftstellerin bekannt geworden und Goethe gehörte zum Freundeskreis der La Roches.

Der frühe Tod der Mutter (1793) beendete eine paradiesische Kindheit. Ab 1794 wohnte B. bei einer Tante in Koblenz und besuchte hier und später in Mannheim strenge Gymnasien. Der Vater und – nach dessen Tod – der die Geschäfte führende Stiefbruder versuchten B. zunächst die Kaufmannstätigkeit schmackhaft zu machen. Doch dies blieb erfolglos, genauso wie die Versuche, ein Bergbau-, dann ein Medizin- und schließlich ein Philosophiestudium aufzunehmen. Lebensnotwendig war eine Berufstätigkeit für B. nicht, er konnte von den Ertragsanteilen, die die Südfrüchte- und Gewürzimportfirma der Familie für ihn abwarfen, bis zu seinem Lebensende finanziell sorgenfrei leben.

Der Studienversuch in Jena (1798–1800) brachte jedoch andere lebensbestimmende Impulse: B. kam mit dem sog. frühromantischen Dichterkreis um die Brüder Schlegel und Tieck in Berührung und eigene literarische Tätigkeit begann ihn zu fesseln. Ein frühes Werk ist der Roman *Godwi* (1801), mit dem Untertitel *Ein verwilderter Roman*, in dem B. die Vorstellungen vom Roman und von romantischer Ironie, die er im Jenaer Kreis kennen gelernt hatte, zu verwirklichen suchte. Bekannter als der Roman wurden darin enthaltene Gedichte, wie das von der Loreley: Diese Gestalt, die an der gefährlichen Engstelle des Rheins bei Bacherach die Sinne der Schiffsleute verwirrt, wurde von B. erfunden und regte später u. a. Heine zu einem Gedicht an. Auch in anderen Texten dieser Zeit folgte B. den neuen romantischen Ideen und geriet zwangsläufig in Gegensatz zu den Dichtungsvorstellungen der Klassiker. Anschaulich wurde diese Gegensätzlichkeit anlässlich eines literarischen Preisausschreibens der Zeitschrift *Propyläen* im Jahre 1800, als das von B. eingereichte Lustspiel von der verantwortlichen Jury, nämlich Goethe und Schiller, abgelehnt wurde.

1803 heiratete B. Sophie Mereau, die jedoch schon 1806 starb – auch alle vier Kinder aus dieser Ehe starben bei oder kurz nach der Geburt.

Zusammen mit dem Dichter Achim von Arnim, der später B.s Schwester Bettine heiratete, begann er 1805 in Heidelberg ein arbeitsaufwändiges Projekt: Dem romantischen Interesse an der Vergangenheit und der Sprache des einfachen Volkes folgend, sammelten sie alte Volkslieder und Gedichte, bearbeiteten sie sprachlich und inhaltlich und gaben sie in vier Bänden bis 1808 unter dem Titel *Des Knaben Wunderhorn* heraus.

1807 heiratete B. erneut, aber die Ehe mit der erst 16-jährigen Augusta Bußmann führte schon nach wenigen Wochen zu katastrophalen, auch öffentlich wahrnehmbaren Szenen und wurde 1812 geschieden. In den Jahren vorher schon hatte B. Heidelberg verlassen und in Holland, in Weimar, Kassel, Landshut, München und endlich ab 1809 in Berlin gelebt. Ab 1811 zog er in die Nähe von Prag, wo die Familie ein Landgut gekauft hatte. 1813 war er in Wien, konnte aber nicht die erwünschten Kontakte zum berühmten Burgtheater herstellen. Ab 1814 wohnte er wieder in Berlin. Trotz der vielfachen Ortswechsel schrieb B. in diesen Jahren, besonders ab 1811, eine Reihe von Werken, z. B. die Erzählungen *Die Schachtel mit der Friedenspuppe* (1815) und *Die Geschichte vom braven Kasperl und dem schönen Annerl* (1817); weitere Projekte nahm er in Angriff, etwa die Herausgabe einer Märchensammlung, doch blieben sie unvollendet.

Um 1815/16 veränderte sich B.s Leben. Er wendete sich der katholischen Religion zu, verkaufte viele seiner bisherigen Bücher und begann religiöse Texte zu verfassen. Als er 1817 von einer ehemaligen Nonne erfuhr, an der die Stigmata des gekreuzigten Jesus sichtbar seien, besuchte B. sie an ihrem Wohnort Dülmen (Münsterland) und blieb jahrelang dort, bis zu deren Tod 1824. In vielfältigen Tagebuchnotizen hielt er die Visionen der Nonne schriftlich fest, immer bemüht, am Wundercharakter der Ereignisse keinen Zweifel aufkommen zu lassen. Von dem groß angelegten religiösen Werk, das B. plante, erschien 1833 nur der eine Band: *Das bittere Leiden unseres Herrn Jesu Christi*, der zu einem erfolgreichen und in Übersetzung für die romanischen Länder bis heute bekannten religiösen Andachtsbuch wurde.

Nach dem wieder unruhigen Leben, das B. nach 1824 geführt hatte – er war z. B. in Koblenz, Frankfurt, Paris und Straßburg –, fand er ab 1833 in München einen länger dauernden Wohnsitz. Seine Heiratswerbungen um die in Basel lebende Malerin Emilie Linder blieben unerwidert, doch arbeitete er an einer Zeitschrift mit, die die Förderung des Katholizismus zu ihrem Programm erhoben hatte. Er wandte sich auch der Literatur wieder zu, plante eine große Ausgabe seiner Werke und überarbeitete Texte. 1841 zog B. nach Aschaffenburg und starb dort wenig später im Haus seines Bruders.

Literarische Einordnung

Kennzeichnende Merkmale des Romantischen finden sich nicht nur im literarischen Werk B.s, sondern sie werden auch durch seinen Lebenslauf widergespiegelt. Seine Unfähigkeit, sich durch eine geregelte Berufstätigkeit in die bürgerliche Ordnung zu integrieren, setzt sich fort in der Unruhe seiner vielfachen Lebensstationen und auch seinen vergeblichen Bemühungen um eine eheliche Bindung.

Der romantischen Ferne zu den Normen des bürgerlichen Lebensalltags entspricht die Eigenart und Bedeutung der künstlerischen Gestaltung in seinem Leben. Schon äußerlich gesehen kann das Fragmentarische vieler seiner Texte und sein vielfältiges Bemühen um Überarbeitung als Indiz für seinen besonderen künstlerischen Anspruch gelten. Es geht ihm – charakteristisch für die Kunstvorstellung der Romantik – darum, durch die dichterische Phantasie und im Medium einer künstlerisch überformten Sprache die Harmonie zwischen Mensch und Natur zu bewahren, die in der gesellschaftlichen Wirklichkeit verloren gegangen ist. Aus diesem Gedanken resultiert eine gesellschaftskritische Perspektive und eine Wendung zur Vergangenheit, wie sie bei B. etwa an seinem Interesse für alte Märchenstoffe und Lieder sichtbar wird oder sich in seiner Erzählung *Chronik eines fahrenden Schülers*, die im Mittelalter spielt, widerspiegelt.

Ein dreistufiges Geschichtsdenken bildet hierfür die Grundlage: Die vergangene goldene Zeit, in der jene Harmonie herrschte, ist durch die in der Gegenwart herrschenden Störungen im Verhältnis Mensch–Natur abgelöst. Das künstlerische Schaffen neuer Harmonie im literarischen Text jedoch bedeutet eine „Poetisierung" der Welt, wie die Romantiker es ausdrücken, die letztlich – als dritte Stufe der Geschichte – auch eine neue Harmonie der gesellschaftlichen Lebensverhältnisse zur Folge haben soll.

Dieser Poetisierungsabsicht dient die ausgefeilte sprachliche Gestaltung, die besonders in B.s breitem lyrischen Werk – er schrieb ca. 1000 Gedichte – greifbar wird. Das Gedicht *Abendständchen* benutzt z. B. vielfältige sprachliche Klangwirkungen, um akustische Wahrnehmungen, die eine eigentlich einfache abendliche Naturszenerie bestimmen, lautmalerisch zu gestalten („Hör, es klagt die Flöte wieder, / Und die kühlen Brunnen rauschen."), und verwendet im Folgenden mehrfache Synästhesien, d. h. Vermischungen von Sinneseindrücken („Golden wehn die Töne nieder"), die aus den unterschiedlichen optischen und akustischen Eindrücken der Szenerie ein harmonisches künstlerisches Bild formen: So gestaltet das Gedicht die romantische Poetisierung der Welt.

Trotz dieses Kunstcharakters sieht der romantische Dichter sein Werk in der zwangsläufigen Begrenzung durch die subjektiven dichterischen Gestaltungsfähigkeiten. Zum Ausdruck bringt dies die romantische Ironie, die spielerisch desillusionierend eingreift, die scheinbar vollkommene Welt der künstlerischen Fiktion durchbricht und sie in ihrer künstlichen Machart durchschaubar werden lässt. An B.s Roman *Godwi* wird dies beispielhaft erkennbar: Zunächst anknüpfend an die Tradition des Entwicklungs- und Bildungsromans wird in Form von Briefen dargestellt, wie Godwi auf seinem langen Weg nach Italien in den Begegnungen mit mehreren Frauen sich charakterlich entwickelt. Doch plötzlich wird diese Erzählebene durchbrochen: Die Gestalt, die bisher als so genannter Herausgeber der Briefe am Rand des fiktionalen Geschehens gestanden hat, wird zur Romanfigur, unterhält sich mit Godwi über den Fortgang der Geschehnisse und stirbt schließlich, sodass die Romanfigur Godwi selbst den Roman zu Ende schreiben muss. In diesem Spiel mit Erzählebenen und Brechungen der künstlerischen Fiktion wird B.s Gestaltung romantischer Ironie greifbar.

Werkbeschreibung

Die Geschichte vom braven Kasperl und dem schönen Annerl (Erzählung, 1817): Auf unterschiedlichen Erzählebenen spielt das Geschehen des Textes. Der merkwürdige Wunsch von Kasperls Großmutter, die vom Erzähler eine Bittschrift formuliert haben möchte, damit ihr Enkel und ihr Patenkind Annerl nebeneinander begraben werden können, bildet den Erzählanlass. Die Großmutter erzählt nun ausführlich die Vorgeschichte ihres Enkels, der als Soldat immer sehr auf Ehre bedacht war. Als er feststellen musste, dass ein von ihm festgenommenes Diebespaar sein eigener Vater und Stiefbruder waren, erschoss er sich wegen des vermeintlichen Ehrverlustes. Auch von der Vorgeschichte des Annerl erzählt die Großmutter: Schlimme Vorzeichen in ihrer Kindheit bewahrheiteten sich, denn sie wurde von einem Adligen verführt, tötete ihr neugeborenes Kind und soll nun, in der Erzählgegenwart, als Kindsmörderin hingerichtet werden. Der Erzähler greift jetzt selbst in die Handlung ein und es gelingt ihm, beim Herzog Gnade zu erwirken. Doch diese Nachricht trifft zu spät am Hinrichtungsplatz ein; nur noch der Bestattungswunsch der Großmutter kann von dem betroffenen Herzog erfüllt werden und Kasperl wird öffentliche Ehre zuteil.

Hochschätzung der Ehre, Ehrverlust und Schuld sind Begriffe, mit denen sich das Verhalten von Kasperl und Annerl kennzeichnen lässt. Das Neue, Romantische von B.s Erzählung macht aber erst die künstlerische Gestaltungsweise aus: Dazu gehören das Erzählen auf mehreren Ebenen und die Wahl der Großmutter als Miterzählerin, die in ihrer altertümlichen Sprache das Vergangene-Volkshafte repräsentiert. Auch die bei ihr deutliche Vermischung von christlicher Glaubensgewissheit mit einer dunklen abergläubischen Furcht vor bedrohlichen Vorzeichen ist ein romantisches Darstellungsmotiv in B.s Erzählung. HH

Georg Büchner

geb. am 17. 10. 1813 in Goddelau
(bei Darmstadt)
gest. am 19. 2. 1837 in Zürich

Kurzbiografie

B. entstammte einem gutbürgerlichen Elternhaus, in dem viel Wert auf umfassende Bildung gelegt wurde. Zunächst beim Privatunterricht bei seiner Mutter, später auf dem Gymnasium in Darmstadt spielten naturkundliche Studien, aber auch die Beschäftigung mit deutscher und antiker Literatur eine große Rolle. Schon aus dieser Zeit machen Schulaufsätze und Reden des Gymnasiasten B. sein aufkommendes Interesse an politischen und sozialen Verhältnissen deutlich.

Dem Vorbild seines Vaters entsprechend begann er 1831 das Studium der Medizin in Straßburg. Dort kam er in engeren Kontakt mit den neuen revolutionären politischen Vorstellungen, die seit der französischen Juli-Revolution 1830 natürlich gerade in dieser weltoffenen Universitätsstadt intensiv diskutiert wurden.

Die Rückkehr nach Deutschland an die Universität Gießen empfand B. als Einengung. Briefe an die Familie und an die Verlobte M. Jaegeli zeigen seine intensive Auseinandersetzung mit politischen Fragen nur an, verbergen aber noch sein aktives Handeln, das erst im folgenden Jahr zu Tage tritt: 1834 gründete B. die Gießener Gesellschaft der Menschenrechte und verfasste die Flugschrift *Der Hessische Landbote,* die im Juli des Jahres wie eine Bombe in die etablierte feudale Gesellschaft Deutschlands einschlug. Trotz der Anonymität der Schrift und B.s Warnungen wurden einige Mitglieder der Menschenrechtsgesellschaft verhaftet.

B. zog sich zunächst ins Elternhaus nach Darmstadt zurück, schrieb dort in kürzester Zeit das Schauspiel *Dantons Tod,* floh dann aber Anfang 1835 nach mehreren Versuchen, seine Freunde vor polizeilichen Verfolgungen zu warnen, nach Straßburg. Ein noch vorhandener polizeilicher Steckbrief dokumentiert, für wie gefährlich der nach dem Wiener Kongress neu stabilisierte feudale Staat B. ansah.

Trotz weiterer literarischer Arbeiten – er schrieb die Erzählung *Lenz* und 1836 die Komödie *Leonce und Lena,* deren Veröffentlichung er allerdings nicht mehr erlebte – beendete er auch sein Medizinstudium mit dem Doktortitel der Universität Zürich. Dort erhielt er Ende 1836 eine Anstellung als Privatdozent. Er zog deshalb nach Zürich um und arbeitete neben seiner beruflichen Tätigkeit an dem Drama *Woyzeck,* das er jedoch nicht mehr ganz fertig stellen konnte. Wenige Wochen später starb B. an einer tödlichen Viruserkrankung.

Literarische Einordnung

Nicht nur B., sondern auch andere Autoren dieser sog. Vormärz-Literatur wurden im weiteren Verlauf des 19. Jahrhunderts unterdrückt und fast vergessen. Nach dem Scheitern der 48er-Revolution in Deutschland fanden die Vormärz-Schriftsteller, die sich in der Zeit vom Wiener Kongress 1815 und der Revolution im März 1848 kritisch gegen die bestehenden politischen Verhältnisse, gegen die Einseitigkeit adliger Macht und die Ohnmacht der Bürger, gegen Rechtlosigkeit und Armut der „unteren" Bevölkerungsschichten gewandt hatten, im preußisch geprägten Deutschland keinen Widerhall mehr.

Es dauerte bis zum Ende des Jahrhunderts, bis die Bedeutung B.s als kritischer Autor des Vormärz erkannt und sein politisches und literarisches Engagement für eine gerechte soziale Ordnung gewürdigt wurden. Vor allem wurde die Neuartigkeit der dramatischen Gestaltung in B.s Werk gesehen, mit der er sich von der bis zum Ersten Weltkrieg dominierenden klassisch-romantischen Dramentradition radikal abwendet.

B.s Schauspiele enthalten keine Handlungsabläufe, in denen sich Charaktere nach festen Mustern dramatischen Spannungsaufbaus entwickeln, sondern er zeigt seine Figuren in einzelnen unverbundenen Szenen, die schlaglichtartig Eindrücke entstehen lassen – ein Verfahren der dramatischen Darstellungsweise, das man als „offene Form" bezeichnet. B.s dramatische Gestalten sind nicht in der Lage, ihr Schicksal selbstständig zu gestalten; sie sind wehrlose Objekte. Sie veranschaulichen drastisch die Abhängigkeit der Menschen der unteren sozialen Stände von den gesellschaftlichen Hierarchien und Zwängen, in die sie unabänderlich hineingesetzt sind.

Gerade auch dieses Menschenbild bei B. markiert seinen Bruch mit der literarischen Tradition und erklärt den Schock, den seine Texte bei den Zeitgenossen auslösten. Aus heutiger Sicht liegt dagegen in diesem damals so befremdenden Menschenbild und seiner dramatischen Darstellung B.s Modernität begründet.

Werkbeschreibung

Woyzeck (Drama, 1836): B.s letztes Stück ist auch heute noch bekannte Schullektüre. Das Stück, dem ein historischer Fall zu Grunde liegt, beleuchtet in einer Anzahl von szenischen Bildern das Leben des Soldaten Woyzeck in einer hessischen Stadt. Woyzeck, ein armer und geistig einfacher Mann, lebt mit der schönen Marie zusammen, die auch ein Kind von ihm hat. Um zusätzlich Geld für ihren Lebensunterhalt zu verdienen, stellt sich Woyzeck dem Militärarzt für medizinische Experimente zur Verfügung und lässt entwürdigende Behandlungsweisen über sich ergehen. Er wird missachtet und verspottet. Zeichen körperlicher, aber auch psychischer Zerstörung zeigen sich an ihm. Als er von dem Verhältnis seiner Geliebten Marie mit einem sozial höher gestellten Tambourmajor erfährt und ihm die Unmöglichkeit, etwas dagegen ausrichten zu können, klar wird, sieht er nur noch den Ausweg, Marie zu töten. Bei einem gemeinsamen Spaziergang erstickt er sie. Als man Blut an seiner Hand erkennt, läuft er verwirrt zu einem Teich in der Nähe des Tatorts und wirft das Tatwerkzeug hinein. Da B. den Ausgang des Geschehens nicht mehr fertig stellen konnte, bleibt das Ende offen.

Mit Woyzeck zeigt B. ein Bild des zur Kreatur entwürdigten Menschen, der auf Grund seiner sozialen Lebensbedingungen keine Möglichkeiten zu einem freien selbstverantworteten Handeln hat. Seine macht- und rechtlose Stellung in der gesellschaftlichen Hierarchie erlaubt es ihm nicht, sich zu wehren; sein Handeln richtet sich daher ersatzweise gegen Marie, die eine ähnliche gesellschaftliche Position hat wie er – aber er trifft damit nur sich selbst, denn er zerstört so ja nur das Einzige, was ihm in seinem Leben von Bedeutung gewesen ist.

Deutlich wird hier B.s Eigenart der dramatischen Darstellungsweise sichtbar: Es liegt keine durchgängige Handlung vor, sondern allmählich setzt sich aus den unterschiedlichen Gesprächssituationen auf der Bühne mosaiksteinartig ein Gesamtbild Woyzecks zusammen.

Lenz (Erzählung, um 1835, 1839 veröff.): Der Sturm-und-Drang-Dichter J. M. R. Lenz ist die Titelfigur des unvollendeten Textes. Dieser Autor – B. ähnlich im Hinblick auf seine „offene" dramatische Gestaltungsweise und seine ablehnende Rezeption durch die etablierte Gesellschaft – wird dargestellt in der Endphase seines Lebens. Eindringlich gestaltet B. die extreme psychische Zerrüttung Lenz', die sein Leben zum Dahin-Vegetieren werden lässt. HH

Paul Celan

geb. am 23. 11. 1920 in Czernowitz
gest. vermutlich am 20. 4. 1970 in Paris

Kurzbiografie

C., eigentlich Paul Antschel, war das einzige Kind einer deutschsprachigen jüdischen Familie aus Czernowitz, der Hauptstadt der Bukowina (im heutigen Rumänien). Aufgrund ihrer wechselvollen Geschichte war diese Region geprägt von einem Kulturengemisch aus verschiedenen Völkern, Religionen und Sprachgemeinschaften. Sein Vater war gelernter Bautechniker und verdiente den Lebensunterhalt für die Familie als Brennholzmakler. C. besuchte 1934 das Oberrealgymnasium von Czernowitz, musste dieses aber dann aufgrund des verschärften Antisemitismus verlassen und auf ein rumänisches Staatsgymnasium wechseln.

Nach dem Abitur 1938 begann C. ein Medizinstudium im französischen Tours. Hier wurde er bekannt mit der Lyrik des Surrealismus, die seine eigenen Gedichte stark beeinflusste (erste Gedichte schrieb er bereits im Alter von 17 Jahren). Er musste nach Kriegsausbruch im Sommer 1939 sein Studium abbrechen und nach Czernowitz zurückkehren. Nun studierte er Romanistik und lernte die Landessprache Rumänisch, in der er auch seine ersten schriftstellerischen Arbeiten verfasste.

Nach dem Überfall Hitlers auf die Sowjetunion wurde C. zur Zwangsarbeit verpflichtet. Seine Eltern wurden von den deutschen Truppen in das Vernichtungslager Michailowka (östlich des Bug) deportiert, wo sie 1942 ermordet wurden.

Nach dem Ende des Krieges nahm C. ein Anglistikstudium in Czernowitz auf. Noch 1945 verließ er jedoch seine Heimatstadt und ging nach Bukarest, wo er als Übersetzer und Lektor tätig war. Drei erste deutsche Gedichte erschienen 1947 in der rumänischen Zeitschrift *Agora*. Seinen Familiennamen Antschel änderte er anagrammatisch zu „Celan". Er hielt sich fast drei Jahre in der Bukarester Literaturszene auf und zog im Dezember 1947 nach Wien. Ab 1948 lebte er endgültig in Paris. Dort nahm er sein Studium der Literatur und Sprachwissenschaften wieder auf und schloss es 1950 ab. Die Sprache seiner Dichtung blieb Deutsch – trotz der Verbundenheit mit Frankreich. Es entstand der Gedichtband *Mohn und Gedächtnis* (1952), mit dem wohl berühmtesten Gedicht C.s, der *Todesfuge*.

1952 heiratete C. die Künstlerin Gisèle Lestrange. Nach dem Tod des ersten Kindes bei der Geburt kam 1955 der Sohn Claude François Eric zur Welt. In dieser Zeit war C. auch als Übersetzer französischer Texte tätig. Ein weiterer Lyrikband erschien, *Von Schwelle zu Schwelle* (1955). 1959–1970 war C. Dozent für Deutsche Sprache und Literatur an der *Ecole Normale Superieure,* einer Elite-Akademie in Paris. 1967 brachte er sein Werk *Atemwende* heraus.

Die Werke C.s wurden in Deutschland sehr beachtet. Er erhielt z. B. den Bremer Literaturpreis (1958), den Georg-Büchner-Preis (1960) und den großen Kunstpreis von Nordrhein-Westfalen. Persönlich zog sich C. jedoch immer mehr zurück. Als Konsequenz seiner Isolation beging er 1970 Selbstmord in der Seine.

Literarische Einordnung

C.s Leben war beeinflusst von dem Kulturengemisch seiner Heimat und dem Trauma der Verfolgung und der Ermordung seiner Eltern durch die Nazis. In seiner Nachkriegslyrik verarbeitet er diese Motive: „Aus den Verzweiflungen werden

Gedichte." In seiner Lyrik versucht C. an seine Heimat und an die kaum begreiflichen Ursachen seiner Entwurzelung durch Tod und Verfolgung zu erinnern. Er hält in seinen Gedichten die Gräueltaten der Kriegsjahre fest – Erinnerungen, die in der Bundesrepublik vielfach verdrängt wurden.

Es kamen Zweifel auf, ob der Schrecken des Nationalsozialismus mit sprachlichen Mitteln überhaupt abbildbar ist. Doch das poetische Verfahren C.s ist zielgerichtet: Er verwendet alle Mittel der „hohen Lyrik", um poetischen Wohlklang zu erzeugen und um durch den Kontrast von Sprachgestaltung und Grauen das Versagen der Dichtung und deren Mitschuld an dem beinahe eingetretenen Untergang der Zivilisation aufzuzeigen.

Die lyrische Sprache C.s ist geprägt von Wiederholungen und Verschlüsselungen, bis hin zum Paradox der „absoluten Metapher". Besonders in den 50er- und 60er-Jahren tadelten Kritiker diese vermeintliche Esoterik und Hermetik des Dichters. Viele seiner Arbeiten scheinen surrealistische Züge aufzuweisen, was oft für Kritik gesorgt hat.

In späteren Werken C.s zeigt sich eine Veränderung der Sprache, z. B. in *Fadensonnen* (1968). Hier ist die Neigung des Autors zum Verstummen, zum Nicht-mehr-Sagbaren wahrnehmbar. C. wurde sein eigenes poetisches Konzept fragwürdig – obwohl er weiterhin als Lyriker sehr produktiv war. Es ging darum, ob die deutsche Sprache, die „Mörder-Sprache", den Gräueln der Zeit angemessen sei, und um die sprachliche Sagbarkeit der traumatischen Erfahrungen schlechthin. Seiner zunehmenden Sprachskepsis, seinem Rückzug aus der Schönheit sprachlicher Gestaltung entspricht C.s persönlicher Rückzug aus dem Leben.

Werkbeschreibung

Todesfuge (Gedicht, 1945): Die *Todesfuge* ist das wohl bekannteste Gedicht C.s. Zuerst wurde die *Todesfuge* in rumänischer Sprache unter dem Titel *Tango-ul mortii (Todestango)* veröffentlicht. Zu einer weiteren Verbreitung kam es 1952, nachdem C. den Text in die Sammlung *Mohn und Gedächtnis* aufgenommen hatte. In diesem Lyrikband wurde das Gedicht durch eine isolierte Stellung besonders herausgehoben. Aus dieser Tatsache wurde gefolgert, dass die *Todesfuge* für den Autor ein programmatisches Gedicht gewesen sein muss.

C. stellt in diesem Gedicht das Leben und die Grausamkeiten eines Konzentrationslagers im Dritten Reich dar. Er verwendet dazu eine außerordentlich erlesene und musikalische Sprache. Das Gedicht greift auf eine Vielfalt von stilistischen Mitteln zurück. Die vorhandene Wortpartitur arbeitet mit der Wirkung der Wiederholung und der Antithetik. Ein konsequentes System, das formal an eine musikalische Fuge erinnert, durchläuft die Anordnung der Sätze, Teilsätze und Satzteile, indem bestimmte Wortgruppen wie etwa „schwarze Milch der Frühe" und „dein aschenes Haar Sulamith" leitmotivisch im Text wiederholt werden. Die vielen im Gedicht verwendeten Metaphern (z. B. „wir schaufeln ein Grab in den Lüften da liegt man nicht eng", „Ein Mann wohnt im Haus der spielt mit den Schlangen", „er ruft streicht dunkler die Geigen dann steigt ihr als Rauch in die Luft") vermeiden die direkte Abbildung des Vernichtungsaktes, doch durch allmähliche Tempo< steigerung des Rhythmus, durch anaphorische Wiederholungen und Betonungen durch inhaltliche Antithesen wird das Geschehen der Vernichtung eindringlich fassbar.

Die *Todesfuge* wurde oft in die Diskussion eingebracht, ob die Schrecken von Auschwitz überhaupt durch die Sprache ausgedrückt und in ein Gedicht gefasst werden können (vgl. Theodor W. Adornos bekannte These, nach Auschwitz seien keine Gedichte mehr möglich). DK

Alfred Döblin

geb. am 10. 8. 1878 in Stettin
gest. am 26. 6. 1957 in Emmendingen

Kurzbiografie

D. wurde als viertes und vorletztes Kind jüdischer Eltern in Stettin geboren. 1888 verließ sein Vater die Familie und ging mit einem jungen Mädchen nach Nordamerika. Von einem wohlhabenden Bruder der Mutter wurden die Zurückgelassenen nach Berlin geholt, wo sie von dessen Unterstützung lebten. So kam es, dass D. erst 1891 wieder auf das Gymnasium, womit er bereits in Stettin begonnen hatte, geschickt werden konnte. Er schloss das Gymnasium im 22. Lebensjahr ab, nachdem er zweimal wegen ungenügender Noten in Mathematik wiederholen musste.

Schon während der Schulzeit begann D. zu schreiben. Seine ersten Werke – der Roman *Jagende Rosse* (1900) und zwei Novellen – blieben unveröffentlicht. Er studierte in Berlin und Freiburg im Breisgau Medizin, bevor er sich 1912 als Nervenarzt in Berlin niederließ. 1910 kam er mit dem Kreis des Berliner Expressionismus um Herwarth Walden in Kontakt. Mit der Erzählsammlung *Die Ermordung einer Butterblume* (1913) leistete er einen gefeierten Beitrag zur Literatur dieser Bewegung. 1929 gelang D. mit dem Roman *Berlin Alexanderplatz* der internationale Durchbruch. Darin wird D.s politisches Engagement deutlich, das er schon 1919–1921 unter dem Pseudonym Linke Poot in zahlreichen Essays für die Zeitschrift *Neue Rundschau* gezeigt hatte. Der entschiedene Pazifist und Sozialist begründete 1925 die *Gruppe 1925* linksorientierter Schriftsteller mit.

Da sich seine Hoffnung, die Intellektuellen würden Deutschland vor dem Faschismus bewahren können, als naiv erwies, musste er einen Tag nach dem Reichstagsbrand 1933 vor den Nationalsozialisten nach Zürich fliehen, von wo aus er nach Paris ging und dort die französische Staatsbürgerschaft annahm. Wegen des Vormarsches der deutschen Truppen auf Paris floh D. zusammen mit seiner Frau Erna (Hochzeit 1912) und seinem jüngsten Sohn Stefan (geb. 1926) über Portugal in die USA, wo sein ältester Sohn Peter (geb. 1912) bereits lebte. Dort arbeitete er wie viele deutschsprachige Autoren u. a. als Drehbuchautor. Die Exilzeit schildert sein Erlebnisbericht *Schicksalsreise* (1949), der bereits in den frühen 40er-Jahren entstand, aber wie viele seiner Schriften erst nach dem Krieg veröffentlicht werden konnte. Außerdem schildert das Buch auch seine Konvertierung gemeinsam mit Frau und Sohn zum Katholizismus, die bei vielen Schriftstellern auf Unverständnis stieß.

1945 kehrte D. als Offizier der französischen Zensurbehörde nach Deutschland zurück, wo er 1946–1951 die Literaturzeitschrift *Das goldene Tor* herausgab. Trotz seiner Tätigkeit als Autor und Herausgeber blieb er von der sich neu formierenden Literaturszene fast unbeachtet. Enttäuscht von den politischen, kulturellen und gesellschaftlichen Entwicklungen in Westdeutschland kehrte er 1953 nach Paris zurück. 1956 erschien in Ostberlin der Roman *Hamlet oder Die lange Nacht nimmt ein Ende*, der erst durch Vermittlung von Peter Huchel und Hans Mayer einen Verleger fand. D. starb 1957 in Emmendingen und liegt begraben auf dem Friedhof von Housseras in den Vogesen neben seinem Sohn Wolfgang (1915–1940), der als Freiwilliger auf französischer Seite im Krieg gefallen war.

Literarische Einordnung
D.s literarisches Werk umfasst Romane, Novellen, Essays und szenische Darstellungen. Seit er 1910 die expressionistische Zeitschrift *Der Sturm* mitgründete, entstanden seine Werke in rascher Folge. Er erprobt hierin die Möglichkeiten moderner Erzählkunst. Seine frühen Werke zeigen die raffende, bisweilen verzückte und visionäre Erzählweise des Expressionismus. Später schreibt er im erkennenden Stil neuer Sachlichkeit mit inneren Monologen und einer Montagetechnik, die die sich überstürzenden Eindrücke moderner Großstadtrealität zusammenfügt und in der Erzählweise an *Ulysses* von J. Joyce erinnert. Schreiben bedeutet für D., kritisch in die gesellschaftliche Wirklichkeit einzugreifen. In seinem Spätwerk verwendet er den Wechsel vieler Erzählweisen.

Werkbeschreibung
Berlin Alexanderplatz (Roman, 1929): Dieses Werk wurde der erste und einzige große, weltweite Erfolg seines Autors und für viele Leser fast zu einem Synonym für D. Von vielen wurde dieses Buch als Schilderung der Berliner Unterwelt missverstanden. Das wurde dadurch begünstigt, dass D. sehr detaillierte Darstellungen des Milieus gibt. Fakten jeder Art fanden Eingang in den Roman: Erzähler und Gestalten greifen zeitgenössische Ereignisse auf: Reden im Reichstag, Nachrichten über internationale Politik, Sport, lokale Theateraufführungen werden in den Roman eingefügt; die Figuren singen Bruchstücke populärer Melodien, erzählen die Witze des Tages und nennen Produkte des Handels. Auch hat D. alle Haltestellen von verschiedenen Straßenbahnen verzeichnet und seine topografischen Angaben sind so genau, dass der Leser mithilfe eines Stadtplans die Romanhandlung Straße für Straße mitverfolgen kann. Die Fakten stammten nicht aus Bibliotheken oder Dokumenten, sondern wurden D. von der Stadt selbst geliefert. Auch die Personen sind keine historischen oder fiktiven Gestalten aus fernen Kulturen, sondern Verbrecher, Zuhälter, Dirnen und andere Gestalten aus den unteren sozialen Schichten der Großstadt, die D. aus Erfahrungen während seiner Zeit als Arzt in einer Irrenanstalt bekannt waren.

Der Hauptakteur, der ehemalige Transportarbeiter Franz Biberkopf, wird dem Leser vorgestellt, als er das Gefängnis Tegel verlässt, in dem er vier Jahre lang wegen Totschlags seiner Geliebten zugebracht hat. Er ist fest entschlossen, ein „anständiges" Leben zu beginnen, was aber dadurch scheitert, dass er stets den falschen Leuten vertraut. Das führt so weit, dass er sich der Verbrecherbande um Reinhold anschließt. Dieser stößt ihn bei einem Einbruch aus dem Fluchtauto, was für Biberkopf eine Armamputation nach sich zieht. Trotzdem kehrt er zu Reinhold zurück. Reinhold jedoch hat es sich zum Ziel gesetzt, Biberkopf vollständig zu zerstören, indem er dessen einzige Vertraute, die Prostituierte Mieze, umbringt und den Verdacht auf Biberkopf lenkt. Nach einer Schießerei mit der Polizei wird Biberkopf in eine Irrenanstalt eingeliefert und später wegen Unzurechnungsfähigkeit freigesprochen. Er findet nach seinem starken Todeswunsch doch wieder ins Leben zurück und endet schließlich als Hilfsportier in einer Fabrik. Franz Biberkopf wurde so oft gebrochen, bis er „funktioniert". Damit schließt der Roman noch nicht, es folgen Aufrufe zum Wachsein, zur Tat und zur Gemeinsamkeit, die zu D.s Kunstvorstellung gehören.

D. ist in seinem Roman bestrebt, den Leser die Gefühle des Hauptakteurs erleben zu lassen. Er erreicht dies v. a. durch die Technik der Montage und Collage und das Einführen des inneren Monologs, was auch eine Verfilmung des Romans nahe legte. Dieser Roman thematisiert die Welt der Großstadt, die authentisch vorgeführt und als Schauplatz des brutalen Existenzkampfes sichtbar gemacht wird. WS

Annette von Droste-Hülshoff

geb. am 10. 1. 1797 auf Schloss Hülshoff (bei Münster)
gest. am 24. 5. 1848 in Meersburg (am Bodensee)

Kurzbiografie

Herkunft und Erziehung im Geiste strenger katholischer Religiosität haben D.s Leben in entscheidender Weise geprägt. Sie erlebte ihre Kindheit in der Abgeschiedenheit des münsterländischen Familienschlosses Hülshoff inmitten von Wäldern, Feldern und Mooren, nur gelegentlich unterbrochen von Besuchen im ostwestfälischen Bökendorf, wo der verwandte Zweig der von Haxthausischen Familie große Besitzungen hatte. Hier kam D. in Kontakt mit Künstlern, die beim Onkel häufig zu Besuch waren, und erhielt literarische Anregungen. In diesem Kreise lernte sie auch die Brüder Grimm kennen. Schon als Kind komponierte sie, schrieb Gedichte und spielte Theater.

Anerkennung der bestehenden gesellschaftlichen Ordnung, ihrer Moral und Religion, waren in diesem Rahmen ihrer Erziehung selbstverständliche Werte, in die sie hineinwuchs. Dazu gehörte das Selbstbewusstsein der gesellschaftlichen Stellung des Adels genauso wie die Anerkennung der Einschränkungen subjektiver Lebens- und Erfahrungsräume, die im Rahmen der damaligen Gesellschaft auch für das junge adlige Mädchen vorgegeben waren.

Frühe literarische Texte wie das Dramenfragment *Berta* der erst 16-jährigen Autorin bestätigen die Notwendigkeit der Einbindung in feste gesellschaftliche Ordnungen im Hinblick auf das individuelle Leben, Denken und Fühlen. Kennzeichnend für D. ist, dass die Wünsche nach Emanzipation nur im Medium der Literatur ausgesprochen werden dürfen, während sie in der Realität des Lebens sich noch für viele Jahre den Zwängen der Ordnung und den Gehorsamsforderungen der Familie unterwarf. Erste Liebesverhältnisse, bei denen sie zwischen zwei Männern schwankte, wurden ihr 1820 so gründlich vom Familienrat ausgetrieben, dass daraus lebenslange Ehelosigkeit resultierte.

Der Tod des Vaters 1826 bedeutete eher eine weitere Einschränkung, denn D. wohnte nun mit der Mutter auf deren Witwensitz, dem Rüschhaus nahe bei Münster, und führte das gehörige eintönig-geregelte Leben des adligen Fräuleins, in dem Krankenbesuche und andere soziale Tätigkeiten schon Höhepunkte darstellten. Reisen an den Rhein, ein Aufenthalt in Köln beim anderen Onkel, wo sie Professoren der neu gegründeten Bonner Universität kennen lernte, v. a. aber mehrfache Besuche bei der Schwester, die in Eppishausen in der Schweiz mit einem Germanisten verheiratet war, weiteten dennoch den geistigen Horizont D.s. Sie betrieb naturkundliche Studien und schrieb Gedichte, in denen sich genaue Naturbeobachtung, wie sie später für ihr literarisches Werk kennzeichnend wurde, widerspiegelt.

Die nähere Bekanntschaft mit dem damals erst 23-jährigen Levin Schücking, dem Sohn einer Freundin D.s, brachte ab 1837 Veränderungen. Von ihm zu literarischer Tätigkeit verstärkt angeregt, schrieb sie zunächst mehrere Landschafts- und Bevölkerungsschilderungen ihrer westfälischen Heimat, wobei sie auch realitätsgetreu auf soziale und gesellschaftliche Probleme (Alkoholismus, Kriminalität) einging, z. B. in ihren 1842 erschienenen *Bildern aus Westfalen*.

Die entscheidende Lösung aus ihrem bisherigen Umfeld vollzog D. 1841. Sie reiste zur Meersburg in der gleichnamigen Stadt, wo ihre Schwester inzwischen wohnte, und 1842 traf auch Schücking ein, der dort eine Anstellung als Bibliothekar erhalten sollte. Trotz des Altersunterschieds beider entwickelte sich eine Liebesbeziehung und zugleich zweifellos die glücklichste Zeit im Leben D.s, was sich in vielfältiger literarischer Produktion widerspiegelt: Eine Vielzahl von Gedichten und Balladen entstand (*Rüschhausener Balladen, Meersburger Balladen*, darin u. a. *Der Knabe im Moor* und *Am Turme*), auch *Die Judenbuche. Ein Sittengemälde aus dem gebirgichten Westfalen* wurde fertig gestellt und durch Schückings Vermittlung 1842 gedruckt. Ein Gedichtband von 1844 brachte ihr so viel Honorar ein, dass sie sich davon das nahe der Meersburg gelegene Fürstenhäusle kaufen konnte, wo sie einen großen Teil der noch vier verbleibenden Jahre bis zu ihrem Tod lebte. Denn D.s glückliche Zeit endete schnell: Schücking hatte schon 1842 wieder die Meersburg verlassen und sich Ende 1843 verheiratet; die problematisch werdende Beziehung D.s zu ihm endete 1846.

In den letzten Lebensmonaten verschlechterte sich ihre chronische asthmatische Erkrankung und führte schließlich zum Tode.

Literarische Einordnung

Es ist kaum möglich, das Werk D.s einer einheitlichen literarischen Stilrichtung zuzuordnen, und entsprechend vielschichtig und sogar widersprüchlich sind die Einschätzungen, die es im Verlauf der Zeit gegeben hat. Früher ist sie meist als katholische Dichterin eingeordnet worden, die Glauben und Moral fördern wollte und deren christliche Haltung nachahmenswert gewesen sei. Auch eine andere Zuordnung als Dichterin des Biedermeier geht noch auf ihre Lebenszeit zurück und wird v. a. anhand ihrer Naturgedichte und Balladen entwickelt. Nach dieser Deutung ist es das Anliegen D.s, die Lebenswirklichkeit zu verschönern und tiefe Gefühle und bedeutungsvolle Gedanken zu zeigen, was ja erst wirkliche Dichtung ausmache. Die grundlegende Absicht biedermeierlichen Denkens, die Welt im literarischen Text als schön und heil zu konservieren und von den Gegebenheiten der Realität abzuschotten, wird in solcher Deutung sichtbar – denn diese gesellschaftliche Realität des Biedermeier ist dagegen bestimmt von Meinungsunfreiheit, literarischer Zensur und politischer Verfolgung.

Dass sich D. gar nicht von den Verhältnissen der Realität abschotten will, sondern sie realistisch unter kritischer Perspektive in ihre Texte hineinbringt, wird in der heutigen Forschung immer deutlicher. Zwar steht D. von ihrer Herkunft her in den Traditionen gesellschaftlicher Hierarchien und etablierter Ordnung und sie stellt sie nicht revolutionär in Frage – doch sie erkennt das Brüchig-Werden dieser Ordnungssysteme und gestaltet es literarisch: Soziale Probleme, Alkoholismus, Unfähigkeit staatlicher Ordnungsmächte und Borniertheit der adligen Führungsschicht, aber auch Einschränkungen des (weiblichen) Individuums durch gesellschaftliche Konventionen und sogar religiöse Zweifel, denen nicht einfach durch das Befolgen frommer Riten und Gebote abzuhelfen ist, sind Themen, die realistisch zur Sprache gebracht werden. In diesem auf genauer Beobachtung beruhenden Ansatz eines kritischen Realismus liegt das – früher meist unterschlagene – Neue, Emanzipatorische in D.s Werk.

Werkbeschreibungen

Die Judenbuche (Novelle, 1842): Der bekannteste und auch heute noch in der Schule viel gelesene erzählerische Text D.s spielt im Ostwestfälischen und erzählt vom Leben und Schicksal des Friedrich Mergel. Friedrich, aus zerrütteten und armseligen Familienverhältnissen stammend, wird durch seinen Onkel Simon in Kreise des damals verbreiteten organisierten kriminellen Holzdiebstahls eingeführt. Das verdiente Geld verschafft ihm, dem bisherigen Außenseiter im Dorf, zum ersten Mal soziale Anerkennung, doch hintergründig bleibt die Verachtung bestehen. Als Friedrich bei einem großen Fest öffentlich mit dem Juden Aaron in Streit gerät, von ihm blamiert wird und dieser dann wenig später ermordet aufgefunden wird, gerät Friedrich in Verdacht und flieht – zusammen mit Johannes Niemand, einem unehelichen Sohn des Onkels, der Friedrich zum Verwechseln ähnlich sieht. Friedrich scheint schuldig, doch ergeben sich auch entlastende Aspekte, ganz klar wird die Sache nicht. Die Juden des Ortes gravieren in die Buche, wo Aaron aufgefunden wurde, eine geheimnisvolle Inschrift.

Etwa 30 Jahre später setzt dann der Schlussteil der Erzählung wieder ein. Ein alter, gebrochener Mann taucht im Dorf auf und wird zunächst für den damals verschwundenen Johannes Niemand gehalten. Er erzählt, viele Jahre lang als Sklave gefangen gewesen zu sein, lebt noch einige Zeit und wird schließlich an jener Buche mit der geheimnisvollen Inschrift erhängt gefunden. Dabei wird er als Friedrich Mergel identifiziert.

D. greift in ihrer Erzählung auf eine historische Begebenheit zurück. Obwohl sie sie mit Zügen des Unheimlich-Schaurigen erzählerisch ausgestaltet, ist andererseits der realistisch-kritische Gehalt unverkennbar. Nicht nur die kriminelle Karriere des Friedrich Mergel, sondern auch seine elende Herkunft werden genau erzählt und auch die Mängel im moralischen und rechtlichen System der Dorfgesellschaft sind mit einbezogen, sodass insgesamt das gesellschaftliche Ordnungssystem in ein kritisches Licht gerät. Den Mörder Friedrich Mergel, der viele Jahre in der Sklaverei leben musste und sich nun noch aus schlechtem Gewissen am Ort seiner damaligen Tat erhängt hat, scheint zwar seine gerechte Strafe ereilt zu haben, so dass der Leser im Ausgleich von Schuld und Sühne eine gerechte Ordnung am Werke erkennen soll. Andererseits aber fügt D. gerade auch durch die Gestalt des Doppelgängers Johannes Niemand eine solche Menge von Verrätselungen und Doppeldeutigkeiten in ihren Text ein, so dass fraglich wird, ob die Vorstellung der gerechten gesellschaftlichen Ordnung nicht nur bloßer schöner Schein ist, der einer ungerechten Wirklichkeit nur noch als Wunsch übergestülpt ist. Die literarische Zwischenstellung D.s wird gerade hierin greifbar: Einerseits ihre Bindung an die alte feudale Ordnung, die sie auch als grundsätzlich richtig ansieht, andererseits ihr kritisch realistischer Blick, der die Mängel der gesellschaftlichen Ordnung aufdeckt.

Der Knabe im Moor (Ballade, 1841/42): D.s Balladen zeichnen sich v. a. durch ihre realistischen Naturbeobachtungen aus, die dann zu einer unheimlich-schaurigen Atmosphäre gesteigert werden. Die Angst des Kindes, das auf seinem Schulheimweg durch das Moor laufen muss, verbindet sich mit dessen detaillierter Beschreibung und lässt eine geisterhafte Szenerie entstehen – bis das Kind endlich durch das heimatliche Licht „erlöst" wird.

Am Turme (Gedicht, 1842): In diesem Gedicht, auf der Meersburg geschrieben, beobachtet die Ich-Sprecherin das umgebende Land und Meer und verbindet ihre Wahrnehmungen mit Wunschvorstellungen in Bezug auf das eigene Leben. Sie entwirft Kontraste zwischen der freien Natur und ihren eigenen eingeengten Lebensmöglichkeiten, in denen sich die vielfache Eingrenzung weiblicher Existenz durch das gesellschaftliche Ordnungssystem widerspiegelt, und malt als träumerischen Ersatz im Gedicht ihren Wunsch nach einem anderen Leben aus. HH

Friedrich Dürrenmatt

geb. am 5.1.1921 in Konolfingen (Schweiz)
gest. am 14.12.1990 in Neuchâtel

Kurzbiografie

D. wurde als Sohn des Pfarrers Reinhold Dürrenmatt und seiner Frau Hulda in Konolfingen im Kanton Bern geboren. Er besuchte zunächst dort die Schule, bis die Familie 1935 nach Bern zog. Nach dem Abitur 1941 studierte er Philosophie und Literaturwissenschaft, zuerst in Zürich, dann in Bern. Nach zehn Semestern verließ er die Universität, arbeitete als Zeichner und Graphiker und schrieb zunächst Literaturkritiken, bald auch eigene Prosa und erste Stücke. In Basel heiratete er 1946 die Schauspielerin Lotti Geissler, mit der er drei Kinder bekam.

Im Jahr 1947 trat er erstmals vor die Öffentlichkeit: Das Schauspielhaus Zürich führte sein Drama *Es steht geschrieben* (1947, Neufassung 1967 unter dem Titel *Die Wiedertäufer*) über die Sekte der Wiedertäufer im Münster des 16. Jahrhunderts auf – mit überaus kontroversen Reaktionen. Auch das nächste Stück *Romulus der Große* (1948, Neufassung 1958), eine Komödie über den Untergang Roms, zeigte deutlich seinen Sinn für Ironie und Groteske. In diesem Drama taucht erstmals „die schlimmstmögliche Wendung" auf, die dann fast alle seine Stücke kennzeichnet: Es ist die Wendung, die alles planende Handeln der Figuren ins Gegenteil verkehrt: Der römische Kaiser Romulus, hinter der Maske des Hühner züchtenden Narren, löst zwar mit Absicht sein Reich auf, muss aber dann erkennen, dass die Germanen einen Staat errichten, der noch barbarischer ist, als es das römische Weltreich schon war.

Die ersten Erfolge am Theater ermöglichten D. 1952 den Rückzug nach Neuchâtel an den Neuenburgersee, ein „Platz hinter dem Mond", wie er ironisierend schrieb. Nach den Publikumserfolgen *Die Ehe des Herrn Mississippi* (1952), in dem die Ideologien der Ost-West-Konfrontation aufeinander prallen, und *Ein Engel kommt nach Babylon* (1954), in dem vor dem Hintergrund des Turmbaus zu Babel menschliche Hybris thematisiert wird, wandte er sich dem Genre des Kriminalromans zu. Die viel gelesenen Romane *Der Richter und sein Henker* (1952, verfilmt 1976 von Maximilian Schell), *Der Verdacht* (1953) und *Das Versprechen* (1958) lassen wie der in den 50er-Jahren begonnene Roman *Justiz* (1985) D.s Vorliebe für die Gattung der Kriminalgeschichte erkennen, der er neue Möglichkeiten abgewann. Hauptgestalt der ersten beiden Geschichten ist Kommissär Bärlach, der mit ungewöhnlichen Methoden dem Verbrechen beizukommen versucht. Hauptgestalt von *Das Versprechen*, dem „Requiem auf den Kriminalroman", ist der Kommissar Matthäi, dem es nicht gelingt, einen Mörder zu fassen, obwohl sich seine Strategie letztlich als richtig erweist.

In der Zeit zwischen 1951 und 1956 schrieb D. außerdem verschiedene Hörspiele (u. a. *Der Prozeß um des Esels Schatten*, 1951; *Herkules und der Stall des Augias*, 1954; *Die Panne*, 1956), um sich das damals neue Medium zunutze zu machen. Von einer heiteren Seite zeigte sich D. in dem Roman *Grieche sucht Griechin* (1955), seinen Ruf als „Klassiker der Moderne" begründeten jedoch die Stücke *Der Besuch der alten Dame* (1956) und *Die Physiker* (1962, Neufassung 1980).

Auch sein nächstes Stück *Der Meteor* (1966) war erfolgreich. Es ist ein Drama, das ganz konsequent D.s Vorstellung vom Theater als „Theater" umsetzt und zugleich den Zufall, der in diesem Fall wie ein Meteor in die gewohnte Welt hereinbricht, thematisiert. In den folgenden Jahren standen die Bearbeitungen eigener und zunehmend auch fremder Werke im Mittelpunkt seines Schaffens, so die Neugestaltung von Shakespeares *König Johann* (1968), *Play Strindberg* (1969) nach August Strindbergs *Totentanz* und *Titus Andronicus* nach Shakespeare (1970). Damit verbunden war ein aktives Engagement für das Theater selbst, das D. zunächst in Basel und später in Zürich als künstlerischer Berater zu realisieren suchte. Streitigkeiten führten jedoch zum Rückzug, 1972 lehnte D. die Berufung als Direktor des Schauspielhauses Zürich ab.

In den folgenden Jahren war D.s Tätigkeit neben der Sammlung und Aufbereitung verschiedener Inhalte (*Die Stoffe I–III*, 1981; *IV–IX*, 1990) geprägt durch Reden, Interviews, Aufsätze und Essays. Er erregte Aufsehen und forderte zur Kritik heraus, indem er polemisch zugespitzte Urteile mit umfassenden Zukunftsvisionen verband. Diese sog. „kosmische Perspektive" ist auch mit seinen letzten Stücken in Verbindung zu bringen, am deutlichsten vielleicht in *Porträt eines Planeten* (1971; entstanden 1967, uraufgeführt 1970), das die Welt kurz vor ihrem Untergang – die Sonne zerplatzt als Supernova und verbrennt alles Leben – in Einzelszenen vorführt und in ihrer prinzipiellen Aussichtslosigkeit zeigt. Der Erfolg blieb hier aus, ebenso wie für die Folgestücke *Der Mitmacher* (1976), *Die Frist* (1977) und *Achterloo* (1983) und den Roman *Durcheinandertal* (1989).

1981 kam eine 30-bändige Werkausgabe heraus, die seinen Ruf als „Klassiker der Moderne" bestätigte. 1983 starb seine erste Frau, 1984 heiratete er die Journalistin und Filmemacherin Charlotte Kerr, die einen Film über ihn und sein Werk drehte. D. starb kurz vor seinem 70. Geburtstag in seinem Haus in Neuchâtel an Herzversagen.

Literarische Einordnung

D. ist nach Bertolt Brecht der bedeutendste Theoretiker des deutschen Dramas des 20. Jahrhunderts, doch im Gegensatz zu Brechts lehrhafter und letztlich optimistischer Weltdeutung verzichtet D. auf die Darstellung von Sinn und Erkenntnis der Welt. In seinen Essays und Reden wird sein grundlegender Geschichtspessimismus deutlich, der wenig Raum für eine Verbesserung der bestehenden Verhältnisse lässt. Denn indem D. der Literatur die Möglichkeit abspricht, gesellschaftliche Entwicklungen und Prozesse frei zu legen, indem er darüber hinaus der Geschichte selbst jede Linearität abspricht und sie als Folge von Zufälligkeiten ansieht, stellt er sich in deutlichen Gegensatz zur Dramaturgie Brechts, auch wenn er dessen verfremdende Mittel gelegentlich gebraucht. Lösungen findet D. manchmal im – sich verweigernden – Einzelnen, dem die „Freiheit des Geistes" als einziger Ausweg offen zu stehen scheint. Grundlegende weltpolitische Veränderungen sind von D. nicht eingeplant; bei ihm triumphiert stets die „schlimmstmögliche Wendung", der Untergang. D. bezeichnete es als seine Aufgabe, nicht Therapeut, sondern Diagnostiker zu sein, dessen Literatur jedoch das Publikum zu kritischer Reflexion bewegt.

D. erhielt für sein umfangreiches Werk zahlreiche Auszeichnungen und Literaturpreise, z. B. den Schillerpreis der Stadt Mannheim 1959, den Großen Literaturpreis des Kantons Bern 1969, die Buber-Rosenzweig-Medaille 1977, den Österreichischen Staatspreis für europäische Literatur 1983 bis 1986, den Georg-Büchner-Preis 1986 und den E.-R.-Curtius-Preis für Essayistik 1989. Ihm wurde das Ehrendoktorat vieler berühmter Universitäten verliehen. Doch ist er, nach Einschätzung seiner Kritiker, „der unbequeme Zeitgenosse geblieben, als der er vor einem halben Jahrhundert antrat. (...) Unruhe stiftend ist er, gottlob, geblieben."

Werkbeschreibungen

Der Verdacht (Kriminalroman, 1953): Der Roman könnte als Fortführung von *Der Richter und sein Henker* (1952) angesehen werden, da hier Kommissär Bärlach unerschütterlich wiederum einen Verbrecher stellt, der ihm als Gegner gegenübertritt. Doch darüber hinaus stellt sich D. mit diesem Werk in die Reihe der Autoren, die sich der grauenhaften nationalsozialistischen Vergangenheit zu nähern suchen.

In zwei großen Spannungsbögen vollzieht sich die Entdeckung und Hinrichtung des ehemaligen KZ-Arztes Emmenberger, der sich inzwischen unerkannt in der Schweiz etabliert hat. Im ersten Teil kann Bärlach nach einer erfolglosen Krebs-Operation seinen durch ein Zeitungsfoto zufällig geweckten „Verdacht" mithilfe der Berichte seines Hausarztes Hungertobel erhärten. Im zweiten Teil begibt er sich inkognito in das Sanatorium Emmenbergers, den er für den sadistischen Arzt Nehle hält, der – unter dem Deckmantel der Wissenschaft – im KZ Patienten ohne Narkose operierte und es, so stellt sich heraus, auch jetzt noch tut. Bärlachs Plan geht jedoch zunächst nicht auf: Der entlarvte Arzt wählt den ihm ausgelieferten Bärlach als sein nächstes Opfer aus. Doch der riesenhafte Jude Gulliver, der als Einziger Emmenbergers entsetzlichen Eingriff überlebt hat und nun eine Schattenexistenz führt, tötet seinen Widersacher und rettet Bärlach in letzter Minute. Der Kommissär kehrt nach Bern zurück und sieht dort seinem Tod entgegen.

Der Verdacht erschien zunächst in Fortsetzungen im *Schweizerischen Beobachter*. Einigen Kritikern missfiel zwar das Auftreten von Gulliver als makabrem „deus ex machina", sie empfanden das Ende des Romans daher als künstlich. Doch die Anklage der „Mediziner ohne Menschlichkeit" in den Konzentrationslagern der Nationalsozialisten, die z.T. wieder zu angesehenen Bürgern geworden waren, stieß auf großes öffentliches Interesse.

Der Besuch der alten Dame (Tragische Komödie in drei Akten, 1956, überarbeitete Neufassung 1980): Das Stück entstand 1955 und wurde im Januar 1956 im Züricher Schauspielhaus uraufgeführt. Inszenierungen in aller Welt brachten D. den Durchbruch als Bühnenautor. *Der Besuch der alten Dame* gilt als Dürrenmatts „bestes" Stück, es gehört bis heute zum Standardrepertoire zahlreicher Bühnen. Es gibt mehrere Verfilmungen (u.a. *The Visit*, Regie: Bernhard Wicki, 1964) und Fernsehbearbeitungen und sogar eine Vertonung als Oper (Libretto: Gottfried von Einem, Uraufführung 1971 in Wien).

Die Milliardärin Claire Zachanassian, die „reichste Frau der Welt", kehrt in ihre Heimatstadt Güllen zurück, die am Rande des Wirtschaftsbooms dahinsiecht. Die Stadt erhofft sich ihre finanzielle Sanierung von diesem Besuch. Doch „die alte Dame" nutzt die Macht ihres Geldes, um sich an ihrem früheren Geliebten Alfred Ill zu rächen, der sie wegen einer bürgerlichen Heirat verließ, die Vaterschaft für ihr Kind leugnete und damit ihr früheres Elend verschuldete. Sie bietet der Bürgerschaft Güllens eine Milliarde Kopfgeld, wenn sie Ill tötet. Die Güllener weisen zunächst das Ansinnen empört zurück, ergeben sich dann aber den Verlockungen des Wohlstands: In einer makabren Szene wird die Hinrichtung Ills einstimmig beschlossen und gemeinsam vollzogen. Claire Zachanassian vollzieht ihre Rache, indem sie sich „Gerechtigkeit" kauft. In einer Parodie auf die antike Tragödie singt der Chor der Güllener eine Dankeshymne auf die „Wohltäterin", mit deren Abfahrt dann die Handlungsfolge schließt.

Die schrittweise enthüllende „Komödie" ist gekennzeichnet durch skurrile und groteske Einfälle, sarkastisch-makabre Sprach- und Situationskomik und satirische Überzeichnungen. Anti-illusionistische Mittel verfremden das Bühnenspiel, können und sollen jedoch nicht den grausigen Ernst der unabwendbar scheinenden Katastrophe mildern. Im Nachwort leugnet D. zwar eine moralische Forderung: Das Stück sei „geschrieben von einem, der sich von diesen Leuten durchaus nicht distanziert und der nicht so sicher ist, ob er anders handeln würde". Doch Kritik und Publikum erkennen darüber hinaus in diesem Drama die Möglichkeit und Pflicht des Theaters, den Zuschauer aufzustören, in ihm Fragen zu provozieren an sich selbst, an seine eigene Moral.

Die Physiker (Komödie, 1962, Neufassung 1980 mit geringen Änderungen): Diese Komödie in zwei Akten ist D.s zweiter Welterfolg. Sie entstand während der Zuspitzung des Kalten Krieges und der öffentlichen Diskussion über die atomare Rüstung. Die von Bertolt Brecht (*Leben des Galilei*, entstanden 1938–1956) zuerst formulierte Warnung an die Wissenschaftler vor dem Missbrauch ihrer Erkenntnisse wird von den Physikern zwar beherzigt, doch ist ihr Versuch letztlich zum Scheitern verurteilt.

In der Einheit von Ort, Zeit und Handlung („einer Handlung, die unter Verrückten spielt, kommt nur die klassische Form bei") konstruiert D. im ersten Akt eine Kriminalkomödie um drei Physiker in einer privaten Irrenanstalt. Jeder hat seine Krankenschwester, die ihn liebte, ermordet, die zunächst forsch auftretenden Polizisten resignieren. Der zweite Akt enthüllt die Wahrheit hinter dem nur gespielten Wahnsinn: Die zwei feindlichen Agenten, die sich Newton und Einstein nennen, wollten dem genialen Physiker Möbius, der in das Irrenhaus geflohen ist und nur vorgibt, verrückt zu sein, seine „Weltformel", das „System aller möglichen Erfindungen", zum Nutzen des jeweiligen Staates entreißen. Doch dieser kann die beiden davon überzeugen, dass es für die Menschheit besser ist, im Irrenhaus zu bleiben und so die Forschungsergebnisse vor möglichem Missbrauch zu schützen. Das planmäßige Handeln Möbius' erweist sich jedoch als Fehlschluss. Die wirklich wahnsinnige Anstaltsleiterin Dr. Mathilde von Zahnd weiß schon längst alles, ihr Konzern nutzt bereits die Formel zur vernichtenden Ausbeutung der Welt. Möbius muss daraufhin erkennen: „Was einmal gedacht wurde, kann nicht mehr zurückgenommen werden."

Die paradoxe Grundstruktur verwirrt zunächst den Zuschauer: Die „Irren" sind eigentlich die Weisen, die jedoch ohnmächtig der Tragödie entgegensehen, während die Ärztin als Irre den Größenwahn repräsentiert, der sich aus der unreflektierten Suche nach Wahrheit ergeben hat. Die Freiheit und Verantwortung des Wissenschaftlers ist nur trügerisch, Möbius' Tat ist zwar heldenhaft, doch letztlich folgenlos. In seinem Nachwort, den 21 *Punkte(n) zu den Physikern*, schreibt D. dementsprechend dazu: „Eine Geschichte ist dann zu Ende gedacht, wenn sie ihre schlimmstmögliche Wendung genommen hat (...) Die schlimmstmögliche Wendung ist nicht voraussehbar. Sie tritt durch Zufall ein (...) Jeder Versuch eines Einzelnen, für sich zu lösen, was alle angeht, muss scheitern."

Die Wirkung des Texts beruht darauf, dass der Zuschauer nicht, das handelnde Personal nur teilweise in die Vorgänge eingeweiht ist. Eine Serie von skurrilen „Einfällen" führt von dem komödiantischen ersten Akt zur grotesken Enthüllung im zweiten. Obwohl das Drama „die schlimmstmögliche Wendung" nimmt, spricht D. ihr tragische Züge ab, denn „Die Tragödie setzt Schuld, Not, Maß, Übersicht, Verantwortung voraus. In der Wurstelei unseres Jahrhunderts, in diesem Kehraus der weißen Rasse, gibt es keine Schuldigen und auch keine Verantwortlichen mehr. Alle können nichts dafür und haben es nicht gewollt. (...) Schuld gibt es nur noch als persönliche Leistung, als religiöse Tat. Uns kommt nur noch die Komödie bei." GL

Günter Eich

geb. am 1. 2. 1907 in Lebus an der Oder
gest. am 20. 12. 1972 in Salzburg

Kurzbiografie

Mit seinen Eltern – sein Vater war Guts- und Ziegeleipächter, später Bücherrevisor (Prüfer) – verbrachte E. seine Kindheit und Jugend in der Mark Brandenburg und zog 1918 nach Berlin. In diesem Jahr starb auch seine Mutter. E. besuchte bis 1925 das Nicolai-Gymnasium in Leipzig und studierte danach sechs Jahre lang Jura und Sinologie (Wissenschaft von der chinesischen Sprache) in Leipzig, Berlin und Paris.

Mit 21 Jahren veröffentlichte E. unter dem Pseudonym Erich Günter spätexpressionistische, naturmagische Gedichte in der von Willi Fehse und Klaus Mann herausgegebenen *Anthologie jüngster Lyrik*. 1929 entstand sein erstes Hörspiel unter dem Titel *Das Leben und Sterben des Sängers Caruso*. Seit 1932 lebte er als freier Schriftsteller in Berlin und Dresden.

E. wurde 1939 zur Wehrmacht eingezogen und kam im Zweiten Weltkrieg in amerikanische Gefangenschaft. 1946 zog er nach der Entlassung nach Oberbayern, wo er mit der Schriftstellerin Ilse Aichinger verheiratet war.

Der Gedichtband *Abgelegene Gehöfte* von 1948 enthält eine neuartige Lyrik, die sich mit dem Elend der Nachkriegssituation beschäftigt, die sog. „Kahlschlagpoesie". 1955 erschien seine Lyriksammlung *Botschaften des Regens*. Außerdem kommt es in den 50er-Jahren zu einer Zuwendung zu dem neuen Medium des Hörspiels. Ein bedeutendes Thema war die Offenlegung von Machtverhältnissen in einer äußerlich scheinbar sicheren Gegenwart. Nach längerem Verstummen erschien 1968 sein Prosawerk *Maulwürfe*. Auch hier steht das zentrale Thema „Macht" im Vordergrund.

E. – von Peter Bichsel als „ein stiller Anarchist" bezeichnet – bekam für seine Werke bedeutende Auszeichnungen wie im Jahr 1951 den Literaturpreis der Bayrischen Akademie der Schönen Künste und 1958 den Büchner-Preis.

Er starb 1972 in einer Salzburger Klinik an einer Herzkrankheit.

Literarische Einordnung

E. gilt als einer der bedeutendsten deutschen Lyriker der Nachkriegszeit und als Schöpfer des poetischen Hörspiels.

Man kann E. als den führenden Dichter des Hörspiels in Deutschland bezeichnen, der diese literarische Gattung mitbegründet hat mit Hörspielen wie *Träume* (1950) oder *Die Mädchen aus Viterbo* (1953), in dem es – erzählt in zwei verwandten Parallelhandlungen – um die Geschichte zweier Juden im NS-Staat geht. E. nutzt dieses neue Medium, um mit den Realitätsebenen zu spielen. Er verfremdet in seinen Hörspielen die reale Situation, sodass eine veränderte und verunsichernde Realität entsteht. Dadurch will er beim Zuhörer eine Haltung des Wachseins schaffen. E. appelliert an die Verantwortlichkeit des Individuums, Misstrauen gegenüber ideologischen Standpunkten und den sich etablierenden Machtverhältnissen in der Bundesrepublik zu entwickeln.

Seine frühen dichterischen Werke waren eher dem deutschen Naturgedicht verpflichtet, wie die *Gedichte* (1930).

In seinen späteren Dichtungen verarbeitet E. die Kriegserfahrungen, z. B. in *Inventur* (1945), in der die Situation der Gefangenschaft thematisiert wird. Diese Erlebnisse und Erfahrungen der Kriegszeit beschreibt E. in einer ganz eigenen

Sprache, die gekennzeichnet ist durch knappe, aufzählende Sätze, in denen das lyrische Ich den ihm verbliebenen geringen Besitz mustert und nennt. In dieser kargen, reihenden Sprache kommt die reduzierte Lebenssituation, geprägt von Armut und Verzweiflung, zum Ausdruck. In der Aufzählung des geringen Besitzes vergewissert sich das Ich seiner verbliebenen Identität. Das Gedicht wurde zum Inbegriff für dichterischen Neubeginn und Sprachreinigung nach 1945.

Der Autor E. formuliert nicht wortreich und bildhaft, sondern lakonisch und knapp. Es geht ihm nicht darum, die Welt zu beschreiben, sondern das Schreiben dient ihm dazu, sich in der Wirklichkeit zu orientieren, Wirklichkeit durch Sprache herzustellen.

Werkbeschreibungen

Träume (Hörspiel, 1950): Dieses Hörspiel ist am 19. 4. 1951 vom NWDR zum ersten Mal gesendet worden. Es handelt sich um fünf Traumszenen, die in Angstträumen den Zustand der Menschen in allen fünf Kontinenten aufzeigen und zum Widerstand aufrufen wollen. Die Menschen sollen der Macht der Welt misstrauisch entgegentreten. Dieses Hörspiel ist ein Appell an die Hörer: „Seid unbequem, seid Sand, nicht das Öl im Getriebe der Welt!"

Die fünf Traumszenen sind als Angstträume zu sehen. In einem Traum geht es um den Verkauf des eigenen Kindes an einen reichen Mann, der das Kinderblut haben möchte. In einem anderen Traum geht es um das Vertreiben von Menschen und schließlich um den Zusammenbruch von Mensch und Welt in der weiteren Entwicklung der Zeit. Es sind Alpträume, die als Warnbilder wirken sollen und einen Aufforderungscharakter beinhalten: „Nein, schlaft nicht, während die Ordner der Welt geschäftig sind! Seid misstrauisch gegen ihre Macht, die sie vorgeben für euch erwerben zu müssen!"

Abgelegene Gehöfte (Gedichte, 1948): Der Gedichtband enthält zahlreiche traditionelle Natur- und Landschaftsgedichte, doch auch die sog. „Kahlschlaggedichte". Es kommt in diesen Gedichten zu einer Abwendung von den in der Naturlyrik verwendeten thematischen und sprachlichen Gewohnheiten. In knapper sachlicher Sprache werden jetzt Dinge reimlos gereiht, die die Notsituation des Individuums im Nachkriegsdeutschland anreißen und das Ich nach der Erfahrung des Kriegs illusionslos neu definieren. Eines der meist zitierten Gedichte aus dieser Sammlung ist *Inventur*.

Botschaft des Regens (Gedichte, 1955): Bei diesen Gedichten kommt es zu einem Abschied von der traditionellen Naturlyrik. Die Natur spielt zwar auch in diesen Texten eine Rolle, aber nicht mehr in einer positiven Harmonie-Erfahrung, sondern es geht um eine Natur, die feindselig ist. Thematisch steht auch hier im Vordergrund, auf Strukturen der Macht aufmerksam zu machen. E. möchte das Misstrauen der Leser wecken und benutzt dazu Bilder aus der Natur: „Bestürzt vernehme ich / die Botschaften der Verzweiflung / die Botschaften der Armut / und die Botschaften des Vorwurfs / Es kränkt mich, dass sie an mich gerichtet sind / denn ich fühle mich ohne Schuld." Es steht in diesen Gedichten nicht mehr der Glaube im Vordergrund, dass sich die heile Natur durch das poetische Wort wiederherstellen lasse, sondern die Natur stellt eine Art Gegenspieler dar.

Maulwürfe (Prosatexte, 1968): Auch in diesem späten Werk E.s steht das Thema Macht im Mittelpunkt. Mit seinen teils tiefsinnigen, teils nonsense-artigen *Maulwürfen* kritisiert E. in der Zeit der aufkommenden Studentenunruhen den Machtmissbrauch. E. baut eine verneinende Haltung zur Welt auf. Wie schon in dem frühen Hörspiel *Träume* geht es darum, die Machtverhältnisse nicht widerspruchslos zu akzeptieren. LB

Joseph von Eichendorff

geb. am 10. 3. 1788 auf Schloss Lubowitz (bei Ratibor/Oberschlesien)
gest. am 26. 11. 1857 in Neiße (bei Berlin)

Kurzbiografie

Fast idyllisch erscheint die abgeschiedene, von Wäldern umgebene Einsamkeit der Schlossbesitzungen, wo E. aufwuchs. Doch die beängstigende Empfindung, „zu spät" geboren zu sein in einer Zeit, die in ihrem althergebrachten Wesen durch ungewisses Neue, wie es etwa in der Französischen Revolution greifbar wurde, bedroht war, entstand schon durch erste Kindheitserfahrungen und wird sich später in seinem literarischen Werk widerspiegeln. Denn dem scheinbaren Frieden von E.s Kindheit stand die Erfahrung einer enormen Naturzerstörung gegenüber: Wälder wurden abgeholzt, weil sie als Energieversorgung der stark wachsenden schlesischen Eisenhüttenindustrie benötigt wurden. Finanzielle Schwierigkeiten des Vaters, der sich zeitweise vor seinen Gläubigern verstecken musste, waren eine andere Bedrohung in E.s Kindheit und Jugend, die später auch zum Verlust des Landbesitzes durch Zwangsversteigerung führte.

Schulbesuch in Breslau und Jurastudium in Halle und Heidelberg waren demgegenüber „normale" Lebensstationen. E. traf in Heidelberg mit romantischen Literatenkreisen zusammen und las mit großem Interesse die soeben von Clemens Brentano und Achim von Arnim veröffentlichte frühromantische Liedersammlung *Des Knaben Wunderhorn*. Im Wintersemester 1809/10 war er in Berlin und lernte dort mit Brentano und in den beiden folgenden Jahren in Wien mit Schlegel weitere Wortführer der romantischen Bewegung kennen. In Wien schloss E. 1812 sein Jurastudium ab, doch unterbrach seine aktive Teilnahme an den Befreiungskriegen 1813–1815 seine berufliche und literarische Tätigkeit.

Seinen ersten Roman, *Ahnung und Gegenwart*, hatte E. bereits 1812 in Wien fertig gestellt, er wurde jedoch erst drei Jahre später gedruckt. Der Text will, wie im Vorwort festgehalten, ein Bild der Zeitstimmung vor Ausbruch der Freiheitskriege geben. Die Handlung beginnt mit dem Wunsch des jungen Grafen Friedrich, seine ländliche Heimat zu verlassen. In einer Anzahl von Episoden macht Friedrich Erfahrungen mit Menschen der Stadt, mit Krieg und Freiheitsbegeisterung, doch seine Erwartungen werden enttäuscht. Er erkennt, dass seiner Zeit die religiös-moralischen Wertvorstellungen abhanden gekommen sind, und geht ins Kloster. Auch in diesem Roman schon verdeutlichen vielfach eingefügte Gedichte E.s die jeweilige Atmosphäre oder die Stimmungslage der Personen.

E. heiratete 1815 Aloysia von Larisch und wurde im folgenden Jahr als Rechtsreferendar in Breslau preußischer Beamter. Dass dennoch die literarische Arbeit nicht nachließ, zeigt sich z. B. am Erscheinen der Erzählung *Das Marmorbild* 1819. 1821 wurde er Schulrat in Danzig und drei Jahre später als Oberpräsident nach Königsberg versetzt. Öfter reiste er nach Berlin, um dort am literarischen Leben teilnehmen zu können. 1826 erschien der Roman *Aus dem Leben eines Taugenichts,* der auch eine Reihe von Gedichten enthielt. Eine selbstständige Buchausgabe von Gedichten erschien 1837 in Berlin, wo E. bereits seit 1831 wohnte und in verschiedenen Ministerien arbeitete. Der Roman *Dichter und ihre Gesellen* (1834), der in lockerer Handlungsfolge unterschiedliche Formen dichterischer Existenzweise kontrastiert, und die Erzählung *Das Schloss Dürande* (1837), ein Text, der eine Liebesbeziehung vor dem Hintergrund der Französischen Revolution thematisiert, sind weitere Werke aus dieser Zeit. 1841 wurde E. Geheimer Regierungsrat, ging aber schon drei Jahre später in Pension.

Mit der Schrift *Über die ethische und religiöse Bedeutung der neueren romantischen Poesie in Deutschland* begab sich E. auf das Gebiet der Literaturkritik und versuchte von der Position einer Verbindung von Religion und Literatur aus die zeitgenössische Literatur einer kritischen Betrachtung zu unterziehen.

Angesichts der weiter vorwärts drängenden „neuen Zeit", d. h. der politischen Hoffnungen der Vormärz-Zeit und der sich ausbreitenden Industrialisierung, geriet E. allmählich in Vergessenheit. Seine Gedichte, vielfach von berühmten Komponisten wie Robert Schumann vertont, blieben zwar bekannt, doch der Bekanntheitsgrad des Verfassers schwand. Kennzeichnend dafür ist Bismarcks Bemerkung, der sich 1851 in einem Brief über einen erworbenen E.-Gedichtband freut und sich zugleich darüber wundert, dass, wie er gerade erfahren hat, „der Mann noch lebt". E.s Umzug in den kleinen Ort Neiße 1855 mag mit zu solchem Vergessen beigetragen haben. Im gleichen Jahr noch starb seine Frau – zwei Jahre vor E.s eigenem Tod.

Literarische Einordnung

E.s Name gilt als quasi gleich bedeutend mit Romantik. Die Szenerie seiner Texte, insbesondere der Gedichte, in denen die Elemente Berg, Wald, Strom oder Tal immer wieder variiert und mit schmückenden Adjektiven ausgestattet auftauchen, gelten als typisch romantisch. Man muss jedoch bedenken, dass E. mit solchen Worten keine realen Örtlichkeiten beschreiben will. Die Natur ist vielmehr in ihrer Hinweisfunktion auf Gott als den Schöpfer bedeutsam. Aufgabe des romantischen Dichters ist es, durch die künstlerische Gestaltung den transzendenten Verweisungscharakter der Natur für den Leser erfahrbar zu machen (vgl. E.s Gedicht *Wünschelrute*: „Schläft ein Lied in allen Dingen, / Die da träumen fort und fort, / Und die Welt hebt an zu singen, / Triffst du nur das Zauberwort.").

Der zeitgenössische Mensch – so die Überzeugung E.s und anderer Romantiker – bedarf solcher Führung durch die Poesie. Denn er lebt in einer Zeit, die sich vom göttlichen Urzustand entfernt hat und von Bedrohungen und Ängsten, gesellschaftlichen Wirren und ethisch-moralischen Mängeln geprägt ist. Zugleich aber verweisen die Missstände der Gegenwart – religiös gesprochen – auf die Erlösungsbedürftigkeit von Welt und Mensch, deren Realisierung von E. als zukünftiges drittes Stadium der Weltgeschichte ersehnt wird. Die Aufgabe des Dichters, durch sein Kunstwerk auf den göttlichen Ursprung der Dinge zu verweisen, dient somit im Geschichtsdenken der Romantik zugleich der Annäherung an die erlösende Zukunft.

Die kritische Haltung zur negativen gesellschaftlichen Gegenwart bedeutet für E. jedoch nicht radikale oder gar revolutionäre Ablehnung. In der Gewissheit des vorgegebenen Geschichtsablaufs ist diese Gegenwart notwendige Zwischenstufe und die Poesie hat ja die Möglichkeit und Aufgabe, schon in der Gegenwart Bilder der ersehnten Zukunft zu erzeugen. Gerade in E.s Gedichten wird immer wieder deutlich, wie der dichterische Text von einem Ausgangspunkt der realen Gegenwart aus in Traumszenerien entführt. Die fiktionale Welt dichterischer Fantasie überdeckt zumindest zeitweise die erlösungsbedürftige Realität durch ihre Bilder ersehnter Zukunft, die zugleich Bilder des vergangenen paradiesisch-göttlichen Urzustandes sind.

Werkbeschreibungen

Aus dem Leben eines Taugenichts (Erzählung, 1825): Der Ich-Erzähler, Sohn eines Müllers, verlässt die materielle Sicherheit des Elternhauses, um auf Reisen und in der Natur sein Glück zu finden. Er wird von zwei vornehmen Damen mit nach Wien genommen und findet dort vorläufigen Lebensunterhalt. Da seine Zuneigung zu einer der beiden Damen vergeblich zu bleiben scheint, wandert er weiter nach Italien. Er erlebt eine Reihe von episodenhaften Abenteuern, hinter denen offenbar eine für ihn undurchschaubare Intrige steht. Als er in Rom sich erneut in seinen Liebeshoffnungen getäuscht sieht, reist er zurück. Die Verwirrungen klären sich auf, der Taugenichts bekommt die geliebte schöne Dame, die sich als Nichte eines Portiers herausstellt, und der Text endet mit den bekannten Worten „und es war alles, alles gut!".

Als Gegensatz zu den vom Materiellen bestimmten gesellschaftlichen Wertvorstellungen, die schon gleich zu Anfang in der Gestalt des Vaters sichtbar werden, gestaltet E. die Lebensweise des Taugenichts: Seine Vorstellungen von einem freien Leben in der Natur und sein Vertrauen auf sein Glück, das als Tat Gottes gesehen wird, sind schon in dem anfänglichen Lied des Taugenichts „Wem Gott will rechte Gunst erweisen, den schickt er in die weite Welt ..." leitmotivisch enthalten. Im märchenhaften Schluss gibt E. endgültig den Vorstellungen und Wünschen des Taugenichts Recht und entwirft so in dessen glücklichem Schicksal ein Wunschbild ersehnten Lebens, das zugleich Kritik an den aktuellen gesellschaftlichen Werten ist. Die naive Perspektive des Ich-Erzählers gibt dieser Kritik ihren besonderen Reiz.

Das Marmorbild (Erzählung, 1818): Die Erzählung spielt in Italien und handelt von einem jungen Mann, Florio, der sich in Bianca, ein Mädchen aus der Stadt Lucca, verliebt. Eines Nachts trifft er in einem verlassenen Park ein Venus-Marmorbild, das ihm wie eine schon seit langem Geliebte vorkommt. Seine Verwirrung steigert sich, als er bei einer Gesellschaft sowohl Bianca als auch eine Frau trifft, die wie eine lebende Verkörperung jener Venusstatue erscheint. Eines Nachts entdeckt er, dass die steinernen Statuen jenes Parks, darunter auch das Venusstandbild, lebendig werden. Der Gesang seines Freundes Fortunato in der Nähe lässt die Statuen jedoch wieder erstarren und der entsetzte Florio reißt sich aus diesen verwirrenden Traumbildern los, zieht weiter und findet noch zu Bianca zurück.

Während E. den schöpferischen Kräften des Poeten grundsätzlich hohe Bedeutung zumisst, zeigt er in dieser Erzählung die Gegenseite: die Gefährdung dichterischer Fantasie durch unheimlich-dämonische Kräfte, die seine Wahrnehmung der Realität verwirren.

Gedichte: Die Gedichte E.s sind einerseits Bestandteil seiner Romane und Erzählungen, indem sie Anstöße zur Interpretation von Atmosphäre und Personen geben. Andererseits werden in ihnen aber auch E.s dichterische Intentionen exemplarisch greifbar. E. verwendet vorzugsweise eine vierhebige gereimte Vers- bzw. Strophenform und zusammen mit den einfachen inhaltlichen Elementen Natur und Liebe, die immer wieder variiert auftauchen, entsteht ein volksliedhafter Eindruck. Motive von Traum und Sehnsucht sind vielfach verwendet und zeigen die Abwendung des lyrischen Ich von der Realität.

An dem bekannten Gedicht *Sehnsucht* kann dies beispielhaft sichtbar werden, wenn der „reale" Standort des lyrischen Ich noch durch den Blick aus dem Fenster angedeutet wird, sein Denken und Fühlen dann aber von den wahrgenommenen akustischen und optischen Eindrücken weggezogen wird in eine ferne poetische Welt der Schönheit und Harmonie, die zu E.s Sicht der Realität in einem scharfen kritischen Kontrast steht. HH

Lion Feuchtwanger

geb. am 7.7.1884 in München
gest. am 21.12.1958 in Los Angeles (USA)

Kurzbiografie

Als ältestes von neun Geschwistern wuchs F. in einer zwar großbürgerlichen, aber von orthodoxem jüdischen Denken und dem zugehörigen Brauchtum geprägten Familie auf. Sein Vater Sigmund, ein erfolgreicher Fabrikant, und die Mutter Johanna, geb. Bodenheimer, legten neben der Einhaltung des orthodoxen Ritus Wert auf eine umfassende Bildung, die F. auf dem humanistischen Münchner Wilhelms-Gymnasium erfuhr.

Nach dem Abitur 1903 geriet F. in Konflikt zum strenggläubigen Vater, ohne sein Judentum grundsätzlich zu verleugnen. 1907 schloss F. das Studium deutscher Philologie, Geschichte und Philosophie erfolgreich ab und begann seine journalistischen ebenso wie die literarischen Aktivitäten auszuweiten. Für die Zeitschrift *Schaubühne*, die spätere *Weltbühne* Siegfried Jacobsohns, Kurt Tucholskys und Carl von Ossietzkys, war F. einige Jahre Münchner Theaterkorrespondent. Auch für die renommierten liberalen Blätter *Frankfurter Zeitung* und *Vossische* (Berlin) schrieb F. mit durchaus spitzer Feder, wobei er sich für die junge Literatur und das Theater Max Reinhardts engagierte.

F.s erste eigene Skizzen kreisten um den zeitgenössischen Geniekult in Auseinandersetzung mit Friedrich Nietzsche und den zur Jahrhundertwende dominanten Ästhetizismus. Das Bohème-Milieu München-Schwabings beschäftigte F. in seinem ersten Roman *Der tönerne Gott* (1910), darin den frühen Werken Heinrich und Thomas Manns ähnlich.

1912 heiratete F. die weltgewandte Marta Löffler. Beider erstes und einziges Kind, ein Mädchen, starb nach der Frühgeburt – ein Ereignis, das in viele Romane F.s Eingang fand. Nach gemeinsamen Reisejahren durch Südfrankreich und Italien wurde F. 1914 bei Kriegsbeginn in Tunis verhaftet. Von dort gelang ihm die Flucht nach Sizilien und die Rückkehr ins kriegsbegeisterte Deutschland. Aufgrund seiner schwachen Gesundheit nur kurz Soldat, wurde F. nun erfolgreicher mit dramatischen Werken, darunter *Julia Farnese, Warren Hastings*, und mit der Nachdichtung eines indischen Stücks unter dem Titel *Vasantasena*, die sämtlich 1916 zur Uraufführung gelangten. Griff *Julia Farnese* am Beispiel eines Renaissancemalers und einer dämonischen Dame aus dem Hause Borgia Abgründe des Künstlertums auf, beschrieb *Vasantasena* eine von buddhistischem Denken geprägte Liebesgeschichte. In *Warren Hastings* konfrontierte F. den Titelhelden und britischen Gouverneur und dessen grausame Realpolitik mit indisch-östlicher Philosophie der Ruhe und des Abwartens. Dieses Stück zeigte F. als an menschlichen Konflikten interessierten, auch nicht unpolitischen Autor. In *Friede. Ein burleskes Spiel nach den Archanern und der Eirene des Aristophanes* (1917), einer Neuübersetzung aus beiden Stücken des antiken Komödiendichters, ergriff F. sogar, wenn auch im historischen Gewand, Partei für die Kriegsskepsis – ein Fall für die Zensur. Es gelang F. allerdings, 1917 seine Dramatisierung von *Jud Süß* auf die Bühne zu bringen, eben jenen Stoff, der als Roman F.s Welterfolg begründen sollte. Der ungemein produktive Theaterautor konnte sein Stück *Die Kriegsgefangenen*, eine deutsch-französische Liebesgeschichte, erst 1919, zwei Jahre nach der Entstehung, aufführen lassen.

1919 begann die lebenslange Freundschaft und Zusammenarbeit mit Bertolt Brecht. Mit *Thomas Wendt* (1919 umgearbeitet in *Neunzehnhundertachtzehn)* setzte F. sich bei Kriegsende mit dem Intellektuellen bzw. Dichter als Revolutionär auseinander. F.s Haltung gegenüber sozialistischer Umwälzung blieb zunächst unentschieden; sein Schauspiel *Der holländische Kaufmann* (1920) ließ ebenfalls kein eindeutiges politisches Engagement erkennen. Dennoch wurden die Aufführungen im Münchner Residenztheater 1923 auch wegen Nazidemonstrationen abgesagt.

Der modischen, an den USA und ihrer Kultur orientierten Strömung der Neuen Sachlichkeit zollte F. mit Stücken wie *Der Amerikaner oder Die entzauberte Stadt* (1921) sowie *Die Petroleuminseln* (1923) Tribut. 1922 arbeitete er am historischen Roman *Jud Süß*, der erst 1925 veröffentlicht werden konnte.

F., 1925 nach Berlin übergesiedelt, nutzte die Bucherfolge zu ausgedehnten Reisen etwa nach Spanien und Frankreich sowie zu verstärktem politischen Engagement. Der Roman *Erfolg* (1930), der die Rechtslastigkeit der Weimarer Justiz und der bayerischen Gesellschaft entlarvte, zeigte den Autor als eindeutigen Verfechter einer Gesellschaft der Vernunft und der sozialen Gerechtigkeit. Vielfach als Schlüsselroman gelesen, wurde *Erfolg* als erstes satirisches Porträt Hitlers in der Gestalt des demagogisch-dilettantischen Parteiführers Rupert Kutzner betrachtet.

Die Verwüstung seines Hauses im März 1933 und die öffentliche Verbrennung auch seiner Bücher am 10. 5. 1933 ließen F. keine Zweifel über den Ernst der Lage in Deutschland. Ausbürgerung und Aberkennung seines Doktortitels durch die Universität München folgten im gleichen Jahr. F., nun in Sanary-sur-Mer (Südfrankreich) ansässig, konnte seine ungewöhnliche Produktivität noch steigern und reagierte unmittelbar literarisch auf das NS-Regime mit den Romanen *Die Geschwister Oppermann* (1933) und *Der falsche Nero* (1936). Hauptwerk in den 30er-Jahren war die *Josephus*-Trilogie, die das Leben des römisch-jüdischen Geschichtsschreibers Flavius Josephus (1. Jh. n. Chr.) beschreibt.

F., der sich als Exilautor entgegen seinen eher unpolitischen Anfängen durch zahlreiche Auftritte gegen den Nationalsozialismus engagierte, unternahm 1936/1937 eine mehrmonatige Reise in die Sowjetunion, von der er in *Moskau 1937* berichtete. Seine Bewunderung für Stalin brachte ihm zahlreiche Gegner und den Ruf ein, Kommunist zu sein. Mit dem 1940 veröffentlichten Roman *Exil* setzte F. seine unmittelbaren Zeitromane fort. Kurzzeitig 1939, erneut 1940 nach dem Einmarsch deutscher Truppen wurde F. ebenso wie seine Frau in Frankreich interniert. Beiden gelang die abenteuerliche Flucht zu Fuß über die Pyrenäen nach Spanien; von dort aus erreichten sie New York. F.s Bericht über die Zeit im südfranzösischen Lager Les Milles erschien 1942 unter dem Titel *Unholdes Frankreich*, später veröffentlicht als *Der Teufel in Frankreich*. Den französischen Widerstand beschrieb F. zusammen mit Bert Brecht im Theaterstück *Die Geschichte der Simone Marchard*.

1941 siedelte F. mit seiner Frau nach Kalifornien über. Auf dem amerikanischen Markt eingeführt und mit Einkünften durch den Verkauf von Filmrechten ausgestattet, konnte F. andere Exilanten unterstützen. Der Meinungsumschwung nach dem Ende des Zweiten Weltkriegs, die Atmosphäre des Misstrauens gegenüber Linksintellektuellen, führten zur Ablehnung von F.s Bewerbung um die US-Staatsbürgerschaft. Mit *Wahn oder Der Teufel in Boston* reagierte F. bühnenwirksam auf dieses Klima der Kommunistenangst und Verfolgung. 1944–1946 war bereits der Roman *Waffen für Amerika* entstanden, in dem das vorrevolutionäre Frankreich in Verbindung mit dem Unabhängigkeitsstreben in Nordamerika dargestellt ist. Das Werk erschien 1951 unter dem Titel *Die Füchse im Weinberg* in Ostberlin und war neben *Jud Süß* und *Goya oder Der arge Weg der Erkenntnis* (1951) F.s erfolgreichster historischer Roman. Der *Goya*-Roman zeigt den spanischen Maler als Künstler zwischen Anpassung, Gefährdung und revolutionärem Potenzial.

Im Spätwerk kehrte F. zum Thema Judentum zurück, u. a. in den Romanen *Die Jüdin von Toledo* (1955) und *Jefta und seine Tochter* (1957). Er starb 1958 an Krebs.

Literarische Einordnung

F.s umfangreiches Romanwerk ist vom bürgerlichen Humanismus geprägt. Die realistische Erzählweise, bunt-kräftig und durchaus publikumsorientiert, hat v. a. die historischen Romane zu Erfolgen werden lassen, wobei F. kolportagehafte Züge nicht vermied. Seine bevorzugten Themen bzw. Stoffe waren Judentum und Antisemitismus sowie der individuelle Lebens- als Erkenntnisweg – sei es der des Künstlers oder des Politikers bzw. Historikers oder der des unbekannten, geschichtsmächtigen Einzelnen. Dabei formte er aus oft revolutionären historischen Situationen vielfache Aufforderungen zu gegenwartsbezogener Analogie und zu einer betont rational-aufklärerischen Haltung. Der historische Roman erfuhr durch F. eine Renaissance.

Nicht nur seine jüdische Herkunft, sondern v. a. sein Engagement gegen Chauvinismus und die heraufziehende NS-Herrschaft zwangen F. ins Exil. Er war einer der wenigen international anerkannten deutschen Schriftsteller, sein Werk erfuhr erst mehr als 20 Jahre nach seinem Tod größere Resonanz in der Bundesrepublik. In der DDR war F. angesehen, wohl auch wegen seines als ideologisch unverdächtig geschätzten Erzählstils. In den USA blieb F. trotz Kommunismusverdachts erfolgreich; sein unterhaltsames Erzählen stand und steht im angelsächsischen Sprachraum weniger als im deutschen unter dem Verdacht der Trivialität.

Werkbeschreibung

Jud Süß (Roman, 1925): Josef Süß Oppenheimer, volkstümlich Jud Süß genannt, steigt zum Finanzberater des prunksüchtig-barocken württembergischen Herzogs Karl Alexander auf. Seine Stellung, seine schrankenlos erscheinende Macht und sein aufwändig-ausschweifender Lebenswandel bringen ihm zahlreiche Feinde ein. Die sog. Landschaft, die Vertretung der wohlhabenden Bürger des Landes, sieht vom Herzog und dessen absolutistischen Neigungen ihren Einfluss und ihr Vermögen gefährdet und in Oppenheimer die Verkörperung ihrer Bedrohung, ein zudem aus der Judenfeindschaft seit dem Mittelalter gespeistes Hassobjekt. Nach dem Tod des Herzogs wird Oppenheimer verhaftet, in einem Scheinprozess verurteilt und schließlich hingerichtet.

Folgte F. in seinem Roman so weit den historischen Fakten, führte er mit der Süß-Tochter Naemi, deren Tod bei einem Vergewaltigungsversuch des Herzogs, der anschließenden Rache Oppenheimers an Karl Alexander und der Rückbesinnung des Finanzberaters auf das Judentum kaum gesicherte bzw. fiktive Elemente in seine farbige Beschreibung ein. F.s Konzept des historischen Romans zeigt sich hier als Gestaltung ohne Lehre bzw. Anweisung an den Leser, der als Zeitgenosse des Autors allerdings nicht frei von Assoziationen etwa zum 1922 ermordeten deutschen Staatsmann Walter Rathenau gewesen sein dürfte.

Der historische Stoff des *Jud Süß* aus der kurzen Regierungszeit des Herzogs Karl Alexander 1733–1737 fand u. a. in einer Novelle Wilhelm Hauffs von 1827 Verwendung, die antijüdische Klischees bediente. F. wählte die Wandlung des geschäftstüchtigen Opportunisten Oppenheimer im Gefängnis als ein zentrales Thema seiner Bearbeitung. Die antisemitische Verfilmung des Stoffs durch den NS-Starregisseur Veit Harlan 1940 fußte nicht auf der F.schen Romanvorlage. MK

Theodor Fontane

geb. am 30. 12. 1819 in Neuruppin (Brandenburg)
gest. am 20. 9. 1898 in Berlin

Kurzbiografie

Das Umfeld der preußischen Gesellschaft, in das er zeit seines Lebens eingebunden blieb, wie auch Einflüsse seiner französisch-hugenottischen Abstammung, mit der das Elternhaus auf ihn einwirkte, bestimmten F.s gesamtes Leben.

Glückliche Kinderjahre verbrachte er zunächst im brandenburgischen Neuruppin, dann, ab 1827, in Swinemünde an der Oder, wo der Vater jeweils als Apotheker tätig war. Zuerst wurde er von Hauslehrern und vom Vater unterrichtet, ab 1832 besuchte er, wieder in Neuruppin, das Gymnasium und dann die Gewerbeschule in Berlin, wo er beim Onkel wohnte. Der Vater hatte mit dem Schulwechsel des Sohns eine berufspraktische Ausbildung im Sinn gehabt, aber er erreichte v. a., dass F. – unterstützt durch die lockere Lebensweise des Onkels – sich mit der Lektüre neuester Literatur beschäftigte und die Schule schwänzte. 1836 bestand er das sog. Einjährigen-Examen (Mittlere Reife) und begann eine Apothekerlehre, die er ein Jahr später abschloss. In den folgenden Jahren arbeitete er als Apothekergehilfe in Magdeburg, Leipzig, Dresden und beim Vater, der inzwischen wegen finanzieller Probleme eine kleinere Apotheke in Letschin im Oderbruch erworben hatte.

In dieser Zeit bemühte F. sich bereits um Kontakte zu literarischen Kreisen und veröffentlichte Gedichte und die frühe Erzählung *Geschwisterliebe* in Zeitschriften, aber der Versuch, als Redakteur in einem Verlag Anstellung zu finden, scheiterte. Stattdessen musste er 1844/45 seinen Militärdienst absolvieren und legte dann 1847 das Apothekerexamen ab.

1849 jedoch gab er diesen Beruf auf und versuchte sich mit journalistischen Tätigkeiten, Übersetzungen und eigenen schriftstellerischen Arbeiten durchzuschlagen, um allmählich auch seiner langjährigen Verlobten eine Existenz bieten zu können. Doch misslangen diese Pläne und brachten F. in materielle Not.

Bereits seit seiner Militärzeit hatte er Verbindungen zu Berliner literarischen Kreisen geknüpft und war seither Mitglied im literarischen Verein *Der Tunnel über der Spree*. Diese Verbindungen nutzte F. in seiner Notlage und erhielt eine fest besoldete Anstellung im „Literarischen Kabinett“ der preußischen Regierung, das v. a. die Aufgabe hatte, die Presse des Landes zu möglichst regierungsfreundlicher Haltung zu motivieren. Für F., der noch zwei Jahre zuvor bei der Revolution von 1848 aktive Begeisterung gezeigt hatte, entsprach diese Tätigkeit keineswegs seinen Wünschen, doch er beugte sich hier der existenziellen Notwendigkeit; immerhin ermöglichte ihm das feste Gehalt endlich (1850) die Heirat mit Emilie.

1855–1859 arbeitete F. als Pressebeauftragter in London. Kleinere literarische Arbeiten, Gedichte, Übersetzungen, politische Essays schufen zusätzlichen Verdienst und halfen die bis 1864 um vier Kinder anwachsende Familie zu ernähren.

Als Redakteur der *Kreuz-Zeitung* arbeitete F. dann journalistisch u. a. als Kriegsberichterstatter bei den Kriegen von 1864, 1866 und 1870. Dann wechselte er zur politisch liberalen *Vossischen Zeitung* und begann dort eine 20-jährige Tätigkeit als Theater- und Literaturkritiker, die das literarische Urteil der Zeit wesentlich mitbestimmte. Damit setzte eine zumindest äußerlich ruhigere Zeit in F.s Leben ein, was sich etwa in dem seit 1872 unveränderten Wohnsitz in Berlin widerspiegelte. Zwar nahm er für wenige Monate 1876 noch einmal eine staatliche Anstellung als Sekretär der Akademie der Künste in Berlin an, aber dann wandte er sich endgültig dem Beruf des freien Schriftstellers zu und nun erst, schon 57-jährig, begann F. die Romane zu schreiben, die ihn bekannt und schließlich berühmt machten.

Die literarische Tätigkeit verschaffte F. ein finanzielles Auskommen, das allerdings je nach Auflagenhöhe seiner Bücher unterschiedlich war. Zusätzliche Einnahmen erhielt er durch das fortsetzungsweise Erscheinen seiner Romane in Zeitschriften, die neben einer Mischung aus Mode, Kultur, Sensationellem und praktischen Tipps auch Literatur abdruckten und längere Zeit äußerst beliebt waren. Dieser sog. Vorabdruck der Romane, d. h. vor Erscheinen des endgültigen Buchs, trug wesentlich dazu bei, dass F. durch seine literarische Arbeit, verbunden mit der journalistischen Tätigkeit bei der *Vossischen Zeitung,* seinen Lebensunterhalt als freier Schriftsteller verdienen konnte – damals etwas völlig Neues.

In fast regelmäßigem Jahresabstand erschien nunmehr die Reihe seiner Romane, an deren Anfang *Vor dem Sturm* (1878), dann z. B. *Schach von Wuthenow* (1883), *Irrungen Wirrungen* (1888), *Frau Jenny Treibel* (1892) und am Ende *Effi Briest* (1895) und *Die Poggenpuhls* (1896) standen. Sein letzter Roman, *Der Stechlin,* erschien erst nach seinem Tode.

1894 erhielt F. durch den Ehrendoktortitel der Universität Berlin eine gesellschaftliche Anerkennung seines Werks. Er starb in seiner Berliner Wohnung plötzlich an einem Schlaganfall.

Literarische Einordnung

F. gilt als bedeutendster Repräsentant der Epoche des Realismus, der literarischen Richtung also, die nach 1850 entsteht und bis an den Beginn des Ersten Weltkriegs heranreicht. „Realismus" hat dabei auch bei F. keine ganz einheitliche und unveränderliche Bedeutung. Der Begriff meint zunächst eine Darstellungsweise, bei der die Wirklichkeit so, wie sie ist, im literarischen Text abgebildet werden soll; eine Darstellungsweise, die sich betont der Welt des Bürgertums zuwendet und die Vielfalt des gesellschaftlichen Lebens und seine Gestalten nicht mehr konzentriert auf den Bereich des Adels beschreibt.

Doch bedeutet für F. realistische Gestaltung nicht einfach platte Wiedergabe der Wirklichkeit, sondern deren Darstellung unter dem Aspekt einer künstlerischen Sichtweise, bei der es darum geht, im literarischen Text die „Wahrheit" der Wirklichkeit aufzuzeigen. Nicht das einzelne wirklichkeitsgetreue Detail ist zentral, sondern das Herausarbeiten eines stimmigen wahrheitsgetreuen Gesamteindrucks, der dem Leser ein charakteristisches Bild von Menschen in ihrem jeweiligen gesellschaftlichen Umfeld vermittelt.

Im Verlauf verändert sich F.s realistische Sichtweise der Wirklichkeit und wird zunehmend kritischer gegenüber den gesellschaftlichen Realitäten des kaiserlichen Deutschland und seinen führenden Schichten. Er kritisiert den Adel in seiner Selbstgefälligkeit, Borniertheit und antiquiert-starren Moral, aber auch Gruppen des Bürgertums. Besonders die neu entstehende Schicht des durch die Industrialisierung reich gewordenen Großbürgertums, das seine kulturelle Identität in der Nachahmung adliger Lebensgewohnheiten und Überzeugungen sucht, wird von F. vielfältig ironisch dargestellt. Diese Bourgeoisie, wie er sie nennt, wird in ihrer „Geldsackgesinnung" von ihm verachtet.

Die realistische Beschreibung des jeweiligen charakteristischen Umfelds, in dem die Figuren seiner Texte agieren, zeichnet als erzählerisches Gestaltungsmittel nicht nur F.s Romane aus. Seine Reisebilder über England, Kriegsberichte aus Dänemark und Frankreich, v. a. aber die *Wanderungen durch die Mark Brandenburg*, die noch heute als Reiseführer durch den Umkreis von F.s heimatlicher Landschaft helfen können, zeigen seine Beschreibungskunst auch außerhalb der fiktionalen Literatur.

Als erzählerisches Mittel kennzeichnend für F.s Romane ist insbesondere die Dialoggestaltung. Er lässt die literarischen Figuren durch die Art ihres Sprechens sich selbst charakterisieren, sie zeichnen selbst ein Bild ihres Denkens und Fühlens, in das auch wertende, z. B. ironisierende Signale einfließen, ohne dass eine dominierende Erzählerrolle „allwissend" im Roman auftaucht. Auch die Handlung der Romane wird weitgehend durch den Dialog vorangetrieben, der die Beziehungen der Personen verändert und neu definiert. „Action" wird durch das Gefüge der inneren Handlung voll ersetzt.

Für Thomas Mann ist F. der Erfinder – und zugleich Vollender – des modernen Romans in Deutschland.

Werkbeschreibungen

Irrungen Wirrungen (Roman, 1888): Hauptfiguren sind zwei Personen aus sehr entgegengesetzten Kreisen: der adlige Leutnant Botho von Rienäcker und Lene Nimptsch, eine junge Frau aus sehr einfachen bürgerlichen Verhältnissen. Die Handlung erzählt von ihrer Liebe, deren erzwungenem Ende und dem notwendigen Tausch der Liebesbeziehung gegen eine „vernünftige" standesgemäße Ehe.

Botho, der Lene durch einen Zufall kennen und lieben gelernt hat, schätzt ihre charakterlichen Eigenschaften, ihre Ungekünsteltheit, Ehrlichkeit und Offenheit. Er spottet über den Standesdünkel und die Borniertheit des Adels und macht sich lustig über leere Phrasen und Konventionen, die das Leben seines Adelsstandes prägen. Dennoch zögert er, sich mit Lene öffentlich sehen zu lassen, und zieht versteckte Spaziergänge und abendliche Unterhaltungen in den Kreisen Lenes vor. Ihn bedrücken seine finanzielle Situation und die Erwartungen seiner Familie, den gesellschaftlichen Status zu sichern. Die Heirat mit der reichen Käthe von Sellenthin ist der einzig verbleibende Ausweg, dem Bankrott zu entgehen. Botho drückt sich lange vor einer Entscheidung; als ein Handeln schließlich unausweichlich wird, erkennt er, dass er unfähig ist, sich den Normen seiner Herkunft zu widersetzen. Lene, die sich nie Hoffnungen auf eine Ehe gemacht hat, weil sie von Anfang an realistisch die Einflüsse der gesellschaftlichen Unterschiede auf Botho gesehen hat, versteht seine Entscheidung und sie gehen freundschaftlich auseinander.

Für Botho beginnen sogleich die Vorbereitungen für die geplante Ehe mit Käthe. Käthe erweist sich dabei als „Star" jedes gesellschaftlichen Kreises, in dem sich die beiden als Verlobte vorstellen. Wenn es Botho auch schwer fällt, sich an die Aufdringlichkeit und Aufgesetztheit von Käthes ewig fröhlicher Kommunikation zu gewöhnen, so passt er sich schließlich an und fügt sich in die materiell gesicherte Mittelmäßigkeit der Beziehung zu Käthe, der die wirkliche Liebe fehlt.

Lene hat das Ende ihrer Liebe zu Botho stärker betroffen, als sie gezeigt hat. Doch findet auch sie in Gideon Franke einen Ehepartner, der zwar nicht gefühlsbetonten Überschwang, jedoch eine solide Beziehung verspricht und somit auch Lene eine gesicherte Stellung in der gesellschaftlichen Ordnung ermöglicht.

Die Normen dieses Ordnungsgefüges „siegen" im Roman. Sie lenken das Verhalten der Gestalten und erzwingen den Verzicht auf die Realisierung der individuellen Gefühle und Wünsche. Wenngleich alle Beteiligten die gesellschaftlichen Ordnungen anerkennen, wird dennoch klar, wie sehr der Erzähler es bedauert – und der Leser bedauern soll –, dass gesellschaftliche Normen und Hierarchien das Glück der Einzelnen zerstören. Im erzwungenen Verzicht der literarischen Figuren kommt F.s kritische Sicht der gesellschaftlichen Verhältnisse zum Ausdruck. Dies kritische Potenzial des Romans hat man gleich bei seinem Erscheinen wahrgenommen, aber in Aufregung und Zorn über die angebliche Unsittlichkeit der Beziehung Botho – Lene wurde die grundlegende gesellschaftliche Kritik verdrängt.

Effi Briest (Roman, 1895): *Effi Briest* ist F.s sicher bekanntester und auch mehrfach verfilmter Roman.

Die junge, lebensfrohe Effi wird mit einem älteren Mann, dem Regierungsbeamten Baron von Instetten, verheiratet. Die Familie erhofft sich dadurch eine Vermehrung des gesellschaftlichen Status. Das jung verheiratete Paar zieht in das einsame Kessin. Die autoritäre Art Instettens, der seine Frau eher wie ein Kind behandelt, und der Mangel an gesellschaftlicher Abwechslung erzeugen in der jungen Frau bald Langeweile, über die auch die Geburt einer Tochter nicht hinweg hilft. Durch Zufall kommt es zu einer Beziehung zwischen Effi und dem smarten Major Crampas. Als Instetten nach Berlin versetzt wird, endet zu Effis Erleichterung das heimliche Verhältnis. Jahre später findet Instetten zufällig Briefe von Crampas, die ihm Effis Ehebruch offenbaren. Seine starren Moralvorstellungen zwingen ihn, Crampas zum Duell zu fordern, der dabei getötet wird. Instetten trennt sich von Effi, die darauf allein, gesellschaftlich ausgestoßen, in Berlin lebt. Ein Kontakt zu ihrer Tochter wird von Instetten unterbunden und auch Effis Eltern halten Distanz. Erst als Effi, durch Schuldgefühle und den psychischen Druck ihrer Lebenssituation zermürbt, ernsthaft erkrankt, nehmen sie sie bei sich auf, wo sie wenig später stirbt.

Im Schicksal Effi Briests zeigt F., wie Karrierebewusstsein, borniertes Denken und starre Moral einer erbarmungslosen, in Denken und Gefühl erstarrten Gesellschaft Verhaltensweisen erzeugen, die unmenschlich sind, echte Beziehungen verhindern und schließlich sogar töten. HH

Max Frisch

geb. am 15. 5. 1911 in Zürich
gest. am 4. 4. 1991 in Zürich

Kurzbiografie

F. wurde als jüngstes Kind des Architekten Franz Bruno Frisch und seiner Frau Karolina Bettina geboren. Nach dem Abitur studierte er in Zürich Germanistik, Romanistik, Kunstgeschichte und Philosophie. Der Tod des Vaters 1932 war der Anlass, das Studium abzubrechen und als Journalist für verschiedene Zeitungen zu arbeiten. 1933 unternahm er eine Balkanreise, als deren literarisches Ergebnis sein erster Roman erschien: *Jürg Reinhart. Eine sommerliche Schicksalsfahrt* (1934). F. vernichtete alles bisher Geschriebene, sofern es nicht schon veröffentlicht war, und begann 1936 in Zürich ein Architektur-Studium, das er 1941 abschloss. Den Schwur, sich nie wieder der Literatur zuzuwenden, brach er 1939, als er zum Militär eingezogen wurde und ein Tagebuch zu schreiben begann, das er unter dem Titel *Blätter aus dem Brotsack* (1940) veröffentlichte.

1942 gewann er einen Architekten-Wettbewerb um den Bau eines Freibades in Zürich, was ihm ermöglichte, ein eigenes Büro zu eröffnen und Constanze von Meyenburg, „eine Tochter aus großbürgerlichem Haus", zu heiraten. Gleichzeitig schrieb er an einem neuen Roman, der den Widerspruch zwischen Künstlertum und Bürgertum zum Thema hatte: *J'adore ce qui me brûle* oder *Die Schwierigen* (1943). Spielerisch behandelt dieses Thema auch die Erzählung *Bin oder Die Reise nach Peking* (1945), die deutlich macht, dass das

Streben nach dem unerreichbaren Ziel untrennbar zum Menschsein gehört.

Mit seinem zeitkritischen Stück *Nun singen sie wieder* (1945) widmete sich F. nun dem Theater. Die Begegnung mit Bertolt Brecht 1947/48 hatte großen Einfluss auf ihn; in Anlehnung an die Thematik und die Verfremdungstechnik Brechts schrieb er in rascher Folge *Die Chinesische Mauer* (1947), *Als der Krieg zu Ende war* (1949), *Graf Öderland* (1951). Es entstanden Dramen, in denen F. sein Augenmerk verstärkt auf die Nachkriegsgesellschaft richtete. Pläne dazu findet man schon im *Tagebuch 1946–1949* (1950), das F. führte, um Einfälle, Erlebnisse, Begegnungen, ästhetische und politische Reflexionen festzuhalten, die auszuarbeiten ihm damals die Zeit fehlte. F.s veröffentlichte Tagebücher, auch das *Tagebuch 1966–1971* (1972), ermöglichen dem Leser, in den Schaffensprozess Einblick zu nehmen, Bedeutungen und vielfältige Bezüge in den Werken aufzuspüren.

Ein Stipendium ermöglichte F. 1953 einen einjährigen Aufenthalt in den USA und in Mexiko, aus dem sein Roman *Stiller* (1954) erwuchs, ein Erfolg, der ihn dazu ermutigte, seiner bisherigen Existenz den Rücken zu kehren: 1954 trennte er sich von seiner Familie, 1955 schloss er sein Architekturbüro. Den Roman, die Geschichte einer nicht gelungenen Selbstfindung, kann man lesen als eine negative Alternative zu den eigenen Entscheidungen des Autors. Hauptfigur ist der Schweizer Bildhauer Anatol Ludwig Stiller, der aus seiner Ehe mit seiner Frau Julika ausbricht, nach Amerika flieht, später inkognito zurückkehrt, jedoch erkannt und inhaftiert wird, dann im Gefängnis letztlich vergeblich versucht, seine Frau, seinen Verteidiger und seinen Staatsanwalt davon zu überzeugen, dass er nicht identisch sei mit jenem Stiller, den sie zu kennen glauben. Mit Julika kehrt er schließlich in eine Ehe zurück, die mit ihrem resignierenden Tod und seinem „Verdämmern" endet. Eingeschoben in den Bericht sind Reflexionen Stillers, Geschichten, die er seinem Wärter erzählt, und Traumerzählungen, die jedoch die Person Stillers genauer kennzeichnen können als die vermeintlichen Tatsachenberichte, da sie seine Wünsche und Hoffnungen erkennen lassen. Wohl mit Recht ist F.s bekanntester Roman *Homo faber* (1957) als ein „Gegenentwurf" zu *Stiller* bezeichnet worden, denn während Stiller gegen seine als falsch empfundene Identität ankämpft, steigert Faber sich mindestens ebenso energisch in seine scheinbare Identität hinein. Anders als in den beiden vorherigen verzichtete F. in seinem letzten großen Roman *Mein Name sei Gantenbein* (1964) auf konkrete Handlungsstränge, wobei auch das erzählende „Ich" in mehrere Rollen aufgespalten erscheint, wenn es – montagehaft in extremer Ausprägung – Möglichkeiten und Perspektiven verschiedener Liebesbeziehungen beschreibt und reflektiert.

Materiell inzwischen unabhängig, begann F. seinen Wohnsitz häufig zu wechseln. 1960–1965 lebte er in Rom, dann in Berlin, in Berzona (Tessin) und in New York, dazwischen immer wieder in Zürich. 1958–1962 war er mit der Dichterin Ingeborg Bachmann verbunden, 1968 heiratete er Marianne Oellers, aber auch diese Ehe wurde 1979 getrennt.

Anerkennung am Theater fand F. mit seiner Parodie des Don-Juan-Stoffes *Don Juan oder die Liebe zur Geometrie* (1953, Neufassung 1962). Seine großen internationalen Erfolge auf der Bühne errang er mit den Stücken *Biedermann und die Brandstifter* (1958) und *Andorra* (1961), zwei Parabeln par excellence.

In Frage gestellt hat F. immer wieder sein Selbstverständnis als Schweizer Bürger. Neben zahlreichen kleineren Arbeiten zu diesem Thema ist v. a. *Wilhelm Tell für die Schule* (1971) zu nennen, seine parodistisch gefärbte und mit Anspielungen auf die Gegenwart gespickte Version des bekannten Schweizer Nationalmythos. Auch das *Dienstbüchlein* (1974) war durch diese kritische Perspektive geprägt.

F.s eigentliches Spätwerk wurde von der autobiografisch geprägten Erzählung *Montauk* (1975) eingeleitet. Ein Stück, das sich intensiv mit dem Tod auseinander setzt, *Triptychon* (1978), und eine Erzählung, die das Altern und die Isolation resignativ in den Mittelpunkt rückt, *Der Mensch erscheint im Holozän* (1979), fanden jedoch nicht mehr die Beachtung, die seinen früheren Werken zuteil wurde. Auch die kriminalistisch gefärbte Erzählung *Blaubart* (1982), die noch einmal die Identitätsproblematik aufgriff und 1985 verfilmt wurde, erreichte nicht mehr die frühere Popularität. F. starb in seiner Züricher Wohnung.

Literarische Einordnung

Mit seinem vorwiegend sozialkritischen, teils aber auch autobiografisch geprägten Werk wurde F. zu einem der bedeutendsten deutschsprachigen Autoren der Gegenwart. Einerseits hielt er die Wirkung des epischen Theaters Brechts lebendig, andererseits übte er erheblichen Einfluss auf die Entwicklung des deutschsprachigen Romans der Moderne aus.

Seit dem Ende der 50er-Jahre hat F. wiederholt die Frage nach der gesellschaftlichen Verantwortung des Schriftstellers gestellt. Direktem politischen Engagement stand er jedoch ablehnend gegenüber. Er sah seine Aufgabe darin, Fürsprecher des Menschlichen und Veränderbaren zu sein und so gegen sich verfestigende Gesellschaftsstrukturen anzugehen. Anders als Brecht bleibt F. jedoch im Fragen und Hinterfragen bewusst stehen, er gibt an, nicht der einen Ideologie eine andere entgegensetzen zu wollen.

Zentrales Thema im Werk F.s ist die Suche des modernen Menschen nach seiner eigenen Identität und die seiner Welt. Auch die Befreiung des Ichs aus erstarrten Rollenerwartungen, die Befreiung aus dem sog. „Bildnis", hat er in seinen Werken immer wieder beschworen.

Das Werk F.s wurde in viele Sprachen übersetzt, seine Stücke sind Bestandteil der Spielpläne berühmter Bühnen. Ehrungen und Preise wurden ihm zuteil. So erhielt er 1958 als erster nicht in der Bundesrepublik lebender Autor den Georg-Büchner-Preis. Auch der Schillerpreis des Landes Baden-Württemberg (1965) wurde ihm verliehen, ebenso der Friedenspreis des deutschen Buchhandels (1976). Die Ehrendoktorwürde verliehen ihm die Philipps-Universität Marburg und die City University New York. 1980 wurde die Max-Frisch-Stiftung gegründet, ein Jahr später das Max-Frisch-Archiv der ETH Zürich. Auch die Verleihung des Heine-Preises durch die Stadt Düsseldorf im Jahre 1989 belegt, dass F. inzwischen zu einem Klassiker geworden ist.

Werkbeschreibungen

Biedermann und die Brandstifter (Drama, 1958): Diesem *Lehrstück ohne Lehre* ging eine Hörspielfassung (1953) voraus, die ihrerseits auf einer Geschichte aus dem *Tagebuch 1946–1949* (1950) mit dem Titel *Burleske* basiert. Im Drama wird in sich steigernder Absurdität anhand einer komplexen Einquartierungssituation die Anpassungsmentalität des Bürgertums und dessen Anfälligkeit für autoritäre Herrschaftsformen bloßgelegt.

Der Untertitel der Bühnenfassung beschreibt die Absicht des Autors und damit das wichtigste Element des Stücks. Herr Biedermann, der trotz der in der Umgebung sich häufenden Brandstiftungen Fremde auf seinem Dachboden beherbergt, die offensichtlich Vorbereitungen für einen Brand treffen, lernt nichts aus seinen Beobachtungen, sondern verdrängt seine Einsicht aus Angst vor möglichen Reaktionen der Brandstifter. Auch die Furcht davor, dass seine Mitschuld am Tod eines Angestellten öffentlich wird, lässt ihn feige zurückweichen. So arbeitet er zuletzt sogar bereitwillig selbst an seinem eigenen Untergang und dem seiner Stadt mit, glaubt aber bis zum Schluss, sich nicht anders verhalten zu können. Was er nicht sieht, soll der Zuschauer erkennen: Feiges Zurückweichen und mangelnde Zivilcourage führen ins Verderben. Der aus der antiken Tragödie übernommene Chor und weitere, dem epischen Theater Brechts entlehnte Verfremdungen unterstreichen die Lehre.

Das Stück besitzt eine parodistische, bewusst antirealistische Konzeption, eine Anlage zur Parabel, die den Zuschauer zu der Erkenntnis führen soll, dass politischer Opportunismus zwangsläufig dazu führt, diktatorische Regime zu etablieren.

Homo faber. Ein Bericht (Roman, 1957): Einige biografische Details bestimmen F.s bekanntesten Roman. So wurde F. selbst, wie auch seine Romanfigur Walter Faber, von einem begüterten Freund bei seinem Architektur-Studium unterstützt und lernte dort ebenso wie dieser eine deutsche Jüdin kennen und lieben. Auch grundlegende Positionen des Autors zur Polarität von Natur und Technik finden sich in diesem Roman, worauf dessen Titel – *faber* steht für den „Techniker" schlechthin – bereits anspielt.

Walter Faber, ein rationalitätsgläubiger und diesseitsorientierter 50-jähriger Ingenieur, erleidet einen Flugzeugabsturz über der mexikanischen Wüste und wird durch verschiedene Zufälle mit seiner Vergangenheit konfrontiert, welche ihn zu seinem inzwischen verstorbenen Jugendfreund Joachim führen. Er kehrt nach New York zurück und lernt auf einer Schiffsreise nach Europa die junge Sabeth kennen. Es handelt sich dabei um seine Tochter, von deren Existenz er jedoch nichts weiß. Er ist von ihr fasziniert, sie unternehmen eine Autofahrt von Paris nach Athen und beginnen ein Liebesverhältnis. Erzählungen des Mädchens lassen Fabers Vaterschaft dem Leser immer plausibler werden, er aber manipuliert seine Berechnungen, ob sie seine Tochter sein könnte oder nicht, stets so, dass er diesen Verdacht verdrängen kann. Kurz vor Athen verunglückt Sabeth tödlich, als sie vor Faber erschrickt und stürzt. Faber selbst begegnet seiner früheren Geliebten Hanna, der Mutter Sabeths, mit der er und Joachim zusammen in Zürich studierte, erkrankt aber kurz darauf an Magenkrebs, einer Krankheit, deren Anzeichen er ständig verdrängt hat. Diese Ereignisse, besonders aber die Schuld am Tod seines Kindes und seine Krankheit bringen ihn zu der Erkenntnis, dass das Leben eben nicht berechenbar ist, wie er zuvor immer geglaubt und behauptet hat, sondern dass das kausal geprägte Denken dem unmittelbaren Leben und Erleben untergeordnet ist.

Dieser Roman stellt, wie kein zweiter im deutschen Sprachraum, das rein technisch orientierte Denken, das sich allein auf die Kausalität beruft, in Frage.

Der Untertitel *Ein Bericht* lässt den Leser zunächst eine sachliche, nüchterne, eben ingenieurmäßig rationale Darstellung erwarten, doch wird zunehmend deutlich, dass sich der Ich-Erzähler Faber bis hin zur Bejahung und Vermittlung eines intensiven Lebensgefühls wandelt. Auch der Sprachstil ändert sich: Zunächst erkennt man die Parodie des Stils der Geschäftsleute und Techniker von heute, salopp und präzise zugleich, später werden, besonders in den Naturbetrachtungen, intensive Stimmungen und Gefühle durch die Sprache bildhaft vermittelt. Die Form des tagebuchartigen „Berichts" in komplexer Orts- und Zeitstruktur scheint einerseits das Erzählte dokumentarisch zu belegen, lässt aber andererseits zunehmend die Subjektivität des Schreibenden durchscheinen.

Der Roman wurde erfolgreich verfilmt, F. selbst verfolgte mit lebhaftem Interesse die Arbeit des Regisseurs Volker Schlöndorff, die Premiere im Januar 1991 fand seine lobende Zustimmung. GL

Stefan George

geb. am 12. 7. 1868 in Rüdesheim/Rhein
gest. am 4. 12. 1933 in Muralto (Schweiz)

Kurzbiografie

G. stammte aus einer angesehenen bürgerlichen Familie. Sein Vater, zunächst Weingutsbesitzer und Gastwirt, später Stadtverordneter in Bingen, ermöglichte dem Sohn eine Ausbildung auf einem Gymnasium in Darmstadt (1882–1888) und nach dem Abitur konnte er auf ausgedehnten Reisen Europa kennen lernen. Hier schon entstanden erste Gedichte.

Großen Eindruck machte auf G. die literarische Szene in Paris, wo er mit dem Symbolisten-Kreis um Mallarmé in Kontakt kam, der auf seine Dichtung entscheidenden Einfluss ausübte. Ein Sprachen-, Literatur- und Kunststudium in Berlin (ab 1889) brach er bald ab, um sich verstärkt literarischer Tätigkeit zu widmen, die den programmatischen Gedanken des Symbolismus, Kunst um der Kunst willen zu schaffen, in Deutschland bekannt machen sollte. Dazu diente die Zeitschrift *Blätter für die Kunst*, die er 1892–1919 (mit Unterbrechungen) herausgab. Zu den Mitarbeitern der Zeitschrift gehörte eine Zeitlang auch der von G. sehr geschätzte Hugo von Hofmannsthal. Ab 1892 bildete sich der George-Kreis heraus, eine Gruppe von am Symbolismus orientierten Künstlern und Wissenschaftlern, die G. als geistige Führergestalt anerkannten. G.s erste Gedichtbände, *Hymnen* (1890), *Pilgerfahrten* (1891) und *Algabal* (1892) zeigen schon deutlich sein Programm, den Dichter als eine Art Kultfigur herauszuarbeiten, der den Banalitäten des Alltags gegenüber in gehobener Sprache eine eigene künstlerische Welt gestaltet. Sein 1897 erschienener Gedichtband *Das Jahr der Seele* bedeutet einen Höhepunkt seiner dichterischen Tätigkeit. G. inszenierte sich nicht nur in seinen Texten, sondern auch durch sein Auftreten in seinem Anhängerkreis als elitärer „Meister", der umgeben von seinen „Jüngern" in seiner Person das Dichtertum als Berufung veranschaulicht. Dichterlesungen im ausgewählten kleinen Kreis und gezielt herausgegebene und kontrollierte Bilder und Fotos von ihm selbst trugen zur Etablierung des Images bei. In seinem Lyrikband *Der Teppich des Lebens und die Lieder von Traum und Tod* (1900) macht G. deutlich, dass es ihm um mehr geht als um die Proklamierung einer neuen Literatur: Die Verkündigung einer neuen Lebensweise, geprägt vom Geistigen und Schönen, in der der Dichter als Autorität fungiert, tritt nun hervor: „Nun spricht der Ewige: ich will! Ihr sollt!" Im Gedichtzyklus *Der siebte Ring* (1907) bringt G. unter dem Einfluss der Kulturkritik Nietzsches scharfe Kritik an Plattheit und Materialismus der Gegenwart zum Ausdruck, andererseits entwirft er die Vision einer neuen Zukunft, in der Kunst und Lebenswirklichkeit versöhnt sind. Die Gedichte des *Stern des Bundes* (1914) setzen diese Richtung fort, indem sie vielfach in einer Art knapper Spruchform Lebensweisheiten für eine elitäre Gruppe, die diese neue Zukunft vorleben soll, verkünden.

Der fast gleichzeitig mit dem Erscheinen dieses Werks einsetzende Erste Weltkrieg tauchte G.s Botschaft vom Dichter als Verkünder einer neuen positiven Zukunft in ein anderes Licht, das eine Einlösung seiner Visionen nur noch in weiter Ferne erscheinen ließ. G. zog sich zunehmend aus der Öffentlichkeit zurück. Kommentarlos erlebte er, wie seine Vorstellungen von der geistigen Führerschaft des Dichters und vom „neuen Reich" – 1928 erschien ein Werkband unter dem Titel

Das neue Reich – unter nationalsozialistischer Perspektive politisch umgedeutet wurden, doch lehnte er kurz vor seinem Tod ein Angebot Goebbels, den Vorsitz der Deutschen Akademie für Dichtung zu übernehmen, ab und siedelte in die Schweiz über, wo er wenig später starb.

Literarische Einordnung
G.s Kunstvorstellung ist bestimmt durch die deutliche Ablehnung der realistischen und v. a. naturalistischen Literatur ihrer Zeit und auch durch ihren Gegensatz zu der populären Unterhaltungsliteratur.

Literatur bedeutet für G. nicht die Aufgabe, Wirklichkeit mehr oder weniger exakt widerzuspiegeln und damit bestimmte inhaltliche Zielsetzungen zu verfolgen, sondern „Kunst für die Kunst" zu schaffen – „l'art pour l'art", wie es im französischen Symbolismus genannt wird. Es geht ihm um die Schöpfung einer Welt der Schönheit und des elitären Geistes im literarischen Text durch die schöpferische Kraft des berufenen Dichters in Ablehnung der Flachheiten und Hässlichkeiten der Alltagswirklichkeit.

G. verwendet daher einen ausgesuchten Wortschatz, eine feierliche Sprache und eine genau überlegte Form, um in seiner Lyrik – nur diese literarische Darstellungsweise hat er verwendet – vollkommene „Kunst-Bilder" zu inszenieren. Das beabsichtigte Kunstvolle seiner Texte wird auch in der äußerlichen Präsentation fortgesetzt: G. ließ den Druck seiner Werke nur in einem speziellen, seiner Handschrift nachgebildeten Schrifttyp, durchgehender Kleinschreibung und einer erlesenen Buchausstattung zu. Die geringe Druckauflage war von vornherein für einen auserlesenen Kreis von Lesern bestimmt.

Nach 1900 wandelt sich G.s Kunstvorstellung zu einer Art Kunstreligion, in der der literarische Text des Dichterpropheten Mahnung und Wegweisung gibt für eine neue Lebensgestaltung aus Geist und Schönheit. Hintergrund dafür ist G.s Überzeugung, dass das Ideal der geistigen-körperlichen Vollkommenheit sich in einer göttlichen Gestalt noch einmal verkörpert habe, die er in seinem dichterischen Werk Maximin nennt.

Werkbeschreibung
Das Jahr der Seele (Gedichte, 1897/98): Diese Sammlung von Liebes-, Natur- und Kunstgedichten macht beispielhaft sichtbar, wie Gegenstände der Wirklichkeit durch G.s dichterische Gestaltung symbolhaft überhöht und in ein neues „Kunst-Bild" überführt werden – für G. angesichts der Verhältnisse seiner Gegenwart die einzige Möglichkeit, Natur darzustellen.

In dem Gedicht *Wir schreiten auf und ab im reichen flitter* z. B. ist die Handlung rein inhaltlich beschränkt auf einen Spaziergang in einem herbstlichen Park und eine kurze Pause auf einer Bank. G. verwandelt jedoch die Natur. Wenn es heißt: „Und sehen aussen in dem feld vom gitter / Den mandelbaum zum zweitenmal im flore" wird dem Mandelbaum das Ungewöhnliche einer zweiten Blüte zugeschrieben, gesehen wird er von außen, gerahmt durch das Gitter, also quasi als Kunstobjekt. Auch das Laub der Bäume, das G. als „flitter" und „flor" bezeichnet, verweist auf menschlich Gestaltetes, nicht Natürliches. Dazu passt, dass die reifen Früchte der Bäume nicht etwa herab fallen, sondern vorsichtig „an den boden klopfen". Die Natur stört somit nicht die Ruhe und die Träume der sich im Park gemessen bewegenden Menschen, sondern unterstützt deren Ruhewunsch und macht menschliche Bedeutsamkeit anschaulich, wenn sie „Von wipfeln strahlenspuren auf (die Menschen) tropfen" lässt.

Im Gedicht wird greifbar, wie eine Herbstlandschaft – in traditioneller Naturlyrik ein häufiges Motiv – bei G. in eine Kunstlandschaft umgeformt wird, die dem Menschen, hinter dem die Gestalt des Dichters zu sehen ist, dient. HH

Johann Wolfgang von Goethe

geb. am 28. 8. 1749 in Frankfurt/Main
gest. am 22. 3. 1832 in Weimar

Kurzbiografie
Die sehr unterschiedlichen Wesensarten seiner Eltern, Johann Caspar G. und seiner 21 Jahre jüngeren Frau, Katharina Elisabeth, geb. Textor, führten in den Anlagen des Sohnes und auch bei seiner Erziehung zu einer harmonischen Ergänzung der Gegensätze. Der Vater war Jurist und Kaiserlicher Rat, jedoch schon früh finanziell in der Lage, seine Berufstätigkeit aufzugeben und sich wissenschaftlichen Interessen zu widmen, was sich in der umfassenden Ausbildung des Sohnes – von ihm selbst und Privatlehrern durchgeführt – niederschlug. Der Mutter verdankte G. v. a. seine frohe Lebensart, aber auch die Freude am „Fabulieren", wie er es in seinem späteren autobiografischen Werk *Dichtung und Wahrheit* nannte.

Mit 16 Jahren begann G. nach Willen des Vaters ein Jurastudium in Leipzig. Das Leben in der eleganten Messestadt bot vielerlei Anziehungskraft für den jungen Studenten. Neben seinen juristischen Studien besuchte G. auch poetische Vorlesungen und er nahm Zeichenunterricht. Die leidenschaftliche Freundschaft zu Käthe Schönkopf und deren Bruch motivierten G. zu seinem Schauspiel *Die Laune des Verliebten* (1765). Schon hier wird greifbar, dass er – immer wieder, wie sich zeigen wird – emotional bedrängende eigene Erfahrungen in ein literarisches Werk überführt und sich damit davon befreit. Die Leipziger Zeit fand ein dramatisches Ende: G. erkrankte 1768 schwer, kehrte nach Frankfurt zurück und benötigte bis Anfang 1770, um sich zu erholen. Dennoch entstand 1769 mit *Die Mitschuldigen* ein weiteres Schauspiel.

Im Frühjahr 1770 setzte G. in Straßburg sein Jurastudium fort, wo er entscheidende Anstöße für seine weitere biografische und dichterische Entwicklung erhielt. Gesellschaftskritische Gedanken zu sozialen und politischen Missständen der Zeit waren den jungen internationalen Straßburger Studentenkreisen geläufig und sie wurden auch in G.s Freundeskreis, zu dem die Schriftsteller Jung-Stilling und Lenz gehörten, diskutiert. Besonders der etwas ältere Herder übte mit seiner Shakespeare-Verehrung, seiner Begeisterung für die Poesie als Ursprungssprache der Menschheit und seiner Verherrlichung des künstlerischen Genies, in dem sich pantheistisch gesehene göttliche Schöpfungskraft widerspiegele, großen Einfluss auf G. aus und unterstützte seine Distanz zum aufklärerischen oder rokokohaften Poesieverständnis. Auch die Liebe zu Friederike Brion, Tochter des Pfarrers im nahen Sesenheim, trug dazu bei, G.s Fähigkeit des natürlichen, ungekünstelten, sogar leidenschaftlichen Ausdrucks von Empfindungen frei zu legen, wie sie in Gedichten dieser Zeit (z. B. *Mailied, Heideröschen, Willkomm und Abschied*) sichtbar wird. Einer von Friederike erhofften Bindung wich G. aus und nutzte seine Ablegung des juristischen Examens 1771 als Grund, nach Frankfurt zurückzufahren.

Doch die vom Vater erhoffte Anwaltskarriere erfüllte sich nicht. G. führte in den Jahren bis 1775, in denen er noch in Frankfurt lebte, nur wenige Prozesse und wandte sich stattdessen der Dichtung zu. Die Straßburger Erkenntnisse und Erfahrungen wirkten sich nunmehr in einer Reihe von Werken aus, die man als Frankfurter Sturm und Drang einordnet. Dazu gehören kunsttheoretische Texte, wie die Rede *Zum Schakespeares* Tag (1771), wo er in emotional überschwänglicher Sprache Shakespeares dichterisches Genie und die Natürlichkeit seiner dramatischen Gestaltung pries. Es entstanden die ersten großen dichterischen Werke, die G. bekannt machten. In seinem Schauspiel *Götz von Berlichingen* (1. Fassung 1771, überarbeitet 1773) entwarf er in der Titelgestalt eine Identifikationsfigur für die Sturm-und-Drang-Generation, die sich kritisch abhob vom Denken der Älteren. Ein sensationeller Erfolg war der *Werther* (1774), der in der Leidenschaftlichkeit seiner emotionalen Sprache eine völlig neue Gefühlsintensität sprachlich abbildete und bis in die Kleidung der Titelfigur hinein trendbildend wirkte. Biografischer Hintergrund des Textes war G.s leidenschaftliche Empfindung für Charlotte Buff, die er in Wetzlar, wo er für einige Zeit beim Reichskammergericht arbeitete, kennen gelernt hatte. Er begann rnit Arbeiten am *Faust* und verfasste Dramen und Gedichte, wie *Prometheus* (1774), wo er den Typus des selbstbewussten, selbstverantwortlichen, von göttlichen Wesen und Religion unabhängigen Menschen literarisch gestaltet.

1774/75 zeichnete sich eine entscheidende Veränderung in G.s Leben ab. Er hatte die reiche Frankfurter Bankierstochter Lili Schönemann kennen gelernt, fürchtete jedoch mögliche Einengungen durch eine eheliche Bindung – seine ambivalente Haltung spiegelt sich in dem 1775 geschriebenen Schauspiel *Stella* wider. Das Angebot des jungen Erbprinzen Karl August von Sachsen, nach Weimar zu kommen, nahm er deshalb an und kam – nach einigen Komplikationen – schließlich im November 1775 in Weimar an.

Unter der bisherigen Regierung der Mutter des jungen Herzogs, Anna Amalia, hatte sich zwar in Weimar mit dem „Musenhof" ein kultureller Mittelpunkt gebildet, doch war die Stadt noch klein (ca. 6 000 Einwohner) und provinziell. G. wurde ab 1776 Mitglied der Regierung und übernahm in den nächsten Jahren eine Anzahl von Ämtern. Für seine literarische Tätigkeit wurde die Freundschaft mit der sieben Jahre älteren Hofdame Charlotte von Stein wichtig. G. gewann allmählich Distanz zu seinen Frankfurter Werken: Die erste Fassung der *Iphigenie* von 1779 bereits weist in ihrer fünfaktigen Form und mit den Gedanken von Humanität und selbstverantwortetem Handeln auf die künstlerischen und menschlichen Ideale dessen voraus, was man später als Weimarer Klassik bezeichnete.

Doch obwohl weitere Werke entstanden und sich sein gesellschaftliches Ansehen noch mehrte – sichtbarer Ausdruck waren der Bezug des großen Hauses am Frauenplan in Weimar (heute Goethe-Museum) und die Verleihung des Adelstitels 1782 – fühlte G. sich zunehmend beengt. Die vielen Verpflichtungen am Hof und die beruflichen Aufgaben in verschiedenen Ministerien des Herzogtums führten dazu, dass er im September 1786 heimlich unter fremdem Namen nach Italien aufbrach. Er besuchte die klassischen antiken Bauwerke und Kunstwerke in den italienischen Städten, v. a. in Rom, zeichnete und entwickelte in dieser unmittelbaren Begegnung mit der antiken Kunst, aber auch mit zeitgenössischen Künstlern, sein Kunstverständnis weiter. Er setzte in Italien die Arbeit am *Faust* fort, gestaltete *Iphigenie* neu in Versform (1786) und beendete das Schauspiel *Egmont* (1788). Im Juni 1788 kehrte G. nach Weimar zurück.

Entlastend wirkte sich aus, dass er jetzt nur noch für die künstlerischen und wissenschaftlichen Einrichtungen des Herzogtums, zu denen auch die Universität Jena gehörte, zuständig war. Die Zurückhaltung der Hofgesellschaft wurde ausgeglichen durch die Bekanntschaft mit Christiane Vulpius, einer 24-jährigen Papierblumenherstellerin, die zu ihm zog – erst 18 Jahre später heirateten sie offiziell.

Torquato Tasso, ein Schauspiel, in dem G. ein unversöhnliches Gegeneinander von politischer und künstlerischer Existenz gestaltete, wurde abgeschlossen, ebenso wie die kunsttheoretische Schrift *Einfache Nachahmung der Natur, Manier, Stil* (1789), in der er den Stil, die höchste Form künstlerischer Tätigkeit, als Fähigkeit, das „Wesen der Dinge“ zu gestalten, definiert und dessen verstandesmäßig-wissenschaftliche Basis betont.

1788 hatte G. Schiller kennen gelernt, doch erst 1794 kam es zu der intensiven Zusammenarbeit, die bis zu Schillers Tod 1805 anhielt und den eigentlichen Kern der Weimarer Klassik ausmacht. Die gemeinsame Überzeugung von der Bedeutsamkeit des künstlerischen Schaffens als vorbildhaftes Modell für eine zukünftige Erneuerung des Menschen und der menschlichen Gesellschaft überhaupt bildete die Basis ihrer Zusammenarbeit. Balladen, wie *Der Zauberlehrling*, sind erste Produkte der Gemeinsamkeit. In den *Xenien* (1796) nahmen sie den zeitgenössischen, zum Trivialen neigenden Literaturbetrieb kritisch aufs Korn. In *Hermann und Dorothea* (1797), in der klassischen Form des Hexameters geschrieben, wendet G. sich gegen verrohende Auswirkungen der Französischen Revolution. Auch der Roman *Wilhelm Meisters Lehrjahre*, in dem G. den Prozess äußerer und innerer Reifung der Persönlichkeit beschreibt und der Grundlage des Typus „Entwicklungsroman“ wurde, kam 1796 zum Abschluss. G. arbeitete am *Faust* weiter und gab 1798–1800 die *Propyläen* heraus, eine Kunstzeitschrift, die die klassischen Vorstellungen vom echten Künstler und Kunstwerk zu beschreiben suchte.

Eine große Rolle spielten zunehmend die naturwissenschaftlichen Studien. G. beschäftigte sich in dem *Versuch, die Metamorphose der Pflanzen zu erklären* (1790), mit der sog. „Urgestalt“ des Pflanzlichen, von der ausgehend er die Entstehung und Entwicklung pflanzlichen Lebens erklären zu können hoffte. Er dehnte diesen Forschungsansatz aus und entdeckte den Zwischenkieferknochen als ein entwicklungsgeschichtliches Bindeglied zwischen Tier und Mensch. Farbenlehre und Mineralogie waren weitere Tätigkeitsbereiche.

1791–1817 beschäftigte G. sich intensiv mit der Leitung des Weimarer Hoftheaters. Neben diesen Arbeiten waren G. die kulturpolitischen Tätigkeiten wie Bemühungen um die Qualitätsverbesserung an der Universität Jena wichtig; auch die repräsentativen Verpflichtungen im inzwischen größer und kulturell bedeutsam gewordenen Weimar, in dem sich die geistige Elite der deutschen Länder traf, nahmen Zeit ein. Doch ging auch die literarische Arbeit weiter: G. schrieb den Roman *Die Wahlverwandtschaften* (1809), in dem er an zwei Paaren die Gegensätzlichkeit zwischen einem naturhaften Zusammengehörigkeitsgefühl und einer bewussten moralischen Entscheidung für ein Zusammenleben durchspielt. 1811 begann er mit der autobiografischen Schrift *Dichtung und Wahrheit* und erarbeitete sich mit den Liedern des persischen Dichters Hafis ein völlig neues Gebiet, was sich ab 1814 in Gedichten des *West-östlichen Divan* (abgeschlossen 1819) literarisch umsetzte. Die Arbeit am *Faust*, dessen erster Teil schon 1806 abgeschlossen war, wurde 1825 als *Faust, 2. Teil* wieder aufgenommen und wenige Wochen vor seinem Tod vollendet. Auch der *Wilhelm Meister* erfuhr in *Wilhelm Meisters Wanderjahre* eine Fortsetzung.

In seinen beiden letzten Lebensjahrzehnten erlebte G. hohe gesellschaftliche Ehrungen, private Freude durch die Heirat seines Sohnes (1817) und die Geburt von Enkeln (1820 und 1827) und fortdauernden literarischen Ruhm, der in den Buchausgaben seiner gesammelten Werke (40 Bände!) greifbar wurde.

Nach dem Verlust seiner Frau 1816 und seines Sohnes 1830 machte ihn allmählich der Tod von nahe stehenden Personen einsam. Bis ins hohe Alter von schweren Erkrankungen weitgehend verschont, starb G. an Herzversagen.

Literarische Einordnung

G. ist der Dichter, dessen Lebensverlauf und literarisches Werk für die Herausbildung der sog. Weimarer Klassik grundlegend ist. Die ersten Werke jedoch, die er bis gegen Ende der 70er-Jahre schrieb, werden dem Sturm und Drang zugeordnet, also dem Zeitraum, in dem die junge Generation zwischen 1770 und 1785 sich von den Zielen der bisherigen Literatur der Aufklärung abwandte und sich kritisch gegen die etablierten politischen und sozialen Verhältnisse der feudalen Gesellschaft richtete. Für die Sturm-und-Drang-Generation ist der Dichter nicht mehr – wie in der Aufklärung – ein an poetischen Regeln orientierte „Nachahmer" der Realität, der seine Texte in der Absicht einer belehrenden und erzieherischen Wirkung herstellt, sondern er gilt als Genie, das aufgrund einer Art göttlicher Inspiration schreibt. Der Sturm-und-Drang-Dichter setzt sich über traditionelle Regeln, wie die drei Einheiten im Drama, hinweg und gestaltet seine Texte so, wie es sich von der dichterischen Eingebung her als notwendig ergibt. G.s Sturm-und-Drang-Helden stehen in einem kritischen Verhältnis zur gesellschaftlichen Realität, an deren Intrigen- und Machtdenken sie scheitern, wie Götz, oder sie erleben, wie Werther, ihre eigene Gefühlswelt so intensiv, dass sie mit den herrschenden normativ-vernünftigen Handlungsmustern und Konventionen nicht zurechtkommen.

Der emotionale Überschwang, der die Sturm-und-Drang-Figuren charakterisiert, spiegelt sich wider in einer neuen Bedeutung, die die Natur in den literarischen Texten dieser Zeit gewinnt. War sie bisher bloß Kulisse, szenischer Hintergrund, so wird sie im Sturm und Drang als belebte Natur zum Spiegelbild menschlichen Empfindens. Charakteristisch wird das v. a. im *Werther* deutlich.

Die Emotionalität, die die Sturm-und-Drang-Figuren zeigen, ist Anzeichen dafür, dass der Einzelne überhaupt wichtiger geworden ist: Im eigenständigen Denken, Fühlen und Handeln des Individuums erweist es sich emanzipiert von den Normen der Gesellschaft, sogar gegenüber den Ordnungen und Gesetzen des Staates (vgl. die Gretchenfigur im *Urfaust;* das Motiv der Kindsmörderin).

Die Schärfe der gesellschaftskritischen Wendung der Literatur und die einseitige Betonung ihrer geniehaften Entstehung ändert sich im Verlauf von G.s Leben. Dazu trägt v. a. die Begegnung mit der klassischen griechischen Kunst während seines Italienaufenthalts bei. Das Erleben von Schönheit und Harmonie an den klassischen Bauwerken führt zu einer veränderten Wirklichkeitsdarstellung in der Literatur: Das zufällig-alltägliche Nebeneinander von Elementen der Realität soll im künstlerischen Text nicht einfach nachgeahmt, sondern Realität soll gestaltet werden als Ausdruck des Charakteristischen einer Person oder Szene. Damit entfernt die klassische Dichtung G.s sich bewusst vom schlichten Zeitgeschmack und der Darstellung von aktuellen Problemen des Alltags. Sichtbar wird dies schon an den Titeln der Schauspiele, die die Zuwendung zu einer vergangenen Zeit signalisieren. Unterstützt wird die Abwendung von der Gegenwart durch die zeitgenössische politische Situation: Indem die Französische Revolution, zunächst von vielen freudig begrüßt, zum inhumanen Chaos ausartet, wachsen G.s Zweifel an der Reife breiter Bevölkerungskreise und deren umfassenden Verständnismöglichkeiten für die Gestaltungsweisen seiner Dichtung. In den künstlerisch gestalteten Menschenbildern aus der Vergangenheit sieht G. dagegen Modelle geistiger Reife und Humanität. Dichtung erhält so Zukunftsbedeutung für künftige Generationen.

Nicht allein der Inhalt macht die Bedeutung des künstlerischen Textes aus, sondern auch seine Form. Deshalb überarbeitet G. früher geschriebene Texte wie *Iphigenie* und formt sie in Verse um. Auch die Verwendung antiker Versmaße wie Hexameter z. B. in *Alexis und Dora* dient dem Zweck, Schönheit und Bedeutsamkeit des dichterischen Textes auch an der Sprache sichtbar werden zu lassen und eine Harmonie von Form und Inhalt zu erzeugen. Darin liegt das eigentliche Wesen des klassischen Kunstwerks begründet, das, vom künstlerischen Genie geschaffen, auch einen Rezipienten benötigt, der gewillt und im Stande ist, sich zumindest teilweise dem Verstehen anzunähern. Damit entfernt G. sich bewusst von der entstehenden Trivialliteratur seiner Zeit. Eine Literatur, die ohne künstlerische Ambition dem Konsum, der Unterhaltung oder tränenseliger Rührung dient, wird von ihm scharf abgelehnt – auch wenn er sich damit deutlich von den Vorlieben des Zeitgeschmacks abgrenzt und vielen Rezipienten unverständlich bleibt.

Werkbeschreibungen

Götz von Berlichingen (Schauspiel, 1771/73): G.s erstes Drama, das ihn auf einen Schlag überregional bekannt machte, greift zurück in die Zeit des 16. Jahrhunderts. Die Titelgestalt Götz, Symbolfigur der zu Ende gehenden Epoche des Rittertums, verkörpert traditionelle Wertvorstellungen wie Freundschaft, Tapferkeit, Treue, Aufrichtigkeit und Bescheidenheit. Es gelingt ihm zu Beginn des Textes, seinen früheren Freund und jetzigen Gegner Weislingen, Anhänger des Bischofs von Bamberg, gefangen und mit auf seine Burg zu nehmen. Durch Gespräche zwischen beiden scheint Weislingen zu Götz' Lebensanschauung zurück zu finden. Doch eine vom Bischof eingefädelte Intrige ändert Weislingens Position erneut: Die ritterlichen Tugenden Götz' werden ihm als unzeitgemäß lächerlich gemacht und er kehrt an den Bischofshof zurück – nicht zuletzt durch die Hoffnung bewogen, die schöne Adelheid, die im Umkreis des Hofs lebt, für sich gewinnen zu können, was ihm dann auch gelingt. Weislingen sammelt Truppen, um gegen Götz militärisch vorzugehen. In siegreichen Einzelgefechten zeigt sich zwar Götz' kriegerisches Können, aber die Übermacht des Feindes belagert seine Burg und zwingt ihn zum Rückzug. Die Zusagen eines freien Abzugs werden jedoch gebrochen und Götz' Leute festgenommen. Von ihm wird verlangt, sich öffentlich als Aufrührer zu bekennen. Ein überraschender Angriff des mit Götz befreundeten Franz von Sickingen hilft ihm jedoch vorläufig aus der Bedrängnis heraus. Als er an einem Aufstand der Bauern teilnimmt statt, wie dem Bischof zugesagt, passiv auf seiner Burg zu bleiben, sieht Weislingen die Chance, seinen ehemaligen Freund endgültig zu überwältigen, zumal Götz auch durch die Gewalttaten, in die er hineingezogen wird, moralisch ins Unrecht gerät. Er wird zwar gefangen genommen, aber Weislingen kann sich dessen nicht freuen. Denn Adelheid, die ihn nur seiner Karriere wegen geheiratet hat, sieht inzwischen ihren Wunsch, Macht zu besitzen, bei einem anderen Mann in besseren Händen; deshalb will sie sich von Weislingen lösen und vergiftet ihn. Götz wird durch die erzwungene Untätigkeit der Gefangenschaft psychisch zermürbt. Als er auch noch vom Tod engster Anhänger erfährt, erkennt er visionär, dass er in die neue Zeit machtpolitischer Intrigen nicht mehr hineinpasst. Er stirbt mit einem feierlichen Anruf der Freiheit.

In der Gestalt des Götz sahen die Zeitgenossen, v. a. die junge Generation, eine Identifikationsfigur – obwohl sie in der Auseinandersetzung mit den intriganten Strategien und machtpolitischen Interessen der „modernen" Zeit untergeht.

Genauso bedeutsam aber ist die neue Darstellungstechnik des Schauspiels, das in einer Vielzahl von Sprüngen zwischen verschiedenen Schauplätzen die traditionellen drei Einheiten des Aristoteles zerstört und somit Sturm-und-Drang-Dramatik veranschaulicht.

Die Leiden des jungen Werther (Briefroman, 1774): Der Roman, der für breite Bevölkerungskreise den Ruhm G.s begründete, besteht weitgehend aus Briefen Werthers an seinen Freund Wilhelm, sodass der Handlungsverlauf aus der subjektiven Innenperspektive Werthers sichtbar wird.

Werther, ein junger Mann, ist beruflich für einige Zeit in einer kleinen Stadt und lernt dort Lotte kennen, die Tochter eines Amtmanns. Seine Zuneigung zu ihr verwandelt sich zu leidenschaftlicher Liebe und auch sie empfindet den Gleichklang ihrer Gefühle. In vielen Briefen berichtet Werther von seinen ausgedehnten Spaziergängen durch die frühlingshafte Natur, in der er seine frohe Stimmung widergespiegelt erlebt. Doch ist Lotte verlobt, und allmählich wird Werther klar, dass sie an diesem Verlöbnis festhalten wird. Als ihr Verlobter, Albert, in die Stadt zurückkehrt und Werther ihn als freundlichen Gesprächspartner erlebt, kann er seine hoffnungslose Leidenschaft nicht mehr ertragen – er reist ab und sucht seine Gefühle durch Arbeit abzulenken. Das aber misslingt. Er kehrt in die Stadt zurück, wo Lotte inzwischen Albert geheiratet hat. Die trübe frühwinterliche Landschaft, die er jetzt auf seinen Spaziergängen erlebt, wird erneut zum Ausdruck seiner Stimmungslage. Schließlich steigert sich die Verzweiflung unerfüllbarer Liebe so sehr, dass Werther sich erschießt.

In diesem Roman, in dem G. eine Identifikationsfigur für das Fühlen der Sturm-und-Drang-Generation schuf, wird der Zusammenprall von Welten deutlich: In der Welt Werthers dominiert das Gefühl, das er zu Traumphantasien der Liebe steigert; dagegen steht die Welt des vernünftigen sachlichen Handelns und der gesellschaftlichen Normen. Werther ist unfähig, für sich selbst eine Vermittlung dieser Welten zu schaffen, die eine Anpassung an das Leben der Gesellschaft bedeutete, und begeht aus solcher Verabsolutierung des Gefühls heraus Selbstmord.

Iphigenie auf Tauris (Schauspiel, 1779/87): Zeit und Ort des Schauspiels sind in die Vorzeit des griechischen Mythos verlagert. Iphigenie, Tochter des Griechen-Königs Agamemnon, lebt als Priesterin der Göttin Diana auf der Insel Tauris. Sie ist, wie als Vorgeschichte deutlich wird, von der Göttin dorthin geführt worden, weil ihr Vater sie eigentlich als Opfer darbringen wollte. Iphigenie hat durch ihren humanen Einfluss auf den König Thoas erreicht, dass die Menschenopfer abgeschafft wurden, zu denen bislang Fremde verurteilt wurden. Zornig über Iphigenies Weigerung, ihn zu heiraten, möchte Thoas die alten Bräuche wieder einführen. Zwei gefangene fremde Griechen sollen als Erste geopfert werden. Auch ohne zu wissen, dass es sich bei den Griechen um ihren Bruder Orest und dessen Freund Pylades handelt, möchte Iphigenie das Opfer nicht vollziehen. Erst später erfährt sie deren Identität und den Grund ihrer Ankunft auf Tauris: Orest will aufgrund eines missverstandenen Orakelspruchs das Dianabild des Tempels rauben, weil er meint, den Fluch der Rachegöttinnen – er hatte seine Mutter getötet, als er von deren Mord an seinem Vater Agamemnon erfuhr – dadurch von sich abwenden zu können. Iphigenie möchte Orest helfen und zugleich sie alle retten, zögert aber, den dafür nötigen betrügerischen Fluchtplan ins Werk zu setzen. Sie bringt es nicht über sich, Thoas, den sie zwar nicht liebt, aber aufgrund seines Wesens sehr achtet, zu täuschen und gesteht ihm schließlich den Fluchtplan und die Raubabsicht. Nach anfänglicher Enttäuschung und Empörung des Königs siegt seine Menschlichkeit als Antwort auf Iphigenies Wahrheitsbekenntnis und Vertrauen: Er lässt alle abreisen.

In der Zeitlosigkeit mythischer Ferne gestaltet G. mit der *Iphigenie* ein zeitlos gültiges Modell der Menschlichkeit angesichts einer Wirklichkeit, in der G. den Mangel an Humanität schmerzhaft empfand. Nach Erscheinen der Prosafassung des Schauspiels von 1778 ließ G. das Stück bald nicht mehr aufführen. Er arbeitete lange an einer Umgestaltung in Versform, da er das Ideal der Humanität in einer angemessenen, ideal überformten Verssprache – und eben nicht in alltäglicher Prosa – ausdrücken wollte. Erst in Rom gelang ihm eine befriedigende Lösung, die der Kunstvorstellung der Klassik, der Harmonie von Inhalt und sprachlicher Form, voll entspricht.

Faust (Schauspiel, 1808, Endfassung 1832): Das wohl bekannteste Werk der deutschen Literatur ist zugleich der Text, der G. praktisch sein Leben lang begleitet hat. Neben den beiden Teilen des Schauspiels gibt es eine kürzere Version des ersten Teils, die auf eine Mitschrift dessen zurückgeht, was G. zu Beginn seiner Weimarer Zeit abends gelegentlich vorgelesen hat – dies ist der sog. *Urfaust.*

Faust ist ein Gelehrter, der mit den Erkenntnismethoden und -möglichkeiten, die ihm in den Wissenschaften seiner Zeit zur Verfügung stehen, nicht zufrieden ist. Er versucht deshalb, grundlegende Erkenntnisse über das, „was die Welt im Innersten zusammenhält", durch magische Praktiken zu erlangen. Das misslingt zunächst. Doch Mephisto, der Teufel, verspricht Faust Hilfe. Sie schließen eine Wette ab: Faust solle nach seinem Tod ewig Diener des Mephisto sein, wenn es gelingt, Fausts Streben nach Erkenntnisgewinn zufrieden zu stellen, ihn zum Genuss des Augenblicks zu bringen („Wenn ich zum Augenblicke sage, verweile doch, du bist so schön …"). Faust erwartet von der Wette eine Vielfalt von Erfahrung: Er erhofft, das Spektrum menschenmöglicher Erfahrungen und die dazugehörigen Gefühle quasi experimentell durch Mephistos Hilfe erleben zu können. Faust wird durch Zauber verjüngt und dann beginnt Mephisto seinen Plan, Faust in Situationen zu bringen, die, wie er erhofft, jene Lebensfreude erzeugen sollen. In der ersten Station, Auerbachs Keller, misslingt Mephistos Vorhaben. Dann begegnet Faust Gretchen, einem einfachen Bürgermädchen. Er hofft, sie durch Mephistos Hilfe für sich gewinnen zu können. So wird ein Treffen arrangiert. Aus dem sexuellen Interesse Fausts wird Liebe – von beiden her. Doch die Beziehung gerät unter negative Vorzeichen: Gretchens Mutter stirbt an den Folgen eines Schlafmittels, das sie ihr gegeben hat, um mit Faust ungestört sein zu können, und Gretchens Bruder, der die gesellschaftliche Unehrenhaftigkeit ihrer Beziehung zu Faust anklagt, wird im Zweikampf von Faust getötet. Gretchen ist schwanger geworden und fürchtet die harten gesellschaftlichen Konsequenzen jener Zeit. Sie tötet das Neugeborene und wird wegen Kindsmord ins Gefängnis gebracht. Als Faust ihr mit Mephistos Hilfe zur Flucht verhelfen will, misslingt eine Verständigung zwischen beiden, da Gretchen – halb wahnsinnig geworden durch die Ereignisse – in Faust nicht mehr den wiedererkennt, dem sie bislang ihre Liebe geschenkt hatte. Sie bleibt im Gefängnis und Faust flieht mit Mephisto – dessen Worten „Sie ist gerichtet" antwortet eine Stimme aus dem Himmel: „Sie ist gerettet".

Damit endet der erste Teil des Schauspiels. Fausts Bemühen um Erkenntnis und Erfahrung wird im zweiten Teil weitergeführt und nimmt Dimensionen an, die Raum und Zeit übergreifen. Obwohl Faust die Wette mit Mephisto verliert und stirbt, wird er schließlich durch himmlische Gnade gerettet.

Im *Faust* gestaltet G. den Menschen, der – unzufrieden mit einer statischen Lebensweise – danach strebt, über das je Erreichte hinaus zu kommen. Er ist auf der Suche nach ständiger Weiterentwicklung menschlichen Wissens und menschlicher Fähigkeiten. Auch wenn er dabei – wie Gretchens Schicksal zeigt – schuldig wird, erfüllt er doch die höchste Bestimmung menschlichen Lebenssinns. HH

Jeremias Gotthelf

geb. am 4. 10. 1797 in Murten (Schweiz)
gest. am 22. 10. 1854 in Lützelflüh

Kurzbiografie

G.s eigentlicher Name ist Albert Bitzius. Sein Pseudonym wählte er 1837 nach dem Helden seines ersten Romans.

G. entstammt einem protestantischen Pfarrhaus, durch das Richtung und Ziel seines Lebenswegs vorgeprägt wurden. Er studierte Theologie in Bern und in Göttingen. Ab 1822 war er als Vikar tätig und erhielt zehn Jahre später eine Pfarrstelle im schweizerischen Lützelflüh, wo er bis zu seinem Tode lebte.

Von Beginn seiner beruflichen Tätigkeit an war es ihm wichtig, nicht nur seelsorgerisch zu wirken, sondern seinen Glauben auch gesellschaftspolitisch und pädagogisch, z. B. in der Lehrerausbildung, einzusetzen. Das Verbot jeglicher politischer Tätigkeit für Geistliche, das 1831 in der Schweiz ausgesprochen wurde, schnitt diese Wirkungsmöglichkeit ab und war für G. ein Motiv, nun auf dem Weg der Literatur Wirksamkeit zu entfalten. Ab 1837 erschien eine Reihe von Romanen und Erzählungen, die alle im ländlichen schweizerischen Milieu spielen.

Literarische Einordnung

Das gewählte Pseudonym steht für ein literarisches Programm. G. möchte seinen Lesern vermitteln, wie wichtig die Hilfe Gottes für eine sinnvolle Lebensgestaltung ist. Dementsprechend sind Orientierung an der Religion bzw. Abwendung vom Glauben für seine literarischen Figuren Verhaltensweisen, die über den „richtigen" Lebenssinn entscheiden. Das bedeutet für seine literarischen Texte aber nicht, dass G. versuchte, mit künstlichen, lebensfernen Gestalten seine Zielsetzungen zu realisieren. Seine literarischen Figuren spiegeln vielmehr anschaulich bis in die z. T. verwendete Dialektsprache hinein das ländliche Milieu wider und zeigen realistisch ein vielfältiges Spektrum menschlicher Verhaltensweisen.

Wenn G. sich auch für den Bestand der alten patriarchalischen Ordnung und Moral erzieherisch einsetzt und insofern der Epoche des Biedermeier zuzuordnen ist, so geht sein Werk darin nicht auf. Mit seiner Kritik an übersteigerten machtpolitischen Verhaltensweisen des Adels geht G. weit über zeitgenössische biedermeierliche Darstellungsweisen hinaus – genauso wie in seiner scharfen Kritik an gesellschaftlichen Missständen der neuen Zeit, z. B. dem Alkoholismus. In dieser Hinsicht weist er auf den kritischen Realismus der zweiten Jahrhunderthälfte voraus.

Werkbeschreibung

Die schwarze Spinne (Erzählung, 1842): Die Geschichte ist das bekannteste, heute noch in der Schule gelesene Werk G.s.

Die Rahmenerzählung von den Sitten, aber auch kleinen Eitelkeiten einer dörflichen Taufzeremonie liefert den Erzählanlass für die Binnenhandlung, die auf frühere Zeiten zurückgreift. Sie setzt ein mit der Unterdrückung der bäuerlichen Bevölkerung des Landes, die von einer gewalttätigen, moralisch und religiös verdorbenen Ritterherrschaft zu Frondiensten gezwungen wird, deren Maßlosigkeit die Existenz der Bauern zu zerstören droht. Als sie an jeglicher Rettung verzweifeln, kommt ein Hilfsangebot eines unheimlichen Mannes, der Grüne genannt, der sich durch sein Verlangen nach der Gegenleistung eines ungetauften Kindes als der Teufel erweist. Einzig Christine, eine Außenseiterin im Dorf, wagt das weitere Gespräch mit ihm und arrangiert das Abkommen, mit dem Hintergedanken, irgendwie an der „Bezahlung" vorbeizukommen. Das scheint zu gelingen. Doch bald taucht eine unheimliche, schreckliche Plage giftiger Spinnen auf, an der viele sterben. Es entwickelt sich eine Auseinandersetzung zwischen der Menge im Dorf, die aus Furcht um eigenen Besitz und Leben bereit ist, dem Teufel zu gehorchen, und den wenigen verbliebenen, die das ablehnen. Zunächst kämpft der Pfarrer mit der einen großen Spinne als der „Personifizierung" des Bösen, schließlich, nach weiterer Ausbreitung der tödlichen Plage, gelingt es einer gläubigen Frau, unter Einsatz ihres Lebens die Spinne einzusperren.

Die Binnenhandlung wird wieder aufgenommen, als sich der Reichtum im Dorf längst wiederhergestellt hat, zugleich aber moralischer Verfall der Bewohner sichtbar wird. Es kommt zur Befreiung der Spinne und wieder breitet sich die tödliche Plage aus. Schließlich gelingt es einem der guten, Gott vertrauenden Menschen, erneut die Spinne einzusperren. Dies Gefängnis der Spinne in einem zugestopften Loch im Türpfosten ist der Verknüpfungspunkt zwischen Rahmen- und Binnenhandlung: hier erregt es Aufmerksamkeit, fordert das Erzählen heraus und dient als ständige Mahnung für die Lebensführung.

Um eben solche Mahnung geht es dem Autor. G. übt aus der Perspektive christlicher Gläubigkeit heraus Kritik an der Gesellschaft, sowohl am Adel wie auch am Bürgertum. Hochmut, Habgier, Egoismus, Selbstüberschätzung und Angeberei, wie sie etwa bei den negativen Personen der Erzählung vorhanden sind, sind für G. kennzeichnende Merkmale einer Gesellschaft, die den rechten Glauben verloren hat. Mit dem bedrohliche Auftreten der Spinne veranschaulicht er seine dringende Mahnung, zu alten, vom Glauben geprägten traditionellen Ordnungen und Leitlinien des Lebens zurückzukehren. HH

Günter Grass

geb. am 16. 10. 1929 in Danzig

Kurzbiografie

G.s Vater war ein aus dem Deutschen Reich stammender Protestant, die Mutter entstammte einer katholisch geprägten kaschubisch-polnischen Familie aus der Umgebung der Stadt Danzig, die bis zur Wiedereingliederung 1939 als „Freie Stadt Danzig" selbstständig war. Die Eltern führten ein Lebensmittelgeschäft im Danziger Vorort Langfuhr. Einerseits war G. geprägt durch die katholische Erziehung im Elternhaus, andererseits aber auch durch seine Begeisterung für die nationalsozialistische Bewegung. 1937 trat G. in das Jungvolk ein, 1941 in die Hitlerjugend. Die Einberufung als Panzerschütze 1944 beendete vorzeitig seine Gymnasialausbildung. G. wurde an der Ostfront eingesetzt und 1945 bei Cottbus verwundet, das Kriegsende erlebte er im Lazarett. Die Erfahrungen des zusammenbrechenden Dritten Reiches und die amerikanische Kriegsgefangenschaft veränderten ihn; er erkannte, zu welchen Verbrechen der unbedingte Glaube an eine Ideologie führen kann.

Nicht lange nach der Entlassung aus der Kriegsgefangenschaft begann G. 1947 eine Steinmetzlehre in Düsseldorf, der sich 1948 ein Studium der Graphik und Bildhauerei an der Düsseldorfer Kunstakademie anschloss. 1953–1956 war er Schüler des Bildhauers Karl Hartung an der Hochschule für Bildende Künste in Berlin. 1954 heiratete er die Tänzerin Anna Schwarz, mit der er später vier Kinder bekam. 1956 und 1957 erfolgten erste Ausstellungen von Plastiken und Graphiken in Stuttgart und Berlin-Tempelhof. Daneben begann G. schriftstellerisch tätig zu werden. In den ersten Jahren entstanden v. a. Kurzprosa, Gedichte und Theaterstücke. Erste Veröffentlichungen führten 1955 zu einer Einladung zur *Gruppe 47*, einer Vereinigung junger deutscher Autoren, der G. bis zu ihrem Ende angehörte und die bis weit in die 60er-Jahre das Bild der bundesrepublikanischen Literatur bestimmte. Seit 1958 konzentrierte er sich auf erzählende Prosa, ohne die anderen künstlerischen Aktivitäten gänzlich aufzugeben.

G., der seit 1956 in Paris lebte, gelang mit dem Roman *Die Blechtrommel* (1959) ein erster großer Erfolg, der zugleich ein Durchbruch deutscher Nachkriegsliteratur auf internationalem Parkett war. Wieder in Berlin, folgten die Novelle *Katz und Maus* (1961) und der Roman *Hundejahre* (1963), die sich wie *Die Blechtrommel* durch eine exzessive Sprache und provokative Inhalte auszeichnen. G. fasste die drei Texte wegen ihres thematischen Hintergrundes nachträglich zur *Danziger Trilogie* zusammen, die seine Erzählkunst in Verbindung mit dem Protest gegen Massensuggestion, Kriegswahn und Vergangenheitsverleugnung eindrucksvoll belegt.

G. nahm 1965, 1969 und 1972 an Wahlkampftourneen für die SPD teil, deren Mitglied er 1982 wurde (aus Protest gegen die von der SPD unterstützte Asylrechtsänderung trat er 1993 wieder aus). Daneben verschaffte er sich immer wieder in offenen Briefen und Reden Gehör zu allgemein politischen Themen und beteiligte sich an öffentlichen Protestaktionen. Auch das Stück *Die Plebejer proben den Aufstand* (1966), seine Kritik an der geringen Anteilnahme der Intellektuellen an den Ereignissen um den 17. Juni 1953, und der Roman *örtlich betäubt* (1969), eine kritische Auseinandersetzung mit Positionen der damals rebellierenden Jugend, sind von seinem politischen Engagement geprägt. 1968 veröffentlichte er das Buch *Briefe über die Grenze*, das einen Dialog zwischen ihm und dem tschechischen Schriftsteller Pavel Kohout zu den antikommunistischen Entwicklungen des sog. „Prager Frühlings“ enthält. Nach Erscheinen der Erzählung *Aus dem Tagebuch einer Schnecke* (1972), die den Bundestagswahlkampf 1969 mit dem Kandidaten Willy Brandt beschreibt und sich polemisch mit den Konzepten der radikalen Linken auseinander setzt, zog sich G. aus der Öffentlichkeit nach Wewelsfleth (Schleswig-Holstein) zurück. Private Gründe – das Scheitern seiner ersten Ehe, eine neue Beziehung, die Geburt eines Kindes – und wohl auch die graphische und lyrische Arbeit am *Butt* mögen ihn dazu gebracht haben. 1978 wurde die erste Ehe geschieden, G. heiratete 1979 die Organistin Ute Grunert, die er in *Der Butt* (1977), in *Kopfgeburten oder Die Deutschen sterben aus* (1979) und in *Die Rättin* (1986) porträtierte.

War noch in den 60er-Jahren deutlich G.s Zukunfts-Optimismus spürbar, erkennt man in den 80er-Jahren seine zunehmende Skepsis angesichts der Kriege, dem Elend in der Dritten Welt und der Umweltzerstörung. Bereits der Roman *Der Butt* (1977), der in Anlehnung an das Märchen vom *Fischer und seiner Frau* die spannungsreiche Beziehung Mann–Frau über Jahrhunderte hinweg thematisiert, hat ein pessimistisches Ende. Die Erzählung *Das Treffen in Telgte* (1979) dann beschreibt die Zusammenkunft einer fiktiven Dichterrunde vor dem Grauen des Dreißigjährigen Krieges. Im Roman *Die Rättin* (1986, Verfilmung 1997) schließlich gestaltet G. das Ende der Menschheit, die an ihrer Aggressivität gegenüber der Schöpfung scheitert, und schildert den Anbruch des Zeitalters der Ratten, die allein zu Mitgefühl und Solidarität fähig sind. Sein Reisebericht *Zunge zeigen* (1988) berichtet von G.s Indien-Aufenthalt 1986/87 und beschreibt Szenen des Elends, bei denen es G. fast die Sprache zu verschlagen scheint. *Totes Holz* (1990) vermittelt, unterstützt von großformatigen Kohlezeichnungen, pessimistisch wirkende Bilder von der Vernichtung der natürlichen Umwelt. Diesen anklägerischen Werken gegenüber zeichnet sich die Erzählung *Unkenrufe* (1992) eher durch eine gelassene Heiterkeit aus, mit der G. die Geschichte eines polnisch-deutschen „Versöhnungsfriedhofs" für Vertriebene in Gdańsk erzählt, wobei jedoch der eigentlich gut gemeinte Ansatz kommerzialisiert wird und damit letztlich scheitert.

Er begleitete, weiterhin politisch aktiv, Wahlkämpfe der SPD, so auch den Landtagswahlkampf 1987 in Schleswig-Holstein. Vehement übte er Kritik an den Entwicklungen im Jahr der Wiedervereinigung 1990, indem er sich gegen eine „Ruck-zuck-Einheit" aussprach und stattdessen für eine allmählich zusammenwachsende föderalistische deutsche Kulturnation warb. Auch im Roman *Ein weites Feld* (1995), Titel und Hauptfigur sind eine Anspielung auf Theodor Fontane, setzte er sich mit Problemen der deutschen Vereinigung auseinander. Kämpferisch zeigte G. sich 1997, als er in seiner Laudatio bei der Verleihung des Friedenspreises des Deutschen Buchhandels an den kurdischen Schriftsteller Yasar Kemal nicht nur heftige Angriffe gegen die Regierung der Türkei wegen ihrer Kurdenpolitik richtete, sondern auch die Bundesregierung wegen der Einschränkung des Asylrechtes und der Abschiebepraxis heftig attackierte. 1999 erschien *Mein Jahrhundert*, eine Sammlung von 99 Erzählungen, eine für jedes Jahr, die den historisch-literarischen Bogen vom Anfang des Jahrhunderts bis zu seinem Ende spannen.

Am 10.12.1999 wurde der inzwischen in der Nähe von Lübeck lebende G. mit dem Literatur-Nobelpreis für sein Lebenswerk ausgezeichnet. G.s vorerst letzte Publikation, die Novelle *Im Krebsgang* (2002), erzählt von der Versenkung des Flüchtlingsschiffs Wilhelm Gustloff 1945.

Literarische Einordnung

Das Nobelpreis-Komitee, das G. als dem ersten deutschen Preisträger nach Heinrich Böll den Preis zuerkannte, hat seine Entscheidung damit begründet, dass G. der deutschen Literatur nach „Jahrzehnten sprachlicher und moralischer Zerstörung" einen Neuanfang beschert habe. Durch seinen 1959 erschienenen Roman *Die Blechtrommel* verschaffte er ihr weltweit Anerkennung; außerdem mischte er sich ein Leben lang in die politischen Belange Deutschlands, in den Jahren der Teilung wie der Wiedervereinigung, tatkräftig ein. Wie Böll hat er sich zu brisanten zeitgenössischen Problemen öffentlich und oft in heftigen Kontroversen mit Kollegen und Politikern zu Wort gemeldet. Er ist ein nicht immer bequemer Mahner, der aber durch sein Werk Stimme und Gewicht erhält.

Der gebürtige Danziger G. versteht sich als Mittler zwischen Ost und West und beschwört in seinen Werken seine kaschubische Heimat so wahrhaftig, dass damit Polen wie Deutsche einverstanden sein können, deren nachbarliches Zusammenleben zu fördern G. zu seiner Aufgabe gemacht hat. Themen und Inhalte vieler seiner Werke sind von dem literarischen Schauplatz Danzig und von den Figuren und Szenen bestimmt, die der Leser aus der *Blechtrommel* kennt. Bei G. macht die erzählerische Aufarbeitung biografischer Ereignisse, sozialer Milieus und zeittypischer Erfahrungen den Grundstock seines Werkes aus.

Sein Stil zeichnet sich durch drastisch-realistische Detailbeschreibungen und grotesk-fantastische Handlungsabläufe aus. Der Erzählfluss wird häufig von reflexiven und kritischen Überblendungen und Einschiebungen durchbrochen und, zunehmend in den späteren Werken, durch Gedichte, Essays und Graphiken ergänzt.

Seine literarische Bedeutung zeigen, neben dem Nobelpreis, weitere Ehrungen und Auszeichnungen: 1965 erhielt er

z. B. den Georg-Büchner-Preis, 1968 die Carl-von-Ossietzky-Medaille, 1983–1986 war er Präsident der Berliner Akademie der Künste. Sein politisches Engagement mündete 1970 in der Teilnahme an der Unterzeichnung der Polenverträge als Mitglied der Regierungsdelegation Deutschlands. Seit 1993 ist G. Ehrendoktor der Universitäten Kenyon College, Harvard Poznañ und Gdañsk sowie Ehrenbürger von Gdañsk.

Werkbeschreibung

Die Blechtrommel (Roman, 1959): In diesem Werk erzählt G. aus der Ich-Perspektive des sich in einer Heil- und Pflegeanstalt befindenden Oskar Matzerath dessen Lebensgeschichte und zugleich die Geschichte Deutschlands, u. a. zur Zeit des Nationalsozialismus und der jungen Bundesrepublik. Oskar, seit seiner Geburt geistig hoch entwickelt, beschließt an seinem dritten Geburtstag, das Wachstum einzustellen. Da er seine kleinbürgerlich-frivole Welt von Anfang an durchschaut und ablehnt, beschließt er, trommelnd und begabt mit der irritierenden Fähigkeit, Glas zu zersingen, seinen eigenen Weg zu gehen. Gleichzeitig wird er zum unbestechlichen Beobachter seiner Umgebung, der manchmal boshaft detailliert die Wirklichkeit erfasst.

In 46 Kapiteln, die weitgehend abgeschlossen nebeneinander stehen, erzählt der zwergwüchsige Oskar, hauptsächlich im Ich-Bericht, teilweise aber in der dritten Person oder mithilfe fremder Erzähler, von seiner Kindheit im Kolonialwarenladen seiner Eltern in Danzig, von seiner Mutter, die ein Liebesverhältnis mit ihrem Vetter unterhält, von kleinbürgerlichen Nachbarn und kindlich-grausamen Spielkameraden. Er geht nicht in die Schule, sondern bringt lieber den Aufmarsch der Nationalsozialisten durcheinander, indem er mit seiner Trommel einen mitreißenden Walzertakt vorgibt. Später wird er zum Führer einer Bande von Jugendlichen, die sich provokativ von den braven Bürgern absetzt. Die Mitglieder seiner Familie kommen, z. T. durch seine Schuld, während des Krieges um, er schließt sich einer Liliputaner-Front-Theater-Gruppe an und arbeitet zu Beginn der alliierten Invasion am Atlantikwall. Später übersiedelt er nach Düsseldorf und verdient durch Schallplattenaufnahmen und Konzertreisen sein Geld, indem er sein Publikum aus dem neuen Establishment mithilfe seiner Trommel zu Tränen rührt (oder auch dazu zwingt). Doch er kann und will sich der Welt des Wirtschaftswunders nicht anpassen und wird schließlich ins Irrenhaus eingeliefert, angeklagt, eine Krankenschwester ermordet zu haben. In seinem Gitterbett trommelt er sich durch seine Erinnerungen und schreibt sie in einer ungewöhnlichen, schwelgerischen, teilweise bizarr anmutenden Sprache auf, gespickt mit Wortreihen und Anspielungen, Persiflagen und allegorischen Bildern.

Es mag nahe liegen, *Die Blechtrommel* als verfremdete Rekonstruktion von Geschichte zu verstehen, bei der sich G. autobiografischer Erfahrungen bedient. Auch nach Ansicht vieler Kritiker kann man den Roman als grotesken Bildungs- oder modernen Schelmenroman deuten, der die historische Wirklichkeit wortgewaltig beschreibt und kommentiert.

Seine Verfilmung von Volker Schlöndorff und Margarethe von Trotta aus dem Jahr 1979 wurde mit einem Oscar für den besten nicht-englischsprachigen Film ausgezeichnet.

Der Roman wurde jedoch ebenso vehement abgelehnt, wie ihm zugestimmt wurde, er machte seinen Autor ebenso berühmt wie berüchtigt. Der Protest richtete sich u. a. gegen die angeblich obszönen und blasphemischen Partien des Textes. 1960 wurde deswegen sogar die Verleihung des Bremer Literaturpreises an G. abgesagt. Heute besteht an dem außerordentlichen Rang des Buches kein Zweifel mehr. GL

Franz Grillparzer

geb. am 15. 1. 1791 in Wien
gest. am 21. 1. 1872 in Wien

Kurzbiografie

G. wurde als Sohn eines Advokaten in Wien geboren und studierte 1807–1811 Philosophie und Jura in Wien. Für seinen Vater gab es kein geeigneteres Vorbild als Kaiser Joseph II. (gest. 1790), in dessen aufklärerischen Ideen er mit seinen Anschauungen, seiner Geistesbildung sowie seinen moralischen Grundsätzen wurzelte. Gleichzeitig jedoch erlebte G. während seines Studiums den Niedergang des österreichischen Kaisertums.

Nach dem Tod des Vaters 1809 musste G. für seine Mutter und seine Geschwister den Lebensunterhalt als Hauslehrer bei wohlhabenden Familien verdienen. Ab 1814 war er als Beamter, zuletzt Hofrat, tätig und wurde 1818 zum Theaterdichter des Wiener Burgtheaters ernannt. Der Bekanntschaft mit J. Schreyvogel, dem Dramaturgen dieses Theaters, verdankte G. seine ersten Erfolge. Seine von Schillers *Braut von Messina* und dem romantischen Schicksalsdrama beeinflusste Tragödie *Die Ahnfrau* (1817), in der er dramatisch effektvoll die Verknüpfung von Schuld, Vergeltung und Leid inszenierte, wurde ein großer Erfolg. Mit dem Trauerspiel *Sappho* (1819) knüpfte er in Form und Sprache an Goethes *Iphigenie* an. Hier geht es um die Tragödie einer Künstlerin, die trotz ihrer dichterischen Erfolge den Geliebten an eine jüngere verliert.

1821 traf G. Katharina Fröhlich, mit der er sich später verlobte und sein ganzes Leben lang verlobt blieb. In Wien verkehrte er u. a. mit den Dichtern Ferdinand Raimund und Adalbert Stifter sowie mit Ludwig van Beethoven, dem er die Grabrede hielt. G. reiste viel, z. B. nach Italien, England, Frankreich, Griechenland und Deutschland, wo er mit Goethe zusammentraf. Er empfand das Reisen als eine Art Befreiung von den beengenden österreichischen Verhältnissen, wo nach dem Wiener Kongress (1813/15) literarische Werke verschärft kontrolliert wurden.

In der pessimistischen, geschichtsphilosophisch geprägten Dramentrilogie *Das goldene Vlies* (1822) gestaltete er anhand des antiken Mythenzyklus von Jason und Medea den Gegensatz Natur–Kultur und die Krise des Humanitätsideals. Der Selbstmord seiner Mutter wenig vorher wirkte sich auf die Gestaltung des Textes aus.

1825 wandte sich G. mit dem historischen Drama *König Ottokars Glück und Ende* der Geschichte des Hauses Habsburg zu. Dieses Thema griff er in *Ein Bruderzwist in Habsburg* (beendet 1848, Uraufführung nach seinem Tod 1872) noch einmal auf. Sein erster großer Misserfolg beim Wiener Publikum wurde das Trauerspiel *Des Meeres und der Liebe Wellen* (1831), in dem G. erneut ein klassisches Thema (die Sage von der Liebe zwischen Heros und Leander) gestaltete, anhand dessen er die Liebe zugleich als Ausdruck des Lebensüberschwangs und der Todesdrohung darstellte. Dieses Stück wurde später eines der populärsten Werke G.s.

Literarische Einordnung

G.s Tragödien stehen unter dem Einfluss des Wiener Volksstücks, William Shakespeares, der Weimarer Klassik und der Romantik. Als bedeutendster österreichischer Dramatiker bringt er in seiner Dichtung Elemente des spanischen und österreichischen Barock, der deutschen Klassik und des Wiener Volkstheaters zusammen. Er begegnet den Vorstellungen von Harmonie und Humanität, wie sie die

Texte der deutschen Klassik darbieten, skeptisch, was sich in einem differenzierten psychologischen Realismus seiner literarischen Figuren widerspiegelt, der auf die Literatur der zweiten Jahrhunderthälfte vorausweist. G. schrieb in einer Umbruchzeit: Zum einen lebte er in den überkommenen Ordnungsvorstellungen und war der kaiserlichen Herrschaft der Habsburger verpflichtet. Zum anderen sind seine Figuren modern psychologisch motiviert und brechen aus der Ordnung aus. Aus diesem Gegensatz heraus entsteht die Tragik in G.s Dramen.

Werkbeschreibungen

Weh dem, der lügt! (Lustspiel, 1838): Das Stück wurde bei seiner Uraufführung am 6. 3. 1838 im Wiener Burgtheater schroff abgelehnt, was zum einen an Fehlbesetzungen bei den Schauspielern und zum anderen an dem Ende des Stückes gelegen haben mag.

Im Mittelpunkt des Geschehens steht der Küchenjunge Leon, der von seinem Herrn, dem Bischof Gregor, den Auftrag annimmt, dessen bei einem heidnischen Grafen in Gefangenschaft geratenen Neffen Atalus zu befreien. Allerdings bekommt er von seinem Herrn die Auflage, dabei nicht zu lügen, da dieses sowohl für Leon als auch für Atalus bedeuten würde, dass sie verstoßen werden. Leon zieht los und lässt sich als Sklave an den Grafen verkaufen, um so ohne Lüge in das Haus, in dem Atalus gefangen gehalten wird, zu kommen. Es gelingt ihm, sein Verhalten und seine Sprache so zu verändern, dass er nicht wirklich ernst genommen wird. So kann er auf Fragen mit der Wahrheit antworten, ohne Folgen zu befürchten. Die Tochter des Grafen verhilft Atalus und Leon zur Flucht und kommt mit ihnen zum Bischof. Der gibt dem Mädchen und Leon seinen Segen und will am Ende sogar den Geburtsadel abschaffen, da er solche Standesunterschiede unter den Menschen ablehnt.

Dieses Ende dürfte den Aristokraten in den Theaterlogen gar nicht gefallen haben, zumal der Stoff des Lustspiels aus der Chronik des Gregor von Tours (538–594) geschöpft ist und somit eine historische Begründung hat.

G. thematisiert hier kulturelle Stadien der Menschheitsentwicklung, die durch die verschiedenen Personen anschaulich gemacht werden, anhand der Wahrheit-Lüge-Sprachproblematik. Das Stück fällt aus dem Schaffensprozess G.s heraus, da der sonst stets vorhandene Kulturpessimismus umgekehrt wurde: Die Christianisierung der germanischen Barbaren wird hier als eindeutiger Fortschritt gewertet.

Ein Bruderzwist in Habsburg (Drama, gedruckt 1872): Das letzte Stück G.s ist zugleich als sein ideelles Vermächtnis anzusehen. Zwar hatte er testamentarisch verfügt, dass das Manuskript verbrannt werden solle, aber glücklicherweise hat man diesen Wunsch nicht erfüllt. Das Drama behandelt die Vorgänge, die zur Abdankung und zum Tode des Kaisers Rudolf II. führten. Abweichend vom tatsächlichen historischen Verlauf hat G. den Tod Rudolfs aus dem Jahr 1612 in das Jahr 1618 verlegt – als unmittelbaren Auftakt des Dreißigjährigen Krieges. Das Werk ist – typisch für G. – sowohl eine Charaktertragödie als auch eine Vision einer weltgeschichtlichen Wende, da es ebenso die Problematik der habsburgischen Dynastie wie die seelischen Konflikte beleuchtet, die sich aus den unvereinbaren Spannungen von Krieg und Frieden, von Geist und Macht, von Innerlichkeit und Politik, von Denken und Tun, von Einzelanspruch und Gemeinwohl, von irdischer Herrschaftslosigkeit und kosmischer Ordnung ergeben. In der Gestalt des Rudolf zeigt G. das Bemühen, die traditionelle, von Gott abgeleitete Ordnung des Staates aufrecht zu erhalten. Letztlich steht er aber dem einsetzenden neuzeitlichen Denken, wie es sich in der Figur seines Sohnes andeutet, hilflos gegenüber. WS

Hans Jacob Christoph (Christoffel) von Grimmelshausen

geb. um 1621 in Gelnhausen (Hessen)
gest. am 17. 8. 1676 in Renchen (Baden)

Kurzbiografie

Über die erste Hälfte des Lebens G.s ist wenig bekannt, da keine historischen Dokumente und Urkunden überliefert sind. Man greift trotz großer Unsicherheiten zur Rekonstruktion auf seinen Roman *Simplicissimus* zurück, da dieser Parallelen zur Biografie G.s vermuten lässt.

Geboren wurde G. vermutlich in der lutherischen Stadt Gelnhausen (Hessen) in einer Familie, die, früher zum Adel gehörig, bürgerlich geworden war. Sein Vater starb früh, seine Mutter heiratete erneut, G. wuchs deshalb wahrscheinlich bei seinem Großvater, dem Bäcker Melchior Christoph auf. Anzunehmen ist, dass er sechs bis sieben Jahre die Lateinschule besuchte, bis 1634 die Stadt der Zerstörung und Plünderung durch kaiserliche Truppen zum Opfer fiel, sodass die Bewohner auf die schwedisch besetzte Festung Hanau fliehen mussten.

Im Folgenden diente G. im kaiserlichen Heer, 1637–1639 war er in Westfalen und am Oberrhein stationiert. Später wurde er Regimentsschreiber in Offenburg (von ihm verfasste Schriftstücke sind seit 1644 überliefert). G. muss zum Katholizismus übergetreten sein, denn er heiratete 1649 Catharina Henniger, die Tochter eines angesehenen Bürgers. Zwischen 1650 und 1669 wurde er Vater von 10 Kindern. Ab 1649 bis 1665 übernahm er verschiedene Verwaltungsämter, zunächst für die Freiherrn von Schauenburg, später für einen Straßburger Arzt. 1666/67 betrieb G. das Wirtshaus *Zum Silbernen Stern* in Gaisbach. 1667 konnte G. eine Schultheißenstelle im badischen Renchen antreten, die er bis zu seinem Tode behielt.

Literarische Einordnung

G. hat mehrere Barockromane (u. a. *Der seltzame Springinsfeld, Landstörtzerin Courasche,* beide 1670) verfasst. Sein Hauptwerk, der *Simplicissimus,* nimmt eine Sonderstellung ein, da sich seine anderen Romane z. T. auf Nebenfiguren des *Simplicissimus* beziehen. Außerdem verfasste G. Kalenderschriften und satirische Traktate.

Zentrale Ideen des Barock, die sich auch im Werk G.s wiederfinden, sind die der Unbeständigkeit und Vergänglichkeit alles Irdischen, die der ewigen göttlichen Ordnung gegenüberstehen. Ursächlich für diese Vorstellungen waren die Erfahrungen des Dreißigjährigen Krieges, Hungersnöte und Epidemien sowie naturwissenschaftliche Erkenntnisse, die das bisherige Weltbild ins Wanken brachten. So ist in den Barockromanen ein tief greifender Pessimismus zu spüren, dem einzig die Hoffnung auf ein besseres Leben im Jenseits entgegengestellt werden kann.

Typisch für G.s Romane ist eine Vielzahl an Figuren, Geschehnissen und Wendungen in der Handlung, die metaphorisch und pathetisch aneinander gereiht werden. Der *Simplicissimus* stellt mit seiner außergewöhnlich realistischen Erzählweise ein interessantes Zeugnis des Dreißigjährigen Krieges dar.

Werkbeschreibung

Der Abentheuerliche Simplicissimus Teutsch (Roman, 1668, Titelblatt vordatiert auf 1669): Das bekannteste und einflussreichste Werk G.s entstand vermutlich in der Tradition des spanischen Pikaroromans (eine Art Schelmenroman) und schildert ebenso realistisch wie satirisch den Lebensweg eines jungen Mannes, der aus der Rückschau des an der christlichen Lehre gereiften Ich-Erzählers beschrieben und kommentiert wird. Der Roman erschien unter dem Pseudonym Melchior Sternfels von Fuchshain und war gleich erfolgreich.

Simplicissimus wird in seiner Jugend durch die Erfahrungen des Dreißigjährigen Krieges aus einem beständigen, beinahe sorgenfreien Landleben herausgerissen und nimmt im Folgenden verschiedene Rollen (Narr, Soldat, Bauer, Reisender, Eremit) an, in die er oftmals ohne sein direktes Zutun hineingerät. Er wird mit einer chaotischen, brutalen Welt konfrontiert, in der jegliche Werte verloren scheinen. So macht sich auch Simplicissimus, nachdem er sein anfänglich naives Verteidigen des christlichen Glaubens abgelegt hat, schuldig, indem er als hart kämpfender Dragoner viel verdient. Auf einer Reise nach Paris verliert er Geld und Gesundheit. Nachdem er sich daraufhin einige Zeit mit Betrügereien und als Soldat über Wasser gehalten hat, beginnt er ein Leben als Bauer. Nach einer weiteren Irrreise, die ihn bis nach China führt, gewinnt Simplicissimus die Erkenntnis, dass die Welt unbeständig ist, und er entschließt sich zu einem Leben als Eremit im Schwarzwald. Auch diese Lebensform wird von Simplicissimus nicht ausnahmslos positiv gesehen, da kein direkter Nutzen für Gott oder die Welt erreicht werden kann. Schließlich findet er nach einer weiteren langen Reise auf einer fernen Insel als Einsiedler Ruhe.

Simplicissimus ist gleichzeitig Individuum und allegorische Gestalt. Sein Weg beginnt mit der christlichen Lehre, er entfernt sich von ihr und nähert sich ihr am Ende wieder an. Neben diesem moralisch-religiösen Anspruch wird die Welt des Dreißigjährigen Krieges sehr realistisch und satirisch geschildert, so dass man neben dem Anspruch G.s, positiv auf die Gesinnung des Lesers zu wirken, auch einen gesellschaftskritischen Anspruch erkennen kann. ME

Andreas Gryphius (eigentlich Greif)

geb. am 2. 10. 1616 in Glogau (Schlesien)
gest. am 16. 7. 1664 in Glogau

Kurzbiografie

G. wurde als Sohn eines lutherischen Pfarrers geboren. Mit fünf Jahren verlor er seinen Vater, die Mutter starb, als er elf war. Aufgrund der Auswirkungen des Dreißigjährigen Krieges musste G., der bei seinem Stiefvater lebte, mehrmals die Schule wechseln. 1634 nahm er eine Stelle als Hauslehrer in Danzig an. Zwei Jahre später trat er in den Dienst des Pfalzgrafen Georg von Schönborn, wo er das Amt eines Hofmeisters (ebenfalls Hauslehrertätigkeit) versah. Der Pfalzgraf schätzte G.s dichterische Fähigkeiten und überreichte ihm 1637 die Dichterlorbeeren, einen Literaturpreis. G. hatte nun die Magisterwürde und das Dozentenrecht an der Universität erworben. Während der nächsten Jahre begleitete er die Söhne des Pfalzgrafen an die Universität Leiden (heute: Niederlande) – damals das Zentrum der europäischen Bildung. Hier studierte G. Jura und hielt selbst Vorlesungen. 1645–1646 unternahm er eine Reise durch Frankreich und Italien, nach der er sich, nach Schlesien zurückgekehrt, bei seinem Stiefvater in Fraustadt niederließ. G. heiratete 1647 und blieb bis zu seinem Tode in Schlesien, obwohl ihm Lehrstühle an verschiedenen Universitäten Europas angeboten wurden. 1650 wurde er Syndikus (Rechtsbeistand) der Landstände im Fürstentum Glogau. In diesem Amt erledigte er diplomatische und politische Aufgaben. G. starb an einem Schlaganfall.

Literarische Einordnung

G. ist der Epoche des Barock zuzuordnen. Seine Lyrik ist, wie für die Epoche typisch, kein Ausdruck persönlichen Empfindens, sondern sie soll Allgemeingültiges darstellen: Der Mensch soll erkennen, dass alles Irdische vergänglich ist, und sich auf die unvergängliche göttliche Ordnung besinnen. Kein Ding hat Eigenwert; Wert besitzt etwas nur im Verweis auf das Göttliche. Dabei ist zu bedenken, dass die Vergänglichkeit alles Irdischen zu den Grunderfahrungen der Menschen der damaligen Zeit gehörte. Sie erlebten nicht nur naturwissenschaftliche Erkenntnisse, die ihr gesamtes Weltbild auf den Kopf stellten (u. a. entdeckte Kopernikus, dass nicht die Erde, sondern die Sonne Mittelpunkt des Universums ist), sondern auch den Dreißigjährigen Krieg (1618–1648), grauenhafte Pestepidemien und Hungersnöte.

Mit G. gelangten die Forderungen, die Martin Opitz in seinem *Buch von der Deutschen Poeterey* (1624) aufgestellt hatte, zu einer ersten Blüte. Das *Buch von der Deutschen Poeterey* war die erste Poetik für die deutsche Sprache. Es enthielt erstmals Regeln für die deutschsprachige Dichtung und stellte Regeln für die von G. bevorzugte Gedichtform, das Sonett, auf. Noch heute bekannte Sonette, etwa *Menschliches Elende* (1637), thematisieren immer wieder das charakteristische barocke Motiv von der Vergänglichkeit des Irdischen.

Auch in seinen Dramen berücksichtigt G. eine von Martin Opitz aufgestellte Regel: die sog. „Ständeklausel". Sie besagt, dass Tragödien immer in adligen und Komödien immer in nichtadligen Verhältnissen spielen sollen. G.s Tragödien und Komödien stellen einen ersten Höhepunkt der deutschsprachigen Dramatik dar und enthalten ebenso wie seine Lyrik typische Themen des Barocks. Die Stücke dienten dem Unterricht an weltlichen Schulen und sollten die Macht des Geistigen und des religiösen Glaubens über das vergängliche Irdische verdeutlichen helfen. In G.s Komödien spielt die sog. „Schein-Sein-Thematik" eine große Rolle. Sie besagt, dass jeder Mensch seine Rolle auf dieser Erde spielt, deren Anforderungen er erfüllen muss, wenn er nicht als lächerlich verspottet werden will. Der Mensch verweist ebenfalls auf die höhere, nämlich die göttliche Ordnung. Seine individuelle Persönlichkeit gilt nichts.

G.s Tragödien sind heute letztlich nur noch von literaturgeschichtlichem Interesse. Seine Komödien werden hingegen immer noch gelesen und aufgeführt.

Werkbeschreibung

Absurda Comica oder ***Herr Peter Squentz*** (Komödie, 1657): Das Stück handelt von dem Schulmeister Peter Squentz, der anlässlich der Durchreise des Landesherrn durch seinen Wohnort mit einer Schauspielertruppe, die aus Zunfthandwerkern besteht, ein Theaterstück aufführen will. Nach langen Vorüberlegungen einigt man sich darauf, die Tragödie *Pyramus und Thisbe* aufzuführen, in der die beiden Hauptpersonen aufgrund unbeherrschter Liebe sterben. (Den gleichen Stoff, der von Ovid stammt, hatte bereits Shakespeare in der Komödie *Ein Sommernachtstraum* verwendet. Auch bei Shakespeare, der zu G.s Vorbildern gehörte, wird diese Tragödie von Handwerkern am Königshof aufgeführt.) Die Aufführung misslingt, die Handwerker geraten sich in die Haare und fallen durch.

G. nutzt die Komödie mit ihrer Bühne-auf-der-Bühne-Situation, um eines seiner Hauptanliegen, das Verhältnis von Schein und Sein zu thematisieren. In grotesker Übertreibung wird das trügerische Selbstvertrauen der ungebildeten Handwerker verspottet. Denn gemessen an den künstlerischen Maßstäben des Hofes müssen sie sich mit ihrem unpassenden Anspruch auf übergroße künstlerische Fähigkeiten lächerlich machen. So zeigen sie mit ihrer Aufführung ungewollt, dass Unfriede entsteht, wenn der Mensch nicht an dem für ihn bestimmten Platz bleibt. KS

Peter Handke

geb. am 6.12.1942 in Griffen (Kärnten)

Kurzbiografie

H. stammt aus einfachen Verhältnissen. Er verbrachte einen Teil seiner Kindheit (1944–1948) in Berlin, kam dann in ein katholisches Internat in Griffen und begann 1961 ein Jurastudium in Graz, das er 1965 abbrach, als sein erstes Romanmanuskript von einem Verlag angenommen wurde. 1966 erschien sein erster Roman *Die Hornissen* und einige Dramen. 1966 attestierte er der *Gruppe 47*, einer Autoren- und Kritikervereinigung der modernen Literatur, auf deren Tagung in Princeton „Beschreibungsimpotenz". Dieses Urteil beschleunigte nicht nur die Auflösung der Gruppe, sondern ließ H. auch einem größeren Lesepublikum bekannt werden.

Mit seinen frühen „Sprechstücken" erteilte er der politisch-ideologischen Fixierung der deutschsprachigen Literatur der 60er-Jahre und ihrem Sprachrealismus eine klare Absage. Das Stück *Publikumsbeschimpfung* (1966) provozierte die Zuschauer durch verbale Schmähungen und forderte sie heraus, ihr Selbstverständnis und ihre Erwartungen an das Theater zu überdenken. Auch das Theaterstück *Kaspar* (1967), das in 65 Szenen zeigt, wie Menschen durch die Sprache manipuliert werden können, und die Pantomime *Das Mündel will Vormund sein* (1969) begründeten seinen literarischen Ruf.

H.s Erzählungen (*Die Angst des Tormanns beim Elfmeter*, 1970; *Wunschloses Unglück*, 1972; *Die linkshändige Frau*, 1976) thematisieren die Rollenzuweisungen und den – häufig vergeblichen – Versuch, sich aus ihnen zu befreien. Mit dem Essay-Band *Ich bin ein Bewohner des Elfenbeinturms* (1972) antwortete er Kritikern, die ihn als Vertreter der „Neuen Subjektivität" bzw. „Neuen Innerlichkeit" abqualifizierten. Neben seinen literarischen Arbeiten verfasste H. auch Hörspiele (*Wind und Meer*, 1970) und Filmbücher (*Chronik der laufenden Ereignisse*, 1971).

H. unternahm mehrere USA-Reisen, deren Erfahrungen sich in dem Reiseroman *Der kurze Brief zum langen Abschied* (1972) spiegeln, und lebte in verschiedenen deutschen Städten. Die Jahre 1975–1978 verbrachte er zusammen mit seiner Tochter aus der Ehe mit der Schauspielerin Libgart Schwarz in Paris, danach wohnte er wieder in Österreich (Salzburg). Heute lebt H. als freier Schriftsteller in der Nähe von Paris.

H. löste mit seinen Werken immer wieder heftige Attacken seitens der Kritiker aus, etwa mit dem Roman *Mein Jahr in der Niemandsbucht – Ein Märchen aus den neuen Zeiten* (1994). Dennoch wurde er mit zahlreichen Literaturpreisen ausgezeichnet, z. B. dem Gerhart-Hauptmann-Preis (1967), dem Schiller-Preis der Stadt Mannheim (1972) sowie dem Georg-Büchner-Preis (1973).

Nach dem Ausbruch des Kosovo-Krieges 1999 trat H. aus der katholischen Kirche aus, weil der Papst das Geschehen als „Bruderkrieg" einschätzte. Zudem gab er aus Protest gegen „das Zuschlagen der NATO im Herzen von Belgrad" den Büchner-Preis zurück. Er reiste nach Belgrad und Novi Sad, da er zu der Zeit des Bombardements in Jugoslawien sein wollte.

Literarische Einordnung

Eine literarische Einordnung H.s vorzunehmen, gestaltet sich als schwierig, da sein Werk sehr umfangreich ist und er sich jedem Versuch widersetzt, sich in bestimmte Rubriken nach Entwicklungsphasen einteilen zu lassen.

Ein zentrales Thema in H.s Werk ist der Widerstand gegen jede Form von System und Erstarrung. Dieser Widerstand richtet sich nicht nur gegen erstarrte Wirklichkeitsstrukturen, die innerhalb und außerhalb von Literatur zu finden sind, sondern vielmehr auch gegen das letzte von ihm geschriebene Buch.

In seinen frühen Werken steht die kritische Sicht der Sprache im Mittelpunkt, durch die die Wirklichkeit erfahren und reflektiert wird, die aber zugleich auch das Individuum determiniert. Diese Auffassung zeigt auch noch der Roman *Die Angst des Tormanns beim Elfmeter* (1970), der sich mit seiner Darstellung einer Heldenfigur eher an traditionelle Erzählweisen hält. H. folgt der mit Hugo von Hofmannsthal beginnenden österreichischen Sprachskepsis-Tradition, diese aber wird in den 70er-Jahren zugunsten eines nahezu pathetischen „hohen Tons" aufgegeben, der oftmals Anklänge an die Neue Subjektivität der deutschsprachigen Literatur der 70er-Jahre hat. Nun wird die Literatur zur Garantie einer neuen Ordnung in einer unbehausten Welt ohne Religion und verbindliche Werte. Literatur soll, so H., „von der menschenmöglichen, der guten Welt erzählen". Diese Wendung des vielfach bewunderten Autors wurde oft kritisiert.

Werkbeschreibungen

Publikumsbeschimpfung (Sprechstück, 1966): Das Stück ist nichts anderes als die gemeinsame Anrede von vier Schauspielern an das Publikum. Im Gegensatz zu einem „normalen" Theaterbesuch bleibt der Zuschauerraum hell erleuchtet. In diesen Zuschauerraum hinein wird mitgeteilt, was im Moment passiert. Die Wirklichkeit des Augenblicks, die leere Bühne, die reine, gemeinsame Gegenwart, die Theatererwartung, ihre Verneinung, das Bewusstwerden des Theaterapparates: All das wird dem Publikum vor Augen geführt. Dies wird durch ständige Wiederholungen sprachlicher Äußerungen bis zum Widerspruch erreicht, was das Publikum zum Überdenken seiner eigenen Haltung bringen soll. Wichtig ist dabei, dass das Publikum stets persönlich angesprochen wird. Kurz vor Beginn des Stückes ist die traditionelle Illusionserwartung scheinbar unangetastet, sie wird sogar bis zu einem gewissen Grad gesteigert und hervorgehoben. So wirkt der Kontrast später um so schockierender. Der Zuschauerraum wird nämlich ganz zu Anfang erst abgedunkelt und von einem Tonband sind Geräusche ähnlich dem Schieben von Requisiten zu hören. Nach einer kurzen Sprechprobe geht das Licht an, und der Zuschauer muss feststellen, dass er auf eine völlig leere Bühne schaut. Da im Folgenden eine Handlung auf der Bühne fehlt, tritt die Sprache als autonomes Medium hervor: Sie wird selbst zum aktiven Faktor, indem ihr veränderter Gebrauch, der die übliche Sprachverwendung zerstört, auch zu einer veränderten Wahrnehmung von Realität führt. Darin liegt auch das Motiv für H., warum er die Sprache in dieser Form in den Mittelpunkt stellt. Er will bei seinem Publikum ein neues Bewusstsein erreichen, indem er das Theater verneint und die konventionelle Erwartung an Illusion zerstört.

Die Angst des Tormanns beim Elfmeter (Erzählung, 1970): Das Werk, formal an dem Ablauf eines Kriminalromans orientiert, erzählt die Geschichte des ehemaligen Torwarts Josef Bloch, der in einem Hotelzimmer eine Kinokassiererin tötet. Der ganze Handlungsverlauf entspricht der Desorientierung der Hauptperson, die aufgrund einer sprachlich bedingten Fehlinterpretation einer Situation völlig aus ihrem gewohnten Leben gerissen ist. Sprachlich fixierbare Wirklichkeit, Vorstellung und Fiktion mischen sich. Die Erzählung ist eigenartig gemischt aus spannenden Kriminalelementen und scheinbar unmotivierten verirrten Bewegungsmomenten.

Josef Bloch fährt in die Stadt, wo er alles als Störung wahrnimmt. Er geht dort ins Kino, wo ihn alles, was er sieht, nicht stört. Danach mietet er sich ein Hotelzimmer, betrinkt sich abends und versucht am nächsten Tag vergeblich irgendwelche Bekannte anzurufen. Außerdem kauft und liest er fortwährend Zeitungen. Am nächsten Nachmittag wird er am Prater in eine Schlägerei verwickelt, erreicht für einen Moment seine Frau am Telefon und geht abends wieder ins Kino. Er begleitet die Kinokassiererin nach Hause, schläft mit ihr und erwürgt sie am nächsten Morgen. Daraufhin flüchtet er mit dem Bus aus der Stadt in ein südliches Grenzdorf, in dem eine frühere Bekannte von ihm eine Gaststätte unterhält. Er irrt wieder allein und ziellos durch die Gegend, liest wie besessen Zeitungen, wird zum wiederholten Mal in Schlägereien verwickelt und leidet unter seinen Sinneswahrnehmungen, in denen sich ein gestörtes Verhältnis zur Realität zeigt. Endlich an einem Samstag landet er wieder auf dem Fußballplatz, diesmal aber am Rande des Spielfeldes. Einem anderen Zuschauer schlägt er vor, bei dem Spiel nicht die übliche Betrachterrolle einzunehmen, sondern eine bewusste Perspektivenverengung vorzunehmen, indem er vom Anbeginn des Spieles nicht auf den Ball, sondern nur auf den Tormann schaut. Der Gesprächspartner gibt zu, dass dies ein sehr schwieriges Unterfangen ist, weil es ungewohnt ist. Außerdem stellt man fest, dass durch die eingeschränkte Perspektive die Handlungen des Tormannes scheinbar sinnlos sind, wenn die Motivation der Handlung fehlt.

Hier thematisiert H. seine Auffassung, dass man mit Sprache allein nicht alles erfassen kann, da zum Verständnis der Realität immer mehrere Komponenten gehören. Er führt mit dieser Erzählung die Thematik seiner früheren Sprachexperimente fort und bringt sie zugleich in eine erzählerische Form, die sich in den folgenden Romanen nicht mehr wesentlich ändert. WS

Gerhart Hauptmann

geb. am 15. 11. 1862 in Ober-Salzbrunn (Schlesien)
gest. am 6. 6. 1946 in Agnetendorf

Kurzbiografie

Die Eltern H.s besaßen in dem Badeort Ober-Salzbrunn ein renommiertes Hotel und konnten ihren Kindern Gerhart und Carl eine zunächst unbeschwerte Kindheit ermöglichen. Doch bald musste sich H. auf einfachere Lebensverhältnisse umstellen. Der Wohlstand der Eltern schwand. H. besuchte ab 1874 in Breslau die Realschule und musste dort mit seinem Bruder in bescheidenen Privatunterkünften leben. Schulerfolg stellte sich nicht ein und so verließ er mit 16 Jahren die Schule. Eine landwirtschaftliche Ausbildung hielt er nicht durch, stattdessen begann er künstlerische Studien als Bildhauer.

Die Beziehung zu der reichen Kaufmannstochter Marie Thienemann, mit der er sich 1881 heimlich verlobte und die er 1885 heiratete, veränderte sein Leben. Er studierte, reiste, arbeitete eine Zeitlang als Bildhauer in Rom, nahm Zeichen- und Schauspielunterricht, bis er sich endgültig der Literatur zuwandte. Er wohnte mit seiner Frau in Erkner bei Berlin und hatte dadurch Kontakt zur Berliner Literaturszene.

Sein Interesse galt den Lebensverhältnissen der einfachen Leute, so wie er sie in seiner ländlichen Umgebung kennen lernte, und Besonderheiten der menschlichen Psyche. Ein Studienaufenthalt in einer Züricher Irrenanstalt ermöglichte ihm, menschliches Verhalten detailliert zu erforschen. In frühen Erzählungen, wie der

Novelle *Bahnwärter Thiel* (1888), schlagen sich diese Kenntnisse nieder. Bekannt wurde H. durch sein Schauspiel *Vor Sonnenaufgang* (1889), das ihn als sozialkritischen Autor des gerade entstandenen Naturalismus ausweist. Sein 1892 erschienenes Schauspiel *Die Weber* und die Streitereien um die Aufführung und das Aufführungsverbot des Stücks machten H. weltberühmt. Die Missachtung, die er durch den deutschen Kaiser Wilhelm II. erfuhr, konnte den Erfolg H.s nicht verhindern: weitere Schauspiele, z. B. *Der Biberpelz* (1893), *Fuhrmann Henschel* (1899), *Die Ratten* (1911), trugen zu seinem Ruhm bei, der auch in der Verleihung des Nobelpreises für Literatur 1912 sichtbar wird.

H. schrieb nicht nur naturalistische Stücke, sondern experimentierte auch mit anderen dramatischen Darstellungsweisen wie Märchenspielen (*Die versunkene Glocke*, 1897). Einige Experimente wurden Misserfolge, aber weder das noch persönliche Krisen und Veränderungen – H. trennte sich von seiner Frau, lebte seit 1901 in Agnetendorf und heiratete 1904 die langjährige Freundin Margarete Marschalk – beeinträchtigten sein Ansehen.

Beim Ausbruch des Ersten Weltkrieges trat H. zwar offen für die nationale deutsche Seite ein, doch war ihm die Grausamkeit des Krieges bewusst. Nach Kriegsende setzte er sich für die neu entstehende Republik ein und war sogar als Reichspräsident im Gespräch. Vorgeworfen wurde ihm, dass er nach Beginn der NS-Zeit 1933 keine klare politische Stellung bezog und auch nicht den Weg der Emigration wählte, um noch gegen den Faschismus in Deutschland schreiben zu können. Sein Alter und seine tiefen emotionalen Bindungen an Deutschland sind nur schwache Erklärungen für sein uneindeutiges Verhalten in jener Zeit, das seinen sonstigen Vorstellungen von Menschenliebe und -würde nicht entspricht. Erst 1945, nachdem er selbst die Zerstörung Dresdens miterlebt hatte, formulierte er sein Entsetzen. Die internationale Achtung, die H. sich durch sein Werk erworben hatte, ermöglichte ihm nach Kriegsende weiter in Agnetendorf (damals DDR) zu wohnen, doch war er gesundheitlich nicht mehr in der Lage, bei der demokratischen Erneuerung Deutschlands mitzuwirken. H. wurde seinem Wunsch gemäß auf Hiddensee beigesetzt.

Literarische Einordnung

Kennzeichnend für H.s Werk ist das Interesse an der literarischen Darstellung der Armen, gesellschaftlich Unterdrückten und Ausgebeuteten, für die er von der Perspektive der Menschlichkeit aus Partei ergreift. Die frühen naturalistischen Texte zeigen die Hauptfiguren bestimmt durch das Elend in Familie und sozialem Milieu (Determination), das ihren Charakter und ihr gesamtes Leben unabänderlich negativ bestimmt. So übt H. scharfe soziale Kritik und lenkt die Aufmerksamkeit der bürgerlichen und adligen Bevölkerung auf eine Seite der durch die zunehmende Industrialisierung veränderten sozialen Wirklichkeit, vor der man am liebsten die Augen verschlossen hätte. Auch in seinen Komödien wie *Der Biberpelz* behält H. die sozialkritische Sicht bei, wenn er auch hier der Darstellung eine heitere Sicht abgewinnt, indem er Dramenfiguren zeigt, denen es gelingt, listig mit den bedrückenden Lebensverhältnissen fertig zu werden.

H.s literarisches Schaffen beruht auf gründlicher Kenntnis der dargestellten Verhältnisse, da er sich durch Quellen und Studien an Ort und Stelle genaue Informationen zu verschaffen pflegte.

Werkbeschreibungen

Vor Sonnenaufgang (Drama, 1889): Das Stück spielt auf dem Gut der Bauernfamilie Krause in Schlesien. Durch die Entdeckung von Kohlevorkommen sind die Bauern reich geworden und führen ein Leben in Luxus und Alkohol. Loth, ein Jugendfreund des Krause-Schwiegersohns

Hoffmann, besucht die Familie, weil er eine kritische Studie über die elende soziale Lage der Bergarbeiter im Ort anfertigen will. Dabei erhält er Einblicke in das Leben der reich gewordenen Bauern und die sozialen Gegensätze zu den Bergarbeitern. Helene, die jüngste Tochter Krauses, ist als Einzige nicht dem Alkohol verfallen. In Gesprächen mit Loth wird ihr die animalische Existenzweise ihrer Familie deutlich und es entsteht in ihr der Wunsch, sich mit Loths Hilfe davon zu distanzieren. Doch die erhoffte Bindung an Loth als Ausweg scheitert, als diesem, u. a. im Gespräch mit dem Dorfarzt, das Ausmaß des menschlichen Verfalls, wie er im Dorf vorhanden ist, und die erbschädigende Wirkung des Alkohols klar werden. Er reist ab, Helene tötet sich – und Vater Krause kehrt im Schlussbild des Dramas wie allabendlich betrunken heim.

Das Stück machte durch die tumultartigen Auseinandersetzungen zwischen bürgerlich-konservativen Zuschauern und politisch links orientierten Anhängern des Naturalismus H. schlagartig bekannt. Es veranschaulicht exemplarisch den Typus des naturalistischen Dramas, so wie er von anderen (z. B. Arno Holz und Johannes Schlaf) vor allem theoretisch und in wenigen Beispielen vorgedacht worden war. Sprachliche und darstellungstechnische Mittel naturalistischer Dramentheorie (Dialektverwendung, abgerissene Sätze, Gebärdensprache, möglichst exakte Abbildung der Realität) sind hier stilbildend in die dramatische Darstellung umgesetzt. Menschliches Elend durch geistigen und körperlichen Verfall und die damit zusammenhängenden sozialen Bedingungen werden bedrückend vorgestellt. Da auch der reformerische Loth nicht helfen kann, erscheint das Bild des sozial bedingten menschlichen Verfalls unabänderlich und fungiert als Warnbild einer aus der Ordnung gekommenen Gesellschaft, die derartige Degenerationen des Menschlichen entstehen lässt.

Die Weber (Drama, 1892): Mithilfe von historischen Studien zum schlesischen Weberaufstand von 1844 veranschaulicht H. in dem Schauspiel auf der Bühne das Elend einer als Kollektiv dargestellten sozialen Randgruppe kontrastiv zum Wohlleben der Fabrikanten und beleuchtet damit zugleich kritisch vergleichbare Verhältnisse in der Arbeiterschaft der eigenen Gegenwart.

Im Gegensatz zur Realität von 1844, in der der Aufstand der Weber nach wenigen Stunden durch Militär unterdrückt war, endet H.s Schauspiel mit ihrem vorläufigen Erfolg. Doch indem Blut und Tod auf die Bühne gebracht werden, wird die Frage nach der Berechtigung des aufständischen Handelns aufgeworfen. Wenn der Text auch nicht ausdrücklich für das Mittel des Aufstands Partei ergreift, so wird doch klar, dass die Ungerechtigkeiten der sozialen Verhältnisse die Weber eben dazu gebracht haben. Die Darstellung von Not und Unterdrückung im Schauspiel zeigt so drastisch die elende Realität der Weber, dass die soziale Anklage H.s deutlich zum Ausdruck kommt. Dass Kaiser Wilhelm II. nach der Aufführung der *Weber* seine kaiserliche Loge im Berliner Theater gekündigt hatte, zeigt, dass H.s Anklage verstanden wurde.

Bahnwärter Thiel (Novelle, 1888): Der bekannteste erzählerische Text H.s beschreibt am Beispiel der Titelfigur Bedingungen und Auswirkungen menschlichen Verfalls.

Der ursprünglich fest in sich ruhende Charakter des Bahnwärters verändert sich, als er nach dem Tod seiner ersten Frau wieder heiratet und in den Bann und die Abhängigkeit von seiner dominanten zweiten Frau gerät, die er eigentlich nur geheiratet hat, um seinen Sohn versorgt zu wissen. Das von der Stiefmutter immer wieder misshandelte Kind wird schließlich von einem Zug überfahren und stirbt. Thiel erschlägt in völliger geistiger Verwirrung Frau und das Kind aus dieser Verbindung und endet im Irrenhaus. HH

Friedrich Hebbel

geb. am 18. 3. 1813 in Wesselburen (Schleswig-Holstein; damals Dänemark)
gest. am 13. 12. 1863 in Wien

Kurzbiografie

Als Sohn eines früh verstorbenen Arbeiters stammt H. aus sehr armen Verhältnissen, die keinen weiterführenden Schulbesuch zuließen. Mit 15 Jahren arbeitete er nur für Wohnung und Verpflegung als Schreiber und Bote in der örtlichen Verwaltung. Er hatte hier jedoch auch Zugang zur Bibliothek und eignete sich auf diese Weise eine Vielzahl von Kenntnissen, jedoch oft zufällig und bruchstückhaft, an.

Durch erste Gedichtveröffentlichungen in Zeitungen fand er finanzielle Hilfe, die es ihm erlaubte, nach Hamburg zu gehen und dort sein Wissen zu erweitern. Hier lernte er die Näherin Elise Lensing kennen, die ihn trotz eigener Armut jahrelang unterstützte. H. konnte so ab 1836 zunächst in Heidelberg, dann in München ein Jurastudium beginnen, das er noch mit Literatur und Philosophie ergänzte. Doch 1839 kehrte er völlig verarmt zu Fuß nach Hamburg zurück.

Seine Tragödie *Judith,* die 1840 am Königlichen Hoftheater in Berlin uraufgeführt wurde, brachte ihm dann jedoch ersten Erfolg. H. greift hier einen alttestamentlichen Stoff auf, die Rettung des israelitischen Volkes vor der heidnischen Macht des Feldherrn Holofernes durch Judith. Die später für H. charakteristische Modellierung eines Stoffes wird schon hier sichtbar: Judith hat zwar Erfolg, ihr Handeln – die Tötung des Holofernes – ist aber nur noch scheinbar durch göttlichen Auftrag legitimiert, sondern sie folgt vielmehr ihrem egoistischen Rachemotiv.

Ein Stipendium des dänischen Königshofs ermöglichte es H. nunmehr, seinen Horizont durch Reisen zu erweitern. Er traf in Paris Heinrich Heine (1843), war für längere Zeit in Rom und reiste schließlich nach Wien, wo er sein weiteres Leben verbrachte. Er lernte dort die bekannte Schauspielerin Christine Enghaus kennen, die er 1846 heiratete. Sie bot ihm erstmalig in seinem Leben auch finanzielle Sicherheit und ermöglichte ihm weitere literarische Tätigkeit, die allmählich steigenden Erfolg zeigte. Daneben arbeitete er auch als Zeitungsredakteur.

Nach dem schon 1844 veröffentlichten, bis heute sehr bekannten Stück *Maria Magdalene* erschien 1850 das Schauspiel *Herodes und Marianne,* das den Gewaltherrscher Herodes, der aus Misstrauen sogar seine Frau tötet, in den Mittelpunkt stellt. Das Schauspiel *Agnes Bernauer* (1855) thematisiert die sehr ungleiche Beziehung zwischen dem bayrischen Herzog Albrecht und der schönen Agnes, einer Augsburger Baderstochter, also von einfacher bürgerlicher Herkunft. Der noch regierende Vater des Herzogs sieht die Heirat zwischen beiden als Mesalliance, fürchtet Machtverlust und Unfrieden und lässt Agnes bei Straubing in der Donau ertränken. Sie muss – seiner Meinung nach – im Interesse des Staatswohls geopfert werden, die individuelle Liebe der beiden sei dem „Allgemeinen" unterzuordnen.

H.s Schauspiel *Die Nibelungen* (1862 veröffentlicht) zeigt seinen fortgeschrittenen Ruhm. Schon 1861 wurde es in Weimar aufgeführt, ein Jahr später in Paris und London. H. greift hier den mittelhochdeutschen Nibelungen-Stoff auf, der die Auseinandersetzungen zwischen Kriemhild und Brunhild darstellt. Den Grausamkeiten, die aus Enttäuschung,

Hass und Rache entstehen, wird am Schluss des Schauspiels durch die Figur des Dietrich von Bern ein Ende gesetzt: durch seine Forderung nach Versöhnung im deutlich formulierten christlichen Verständnis veranschaulicht der Text hier einen grundsätzlichen Wandel der Geschichte, den Übergang ins christliche Zeitalter. Für dies Stück erhielt H. 1863 den Schillerpreis. Er starb noch im gleichen Jahr an Knochenschwund.

Literarische Einordnung

H.s Werk ist stark von seinem philosophischen Denken bestimmt. Es knüpft einerseits an die Position des Idealismus an, wie er die Literatur der Klassik prägt, andererseits weist seine Denkweise voraus auf den Realismus und sogar die Vorstellung menschlicher Determination, wie sie im späteren 19. Jahrhundert auftaucht. Auch Einflüsse von Hegels Philosophie, die die Weltgeschichte als dialektischen Prozess einer Stufenabfolge sieht, zeigen sich bei H. – deutlich sichtbar z. B. am Schluss der oben erwähnten *Nibelungen*.

Auch die Literatur des 18. Jahrhunderts beschäftigt schon der Konflikt zwischen den persönlichen Wünschen und Zielen des Individuums und den Notwendigkeiten, die sich aus einer allgemeinen moralischen Weltordnung zwingend ergeben. Im sittlichen Handeln erweist der Mensch jedoch seine Fähigkeit, zur Anerkennung der objektiven Notwendigkeit einer gültigen Ordnung zu gelangen (vgl. z. B. Friedrich Schillers *Räuber*).

H. sieht dagegen eine solche harmonische Lösung nicht. In seinem Aufsatz *Ein Wort über das Drama* (1843) erläutert er seine Position: Das Schauspiel stellt „den Lebensprozess an sich" dar, in den auch der Einzelne eingebunden ist. Allein aber schon durch seine Existenz, nicht erst durch irgendeine Form des Handelns, steht der Einzelne im Konflikt mit der allgemeinen Ordnung des Lebensprozesses. Die Existenz seines Willens, der laut H. immer schon eine „eigenmächtige Ausdehnung" des Ich einschließt, bedeutet daher immer schon Schuld. Im Fortgang der Geschichte kommt es daher, unabänderlich durch die Existenz determiniert, zwangsläufig zum schuldhaften Verstoß gegen die Ordnung. Dies Verständnis H.s ist als Pantragismus (griech. pan: alles) bezeichnet worden.

Die Vorstellung einer absoluten Gültigkeit der Weltordnung, wie sie noch in der Klassik vorausgesetzt wurde, verändert sich bei H.: Schon in *Judith* wird sichtbar, wie die Geltung eines absoluten Gottesbegriffs als religiöser Orientierungspunkt sich für die Titelfigur als Illusion aufzulösen beginnt. Die Ordnung, der sich der Einzelne gegenüber gestellt sieht, wird allmählich relativiert zu einer nur jeweils bedingt geschichtlich gültigen Ordnung, was Sinnverlust anzeigt. In *Agnes Bernauer* wird dann anschaulich, wie die Ordnung, an der der Einzelne schuldig wird, nämlich das Interesse des Staatswohls, sogar zur Verkehrung von Humanität gerät: Denn indem hier im Namen angeblicher Humanität ein Mord legitimiert werden soll, wird die Zweifelhaftigkeit angeblich „absoluter" Ordnungen für den Zuschauer greifbar.

Mit diesen Gestaltungen von Sinnverlusterfahrungen erhalten H.s Dramenfiguren einen Akzent von Modernität, der in die Literatur des 20. Jahrhunderts vorausweist.

Werkbeschreibung

Maria Magdalene (Schauspiel, 1844): Die aus dem bürgerlichen Trauerspiel des 18. Jahrhunderts bekannte Vater-Tochter-Personenkonstellation (vgl. Lessings *Emilia Galotti*, Schillers *Kabale und Liebe*) bildet auch in H.s Schauspiel den grundlegenden Konflikt. H. verwendet hier aber zugleich persönliche Erfahrungen aus seinem Münchener Aufenthalt.

Der Vater, Meister Anton, ist ein fleißiger und ehrlicher Mann, doch auch von äußerster Sittenstrenge und auf das äußerliche gesellschaftliche Ansehen bedacht. Dadurch besteht kein Vertrauensverhältnis zu seiner Tochter. Diese, Klara, wagt nicht, ihrem Vater von ihrer intimen Beziehung zu dem Schreiber Leonhard zu erzählen. Klara liebt Leonhard zwar nicht, doch weil ihr Jugendfreund Friedrich lange abwesend war und keinen Kontakt aufrecht erhalten hat, hat sie Leonhard nachgegeben und ist jetzt von ihm schwanger. Leonhard will sich jedoch zurückziehen, weil er erfahren hat, dass Klara keine Mitgift erhalten wird. Dass Klaras Bruder – fälschlich – unter Diebstahlverdacht gerät, liefert ihm dafür den Vorwand. Die Mutter stirbt unter dem Schock des Kriminalitätsverdachts und der Vater setzt Klara psychisch unter Druck, indem er ihr mit Selbstmord droht, sofern sie ihm Schande machen werde. Als Friedrich sie doch zu heiraten beabsichtigt, scheint es Hoffnung für Klara zu geben. Doch als sie ihm ihre Schwangerschaft gesteht, sieht er sich nicht im Stande, diese Situation zu akzeptieren. Klara weiß keinen Ausweg mehr und tötet sich selbst im Brunnen. Friedrich erkennt seinen eigenen Schuldanteil an der Katastrophe, aber Klaras Vater bleibt bei seiner Meinung, alles richtig gemacht zu haben – wie sein berühmter Schlusssatz „Ich verstehe die Welt nicht mehr!" zeigt.

Aus der Enge und Starrheit der kleinbürgerlichen Welt entsteht hier, wie H. es selbst kommentiert hat, die tragische Katastrophe. Die Ausweglosigkeit von Klaras Situation ist bedingt durch die starren moralischen Maßstäbe des Vaters, die sich in erster Linie am gesellschaftlichen Ansehen orientieren und jegliches Mitfühlen mit der Tochter ausschließen. Die „Weltordnung", mit der der Einzelne – so wie H. es beschrieben hat – zusammenstößt, ist in diesem Schauspiel degeneriert zu einer veräußerlichten Moral, die in Wirklichkeit nur mitleidlose tödliche Selbstgerechtigkeit ist. HH

Johann Peter Hebel

geb. am 10. 5. 1760 in Basel
gest. am 22. 9. 1826 in Schwetzingen

Kurzbiografie

Landschaft, Sprache und Kultur der badisch-alemannischen Region sind Faktoren, die das gesamte Leben H.s entscheidend mitbestimmt haben. Als Sohn armer Leute geboren, wuchs er in einem Wechsel von städtischem und ländlichem Umfeld auf, da die Eltern ihren Lebensunterhalt im Winter als Weber im dörflichen Hausen (Südschwarzwald) verdienten und im Sommer als Diener in einem Basler Bürgerhaus arbeiteten. Da der Vater bereits 1761 starb, bildete sich eine enge Beziehung zur Mutter aus, aber auch diese verstarb schon 1773. Doch immerhin war es H. aufgrund von hinterlassenen finanziellen Mitteln möglich, ein Gymnasium in Karlsruhe zu besuchen. Wie damals üblich, stand dem Sohn armer Leute nur das Theologiestudium als akademische „Karriere" offen, und so studierte H. von 1778 an in Erlangen Theologie und schloss das Studium im Jahre 1780 ab.

Zunächst musste er sich drei Jahre lang als privater Hauslehrer für begüterte Bürger und Adlige seinen Lebensunterhalt verdienen, doch 1783 wurde er Vikar und kam für neun Jahre als Lehrer nach Lörrach. 1791 erhielt er eine Stelle an einem Gymnasium in Karlsruhe und dann begann tatsächlich seine Karriere: 1798 wurde er Professor am Gymnasium, 1808 Direktor, 1814 berief man ihn in die Ministerialdirektion der evangelischen Kirche und schließlich wurde er 1819 Prälat in der Kirche und Mitglied des Landtags.

H. starb in Schwetzingen während einer dienstlichen Reise an Magenkrebs.

Literarische Einordnung

H.s literarische Texte sind Beispiele einer Dichtung, die durch sprachliche Dialektverwendung und Themenwahl deutlich vom badisch-alemannischen Lebensraum geprägt und auf ihn bezogen ist, jedoch sehr schnell, schon z. B. durch Goethe, überregionale Anerkennung fand.

Im Wesentlichen konzentriert sich H.s Werk auf zwei Bereiche: die 1803/04 erschienenen *Alemannischen Gedichte,* die die Landschaft des Südschwarzwalds verherrlichen, und seine Erzählungen für den *Badischen Landkalender*. Dieser Kalender wurde vom Karlsruher Gymnasium herausgegeben und sollte der Schule als Einnahmequelle dienen. Doch erst als H., zunächst eher unfreiwillig, die verantwortliche Leitung übernommen und den Titel in *Der Rheinländische Hausfreund* geändert hatte, stellte sich der gewünschte Erfolg ein. Das Besondere dieses Kalenders liegt in seiner Mischung von praktischen Ratschlägen, Sensationsberichten, politischen Informationen, Rätseln, Anekdoten, Aufklärung über wissenschaftliche Erkenntnisse und eben H.s Erzählungen. Diese beschreiben meist amüsant richtiges oder falsches Handeln von Menschen unterschiedlicher Gesellschaftsschichten, immer wieder unterbrochen von Kommentaren der Erzählerfigur, die das Verhalten der beteiligten Personen wertet und so den Leser über Fragen der Moral belehrt, zumindest ihn zum Nachdenken darüber anreizt. Unterhaltung, aber auch Aufklärung und Belehrung stehen so im Zentrum der Kalendergeschichten, die H. später als *Schatzkästlein des Rheinischen Hausfreunds* gesammelt herausgab.

Eine eindeutige Zuordnung von H.s Werken zu einer literarischen Epoche ist allerdings nicht möglich.

Werkbeschreibung

Der Kommandant und die preußischen Jäger von Hersfeld (Kalendergeschichte, 1811): Die Erzählung spielt zur Zeit des französisch-russischen Krieges um 1810, als französische Truppen weite Teile Europas eingenommen hatten und die Bevölkerung unter der Einquartierung feindlicher Soldaten in Häuser der eroberten Städte und Dörfer litt. Es wird auf ein konkretes historisches Ereignis Bezug genommen, indem Orte und Beteiligte namentlich bezeichnet werden. Der Text informiert zunächst über diese politische Situation und geht dann auf Aufstände gegen die französische Herrschaft ein, die in der Stadt Hersfeld zur Tötung eines französischen Offiziers geführt hatten. Der französische Kaiser befahl daraufhin eine exemplarische Strafaktion, bei der Hersfeld geplündert und in Brand gesteckt werden sollte. Preußische Soldaten, die aufgrund der politischen Situation unter französischem Oberbefehl standen, sollten diese Aktion durchführen. Nach Darstellung dieser Vorgeschichte erzählt der Höhepunkt des Textes von der Rede des französischen Kommandanten, in der er zwar den kaiserlichen Befehl zur Strafaktion weitergibt, aber zugleich an das Ehrgefühl der Soldaten appelliert und dadurch erreicht, dass Hersfeld verschont bleibt. Mit dem Dank der Bürger und einem Lob des Kommandanten durch den Erzähler endet der kurze Text.

H. geht hier an einem konkreten Beispiel aufklärend auf die komplizierte politische Situation ein. Er informiert nicht nur über Herrschafts- und Untertanenverhältnisse, sondern durchleuchtet und kommentiert richtiges und falsches Verhalten auf beiden politischen und gesellschaftlichen Seiten. Im Erzählerkommentar hebt der Text die Bedeutung von Menschenliebe, Ehrgefühl und Dankbarkeit hervor, die gerade in politisch schwierigen Zeiten dazu dienen können, ein friedliches Zusammenleben herzustellen. HH

Christoph Hein

geb. am 8. 4. 1944 in Heinzendorf (Schlesien)

Kurzbiografie

H. wurde als Sohn eines Pfarrers geboren. Die Familie floh nach Kriegsende zunächst nach Thüringen und ließ sich dann in Bad Düben bei Leipzig nieder. Da H. als Sohn eines Pfarrers wegen „politischer Unzuverlässigkeit" in der DDR nicht zur höheren Schulbildung zugelassen wurde, kam er 1958 in ein Westberliner Schülerwohnheim und besuchte von dort aus das Gymnasium. 1960 ging er nach Ostberlin, wo seine Eltern inzwischen wohnten. Nach dem Bau der Mauer 1961 konnte er in der DDR die Schulausbildung nicht beenden und wurde zunächst auch nicht zum Studium zugelassen. Erst 1964 konnte er in einer Abendschule das Abitur nachmachen. 1967–1971 schließlich studierte H. Philosophie und Logik in Leipzig und Berlin.

Die Zeit zwischen Abitur und Studium überbrückte H. mit verschiedenen Beschäftigungen. Er arbeitete u. a. als Buchhändler, Journalist, Kritiker und auch als Kellner und Montagearbeiter. 1963 war er ein Jahr lang Regieassistent an der Ostberliner Volksbühne. Gelegentlich übernahm er kleinere Rollen als Schauspieler.

Nach dem Studium ging H. zurück zur Volksbühne und wurde dort 1971 als Dramaturg engagiert. 1974 wurden seine ersten beiden Stücke, *Vom hungrigen Hennecke* und *Schlötel oder Was solls*, uraufgeführt. Weitere Übersetzungen und Bearbeitungen folgten, bis er 1979 das Theater verließ. Seitdem ist er als freiberuflicher Schriftsteller tätig.

In der DDR setzte sich der Dramatiker H. nur langsam durch. Das Stück *Lassalle fragt Herrn Herbert nach Sonja* kam 1980 in Düsseldorf zur Uraufführung. Die DDR-Erstaufführung erfolgte erst 1987. 1983 wurde *Die wahre Geschichte des Ah Q* am Deutschen Theater in Ostberlin uraufgeführt. Mit dieser Parabel vom Scheitern der revolutionären Utopie machte H. auf sich aufmerksam. In seinem Schauspiel *Cromwell* (Uraufführung 1980 in Cottbus, 1986 in Essen) setzte er sich mit der Entwicklung eines Revolutionärs auseinander. H.s Stück *Passage*, das nach den Erstinszenierungen in Essen und Zürich 1987 auch am Dresdner Staatsschauspiel Premiere hatte, behandelt das Schicksal deutscher Emigranten im Frankreich des Zweiten Weltkriegs. Viel Beifall erhielt 1989 seine beißende Komödie *Die Ritter der Tafelrunde* (Uraufführung in Dresden), die Kritiker als ein „Schlüsselstück auf das SED-Politbüro" feierten. Das Schauspiel Dresden brachte 1994 H.s erstes Stück nach dem Zusammenbruch der DDR, *Randow*, zur Uraufführung. Thema dieser Komödie, die die Zeitstimmung recht genau einfing, ist das Sich-Einrichten in der deutsch-deutschen Gegenwart des Jahres 1994.

Mit dem Erzählungsband *Einladung zum Lever Bourgeois* wurde H. 1980 in der Öffentlichkeit auch als Erzähler bekannt. 1982 war das Jahr seines Durchbruchs: Die Novelle *Der fremde Freund* (1983 in der Bundesrepublik unter dem Titel *Drachenblut* veröffentlicht) erschien 1982, womit er ein fasziniertes Publikum in der DDR wie in der Bundesrepublik gewann. Diese „unerhörte" Geschichte einer Ärztin, die keine emotionale Annäherung von anderen zulässt – sie sieht sich mit einem Schutzschild umgeben, „in Drachenblut gebadet" – beeindruckte die Leser im Osten wie im Westen. Auch H.s erster Roman *Horns Ende* (1985) wurde „als einer der mutigsten Romane über den Stalinismus in der DDR" gewürdigt. Mit der Mühsal des sozialistischen Alltags befasste sich auch sein zweiter Roman *Der Tangospieler* (1989), der gleichzeitig in Ost- und Westdeutschland herauskam.

In den Monaten und Jahren vor und nach der Wende in der DDR erwies sich H. als ein Autor, der mutig Stellung bezog. Im November 1987 hielt er seine viel beachtete Rede *Die Zensur ist überlebt, nutzlos, paradox, menschen- und volksfeindlich, ungesetzlich und strafbar,* im September 1989 folgte die ebenso Aufsehen erregende Rede *Die fünfte Grundrechenart* gegen Heuchelei und Verlogenheit im eigenen Land. Bei der Massenkundgebung am 4.11.1989 auf dem Berliner Alexanderplatz lobte er ausdrücklich die Bevölkerung der „Heldenstadt Leipzig", die maßgeblich am Protest gegen die Führung der DDR beteiligt war. Im Dezember 1989 rechnete H. im Ostberliner Schauspielhaus hart mit den Verantwortlichen für 40 Jahre Unterdrückung in der DDR ab. Er nannte sie „Saboteure der Wirtschaft, kriminelle Ganoven und Schieber, Mitglieder einer Mafia, deren Ziel die Zerstörung des Sozialismus war".

Sein Roman *Das Napoleonspiel* (1993) ist bereits einem dem DDR-Leben fernen Protagonisten gewidmet. In seinem 1997 erschienenen, autobiografisch gefärbten Roman *Von allem Anfang an* dagegen schildert H. das Leben in der DDR der 50er-Jahre aus der Sicht eines Dreizehnjährigen. Sein bisher letzter Roman *Willenbrock* (2000) schildert schließlich das zunächst erfolgreiche Leben eines ehemaligen DDR-Bürgers nach der Wende: Der Ingenieur Bernd Willenbrock führt in Berlin einen Gebrauchtwagenhandel und hat sich geschickt mit den bestehenden Verhältnissen arrangiert. Nach Einbrüchen und Überfällen gerät sein Leben jedoch aus den Fugen. Zwar nimmt er den ihm angebotenen Revolver zunächst nur widerwillig an, doch schon bald fühlt er sich ohne ihn nicht mehr sicher. Die Geschichte bekommt eine Eigendynamik, die H. mit nur scheinbar leichter Hand erzählt.

H. ist inzwischen verheiratet und hat zwei Söhne. Er wohnt heute in einem Dorf in Mecklenburg-Vorpommern.

Literarische Einordnung

H. versteht sich eigenem Bekunden zufolge als „Chronist, der mit großer Genauigkeit aufzeichnet, was er gesehen hat. Damit stehe ich in einer großen Tradition von Johann Peter Hebel bis Kafka. Aber der Schriftsteller ist kein Prediger, der den Sachverhalt, den er darstellt, auch noch selber kommentiert." Mit dieser Auffassung wurde er zu einem kühlen literarischen Zeugen des letzten Jahrzehnts der DDR. Er stellte sich damit der offiziellen DDR-Literatur entgegen, die z. T. noch aufdringlich erzieherisch ausgerichtet war. Nicht so H., der sowohl als Bühnenautor als auch als Erzähler sein Material bewusst kalt hält, sich um nichts mehr als um sprachliche Präzision bemüht. Und doch gibt er sich auch als Moralist zu erkennen, als Essayist und Publizist, der Überzeugungen und Meinungen hat und sie hier auch vertreten darf.

H.s Anerkennung in der Öffentlichkeit zeigen seine vielfältigen Preise, so erhielt er 1982 den angesehenen Heinrich-Mann-Preis der Akademie der Künste der DDR, 1983 den Kritikerpreis in Westberlin. Im Sommer 1989 war er Inhaber des Poetik-Lehrstuhls an der Folkwang-Schule in Essen. Im gleichen Jahr bekam er den Lessing-Preis (in der DDR) und 1990 den Erich-Fried-Preis (in Wien).

Werkbeschreibung

Von allem Anfang an (Erzählung, 1997): „Dem Leben muss man von allem Anfang an ins Gesicht sehen" – das ist einer der Ratschläge, den Tante Magdalena dem dreizehnjährigen Daniel erteilt, wenn er sich bei ihr über die Eltern oder die Schule beklagt. Daniel ist in einem Alter, in dem nichts mehr selbstverständlich ist.

Es ist von Wirrnissen die Rede, die der im Krieg aus Schlesien vertriebenen Familie in der DDR-Kleinstadt das Leben schwer machen. Der Großvater des Erzählers hat als Parteiloser seine Stellung als Gutsverwalter verloren. Der Vater, ein Pastor, der vor fast leeren Kirchenbänken predigt, ist kein Freund der SED-Obrigkeit. Daniels älterer Bruder durfte trotz bester Leistungen keine Oberschule der DDR besuchen. Er musste in den Westteil Berlins in ein für solche Fälle eingerichtetes Internat gehen. Und schon bald wird deutlich, dass Daniel ihm folgen wird. Das Erlebnis der verwirrenden Vielfalt des Westens ist der Schlusspunkt von H.s Erzählung.

H. legt miteinander verflochtene Geschichten vor, die eine Fülle kleiner Tragödien und Grotesken enthalten. Im Vordergrund stehen Figuren, die anecken oder sich anpassen, die verzweifeln oder resignieren. Es sind aufregende Zeiten: Erste Küsse, erste Abschiede, erste sexuelle Erfahrungen, erzählt ohne Spott, ohne falsche Scham. Es sind Szenen aus dem Alltag, in hintergründiger Spannung verflochten. Lapidar und locker ist sein Chronistenstil, unaufdringlich wird Privates und Öffentliches miteinander verknüpft. Der Blick des Jungen ist naiv, aber wach und unbestechlich. Als er am Schluss im Café auf dem Kudamm sitzt und immer wieder auf die Leuchtschrift am gegenüberliegenden Haus starrt, bemerkt er voller Erstaunen und Respekt das Desinteresse der Leute um sich her: „Nur wenn man vom Leben einer Weltstadt geprägt war, konnte man sich selbst bei den schlimmsten Schreckensmeldungen so lässig und ungerührt geben," so glaubt Daniel.

Die Erzählung, deren Held dem Autor in vielen Einzelheiten gleicht, ist kein nostalgischer Rückblick auf die frühere DDR. Es ist auch kein dramatischer Wenderoman, keine zornige Abrechnung mit der DDR, sondern eher ein stilles Buch, ein nachdenklich machendes sicherlich. GL

Heinrich Heine

geb. am 13. 12. 1797 in Düsseldorf
gest. am 17. 2. 1856 in Paris

Kurzbiografie

H. wurde als Sohn eines armen Tuchhändlers und einer Arzttochter in ein jüdisches Elternhaus geboren. Er wurde nicht sehr religiös, aber weltoffen erzogen. Düsseldorf stand zeitweise unter französischer Besatzung, was mehr Rechte und Freiheiten für die Juden bedeutete und u. a. die Verehrung H.s für Napoleon hervorrief.

Nach einer sorgfältigen schulischen Erziehung begann H. 1815 eine kaufmännische Lehre in Frankfurt, bis er bereits 1816 nach Hamburg übersiedelte, um dort eine Bankierslehre bei seinem Onkel Salomon Heine zu absolvieren. In diese Zeit fiel auch seine erste unglückliche Liebe zu seiner Kusine Amalie. 1818 finanzierte sein Onkel H. ein Manufakturwarengeschäft, das schon ein Jahr später in Konkurs ging. 1819 begann er, weiterhin mit der Unterstützung seines Onkels, ein Jurastudium in Bonn, das er 1820 in Göttingen und 1821–1823 in Berlin fortsetzte und 1825 mit seiner Promotion in Göttingen abschloss. H. erlebte in dieser Zeit seine zweite unerwiderte Liebe zu seiner Kusine Therese.

In seiner Berliner Zeit hörte H. auch Vorlesungen über Literatur und Philosophie, u. a. bei Hegel. Außerdem wurde er in die Berliner jüdischen Salons aufgenommen, was ihm einen Zugang zur literarischen Szene der Zeit ermöglichte und erste Anerkennung für sein dichterisches Talent brachte. Obwohl er nicht als Jude gesehen werden wollte, setzte er sich für nationaljüdische Ziele ein. 1825 trat er zum protestantischen Glauben über, nicht aus religiösen Gründen, sondern weil er diesen Schritt als „entrée billet“ (Eintrittskarte) zur europäischen Kultur verstand.

Dennoch schlugen alle Versuche, sich in bürgerlichen Berufen niederzulassen, fehl, eine Professur in München 1827 blieb ihm aus politischen Gründen verwehrt. 1826 traf H. den Verleger Campe, der ihm einen guten Start bei der Veröffentlichung des ersten Bandes der *Reisebilder* ermöglichte und ihm auch in schwierigen Zeiten verlässlich zur Seite stand. 1827 wurde H. Mitredakteur von Cottas *Neuen Politischen Annalen* in München. Im selben Jahr unternahm er Reisen nach England und London, 1828 fuhr er nach Italien, Hamburg, an die Nordsee und nach Berlin. In dieses Jahr fielen auch der Tod seines Vaters und die Einstellung der *Annalen*.

Einen tiefen Einschnitt in H.s Leben bedeutete 1830/31 seine Emigration aus dem biedermeierlichen und unterdrückten Deutschland nach Paris, ein Schritt, den er seit 1823 mehrfach erwogen hatte. Auslöser war seine Zustimmung zur Juli-Revolution in Frankreich. H. lebte als freier Schriftsteller in Paris und wurde zum Mittler zwischen Frankreich und Deutschland, indem er für beide Literaturmärkte schrieb. Schon zu Beginn seines Frankreich-Aufenthaltes gelang es H., sich Zutritt zum kulturellen Leben Frankreichs zu verschaffen, so verkehrte er u. a. mit Hugo, Dumas, George Sand und Balzac.

H. orientierte sich weiterhin auch an Deutschland. Er schloss sich den Saint-Simonisten an, die sich für die Verbesserung der Situation der Arbeiter einsetzten und die „Emanzipation des Fleisches“, also eine Rückbesinnung auf die Körperlichkeit des Menschen, forderten. H.s Schriften wurden im Zuge des Bundestagsverbotes gegen das Junge Deutschland 1835 verboten bzw. unter Sonderzensur gestellt, was auch finanzielle Folgen für ihn hatte. Da sein Verleger Campe in der relativ unabhängig gebliebenen Hansestadt Hamburg ansässig war, konnten seine Werke jedoch weiterhin gedruckt werden.

1841 heiratete er die Schuhverkäuferin Crescence Eugenie Mirat. 1843/44 reiste H. zweimal nach Deutschland, wodurch ihm erneut die politische Rückständigkeit dieses Landes bewusst wurde. Vermutlich um 1844 traf er auf Karl Marx.

Seit 1848 war H. wegen einer fortschreitenden Rückenmarksdarre bis zu seinem Tod ans Bett gefesselt („Matratzengruft“). Er blieb geistig fit und diktierte weitere Gedichtbände. Mit seinem körperlichen Verfall ging eine politische Desillusionierung einher – auch eine Folge der gescheiterten Revolution von 1848/49.

Literarische Einordnung

H. schrieb in einer gesellschaftlichen und literarischen Umbruchphase, die eine eindeutige Epochenbezeichnung erschwert. Im Allgemeinen bezeichnet man die Zeit vor der Revolution 1848/49 als Vormärz. Unter diesen zeitlich gefassten Begriff lassen sich unterschiedliche literarische Strömungen fassen, ohne dass damit bestimmte Stilkriterien eingeschlossen werden. So kann man auch H. als einen Autor des Vormärz bezeichnen.

Der Reichtum des Bürgertums wuchs, es wurden immer neue technische Erfindungen in der Industrie und im Alltagsleben umgesetzt. Diesen Entwicklungen standen strenge Zensur und Abschottung der deutschen Länder nach außen gegenüber. Die gesellschaftlichen Bedingungen sowie wechselnde politische Herrschaftsverhältnisse und die Forderung nach einem deutschen Nationalstaat hatten eine kritische Hinwendung der Literatur zur Realität des täglichen Lebens zur Folge und ein starkes Interesse an der gesellschaftlichen Wirklichkeit. Hoffnungen auf eine Liberalisierung, die durch die Juli-Revolution 1830 in Frankreich und den Tod Friedrich Wilhelms IV. in Preußen geweckt waren, wurden enttäuscht, sodass sich der Widerstand auch in Deutschland formierte und sich schließlich 1848/49 in der Revolution entlud, die jedoch scheiterte.

Das Mäzenatentum, das finanzielle Abhängigkeit des Autors von seinem Mäzen bedeutet hatte, wurde von der Zusammenarbeit des Autors mit den Verlagsbuchhändlern abgelöst; der nunmehr freie Schriftsteller war seitdem abhängig von der Nachfrage auf dem Büchermarkt. Mit Johann Friedrich Cotta und Julius Campe standen H. zwei der einflussreichsten Verleger der Zeit zur Seite.

H. war einerseits ein Nachfahre der Romantik, andererseits aber auch deren Überwinder. Sein Werk lässt sich in drei Phasen unterteilen.

In seiner Jugendphase schrieb er Gedichte, die dem Volkslied nachempfunden waren, so z. B. im *Buch der Lieder* von 1827. Viele dieser Gedichte wurden von Schubert und Schumann vertont. Die Anlehnung an die Romantik, zu erkennen an dem reinen Klang und dem einfachen volkstümlichen Inhalt der Gedichte, und die Zerrissenheit der Gefühle sind hier dominierend. Doch deutet sich schon die Überwindung der Romantik an, indem die stimmungsvolle Idylle immer wieder ironisch gebrochen wird.

In der zweiten Phase, in den 30er- und 40er-Jahren, trat H.s Interesse an der gesellschaftlichen Realität in den Vordergrund, das ihn eine neue Literatur für eine neue Zeit fordern ließ. In dieser Zeit zeigt sich der heitere, aber sensible Spötter. Gemäß den Anforderungen, wie sie die Autoren des sog. Jungen Deutschland an literarische Texte stellten, sollte Literatur auch für H. Stellung beziehen zu politischen Ereignissen und somit in die gesellschaftlichen Entwicklungen parteinehmend eingreifen. Deutlich wird diese Absicht in den *Neuen Gedichten* von 1844. Sein gesellschaftliches Interesse zeigte sich nicht nur in der Literatur, sondern auch in der Formulierung seiner politischen Ansichten. Ein wichtiger Aspekt ist H.s Verhältnis zum Vormärz, das durch eine grundsätzliche Zustimmung zu den Forderungen des Jungen Deutschland, aber auch durch die Kritik an der Selbstgefälligkeit und der mangelhaften Formulierung der Ideen gekennzeichnet war. Daneben war H.s Prägung durch die Saint-Simonisten, die die Befreiung des Menschen von der Unterdrückung durch den Menschen forderten und geistige und körperliche Sinnenfreude befürworteten, für seine Dichtung von Bedeutung. Sein Humanitätsideal zeichnete sich durch die Forderung nach materiellem Wohlergehen und geistig-ästhetischer Anregung aus. Verwirklicht werden konnte dies nach H. auch unter einem demokratisch legitimierten Alleinherrscher. In diese Zeit fallen eine Vielzahl von satirischen Texten, die wegen der Zensur aber in versteckter Weise an der literarischen und politischen Situation in Deutschland Kritik üben. Dazu gehören das Tierepos *Atta Troll* (1843) und die Verserzählung *Deutschland. Ein Wintermärchen* (1844). Auch seine *Reisebilder*, die schon ab 1826 erschienen, zählen zu den satirischen und gesellschaftskritischen Texten. Oberflächlich scheinen sie den Gattungsbestimmungen der Reisebeschreibung zu entsprechen und harmonische Landschaftsbeschreibungen zu beabsichtigen, dahinter steht aber eine mehr oder weniger versteckte Kritik H.s an gesellschaftlichen und politischen Gegebenheiten seiner Zeit (z. B. an Herrschaftsverhältnissen). Neu ist, dass H. die traditionelle Textform der Landschaftsbeschreibung mit Informationen über politische Verhältnisse und einer Gesellschaftskritik verbindet.

In seinen letzten Lebensjahren zeigt sich H. als Leidensgestalt, die durch Verzweiflung an der Realität und die Hinwendung zur Kunst auf der einen Seite und Bekehrung zur Religion, ohne sich damit zu einer Kirche zu bekennen, sowie blasphemische Äußerungen auf der anderen

Seite zu charakterisieren ist. Es ist zu vermuten, dass die oft bizarren Welten, die in den Gedichten dargestellt werden, auch auf den starken Einfluss der Medikamente H.s zurückzuführen sind. Aus dieser Zeit stammen die beiden Gedichtbände *Romanzero* (1851) und *Gedichte. 1853 und 1854* (1854).

In seiner Prosa bediente sich H. zur Bestreitung des Lebensunterhalts journalistischer Formen wie Reisebericht, Essay und Rezension. In der Lyrik stehen volksliedhafte Gedichte neben satirischen, streng geformte Sonette neben freirhythmischen Gedichten. In seinen Texten finden sich oft scharfe Ironie und Satire. Häufig enden die Gedichte mit einer Pointe, ein vermutetes Scheitern wendet sich zum Positiven, Positives wird am Ende zerstört.

H. nahm sowohl im literarischen Leben als auch im politischen eine Außenseiterposition ein: Literarisch, weil er sich nicht einer bestimmten Richtung verpflichtete, sondern sehr vielfältige Texte und Gedichte verfasste, politisch, weil er den Ansichten der radikalen Demokraten die Forderung nach Lebensfreude und ästhetischer Schönheit entgegenstellte. Darüber hinaus ließ sich H. nicht einer bestimmten Klasse zuordnen; das Bürgertum, aus dem er stammte, kritisierte er, zu dem Proletariat zählte er nicht, dazu nahm er zeitweise aufgrund seiner Abstammung aus einer jüdischen Familie unfreiwillig eine Sonderstellung ein.

Werkbeschreibungen

Buch der Lieder (Gedichte, 1827): Diese Gedichtsammlung fasst die frühe Lyrik H.s zusammen und besteht aus fünf Zyklen (*Junge Leiden, Lyrisches Intermezzo, Die Heimkehr, Aus der Harzreise, Die Nordsee*). Die Gedichte sind unterschiedlich gestaltet, Lieder stehen neben Romanzen, Sonette neben freirhythmischen Gedichten. Ausschlaggebend für die Popularität dieser Gedichtsammlung sind die liedähnlichen Gedichte, die sich besonders oft in den Zyklen *Lyrisches Intermezzo* und *Heimkehr* finden. Kennzeichnend hierfür sind die geringe Strophenzahl und die schlichte Metrik. Häufiges Thema ist das der unerfüllten und aussichtslosen Liebe. In diesen Gedichten zeigt sich die Orientierung H.s an der romantischen Lyrik, jedoch geht er über diese hinaus, indem seine Figuren eine (manchmal zerrissene) Subjektivität zeigen. H. parodiert zugleich die Tradition der Romantik, wenn er die in der Romantik vertretene Gefühlsintensität steigert, bis ihre Unaufrichtigkeit deutlich wird. Schon in diesem frühen Werk stehen sich Sentimentalität und Ironie gegenüber. Die Entfremdung zwischen Poesie und Erfahrungswelt wird thematisiert.

Deutschland. Ein Wintermärchen (Verserzählung, 1844): Dieses satirische Versepos besteht aus 27 Kapiteln und entstand nach H.s Deutschlandreise 1843. H. kombiniert Formen des Reiseberichts mit Zeitkritik, er bedient sich Motiven aus Sagen und der Mythologie und stellt Fakten neben Phantasien. Leitmotiv ist die politische Zurückgebliebenheit Deutschlands und Preußens (deutlich z. B. durch die Zensur). Dagegen steht der Patriotismus H.s, der auf einer Vorstellung der Befreiung in vielen Bereichen (Kunst, Religion, Politik) gründet. Zu Beginn und zum Schluss klingt der Einfluss der Saint-Simonistischen Ideologie an: die Forderung nach einem sinnlich und ästhetisch erfüllten Leben auf der Erde und gegen einen übertriebenen Nationalismus steht am Anfang. Diese Gedanken werden im Schlusskapitel noch einmal aufgegriffen, indem sich der Text an die Jugend wendet. Mit der Drohung eines Jüngsten Gerichts der Poesie, vor dem sich der König von Preußen verantworten müssen wird, endet das letzte Kapitel. Dazwischen steht die Reise mit den Hauptstationen Aachen, Köln, Westfalen und Hamburg. Am Grenzübergang in Aachen wird der Erzähler mit der Zensur konfrontiert und ihm begegnet das preußische Militär, das ihn ans Mittelalter erinnert. In Köln herrscht ein konservativer Katholizismus, der eine düstere Atmosphäre schafft. In einem Gespräch mit dem Rhein beschwert sich dieser über die Vereinnahmung durch Frankreich und Deutschland. Der Erzähler begegnet einem Doppelgänger, der sich als „Tat von seinen Gedanken" zu erkennen gibt. Hiermit wird die Widersprüchlichkeit zwischen der zeitkritischen Analyse des Erzählers und der Unmöglichkeit schneller Veränderungen verdeutlicht. In Westfalen erscheint dem Erzähler im Traum Kaiser Barbarossa, der für soziale Gerechtigkeit und durchdachte politische Führung steht. In ihrem Gespräch äußert der Erzähler Kritik an der Monarchie als Staatsform, die allerdings nach dem Erwachen wieder zurückgenommen wird. Hamburg wird als eitle, biedermeierliche Stadt beschrieben. Die Hamburg beschützende Göttin Hammonia gewährt dem Erzähler einen Einblick in die Zukunft Deutschlands, indem sie ihm den Nachttopf Karls des Großen zeigt, der sich als stinkende Kloake erweist.

Das Werk erschien 1844 zunächst mit den *Neuen Gedichten,* so dass der Seitenumfang die Zahl der nach den Zensurvorschriften noch zu prüfenden Seiten überstieg. Später im Jahr erschien auch ein Separatdruck mit Vorwort.

Atta Troll (Satirisches Versepos, 1847): Ein Tanzbär, der zwar Gesinnung hat, aber kein Talent, sich nicht ausdrücken kann, setzt sich satirisch mit der politischen Rückständigkeit Deutschlands auseinander. Er übt Kritik an vagem, unfruchtbaren Pathos, unklarem Enthusiasmus und Rückständigkeit. Mit dem Bären knüpft H. äußerlich an die Tierdichtung der Aufklärung und Romantik an, der Bär ist eine Allegorie der politischen Bewegungen des Vormärz und verweist auf die von ihm kritisierte Tendenzliteratur, deren Ziele von H. als illusionär und idealistisch karikiert werden. ME

Hermann Hesse

geb. am 2. 7. 1877 in Calw (Württemberg)
gest. am 9. 8. 1962 in Montagnola (Tessin)

Kurzbiografie

Die Eltern H.s entstammen einem protestantisch-pietistischen Milieu. Der Vater war ausgebildeter Missionar und lernte H.s Mutter, eine Witwe mit zwei Söhnen aus erster Ehe, über die Tätigkeit im Calwer Verlagsverein für Missionszeitschriften kennen. Dieser Verlag wurde von Hermann Gundert geleitet, H.s Großvater mütterlicherseits und bekannter schwäbischer Theologe.

Der temperamentvolle, phantasiebegabte H. kehrte mit seinen Eltern 1886 nach fünf Jahren in Basel nach Calw zurück. Das im Elternhaus offenbar kaum zu bändigende Kind besuchte dort die Lateinschule zur Vorbereitung auf das sog. Landexamen am Göppinger Gymnasium, das ihm 1891 den Zugang zum ev.-theologischen Seminar in Maulbronn ermöglichte. Die Flucht nach wenigen Monaten führte in der Literatur zu H. dazu, diese Maulbronner Zeit als prägendes Negativerlebnis zu bewerten; dem widersprechen andere Quellen zur Biografie H.s.

H. erlebte nach dieser Zeit eine Phase schwerer seelischer Krisen, von ihm im Rückblick als Auflehnung des sich entwickelnden dichterischen Ichs gegen das Elternhaus eingeschätzt. Anstaltsaufenthalte etwa in Bad Boll, wo H. einen Selbstmordversuch unternahm, ein schon nach einem Jahr 1893 gescheiterter Schulbesuch am Gymnasium in Bad Cannstatt, eine nach nur drei Tagen abgebrochene

Buchhändlerlehre und ein Lehrjahr in der Werkstatt der Calwer Turmuhrenfabrik zeigen einen unsteten Einzelgänger.

Mit der anschließenden erfolgreichen Buchhändlerlehre in Tübingen waren Kontakte zu literarisch interessierten Studentenkreisen verbunden; H. wurde ein enthusiastischer Leser. 1898 arbeitete er zunächst als Sortimentsgehilfe weiter in Tübingen, 1899–1903 als Buchhändler und Antiquar in Basel. Nach ersten Veröffentlichungen von Lyrik und Kurzprosa gelang H. 1904 der Durchbruch mit der Erzählung *Peter Camenzind*, der Geschichte eines Bauernburschen, der seinen Weg zum Naturerleben und zur Dichtung betont als Einzelgänger findet. Schon hier sind Fragen der Persönlichkeitsbildung angesprochen, verbunden mit Bildungs- und Zivilisationskritik – Themen, die H. in *Unterm Rad* (1906) fortsetzte. 1910 erschien der Roman *Gertrud*, als Ich-Erzählung verfasst und die von Entsagung und Einsamkeit geprägte Lebensgeschichte eines verkrüppelten Musikers erzählend.

Dieses Werk ließ von den Krisen der Existenz H.s und seiner 1904 geschlossenen Ehe mit Maria Bernoulli wenig ahnen. Die Beziehung, aus der drei Söhne hervorgingen, scheiterte nach wenigen Jahren. Auch in Gaienhofen am Bodensee fand die Familie trotz wachsender Erfolge des auch publizistisch tätigen (u. a. als Mitherausgeber der Kulturzeitschrift *März*) und neben der Prosa mit an Naturmotiven orientierter Lyrik hervortretenden H. keine Ruhe. H., dem die bürgerliche Sesshaftigkeit zur Qual geworden war, reiste 1911 nach Indien, ohne bei dieser Begegnung mit dem Heimatland seiner Mutter schon geistigen Zugang zu empfinden. Der Umzug nach Bern, wo H. 1912–1919 lebte, ist nicht als Emigration zu deuten; hier beschleunigte sich der Zerfall der Familie. Im Roman *Roßhalde* (1914) beschrieb H., deutlich als Spiegelung der eigenen Ehe zu erkennen, das Absterben der Beziehung zwischen dem Maler Johann Veraguth und seiner Frau. Auch *Knulp*, Geschichten eines Vagabunden, der seine Freiheit mit dem Verzicht auf bürgerliches Glück bezahlt, stammt noch aus der Vorkriegszeit.

Der Erste Weltkrieg riss H. aus einer Periode zwischen reichem erzählerischen Schaffen und Depression. Im November 1914 erregte er mit dem internationalistisch gesinnten Appell *O Freunde, nicht diese Töne* erstes Aufsehen. H. wurde nach der Veröffentlichung des Aufsatzes *Wieder in Deutschland* (1915) von der deutschen Presse als Verräter verunglimpft. Er engagierte sich intensiv in der Kriegsgefangenenfürsorge. Nach Rückschlägen in der Familie wie dem Ausbruch eines Gemütsleidens seiner Frau unterzog er sich einer psychoanalytischen Behandlung, die als wesentlich für die Umbruch-Phase gilt, in der H. unter dem Pseudonym Emil Sinclair mehrere Arbeiten veröffentlichte. Darunter war der 1917 entstandene, 1919 gedruckte *Demian*. Darin erzählte H. die Geschichte eines Heranwachsenden, der seine Träume und Bilder zu deuten und zu verstehen lernt. Der Krieg wird als notwendiger Zusammenbruch einer überlebten Welt erlebt. Der Romanheld Sinclair steht für die Auseinandersetzung mit dem Unterbewussten als Weg zu Freiheit und Selbstverantwortung.

H. ließ sich 1919 ohne Familie im Tessin nieder und entdeckte immer mehr die Malerei als sein weiteres musisches Feld. Hier entstand mit anderen Erzählungen *Klingsors letzter Sommer*, die Geschichte um das letzte Werk und gewaltige Ringen eines Malers, und der Roman *Siddhartha*, H.s „indische Dichtung". Publizistisch für internationale Verständigung und eine pazifistische Haltung aktiv, gewann H. u. a. Romain Rolland, den als Dadaisten bekannt gewordenen Hugo Ball und Thomas Mann zu Freunden. Mit dem *Steppenwolf* blieb H. 1927 seinem Hang zum Motiv des Einzelgängers treu. Die umfangreiche Erzählung *Narziss und Goldmund* (1930), die die Polarität von Geist und Eros in die Geschichte zweier Klosterfreunde im Mittelalter verlegt, zeigt im Gegensatz zum zeitkritischen *Steppenwolf* gleichnishaft-versöhnlichere Züge.

Nach einer zweiten gescheiterten Ehe lebte H. seit 1927 mit Ninon Dolbin, geb. Ausländer, zusammen, die er 1931 heiratete und die im eigenen Haus im tessinischen Montagnola zur letzten Lebensgefährtin wurde.

Das NS-Regime verbot H.s Werke zwar nicht, machte aber mit der Verfolgung jüdischer und politisch anders denkender Autoren H.s Arbeit als Rezensent bald unmöglich. H., zeitlebens durch umfangreiche Korrespondenz mit zahlreichen nun exilierten Autoren im Gespräch, verzichtete auf demonstrative Akte der Auseinandersetzung. Mit *Morgenlandfahrt* (1932), der Erzählung von der Reise einer Künstlergruppe durch Raum und Zeit, begann das Alterswerk H.s. Als Höhepunkt galt und gilt das nach fast zehn Jahren 1942 beendete *Glasperlenspiel*.

H., nach dem Ende des Zweiten Weltkriegs gerade in Deutschland als moralische Autorität gesucht, erfuhr mit dem Nobelpreis 1946 und einer Fülle weiterer Ehrungen eine ihm bis dahin nicht zuteil gewordene Anerkennung.

Literarische Einordnung

H.s Werk hatte und hat eine große Lesergemeinde. In der Literaturwissenschaft eher kritisch beleuchtet, sind doch Motive wie die Rezeption indischen Denkens oder mystischer Erlebnisse bei H. klar und eindringlich verarbeitet. Die Lyrik H.s orientiert sich an Vorbildern aus der Romantik; die Prosa, häufig als epigonal bewertet, weist v. a. im Frühwerk Bezüge zum Realismus auf. Die häufig um Entwicklungsprozesse und eine Art Innerlichkeit kreisenden Erzählwerke zeichnen sich durch unschwer zu entschlüsselnde Bilder und Symbole aus; wesentlich geprägt von psychoanalytischen Einsichten sind die Werke nach dem Ersten Weltkrieg. Erklärungen für H.s großen Erfolg sind auch in außerliterarischen Faktoren zu finden; so traf der *Peter Camenzind* auf die Wandervogelbewegung, ihre Abkehr von Großstadtzivilisation und die Identifikation mit der Natur. H.s Ausrichtung am Einzelgänger ist allerdings mit dieser Zeitströmung nicht in Einklang zu bringen. *Demian* sprach der sich selbst suchenden Generation von Kriegsteilnehmern offenbar aus der Seele, während dem *Steppenwolf* v. a. in den späten 60er- und 70er-Jahren eine regelrechte Begeisterungswelle zuteil wurde – eine H.-Renaissance, deren Ursache im Trend zum antiautoritären Individualismus gesehen wird.

Werkbeschreibungen

Unterm Rad (Roman, 1906): H.s zweiter kurzer Roman trägt autobiografische Züge und rechnet mit dem Philistertum ab, einer Haltung, die bloßen Wissenserwerb bis zum sinnentleerten Pauken einfordert und den Menschen als Ganzes, als sich entwickelndes Wesen vernachlässigt.

Hans Giebenrath, begabter Halbwaise, wird von den örtlichen Autoritäten, dem Rektor, dem Lehrer und dem Stadtpfarrer, als Einziger seines Jahrgangs auf die Prüfung für den Zugang zum theologischen Seminar in Maulbronn vorbereitet, ja getrimmt. Seine Interessen und kindlichen Freiräume werden ignoriert; seine schwache Konstitution und seine Kopfschmerzen bleiben unberücksichtigt. Er besteht zwar die Prüfung, zeigt sich aber im Seminar dem Leistungs- und Erwartungsdruck nicht mehr gewachsen. Hans gelingt kein Ausbruch aus diesen Zwängen, er verfällt psychisch und physisch. Nach dem Ausscheiden aus dem Seminar und der Rückkehr in die Heimatstadt kann er Selbstmordgedanken zunächst verdrängen. Eine erste zarte Liebesbeziehung scheitert; der Heranwachsende ertrinkt schließlich nach dem ersten, mit einem Trinkgelage verbundenen Ausflug als Lehrling.

Steppenwolf (Roman, 1927): Harry Haller, ein isoliert lebender knapp 50-jähriger „Büchermensch" und pazifistischer Autor, verschwindet aus seiner Mietwohnung und hinterlässt ein Manuskript, das neben der Beschreibung von Streifzügen durch die Großstadtnacht ein *Traktat vom Steppenwolf. Nur für Verrückte* enthält, das Haller einen Spiegel seiner zerrissenen Natur zwischen wölfischen Trieben, Ambitionen des Geistes und Grundfragen menschlicher Existenz und Entwicklung vorhält. Die hinterlassenen Aufzeichnungen Hallers beschreiben dann den Weg zwischen Selbstmord und Aufbruch in unbekannte Erfahrungen. Er lernt in einem Wirtshaus Hermine kennen, Gefährtin seiner Abgründe, die ihn mit Maria zusammenführt, bald Hallers unbekümmert-sinnliche Geliebte. Pablo, ein junger Musiker und erfahren im Umgang mit Drogen, führt ihn nach einem Maskenball in die Spiegelwelt des sog. magischen Theaters, in der sich Haller in rauschhaftem Zustand als eine Vielzahl von Persönlichkeiten gespiegelt sieht und Türen zu Abenteuern und Erfahrungen aller Art vorfindet. Sein Eintauchen in Bildwelten seines Unterbewussten im Zusammenspiel mit Gestalten seines Lebens scheint im Mord an Hermine zu enden. Dagegen steht die Aufforderung zum Lachen, zu einem Humor des Lebens durch den als Mozart „gesehenen" Pablo – damit erlebt der Steppenwolf Harry Haller am Ende einen Augenblick des Glücks.

Der *Steppenwolf* bot mit seiner radikalen Zivilisationskritik für die 68er-Generation diverse Identifikationspotenziale, v. a. mit der Ablehnung von Krieg, Nationalismus, Materialismus und leistungsfixiertem Denken. Diese Motive einer kulturellen Revolte führten zusammen mit der ambivalenten Darstellung von Drogenerfahrungen mehr als 40 Jahre nach dem Ersterscheinen des Romans zu einer Kontroverse weit über eine literarisch interessierte Öffentlichkeit hinaus.

Das Glasperlenspiel. Versuch einer Lebensbeschreibung des Magister Ludi Josef Knecht samt Knechts hinterlassenen Schriften (Roman, 1942): Der letzte große Roman H.s spielt in einer Zukunft, in der ausgesuchte Gelehrte verschiedenster Fakultäten im imaginär-elitären Kastalien eine disziplinenübergreifende Kombination, das sog. Glasperlenspiel, zu gestalten und zu vervollkommnen suchen. Das Spiel soll die tradierten kulturellen Werte bewahren und eine umfassende Synthese darstellen. Nach der Beschreibung des Spiels im ersten Kapitel des Romans wird dann das Leben Josef Knechts erzählt, der aufgrund seiner besonderen Musikalität in eine Schule Kastaliens gelangt, sich für die einer Schar von Auserwählten vorbehaltene Schule Waldzell qualifiziert und schließlich jener Elite angehört, aus der ihn der Kastalier-Orden nach Jahren freier Studien zum Glasperlenspieler bestimmt. Zum Meister, zum Magister Ludi des Ordens gewählt, wachsen in Josef Knecht Distanz zum hermetisch-abgehobenen Leben der Kastalier-Gemeinschaft und der Wunsch nach Wirklichkeit, nach Leben mit Freude und Leiden. Als Lehrer für Tito, Sohn seines Freundes Designori, ertrinkt Knecht beim gemeinsamen Baden, bevor er seinen neuen Lebensweg erproben kann. Im Anschluss an die Lebensbeschreibung sind hinterlassene Gedichte und drei Lebensläufe von Josef Knecht zu finden. Diese Lebensläufe stellen jene jährlich zu erbringenden Schriften vor, die der junge Kastalier in den ungebundenen Studienjahren zu verfassen hatte.

H. hat in seinen Roman mit dem Magister Ludi Thomas von der Trave und dem Pater Jakobus Porträts von Thomas Mann und des Schweizer Historikers Jacob Burckhardt eingeflochten. Das abrupt-offene Ende bewahrt das *Glasperlenspiel* vor einer allzu klischeehaften Utopie einer Welt des Geistes und der Künste gegenüber sozialer Realität. MK

Georg Heym

geb. am 30.10.1887 in Hirschberg (Schlesien)
gest. am 16.1.1912 in Berlin

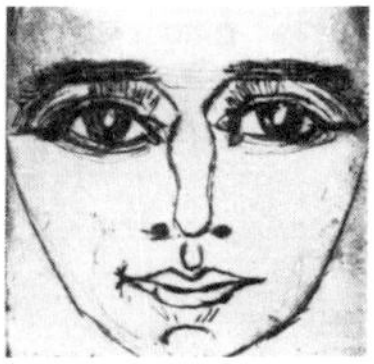

Kurzbiografie

Als Sohn eines Staatsanwaltes verlebte H. seine Kindheit in Hirschberg. Schon 1899 begann er zu schreiben. 1894 wurde sein Vater nach Gnesen und später nach Posen versetzt, 1900 kam die Familie dann dauerhaft nach Berlin, da der Vater als Kaiserlicher Militärsanwalt beim Berliner Reichskammergericht beschäftigt war.

Der autoritäre, jähzornige Vater verstand H.s sensibles Wesen und seine Neigung zur Literatur nicht, die sich schon beim Zwölfjährigen im Schreiben von Gedichten äußerte; das Vater-Sohn-Verhältnis blieb angespannt und voller Hass. Seit 1904 führte H. ein Tagebuch, das seine innere Entwicklung widerspiegelt.

Wegen eines Schülerstreichs und schlechter Noten musste H. 1905 das Gymnasium wechseln, seine Eltern schickten ihn nach Neuruppin. Nach dem Abitur 1907 begann H. auf Wunsch des Vaters ein Jurastudium in Würzburg, später studierte er dann in Jena und schließlich in Berlin. Hier schrieb er auch eine Anzahl von thematisch an Berlin orientierten Gedichten (1910), in denen seine charakteristische Gestaltungsweise greifbar wurde. 1911 bestand H. das juristische Staatsexamen, in der Referendarszeit ließ er sich jedoch beurlauben und bemühte sich um eine Stelle als Offiziersanwärter. Er betätigte sich zugleich intensiv literarisch: Er arbeitete an der Zeitschrift *Die Aktion* mit und publizierte den Gedichtband *Der ewige Tag*, der ihn bekannt machte.

H. ertrank beim Eislauf auf der Havel zwischen Lindwerder und Schwanenwerder beim Versuch, den Freund Ernst Balcke, der im Eis eingebrochen war, zu retten.

Literarische Einordnung

Neben Georg Trakl und Ernst Stadler gehört H. zu den bedeutendsten deutschen Lyrikern des Frühexpressionismus. In dieser literarischen Strömung zeigt sich ein dichterisches Umdenken. Es kommt zum Bruch mit alten Formen und Vorstellungen, das traditionell Schöne der Literatur wird von ausdrucksstarken Bildern des Grauens wie Krankheit, Tod und visionären Weltuntergängen ersetzt. H. stößt außerdem auf das Motiv der Stadt – Berlin diente oftmals als Vorlage – als Lebensraum vieler Menschen, in dessen Größe sich der Einzelne verliert. Dabei ist er sich der ökonomischen Notwendigkeit der Städte bewusst. Er sieht darin zwar eine Gefahr für den Menschen, aber nicht mit der Konsequenz, die Städte zu verlassen.

H. hält sich zunächst an traditionelle lyrische Formen wie das Sonett, obwohl er sich davon zu befreien versucht. Ab 1910 findet er jedoch zu seinem Stil, der sich durch Zuwendung zu bisher tabuisierten Themen sowie durch neuartige Metaphorik auszeichnet. Besonders die Millionenstadt Berlin wird Thema. In ihrem vielfältigen hektischen Leben wird sie für H. immer stärker zum Element der Bedrohung des Menschen und seiner Individualität. Auch die Thematik des drohenden Kriegs greift H. auf. In seinem Gedicht *Krieg I* wird im Anklang an Nietzsches Philosophie der Krieg als Vernichtung des Alten, Überlebten in positiver Weise gesehen.

In *Umbra Vitae* (1912), dem Lyrikband, der erst nach seinem Tod veröffentlicht wurde, treten Unregelmäßigkeiten im Strophenbau und Reimschema auf, teilweise verzichtet er ganz auf den Reim.

In seinem Tagebuch und in späteren Gedichten thematisiert H. auch die Frage nach der wahren Liebe, die er als empfindsamer Mensch suchte, aber nicht dauerhaft finden konnte. Neben seiner Lyrik schrieb H. einige Prosatexte wie das posthum veröffentlichte Novellenbuch *Der Dieb*. Sein gerade entstandener Schaffensdrang – H. schrieb im letzten Lebenshalbjahr allein 130 Gedichte – wurde durch seinen Unfalltod früh beendet.

Werkbeschreibung

Der Gott der Stadt (Gedicht, 1910): H.s Großstadtlyrik thematisiert Elend und Einsamkeit, Krankheit und Tod, Krieg und Katastrophen. Häufig ist die Großstadt Berlin Schauplatz von H.s Lyrik. Das pulsierende Leben der Stadt fasziniert den Autor, aber er sieht auch die von ihr ausgehende Bedrohung. In plastischen, z. T. apokalyptischen Bildern entfaltet er grauenhafte Visionen der Zerstörung, die Mensch und Stadt mit sich reißen. Generell erscheint der Mensch in H.s Gedichten bedrängt und Kräften der Vernichtung ausgesetzt, wie z. B. im bekannten Text *Der Gott der Stadt*.

Das Leben in der Stadt wird in diesem Gedicht als religiöser Kult dargestellt. Verehrt wird Baal, der zornige Himmelsgott. Die Gestalt erscheint überdimensional und bösartig, sie dominiert und dirigiert das ganze Geschehen. In der Abenddämmerung thront Baal auf einem Häuserblock über der Stadt und zürnt. Er lässt es winden und stürmen, die Kirchenglocken läuten und Fabrikqualm erscheint als Weihrauch. Reale Elemente werden so in eine visionäre Szenerie der Bedrohung überführt. Schließlich entlädt sich der Zorn Baals in einem apokalyptischen, alles vernichtenden Feuer. H. verwendet hier traditionelle Formelemente, doch die eindringliche Bildlichkeit des Textes lässt eine bedrückende Vision der Zerstörung entstehen, die auf spätere Kriegsszenarien vorauszudeuten scheint. KH

Ernst Theodor Amadeus Hoffmann

geb. am 24. 1. 1776 in Königsberg
gest. am 25. 6. 1822 in Berlin

Kurzbiografie

Als Sohn eines Advokaten am Königsberger Hofgericht lebte H. nach der Scheidung seiner Eltern bei Verwandten seiner Mutter. Er ging auf die reformierte Burgschule in Königsberg und studierte dort anschließend Jura. 1796 war er in Glogau juristisch tätig. Nach dem Referendariat arbeitete er als Kammergerichtsreferendar in Berlin. Dort verlobte er sich mit seiner Kusine Minna Doerffer. 1800 arbeitete H. als Assessor in Posen. Dabei zeichnete und musizierte er, denn darin sah er seine eigentliche Bestimmung.

Er wurde 1802 aufgrund seiner allzu treffenden Karikaturen auf preußische Offiziere nach Plozk (Polen) strafversetzt und heiratete dort die Polin Maria Thekla Michaelina Rohrer. 1804 versetzte man H. als Regierungsrat nach Warschau. Als Mitglied der Musikalischen Gesellschaft wirkte er dort als Organisator und Dirigent bei Veranstaltungen mit. Bei der französischen Besetzung der Stadt verlor er sein Amt, weil er sich weigerte, einen Eid auf die neue Regierung abzulegen, und ging nach überstandenem Nervenfieber 1807 nach Berlin zurück.

Er erwarb seinen Lebensunterhalt mühselig als Musiker, Zeichner und Literat, u. a. als Mitarbeiter der Zeitschrift *Der Freimütige*. 1808 wurde ihm die Stelle eines Kapellmeisters in Bamberg angeboten, zudem arbeitete er als Regisseur, Dekorationsmaler und Maschinenmeister.

1809 erschien die fantastische Novelle *Ritter Gluck*, die seine Hinwendung zur Literatur signalisierte. Bis 1813 lebte er als Musiklehrer, Komponist, Musikkritiker und Kapellmeister, der früh auf die Bedeutung Beethovens hinwies, in Bamberg. Danach war er als Musikdirektor bei Secondas Schauspieltruppe in Leipzig und Dresden beschäftigt.

Nach seiner Entlassung im Februar 1814 war seine Laufbahn als freischaffender Künstler beendet. Finanzielle Gründe zwangen ihn, wieder im Staatsdienst zu arbeiten und er erhielt eine Stelle als Richter am Kammergericht in Berlin. Er schrieb nur noch wenige Kompositionen, aber dafür entfaltete er sein dichterisches Talent umso mehr. Schon 1814 erschienen seine *Fantasiestücke* und 1815/16 der Roman *Die Elixiere des Teufels*. 1816 wurde er zum Kammergerichtsrat ernannt. Im gleichen Jahr wurde seine Oper *Undine* erfolgreich aufgeführt.

1819 zeigten sich erste Anzeichen einer schweren Erkrankung, deshalb reiste er zur Genesung nach Schlesien und Prag. Im Oktober 1819 ernannte man H. gegen seinen Willen zum Mitglied einer Kommission, die gegen politische Störenfriede, gegen Burschen- und Turnerschaften, vorgehen sollte. Mit Zivilcourage setzte sich H. für die Betroffenen ein, u. a. für den Turnvater Jahn. Deswegen wurde ein Disziplinarverfahren gegen ihn eingeleitet. Zudem wurde er selbst ein Opfer der preußischen Zensur, die seinen *Meister Floh* (1822) nur in einer verharmlosten Fassung zum Druck freigab, weil er sich über die politische Bespitzelung bis in die Privatsphäre hinein, die nach den Karlsbader Beschlüssen überall durchgeführt wurde, lustig gemacht hatte. Der Berliner Polizeichef strengte eine Beleidigungsklage gegen den schon todkranken H. an, der aufgrund einer sich verschlimmernden Rückenmarkserkrankung und den damit verbundenen Lähmungserscheinungen verstarb.

Literarische Einordnung

H. hat sowohl als Dichter wie auch als Musiker und Maler Großes geleistet. Der Autor H. gilt als ein bedeutender, fantasievoller Erzähler zwischen Spätromantik und Frührealismus. Trotz seiner grotesk-fantastischen Werke bleibt er doch immer in der Realität fest verwurzelt. Die beschriebene Wirklichkeit wird in allen Einzelheiten dargestellt, was den Leser glauben lässt, das Erzählte sei wahr, doch unversehens gleiten die Geschehnisse ins Fantastische, Unheimliche und Märchenhafte ab. Das Wundersame und Unbegreifliche, ein fantastisches Geisterreich, wird mit der realistischen Alltagswelt vermischt, sodass durch diese Kontraste gesellschaftskritische Wirkungen deutlich werden. In seinen Werken thematisiert H. häufig den Konflikt eines Künstlers mit der bourgeoisen, Kunst missachtenden Gesellschaft, z. B. in *Das Fräulein von Scuderi* (1819). H.s Romane, Novellen und Märchen erscheinen meist in Sammlungen, z. B. die *Nachtstücke* (1817). Hier ist v. a. *Der Sandmann* zu erwähnen, in dem der Student Nathanael durch unheimliche Erfahrungen in eine traumatische Verwechslung von Realität und verwirrender psychischer Projektion eingeführt wird. H.s romantische Märchen bereichern die deutsche Kunstmärchensammlung, bedeutend sind *Die Serapionsbrüder* (1819–1821) und *Der goldene Topf* (1814), in dem der Student Anselmus aus dem bürgerlichen Alltag in ein poetisches, überirdisches Reich entführt wird. Seine musikalischen Erfahrungen als Komponist lässt H. z. B. bei dem *Ritter Gluck* und *Don Juan* (1813) mit einfließen, die Musik wird als Sprache aus einer Geisterwelt, als Leidenschaft der Figuren oder als ein göttlicher Geist empfunden.

H.s Werk wurde von zeitgenössischen Autoren zwar weitest gehend verkannt, beeinflusste aber die europäische sowie die Weltliteratur nachhaltig, z. B. die Arbeit Edgar Allan Poes und Franz Kafkas.

Werkbeschreibung

Das Fräulein von Scuderi (Erzählung, 1819): Im Jahr 1680 im Paris Ludwigs des XIV., des Sonnenkönigs, herrscht unter den reichen Adeligen der Stadt, die bei Cardillac – dem berühmten Goldschmied – Schmuck anfertigen haben lassen, Angst und Entsetzen. Auf dem Weg zu ihrer Geliebten werden viele reiche Kavaliere nachts auf offener Straße der Juwelen beraubt und ermordet. Das Geschmeide und ihre Räuber bleiben unauffindbar. Der König wird von den Edelleuten um Hilfe und Schutz gebeten, weiß aber nicht, wie er handeln soll und fragt Mademoiselle de Scuderi, eine Verse und Romane verfassende 73-jährige Hofdame, um ihre Meinung. Sie antwortet in einem Vers, dass, wer liebt und Diebe fürchtet, die Liebe nicht verdient. Sie will die Verbrecher damit nicht verteidigen, sondern die ängstlichen Kavaliere nur ein wenig aufziehen. Durch diese unbedachte Äußerung aufmerksam geworden, wird aber eben jener Frau am selben Abend von einem ihr völlig unbekannten Mann ein Kästchen überbracht, worin sich zauberhafte Schmuckstücke und ein Zettel mit jenem von ihr gesagten Vers befinden. Der Schmuck wird sogleich als von dem Meister seines Faches, Cardillac, erkannt. Dieser wird herbeigeholt und bestätigt, dass die Juwelen ihm gehören und vor einiger Zeit aus seiner Werkstatt verschwunden seien. Er möchte Mademoiselle de Scuderi, die er lange schon verehrt, den Schmuck schenken. Diese nimmt ihn zögernd in dem Wissen an, die geraubte, wenn auch zurückgewonnene Beute nie um ihren Hals zu tragen. Einige Monate später wird sie durch einen Brief ersucht, den Schmuck innerhalb der nächsten zwei Tage Cardillac zurückzugeben, da ihr Leben davon abhänge. Das Fräulein wird aufgehalten und so erreicht sie den Goldschmied zu spät. Sie findet ihn tot, ermordet. Der Gehilfe Olivier Brusson wird beschuldigt, Cardillac getötet zu haben und in den Juwelenraub verwickelt zu sein. Dass die Raubzüge und Mordfälle nach seiner Verhaftung aufhören, scheint Beweis genug zu sein. Madelon – Tochter von Cardillac und Verlobte von Olivier Brusson – ist von der Unschuld ihres Geliebten überzeugt und bittet Mademoiselle de Scuderi zu helfen. Diese glaubt zunächst – durch Madelons Fürsprache beeinflusst – an Oliviers Unschuld, aber als sie in Olivier jenen geheimnisvollen Boten erkennt, hält auch sie ihn für einen der Raubmörder. Olivier kann den Kriminalfall schließlich durch ein Geständnis aufklären. Der Mörder der reichen Edelmänner ist Cardillac selbst gewesen. Er konnte die perfekten Meisterstücke seiner Kunst niemandem anders als sich selbst überlassen und musste deshalb aus einem inneren Drang heraus die Besitzer töten. Eines Tages wurde Olivier Zeuge des Verbrechens. Seitdem war er in das dunkle Geheimnis eingeweiht, das er nur Madelon zuliebe nicht aufdecken konnte. Als er fürchtete, dass Mademoiselle de Scuderi wegen des geschenkten Schmucks das nächste Opfer Cardillacs sein könne, übergab er den Warnbrief, um durch die Rückgabe des Schmucks die todbringende Leidenschaft seines Meisters im Keim zu ersticken. Ein königlicher Offizier, der von Cardillac überfallen wurde, trägt nun auch zur Lösung bei: Er war es, der in Notwehr Cardillac tötete. Aufgrund dieser Tatbestände nun endgültig von Oliviers Unschuld überzeugt, erwirkt Mademoiselle de Scuderi beim König, dass Olivier von jedem Verdacht frei gesprochen wird, so dass Olivier und Madelon endlich heiraten können.

In der Figur Cardillacs gestaltet H. den fanatischen Künstler, der von unheimlichen, psychologisch genau beschriebenen Einflüssen getrieben handelt, sich vergeblich um eine dauerhafte Integration in der Gesellschaft bemüht und als Folge seines genialen Wahns sogar zum kriminellen Monster wird. KH

Hugo von Hofmannsthal

geb. am 1. 2. 1874 in Wien
gest. am 15. 7. 1929 in Rodaun (bei Wien)

Kurzbiografie

Als einziges Kind einer reichen und gebildeten Familie (der Vater war Bankdirektor) wuchs H. in Wien auf. Er besuchte dort das Gymnasium und studierte an der Wiener Universität zunächst Jura, dann Romanistik und schloss das Studium 1898 ab. Schon in seiner Gymnasialzeit knüpfte er Kontakte zu Dichtern der sog. Wiener Moderne, die in einem der literarischen Cafés der Stadt verkehrten. In den 90er-Jahren bereits veröffentlichte er eine Reihe von Gedichten und kleinen Dramen. 1901 heiratete er, zog nach Rodaun bei Wien und lebte dort finanziell unabhängig als freier Schriftsteller.

Eine jahrelange, oft schwierige Freundschaft mit dem Dichter Stefan George beeinflusste lange sein literarisches Schaffen. Ab 1906 ergab sich eine Zusammenarbeit mit dem Komponisten Richard Strauss, für den er Libretti schrieb. Seit dem Ersten Weltkrieg befasste H. sich mit Kulturpolitik und Kulturpädagogik, gab Werke der literarischen Tradition heraus und beschäftigte sich in Reden mit der „Idee Europa". Ebenfalls im Zusammenhang seiner kulturpolitischen Bemühungen stand die Begründung der Salzburger Festspiele, die er zusammen mit Richard Strauss und dem Theaterregisseur Max Reinhardt initiierte. Sein Ziel war dabei, der neu entstandenen Gesellschaftsordnung nach dem Krieg tradierte Wertvorstellungen durch die Literatur zu vermitteln.

Der Ende der 20er-Jahre auch in Österreich allmählich greifbar werdende Faschismus ließ H. in Bezug auf die Gestaltung der Zukunft resignieren. Als sich 1929 sein Sohn das Leben nahm, starb H. zwei Tage später an einem Schlaganfall.

Literarische Einordnung

Das Werk H.s einer einheitlichen Stilrichtung zuzuordnen, ist nicht möglich – wie auch für die Umbruchsituation um 1900 ein Nebeneinander unterschiedlicher literarischer Richtungen gerade typisch ist.

H.s Gedichte und Dramen der 90er-Jahre waren ästhetizistisch bestimmt, sie hatten ihren Schwerpunkt in der künstlerischen Gestaltung einer augenblickshaften Wahrnehmung. Dazu gehört z. B. die Darstellung des plötzlich auftretenden Gefühls nicht gelebten Lebens, wie es in der *Reitergeschichte* (1899) thematisiert wird; hier wird der Soldat Anton Lerch, der sich nach erfolgreichen Kämpfen in Wunschträume hineinphantasiert, wegen Ungehorsam plötzlich erschossen.

Allmählich wandte sich H. naturalistischen Darstellungstendenzen zu. Besonders seine Teilnahme an Militärübungen 1896 und 1898 brachte ihn in Kontakt mit Armut und Elend – Themen also, mit denen sich die Autoren des Naturalismus beschäftigten. Wenn auch H. nicht der naturalistischen Konzentration auf das elende soziale Milieu folgte, so öffnete er sich doch der Darstellung unterschiedlicher sozialer Bereiche der Wirklichkeit.

Die Beschäftigung mit dem Thema „Sprache" führte H. dazu, eine grundlegende skeptische Infragestellung der Bedingungen menschlicher Kommunikation zu reflektieren – eine Thematik, mit der er auf eine wesentliche Fragestellung des Expressionismus vorausweist.

Nach 1910 wandte sich H. im Zusammenhang seiner kulturpädagogischen Arbeit in mehreren großen Schauspielen der europäischen Tradition zu. In einer Zeit des Zerfalls traditioneller Ordnungssysteme und Wirklichkeitsdeutungen versucht H. auch dem eigenen Zukunftspessimismus alte Metaphern, wie die von der Welt als Bühne, auf der jeder seine von Gott zugeteilte Rolle spielt, als Versuch einer Sinngebung des Lebens entgegenzusetzen.

Werkbeschreibungen

Der Tor und der Tod (Drama, 1893): Der Einakter handelt von dem jungen Edelmann Claudio, der „impressionistisch" der Jagd nach Augenblicksreizen nachgeht, aber dabei wirklich zu leben versäumt. Erst zu spät, als der Tod ihn holen will, erkennt er das verfehlte Leben, indem er es in verschiedenen Kommunikationssituationen nacherlebt. Mit der verfehlten Lebensweise des Claudio kritisiert H. zugleich die impressionistische Wirklichkeitsgestaltung des Ästhetizismus und die auf den Augenblicksgenuss konzentrierte Endzeitstimmung der Jahrhundertwende (fin de siècle-Stimmung).

Jedermann (Schauspiel, 1911): Das Stück hat als Standardrepertoire-Stück der Salzburger Festspiele internationale Bekanntheit erworben. H. stellt hier in Anlehnung an mittelalterliche Mysterienspiele dar, wie der beliebte Herr Jedermann plötzlich vom personifizierten Tod aufgesucht und aufgefordert wird, vor Gott zu erscheinen. Keiner seiner Freunde ist bereit, ihn hilfreich zu begleiten, und von seinen wenigen guten Werken und seinem Glauben kann er keine Hilfe erwarten. Erst als Jedermann sein bisheriges Leben bereut, verliert der Tod seine Macht.

Brief des Lord Chandos (Brief, 1902): In dem fiktiv auf 1603 datierten Brief drückt H. seine Skepsis aus, mithilfe der konventionellen sprachlichen Möglichkeiten die sich verändernde Wirklichkeit adäquat erfassen zu können. Chandos beschreibt seine verzweifelte Erfahrung, dass Worte während des Aussprechens „zerfallen", zur Lüge werden, kommunikativ nichts mehr leisten und der Wirklichkeit nicht mehr entsprechen. HH

Friedrich Hölderlin

geb. am 20. 3. 1770 in Lauffen am Neckar
gest. am 7. 6. 1843 in Tübingen

Kurzbiografie

H.s erste Lebensjahre waren alles andere als glücklich. Als er zwei Jahre alt war, starb sein Vater, ein Klosterhofmeister. Die Mutter zog mit H. 1774 nach Nürtingen, um dort erneut zu heiraten. Als auch der Stiefvater starb, war es für H. ein schwerer Schicksalsschlag.

Er besuchte die Lateinschule in Nürtingen und schrieb mit 15 Jahren erste Gedichte. Da er Pfarrer werden sollte, besuchte er 1784–1788 die Klosterschulen in Denkendorf und Maulbronn, ehe er am Tübinger Stift Philosophie und Theologie studierte. H. gründete dort einen freiheitlichen politischen Verein, der sich für die Ideale der Französischen Revolution begeisterte, und machte 1793 sein Examen.

Nun begann für H. ein ruheloser Lebensabschnitt. Er nahm verschiedene Anstellungen als Hauslehrer in Waltershausen und Konstanz an, bevor er von 1796 an die Kinder des Ehepaars Gontard in Frankfurt/Main erzog. Er verliebte sich in die Dame des Hauses, Susette Gontard. Deren Mann veranlasste 1798 die Entlassung H.s. In Gedichten und in der Figur der Diotima in dem in hymnischer Sprache verfassten Briefroman *Hyperion oder der Eremit in Griechenland* (1797–1799) setzte H. Susette Gontard ein Denkmal.

1801 trat H. eine weitere Stelle in Hauptwil (Schweiz) an. Der Versuch, Professor zu werden und auch eine Zeitung herauszugeben, gelang nicht. Eine weitere Hofmeisterstelle führte ihn nach Bordeaux. Er sah diesen Aufenthalt auch als Flucht vor der Liebe zu Susette und erfuhr nach einiger Zeit dort von ihrem Tod.

Im Sommer 1802 kam er völlig verstört zu seiner Mutter zurück. Anzeichen einer Geisteskrankheit waren zu erkennen, er wurde 1806 in eine Klinik eingeliefert und als unheilbar gemütskrank entlassen. Von 1807 bis zu seinem Tod lebte H. im „Hölderlinturm" in Tübingen bei einem Schreinermeister, der ihn verpflegte.

Literarische Einordnung

H.s umfassendes literarisches Werk ist sehr vielfältig. Er war Lyriker, Romanautor, Dramatiker, Übersetzer und Philosoph. Seine Werke gehören zur anspruchsvollsten Wortkunst deutscher Sprache.

H.s lyrischer Stil entwickelte sich von der frühen, gereimten Jugenddichtung zu den unter Schillers Einfluss entstandenen gereimten Hymnen. Schiller wurde für H. zu einer Art Vaterfigur, die er sehr verehrte. Diese Phase entwickelte sich weiter zu den antiken Oden, Elegien und Liedern um Diotima 1802/03 bis zu den freien Rhythmen der Spätzeit. Für sein lyrisches Werk bis 1796 ist die Reimstrophe charakteristisch. Seit der Zeit der Liebe zu Susette 1796/97, in deren Person er das Göttliche verherrlicht, verwendet H. antike Versmaße und Naturbilder erhalten einen großen Wert. Die Bedeutung der Dichtung selbst wird immer wieder reflektiert (*An die jungen Dichter*, 1798).

Vorbild seiner Werke ist die Kunst des klassischen Griechenlands. Er greift Gedankengut der griechischen Antike auf, in der er die Einheit der Menschen mit der Natur und den Göttern und die harmonische Übereinstimmung von unbefangener Natürlichkeit und geistiger Vollendung verwirklicht sieht, und hofft auf eine humanere Zukunft in Deutschland. Gleichzeitig lässt sich an den Werken H.s aber auch eine Wegführung von dieser klassischen Vorstellung finden. Es werden Andeutungen der Gefährdung dieser klassischen Vorstellungen gemacht und es wird die Spannung zwischen Künstler und bürgerlicher Gesellschaft thematisiert. Die Themen seiner späten Werke sind Natur, Jahreszeiten, Geist, Freude und Frieden (*An Zimmern*, 1812).

Im 20. Jahrhundert erst wurde die Bedeutung von H.s dichterischem Werk erkannt und seine Sprachform wurde zum Vorbild für viele Schriftsteller (z. B. Georg Trakl). Es sind Romane über ihn entstanden und es wurde eine Hölderlin-Gesellschaft gegründet.

Werkbeschreibung

Hälfte des Lebens (Gedicht, 1803): Ein charakteristisches Werk, das die Wegführung von der Klassik thematisiert, ist das Gedicht *Hälfte des Lebens*. Es stellt auf den ersten Blick ein Naturbild dar. Die beiden Strophen des Gedichts stehen für die beiden Hälften des Lebens: auf der einen Seite die positive sommerliche Hälfte, auf der anderen Seite die kalte winterliche Seite. In der ersten Strophe wird das Lebendige beschrieben („Mit gelben Birnen hänget / Und voll mit wilden Rosen") und ausgeschmückt. In der zweiten Strophe überwiegt das Tote und Unbewegliche („Die Mauern stehn / Sprachlos und kalt, im Winde / Klirren die Fahnen").

H. spricht in der zweiten Strophe eine Krisensituation an. „Sprachlos" ist nicht nur bezogen auf die Mauern, sondern steht auch für die Sprachlosigkeit der Dichter in der bürgerlichen Gesellschaft. H. thematisiert hier die Gefahr der Krise dichterischer Aussagekraft und platziert sie in die naturhafte Symbolwelt.

Sein eigener entstehender Wahnsinn, seine Furcht vor Sprachlosigkeit und das Nicht-mehr-Auskommen mit der bürgerlichen Welt sind in dem Gedicht ablesbar. Die beiden Strophen könnte man als eine Beschreibung seines Lebens und seiner Lebenskrise ansehen, die in den starren Grenzen der Geisteskrankheit endet. LB

Arno Holz

geb. am 26. 4. 1863 in Rastenburg (Ostpreußen)
gest. am 26. 10. 1929 in Berlin

Kurzbiografie

Leben und literarisches Werk des Autors sind entscheidend geprägt durch das Erleben der sich rapide vergrößernden Stadt Berlin, die sich seit der Gründung des Deutschen Reichs 1870/71 zum herausragenden politischen, wirtschaftlichen und kulturellen Zentrum entwickelte.

H. kam im Alter von zwölf Jahren mit seiner Familie – der Vater war Apotheker – nach Berlin und absolvierte dort das Gymnasium. Schon 1881 entschloss er sich, als Schriftsteller zu leben, wenn er sich auch zwischenzeitlich genötigt sah, seinen Lebensunterhalt mit der Herstellung von Spielzeug zu verdienen.

Mit der jungen Schriftstellergruppe um die Brüder Hart, die eine neue, dem Industriezeitalter angemessene Literatur schaffen wollten, kam er bald in Verbindung. Sein erster Gedichtband *Klinginsherz* erschien 1883, 1886 veröffentlichte er das *Buch der Zeit*, einen Lyrikband, der die veränderte gesellschaftliche Situation der Industrialisierung unter sozialkritischer Perspektive beleuchtete.

1887–1892 arbeitete H. mit Johannes Schlaf zusammen und sie schrieben unter einem Pseudonym den Erzählungsband *Papa Hamlet* (1889) und das Drama *Die Familie Selicke* (1890). Die damals revolutionäre naturalistische Darstellungstechnik dieser Texte fasste H. 1891 in dem Buch *Die Kunst. Ihr Wesen und ihre Gesetze* theoretisch zusammen. Weitere Dramen, wie *Sozialaristokraten* (1896), folgten.

Sein lyrisches Hauptwerk ist der *Phantasus*, eine Sammlung von Gedichten, die erstmals 1898 erschien und bis zu H.s Tod auf über 1 300 Seiten vergrößert wurde. Der Dichter Phantasus entwirft in diesem Werk in seiner Dachkammer in einer Mietskaserne imaginäre Träume, in denen er in unterschiedliche Gestalten verwandelt in die Welt eintritt, Erfahrungen macht, Beobachtungen und Begegnungen schildert, die ihn in verschiedene gesellschaftliche Bereiche, in die Natur und schließlich bis ins Kosmische hinauf bringen. Zugleich entwickelt sich in diesen Gedichten H.s neues programmatisches Konzept der Lyrik. Er wendet sich radikal ab von traditionellen Formen, in denen Reim, Vers oder Strophe feste Ordnungsgrößen waren. Stattdessen entwirft er freie Rhythmen, gruppiert die Zeilen um eine zentrale senkrechte Mittelachse und experimentiert mit dem sprachlichen Vokabular, er gestaltet Assoziationen, fasst Unbewusstes ins Wort oder erzeugt auch „nur" Klänge. In diesen sprachlichen Gestaltungsmitteln weist H. auf die Moderne voraus. Immer intensiver wurde in der folgenden Zeit H.s Beschäftigung mit dem *Phantasus*, den er als sein Hauptwerk ansah – obwohl er sich damit von seinem naturalistischen Ansatz entfernte.

Seine Fähigkeiten im Umgang mit der Sprache kennzeichneten auch die weiteren Werke, *Die Blechschmiede* (1902) und v. a. *Dafnis* (1904), wo er in Imitation barocker Sprachkunstfertigkeiten parodistisch Züge des spießigen Bürgertums der wilhelminischen Zeit aufs Korn nimmt.

In der dichterischen Metapher des „Dachstubenpoeten" hält H. noch in der letzten, 1924/25 erschienenen Fassung des *Phantasus* seine Distanz zur Gesellschaft fest – auch ein wenig enttäuscht, dass er nicht so anerkannt wurde, wie er es in seiner vorausweisenden Rolle aus heutiger Sicht verdient hätte.

Literarische Einordnung

Trotz der späteren Veränderungen seiner literarischen Darstellungsweise gilt H. v. a. als Autor und Theoretiker des Naturalismus. Ausgangspunkt der naturalistischen Darstellungsweise ist die grundlegende Überzeugung von der Determination des Menschen, die von soziologischen und biologischen Theorien der Zeit (Milieutheorie von Hippolyte Taine und Evolutionstheorie von Charles Darwin) gestützt wird. Die Texte des Naturalismus zeigen die Menschen unfähig zu einem selbstständigen vernünftigen Handeln, stattdessen sind sie fremdbestimmt durch ihr soziales Milieu, durch ökonomische Verhältnisse und Triebhaftigkeit.

Durch exakte objektive Wiedergabe sollen diese bestimmenden Lebensbedingungen sichtbar gemacht werden. Daher geben im Schauspiel die Regieanweisungen die Szenerie, das Äußere und den Bewegungsstil der literarischen Figuren genau vor; die Verwendung des Dialekts dient ebenfalls zur Widerspiegelung des Milieus. Die oft fehlerhafte, bruchstückhaft stammelnde Sprache der Personen veranschaulicht ihre eingeschränkte Verstehens- und Kommunikationsfähigkeit, die bis an die Grenze der Sprachlosigkeit geht. In erzählerischen Texten verwendet H. den sog. Sekundenstil, der in einer zeitlupenartig genauen Beschreibung jedes Detail wahrnehmbar werden lässt.

H. entwickelt in seinen theoretischen Überlegungen das Kunstgesetz K = N – x, das das künstlerische Ideal des Naturalismus, nämlich die völlige Übereinstimmung von Kunst (K) mit der Natur (N) enthält. Allerdings ist diese aufgrund des Faktors x nicht vollständig erreichbar, denn x kennzeichnet die notwendig durch die Produktionsbedingungen und -fähigkeiten des Künstlers gegebene subjektive Komponente, die in die Gleichung des Kunstgesetzes eingeht – auch wenn nach H.s Auffassung dieser Faktor möglichst klein sein sollte.

In der literarischen Umsetzung in seinen Gedichten, z. B. im *Buch der Zeit,* hält sich H. allerdings nicht so eng an seine Theorie. Zwar spiegelt die Szenerie der Gedichte das Elendsmilieu der Großstadt in Details wider, doch begnügen sich die Texte damit nicht: Eingefügte Beispiele von Mitmenschlichkeit oder subjektive Erinnerungen und Hoffnungen in Bezug auf bessere Lebensverhältnisse sind Signale und Appelle an den Leser, nicht bei einer nur objektiven Betrachtung der Situation stehen zu bleiben, sondern die Notwendigkeit einer Veränderung zu erkennen.

Werkbeschreibung

Die Familie Selicke (Schauspiel, 1890): Das Stück entfaltet zunächst die Armutssituation, in der die Familie lebt. Streitereien zwischen den Geschwistern, Sorgen um die Krankheit einer Tochter, die allzeit resigniert nörgelnde Mutter und die bange Erwartung des auch am Weihnachtstag vermutlich betrunken von der Arbeit zurückkehrenden Vaters addieren sich zu einem erstickenden Milieu. „Die Kinder müssen ja dabei zugrunde gehen!“, so erklärt der Kandidat der Theologie Wendt, Untermieter der Familie, die Situation. Er selbst hat soeben eine Pfarrstelle erhalten und hofft auf ein anderes Leben auf dem Land, wohin er die älteste Tochter Toni, in die er sich verliebt hat, mitnehmen will. Nach Selickes Ankunft kommt es zur Auseinandersetzung, die erneut die Unfähigkeit, sich zu verständigen, zeigt – die kranke Tochter stirbt dabei fast unbemerkt. Toni sieht es in dieser Situation als unmöglich an, ihre Familie zu verlassen – Wendt geht allein, verbunden mit der vagen Zusage wieder zu kommen.

Mit Worten wie „Tierlautkomödie“ reagierten schockierte Kritiker damals auf die hoffnungslosen kommunikativen Bruchstücke, die die Verhältnisse in der Familie bestimmen. Das Stück zeigt die deformierende Determination des Milieus, der zu entrinnen unmöglich erscheint. HH

Ödön von Horváth

geb. am 9. 12. 1901 in Fiume
(heute Rijeka, Kroatien)
gest. am 1. 6. 1938 in Paris

Kurzbiografie

H. wurde als Sohn eines Diplomaten geboren. 1909 wurde sein Vater in den Adelsstand erhoben und nach München versetzt. Die Familie folgte ihm dorthin. H. blieb noch in einem Internat in Budapest, bis er 1913 in München zuerst ein Gymnasium, dann ein Realgymnasium besuchte. Danach lebte er wieder in Budapest, legte in Wien sein Abitur ab und kehrte nach München zurück.

Der Erste Weltkrieg hatte für H. eine einschneidende Bedeutung, in einem Interview sagte er sogar einmal, dass er alle Kindheitserlebnisse im Krieg vergessen habe und dass seine Kindheit erst mit der Kriegserklärung begonnen habe.

Sein erstes Buch *Das Buch der Tänze* entstand 1920 auf Anregung des Komponisten Siegfried Kallenberg, dem er in München begegnete, wo seine erste intensive Schreibperiode begann und er auch an der kritischen Zeitung *Simplizissimus* mitarbeitete. 1924 ließ H. sich in Berlin nieder, wo er neuen Stoff für seine Werke fand. So stieß er z. B. 1927 im Büro der „Deutschen Liga" auf Material über die Fememorde der Schwarzen Reichswehr. Den darauffolgenden Prozess gegen einen Oberleutnant wegen Anstiftung zum Fememord verarbeitete er in seiner Historie *Sladek oder die schwarze Armee*, welche er 1929 – wie die meisten seiner Stücke – nochmals umarbeitete und dann *Sladek, der schwarze Reichswehrhauptmann* nannte. 1931 war für H. das erfolgreichste Jahr, in dem u. a. die Premiere seines bis heute bekannten Stückes *Geschichten aus dem Wienerwald* stattfand.

Auf Vorschlag von Carl Zuckmayer erhielt er den Heinrich-von-Kleist-Preis, was ihm noch mehr als vorher den Zorn der Nationalsozialisten einbrachte, die mit der Systemkritik in seinen Stücken nicht einverstanden waren. 1932 stellte H. die Stücke *Kasimir und Karoline* und *Glaube, Liebe, Hoffnung* fertig. Direkt nach der Machtübernahme 1933 wurden H.s Stücke an den deutschen Bühnen abgesetzt und SA-Trupps durchsuchten das Haus seiner Eltern in Murnau, woraufhin H. Deutschland verließ und nach Österreich ging. 1934 wurden seine Stücke auch in Österreich nicht mehr aufgeführt und H. kehrte nach Berlin zurück, wo er versuchte, das Aufführungsverbot rückgängig zu machen. Die Erfahrungen dieser Zeit spiegeln sich in seinem zunächst 1939 in Amsterdam erschienenen Roman *Jugend ohne Gott* wider, den er, nachdem er Deutschland wieder verlassen hatte, im Salzburgischen geschrieben hat. Dieser Roman wurde sofort ein großer Erfolg und zeigt H.s Hinwendung zur Prosa, da er zumindest in Deutschland keine Bühne mehr fand, die seine Stücke aufgeführt hätte.

In seinem letzten Lebensjahr hinderten ihn Depressionen und Unzufriedenheit im künstlerischen Bereich sowie finanzielle Sorgen an der Verwirklichung weiterer Pläne. Nach dem Einmarsch deutscher Truppen in Wien musste H. Österreich verlassen und gelangte nach einer Irrfahrt nach Paris. Dort wurde er auf den Champs-Elysées bei einem Gewitter von einem herunterfallenden Ast erschlagen.

Literarische Einordnung

In seinen sozial- und moralkritischen Bühnenwerken versucht H. das Wiener Volksstück, dessen Schöpfer Johann Nestroy er bewundert, in neuer Form zu beleben.

Kennzeichnend für seine Stücke sind eine sichere und knappe Stilisierung, eine dichte Atmosphäre, geschickte Dialogführungen und treffende Menschendarstellungen. Durch die kennzeichnende Sprachverwendung seiner Personen legt er feige Anpassung, politische Phrasen und verschleierte Triebe offen. Nach dem Aufführungsverbot durch die Nationalsozialisten wendet er sich der Prosa zu, aber der politisch-zeitkritische Unterton bleibt ihm stets erhalten.

Werkbeschreibungen

Geschichten aus dem Wienerwald (Volksstück, 1930): In dem Stück vermeidet H. konkrete politische Stellungnahmen, der Zeitkritiker ist jedoch in vielen Details zu erkennen, die an der Aktualität des Werkes keine Zweifel lassen.

Im Zentrum der Handlung steht Marianne, die mit dem Metzger Oskar verlobt ist. Sie wird in einer innigen Umarmung mit Alfred, einer zwielichtigen Rennplatzkapazität, erwischt, woraufhin sie von ihrem Vater, „Zauberkönig" genannt, verstoßen wird. Sie bekommt ein Kind von Alfred und muss als „Tänzerin" arbeiten, während das Kind bei Alfreds Mutter auf dem Dorf bleiben soll. Alfred verlässt Marianne und kehrt zu Valerie, seiner Geliebten, zurück. Diese tritt als Vermittlerin zwischen Marianne und Oskar ein. Es scheint zu einem glücklichen Ende zu kommen. Als alle Beteiligten jedoch zur Großmutter aufs Dorf fahren, um das Kind zu besuchen, müssen sie feststellen, dass das Kind gestorben ist, nachdem die Großmutter es ans offene Fenster in die Zugluft gestellt hatte. Am Ende hat Oskar zwar „seine" Marianne wieder, diese ist aber völlig zerbrochen.

Hinter idyllischen Wienerwald-Schauplätzen und Klischees kleinbürgerlicher Rührseligkeiten zeigt H. die Wirklichkeit von menschlichem Eigennutz, von Bosheit und Härte, die zwischenmenschliche Nähe zerbrechen lassen.

Jugend ohne Gott (Roman, 1938): In diesem Werk hat H. seine eigenen Erfahrungen mit den Nationalsozialisten verarbeitet. Auffällig ist, dass das Stück Raum und Zeit enthoben ist, da die handelnden Figuren meist keine Namen besitzen und es keine Orts- oder Zeitangaben gibt, die präzise genug sind, um den Schauplatz genauer zu identifizieren.

Der wie ein Kriminalroman aufgebaute Roman ist aus der Sicht eines Lehrers geschrieben. Im Zentrum scheint der Mord an einem Schüler zu stehen, der während eines Aufenthaltes der Klasse in einem Trainingslager erschlagen wird. Ein Mitschüler, der vorher mit dem Ermordeten Streit hatte, wird unter dringendem Tatverdacht verhaftet. Im Zuge der Ermittlungen fällt der Verdacht auf ein Mädchen, das im Gegensatz zu dem Mitschüler keine einflussreichen Fürsprecher hat. Der Lehrer schaltet sich in die Untersuchung ein und verrät ein Detail, das er bisher verschwiegen hat. Allerdings hat seine Ehrlichkeit nur zur Folge, dass er seine Stelle verliert und der Mörder immer noch nicht gefasst ist. Der Lehrer und einige Schüler führen die Ermittlungen privat weiter. Als ihre Beweisführung abgeschlossen ist, müssen sie feststellen, dass der Verdächtige, ein Mitschüler des Ermordeten, der ebenfalls auf der Fahrt dabei war, sich kurz zuvor erhängt hatte. Im Abschiedsbrief hat er seine Schuld gestanden. Sein Mitschüler musste nur sterben, weil er selbst einmal sehen wollte, wie ein Mensch stirbt. Somit wird klar, dass der Mord an sich nicht das Entscheidende ist, sondern dass die Beweggründe, die die Wertvorstellungen der Zeit widerspiegeln, viel gravierender sind.

H. zeigt hier an den Jugendlichen, wie deren militaristische Erziehung zu inhumanem, „gottlosen" Verhalten führt. Der Lehrer bemüht sich zwar um Humanität und Gerechtigkeit, aber gegen das System hat er keine Chance. So bedeutet seine Abreise am Schluss auch Resignation. WS

Ernst Jandl

geb. am 1. 8. 1925 in Wien
gest. am 9. 6. 2000 in Wien

Kurzbiografie

J. wuchs in Wien auf, besuchte dort die Schule und legte 1943 die Matura (Abitur) ab. Danach wurde er zum Militärdienst eingezogen und kam in Kriegsgefangenschaft. Nach seiner Entlassung studierte er Germanistik und Anglistik, legte die Lehramtsprüfung ab und promovierte 1950 mit einer Dissertation über die Novellen Arthur Schnitzlers zum Dr. phil.

Schon während seiner Zeit als Gymnasiallehrer in Wien nach 1950 begann er Gedichte zu verfassen, die v. a. in der Wiener Literaturzeitschrift *Neue Wege* erschienen. Diese Gedichte waren noch in traditioneller Form geschrieben, wie z. B. *Andere Augen* (1956). Kontakte mit der Wiener Gruppe um Gerhard Rühm und H. C. Artmann und mit den Vertretern der konkreten Poesie wie Max Bense, Helmut Heißenbüttel und Franz Mon gaben ihm entscheidende Impulse, die zu einer Hinwendung zum experimentellen Gedicht führten. Lautliche und optische Aspekte rückten nun in den Mittelpunkt des Dichtungsverständnisses, wie z. B. in *Laut und Luise* (1966). Bereits 1964 kamen seine *langen Gedichte* heraus, mit denen er sich sogleich als einer der gleichzeitig witzigsten und intellektuell vielschichtigsten Vertreter der konkreten Poesie erwies.

Gemeinsam mit der Schriftstellerin Friederike Mayröcker entwickelte er eine neue Art des Hörspiels (*Fünf Mann Menschen*, 1971). Weitere gemeinsame Hörspiele sind *Der Gigant* (1969), *Spaltungen* (1970) und *Gemeinsame Kindheit* (1970).

In seiner österreichischen Heimat wurde J. oft scharf kritisiert. Zusammen mit Mayröcker gründete er 1973 die Grazer Autorenversammlung, um neue Kunstformen zu fördern. Mit der Zeit wuchs dann seine Anerkennung. J. erhielt eine Reihe von Literaturpreisen: den Hörspielpreis der Kriegsblinden (1968, mit Friederike Mayröcker), den Großen Österreichischen Staatspreis für Literatur (1984), den Georg-Büchner-Preis (1984), den Preis der Deutschen Schallplattenkritik (1985), den Kleist-Preis (1993) und den Friedrich-Hölderlin-Preis (1995). J. nahm auch Gastprofessuren an verschiedenen Universitäten an, z. B. 1984 in Frankfurt/Main.

Da viele seiner Texte an die Grenze ihrer schriftlichen Mitteilbarkeit stoßen, produzierte J. zahlreiche Schallplatten mit Sprechgedichten. Das verschaffte ihm wegen seiner besonderen Vortragsfähigkeit einen hohen Bekanntheitsgrad. Auch seine Sprechoper *Aus der Fremde* (als Buch ein Jahr nach der Grazer Uraufführung 1980 erschienen) ist auf akustische Realisierung angewiesen.

J. starb in Wien, wo er den größten Teil seines Lebens verbracht hatte.

Literarische Einordnung

J.s erster Gedichtband gehört noch der traditionellen Lyrik an, doch schon die folgenden Gedichte können der konkreten Poesie zugeordnet werden. Hier stehen die Sprache und das Experimentieren mit ihr im Mittelpunkt. Experimentell werden Wörter gereiht, verändert, grafisch zu Bildern angeordnet und überraschende Pointen erzeugt. Spielerische, komische und groteske Elemente sind prägende Merkmale seiner Lyrik.

Doch sind J.s Gedichte auch immer politische Gedichte, Liebesgedichte oder Gedichte von der Natur und legen Zeugnis über seinen Einsatz in seiner Zeit und sein Interesse an dieser Zeit ab.

Werkbeschreibungen

Ottos Mops (Gedicht, 1970): Das Gedicht aus dem Band *Der künstliche Baum* von 1970 zeigt deutlich den Hang des Autors zum komischen Wortspiel.

Scheinbar haben es die Figuren (Mops) und ihre Namen (Otto) nur ihrem gemeinsamen Vokal zu verdanken, dass sie in dem Gedicht erwähnt werden, denn der eigentliche „Held" des Gedichtes ist der Vokal. Der eigentümliche Rhythmus des Gedichtes ergibt sich v. a. aus dem Kontrast der „Trägheit" des Vokals, oder genauer gesagt des Tieres, das mit ihm verbunden wird, und der Schnelligkeit des Sprechvortrags, der konsequent auf die witzig-derbe Schlusspointe hinarbeitet.

Aus der Fremde (Sprechoper in 7 Szenen, 1980): In dieser Oper wird das Verhältnis zweier Schriftsteller dargestellt, wobei deren Beziehungslosigkeit und Isolation durch ein ebenso simples wie faszinierendes Mittel in Szene, oder besser: in Sprache gesetzt wird. Der Dialog zwischen dem Mann und der Frau, die Züge von J. und Friederike Mayröcker tragen, wird in indirekter Rede, im Konjunktiv, gesprochen, kunstgerecht und rhetorisch wirkungsvoll vorgetragen und gesungen.

Die Sprechoper ist die schonungslose Entblößung der Existenz eines alternden Schriftstellers, der von Arbeitsschwierigkeiten heimgesucht und von Ängsten und Selbstzweifeln befallen wird. Er verbringt seine Tage mit Ersatzhandlungen, um die Wahrheit des eigenen Zustands, seine Unproduktivität, vor sich selbst zu verheimlichen. Ein Beispiel für diese „ablenkungsmanöver" (III, 126) ist der ständige Blick auf die Uhr – die beständige Auseinandersetzung mit der Zeit bezeugt, dass ihm jegliche Perspektive auf ein Handeln, das diese Zeit sinnvoll ausfüllte, verloren gegangen ist.

Durch diesen Text wurde die Ernsthaftigkeit von J.s literarischem Schreiben erkennbar und das vielfache Vorurteil der bloßen „Sprachclownerie" widerlegt. WS

Elfriede Jelinek

geb. am 20. 10. 1946 in Mürzzuschlag (Steiermark)

Kurzbiografie

J. wurde als Tochter einer kaufmännischen Angestellten und eines Diplomchemikers in Österreich geboren. Ihre Kindheit und Jugend verbrachte sie in Wien. Sie besuchte dort 1952–1964 eine französische, katholische Volksschule. Danach wechselte sie zum Albertgymnasium in Wien und legte die Matura ab. Zudem erhielt J. Unterricht in Klavier, Orgel und Blockflöte am Wiener Konservatorium. Nach der Schule folgte ein sechssemestriges Studium der Theaterwissenschaft und Kunstgeschichte an der Universität Wien.

1967 erschien das erste Werk von J., der Lyrikband *Lisas Schatten*. 1969 wurde der Autorin der Lyrik- und Prosapreis der österreichischen Hochschülerschaft überreicht. 1971 schloss J. das Konservatorium als geprüfte Organistin ab. Im Jahr darauf folgte das Buch *Michael. Ein Jugendbuch für die Infantilgesellschaft*, in dem bereits J.s Hinwendung zu experimenteller Literatur deutlich wird. Aufenthalte in Berlin und Rom schlossen sich an. 1973 wurde J. politisch aktiv und trat in die Kommunistische Partei Österreichs ein. Im selben Jahr heiratete sie den Münchner Informatiker G. Hüngsberg und lebte von nun an in Wien und München.

1975 erschien der Roman *Die Liebhaberinnen*. Hier tritt J.s feministisch orientierte Gesellschaftskritik hervor, indem sie in diesem Roman am Lebensweg zweier Frauen weibliche Ich-Zerstörung aufgrund männlicher Gewalt aufzeigt. In den 80er-Jahren folgten weitere Werke wie *Die Ausgesperrten, Clara S.*, eine Künstlerinnengeschichte und *Die Klavierspielerin*. Das Schauspiel *Burgtheater* (1985) setzt sich mit der NS-Vergangenheit einer bekannten Schauspielerfamilie auseinander.

1983 erhielt J. den Würdigungspreis des österreichischen Bundesministeriums für Unterricht und Kunst. 1986 folgte der Heinrich-Böll-Preis der Stadt Köln. J. setzte ihre kritische literarische Arbeit kontinuierlich fort und schrieb die Romane *Lust* (1989), der als besonders provozierend vom Publikum aufgefasst wurde, da er menschliche Beziehungen nur unter der Perspektive des Sexuellen darstellt, und *Totenauberg* (1991). J. äußert heute weiterhin ihre massive Kritik an der österreichischen Politik in verschiedenen Werken und hat für ihre Stücke ein Aufführungsverbot in Österreich verfügt. Als „enfant terrible" der Literaturszene sorgt sie immer wieder für Aufsehen in den Medien, wozu auch ihre extravagante äußere Erscheinung beiträgt.

Literarische Einordnung

J. ist mit ihren z. T. experimentellen Texten, die gegen das traditionelle Theater gerichtet sind, der sog. Wiener Gruppe zuzuordnen. Die Sprache ihrer Figuren ist meist keine natürliche Umgangssprache, sie sprechen in Schablonen, Zitaten u. Ä.

Ihre Werke weisen eine feministische Tendenz auf. Wiederkehrende Inhalte der Texte sind der brutale Geschlechterkampf und eine Darstellung von gescheiterten Existenzen, die an ihrem deformierten gesellschaftlichen Umfeld zugrunde gehen. Massiv ist J.s Kritik an den politischen Verhältnissen in Österreich – sowohl der Verdrängung vergangener faschistischer Tendenzen als auch dem aktuellen Aufkommen der „freiheitlichen" Partei Jörg Haiders, das sie in dem Drama *Das Lebewohl* (2000) thematisiert. Auch J.s jüngstes Drama *In den Alpen* (2002) setzt sich provokativ mit Österreich auseinander. Die Autorin selbst bezeichnet ihr Verhältnis zu ihrem Heimatland als „Hass".

Werkbeschreibungen

Die Klavierspielerin (Roman, 1983): Die Geschichte zeigt in autobiografischen Anspielungen ein quälerisches Tochter-Mutter-Verhältnis, in dem der Tochter die unerfüllten musikalischen Karrierehoffnungen der Mutter aufgezwungen werden, bis es schließlich zur Katastrophe kommt. J. kritisiert hier die von Männern dominierte Gesellschaft und verweist auf die sexuelle Nötigung der Frau.

Erika Kohut ist Klavierlehrerin an einem Konservatorium mit der Aussicht, dort eine Professur zu erhalten. Ihr Vater ist in der Irrenanstalt verstorben und so lebt E. Kohut mit ihrer Mutter zusammen. Erika, die ihr Leben lang auf Leistung trainiert wurde, versagt im entscheidenden Moment und kann ihre geplante Solisten-Karriere nicht ausführen. Ihre dominante Mutter verhindert eine Identitätsfindung von Erika als Frau, was aufseiten der Hauptperson zu Sadismus und Masochismus führt. Sie zieht als Voyeurin in den Parks umher, geht in Pornokinos und triezt ihre Schüler. Erikas Klavierschüler Klemmer interessiert sich für sie. Doch Erikas Sehnsucht nach Zärtlichkeit und Macht verhindert das Entstehen einer „Liebesbeziehung". Klemmer vergewaltigt schließlich seine Lehrerin. Erika möchte sich für die ihr angetane Gewalt rächen. Doch die Rache richtet sie gegen sich selbst und sie fährt mit Verstümmelungen am eigenen Körper fort.

Wolken. Heim (Theatertext, 1988): Der collagenartige Theatertext ist eine Sprachmontage aus Zitaten von Hölderlin, Hegel, Fichte, Heidegger und Briefen der RAF aus der Isolationshaft. J.s Intention für die Textgestaltung lag in dem Projekt, „Sprache selbst (…) sprechen" zu lassen, um Kritik an faschistischen Tendenzen deutlich werden zu lassen. DK

Zoë Jenny

geb. am 16. 3. 1974 in Basel

Kurzbiografie

Aufgewachsen in Griechenland und in der Schweiz, ist die junge Autorin durch die berufliche Tätigkeit des Vaters schon früh mit Büchern in Berührung gekommen. Bereits vor ihrem Schulabschluss 1994 in Basel veröffentlichte sie Kurzgeschichten in mehreren Zeitschriften.

Ihr erster Roman *Das Blütenstaubzimmer* (1997) wurde ein überraschender und überragender Erfolg. Sie erhielt dafür das 3-sat-Stipendium, das beim Klagenfurter Ingeborg-Bachmann-Wettbewerb verliehen wird. Der zweite Roman der in Basel lebenden Autorin, *Der Ruf des Muschelhorns,* erschien Anfang 2000. J.s jüngster Roman *Ein schnelles Leben* (2002) erzählt von der Liebe zwischen einer jungen Türkin und einem Berliner Rechtsradikalen – eine moderne Romeo-u.-Julia-Geschichte.

Werkbeschreibung

Das Blütenstaubzimmer (Roman, 1997): Eine literarische Einordnung J.s ist noch nicht möglich. J.s Erstlingsroman *Das Blütenstaubzimmer* erfuhr praktisch ungeteilte Anerkennung; J. wurde sogar aufgrund dieses Textes zusammen mit Frisch und Dürrenmatt in die erste Reihe moderner Schweizer Autoren gestellt.

Der Roman handelt von der Ich-Erzählerin Jo, die zunächst auf ihre Kindheit zurückblickt. Der Auszug ihrer Mutter aus der gemeinsamen Wohnung setzt den Ausgangspunkt, mit dem der Text beginnt: Die Tochter bleibt beim Vater, doch der hat zu wenig Zeit, um sich um die Tochter zu kümmern und deren Angst- und Einsamkeitsgefühlen abzuhelfen. Begegnungen mit der Mutter, die Jo genießt, finden zunächst noch statt, doch als die endlich meint, den richtigen Mann gefunden zu haben, bleibt Jo ganz allein.

Zwölf Jahre später setzt die Erzählhandlung wieder ein. Jo hat Abitur gemacht und ist zu Besuch in dem fernen südlichen Land, wo ihre Mutter lebt. Da der Lebenspartner der Mutter kurz nach Jos Ankunft verstorben ist, versucht Jo, die früher so vermissten emotionalen Beziehungen zur Mutter wieder aufzunehmen. Dass sie die Mutter bei einem Selbsttötungsversuch in einem mit Mengen von Blütenstaub geschmückten Zimmer gerettet hat, trägt zu Jos Gefühl der Zusammengehörigkeit bei. Doch die Mutter beendet die erhoffte Annäherung, indem sie ein neues eigenes Leben zu gestalten beginnt. Jo wartet immer wieder auf sie, gerät in Passivität und bemerkt, dass ihre Hoffnungen auf ein Nacherleben der Gefühlsbindung fehl schlagen. Mit der Zuwendung zu Lea, einer Straßenmusikantin aus reichem Elternhaus, versucht sich Jo Ersatz zu schaffen. Mit Lea spielt sie Zukunftspläne jenseits alter Bindungen durch – doch schon der erste Schritt, der Fahrkartenkauf, scheitert. Schließlich schafft Jo die Loslösung von den Problemen und Hoffnungen der Vergangenheit und reist zurück. Ein Besuch beim Vater bleibt Übergangsstation und allein, aber selbstbewusst und hoffnungsfroh wendet sich Jo zum Schluss einer noch unbestimmten Zukunft zu.

J.s Roman erzählt den schmerzhaften, aber notwendigen Weg der Selbstfindung und Identitätsgewinnung der Erzählerin, der zugleich eine Abwendung von den Eltern bedeutet. Denn diese, konzentriert auf die Suche nach dem eigenen Glück, verweigern sich den Bedürfnissen der Tochter. Kein Happyend steht am Schluss, doch Jos Gewissheit, nunmehr allein mit ihrem Leben fertig zu werden. HH

Franz Kafka

geb. am 3. 7. 1883 in Prag
gest. am 3. 6. 1924 in Kierling

Kurzbiografie

K. wurde als ältestes Kind des tschechisch-jüdischen Kaufmanns Hermann Kafka und seiner Frau Julie in Prag geboren. Zwei Brüder starben noch als Kinder, mit den Schwestern Elli, Valli und seiner Lieblingsschwester Ottla, die später in Auschwitz umkamen, verbrachte er seine Kindheit. Der Vater war aus ärmlichen Verhältnissen aufgestiegen, er bemühte sich um Anpassung an die Prager Gesellschaft und zeigte wenig Verständnis für seinen Sohn und dessen literarische Interessen. Die Mutter entstammte einer angesehenen einheimischen Kaufmannsfamilie. 1889–1893 besuchte K. die Deutsche Knabenschule in Prag, bis zum Abitur im Jahr 1901 war er Schüler des Altstädter Deutschen Gymnasiums im Kinsky-Palais. 1896 feierte er gemäß jüdischer Tradition seine Bar-Mizwah.

1901 begann K. sein Studium an der Deutschen Universität in Prag; zuerst belegte er Jura, dann im zweiten Semester noch Germanistik. 1906 schloss er das Studium mit den juristischen Staatsprüfungen und der Promotion ab, anschließend war er in der Advokatur seines Onkels Dr. Richard Löwy und am Landgericht in Prag tätig. Später spezialisierte er sich auf das Versicherungswesen, war zunächst als Aushilfskraft in der Versicherungsanstalt *Assicurationi Generali* tätig und schließlich, seit 1908, als Sekretär in der *Arbeiter-Unfall-Versicherungs-Anstalt für das Königreich Böhmen* in Prag.

K. litt jedoch zeitlebens unter seinem Beruf, der ihm Zeit und Kraft für sein nächtliches Schreiben nahm. K. war die Beschäftigung mit Kunst und Literatur wichtiger. Er wurde in die Prager Literaturszene eingeführt, besuchte philosophische Zirkel und literarische Salons. 1902 lernte er Max Brod kennen, den späteren Herausgeber seiner Werke. Mit ihm machte er, soweit der Beruf es erlaubte, ausgedehnte Reisen nach Italien, Frankreich, Deutschland und in die Schweiz. Brod ermutigte K. zum Schreiben und drängte ihn entgegen seiner Selbstzweifel zur Veröffentlichung seiner Werke.

Die erste erhaltene literarische Arbeit K.s entstand 1904 mit dem Titel *Beschreibung eines Kampfes* (erschienen 1936), es folgte das Romanfragment *Hochzeitsvorbereitungen auf dem Lande* (1907, erschienen 1953) und schließlich 1908 die Veröffentlichung *Betrachtung* (acht Prosastücke) in der Zeitschrift *Hyperion*, die später ergänzt und als Buch veröffentlicht wurde.

1910 begann K. mit der Niederschrift seiner Tagebücher. Nachhaltige Erlebnisse waren die Vorstellungen einer ostjüdischen Schauspieltruppe, die in Prag gastierte. Auch seine Freundschaft mit dem jiddischen Schauspieler Jizchak Löwy führte zu wachsendem Interesse an Judentum und Zionismus. 1912 lernte K. die Prokuristin Felice Bauer aus Berlin kennen, einige Zeit später begann er mit der Niederschrift der vielen hundert *Briefe an Felice* (1962 herausgegeben). In diesem Zusammenhang entstand in einer Nacht die Erzählung *Das Urteil* (erschienen 1916). Die Erzählung *Die Verwandlung* (erschienen 1915) schrieb er im gleichen Jahr nieder. Auch die Arbeit am Roman *Der Verschollene,* der die labyrinthisch anmutenden Erlebnisse des 16-jährigen Karl Rossmann in Amerika schildert (erschienen 1927 unter dem Titel *Amerika*), machte Fortschritte, 1913 erschienen erste Kapitel in der neuen, v. a. expressionistische Literatur fördernden Buchreihe *Der Jüngste Tag*.

1913–1914 besuchte K. Felice Bauer häufiger in Berlin, im Mai 1914 schließlich verlobte er sich mir ihr. Doch bereits im Juli löste er die Verlobung wieder. Er glaubte zwar, ohne sie nicht leben zu können, aber war sich sicher, in ihrer Nähe nicht schreiben zu können. Nach Prag zurückgekehrt, begann er die Arbeit am Roman *Der Prozeß* (erschienen 1925). Er erzählt die Geschichte des Bankprokuristen Josef K., der von den Vertretern eines geheimnisvollen Gerichts aufgesucht und „verhaftet" wird. Eine Reihe von Ereignissen führt immer tiefer in die unübersichtlichen Bereiche des Gerichts hinein, einen Richter bekommt er nie zu sehen. Er trifft auf den Gefängnisgeistlichen, der ihm die Parabel *Vor dem Gesetz* erzählt. Es ist seine eigene Geschichte. Nach einem Jahr schließlich holen ihn zwei Vertreter des Gerichts in seiner Wohnung ab und er wird mit einem Messer in einem Steinbruch umgebracht. Die Funktion des „Gerichts" bleibt im Dunklen.

Im Oktober 1914 entstand die Erzählung *In der Strafkolonie* (erschienen 1919), gleichzeitig nahm K. den Briefwechsel mit Felice Bauer wieder auf, dem sich einige Besuche anschlossen. 1916 zog er aus dem Elternhaus aus und bezog eine eigene Wohnung in der Prager Alchimistengasse auf dem Hradschin; dort entstandenen bis April 1917 eine Reihe von parabolischen Erzählungen des Bandes *Ein Landarzt* (u. a. *Auf der Galerie, Der Nachbar, Der Kübelreiter, Der Schlag ans Hoftor, Eine kaiserliche Botschaft, Ein Bericht für eine Akademie*). Ein zweites Mal verlobte er sich mit Felice Bauer im Juli 1917, doch ein Blutsturz im August dieses Jahres, der die zum Tod führende Krankheit einleitete, führte dazu, dass er wieder zu den Eltern zog. Im September wurde bei ihm eine Lungentuberkulose diagnostiziert. Weihnachten desselben Jahres trafen K. und Felice Bauer wieder zusammen, doch es erfolgte eine endgültige Lösung des Verlöbnisses.

Auch K.s Verlobung mit Julie Wohryzeck wurde wieder gelöst (1920). In diesem Zusammenhang ist sein autobiografisch geprägter Text *Brief an den Vater* (1919, erschienen 1952) entstanden. Bald darauf begann er einen Briefwechsel mit der tschechischen Journalistin Milena Jesenská aus Wien (vgl. *Briefe an Milena*, entstanden 1920–1922).

Die letzten Jahre wurden zunehmend von K.s Krankheit geprägt, seine Dienstzeiten im Büro wurden häufig von Beurlaubungen und Kuraufenthalten durchbrochen. Daneben entstanden Parabeln und Erzählungen. 1922 begann er die Arbeit am Roman *Das Schloß* (erschienen 1926), in dem der Landvermesser K. vergeblich versucht, zu einem geheimnisvollen Schloss vorzudringen. Der Roman blieb Fragment. Im Juli 1922 erfolgte die Pensionierung K.s. In der Folgezeit war er häufig ans Bett gefesselt, ließ sich jedoch von seinen intensiven Hebräischstudien nicht abhalten. Im Sommer 1923 reiste K. mit der Schwester Elli und ihren Kindern in das Ostseebad Müritz, wo er die aus Polen stammende Dora Diamant kennen lernte. Er begleitete sie nach Berlin.

1924 verschlechterte sich K.s Gesundheitszustand rapide. Im März kehrte er mit Max Brod nach Prag zurück, wo er seine letzte Erzählung *Josefine, die Sängerin oder Das Volk der Mäuse* schrieb. Bald darauf wurde seine Kehlkopftuberkulose diagnostiziert. Er begab sich in ein Sanatorium in Kierling bei Klosterneuburg, wo Dora Diamant ihn pflegte. Auf dem Krankenbett korrigierte er die Druckfahnen seines letzten Buches *Ein Hungerkünstler. Vier Geschichten* (erschienen 1922/24). K. wurde auf dem jüdischen Friedhof in Prag-Straschnitz begraben.

K.s unveröffentlichte Manuskripte bildeten ein Vielfaches von dem, was zu seinen Lebzeiten veröffentlicht wurde. Max Brod vernichtete K.s Nachlass nicht, worum K. im Testament ursprünglich bat, und machte ihn der Öffentlichkeit zugänglich.

Literarische Einordnung

K.s literarische Produktion ist ohne Bezüge zu seiner Biografie kaum richtig einzuordnen. Sein Leben stand im Schatten einer für ihn übermächtigen Vaterfigur, die viele seiner Werke bestimmt. Unter dem Aspekt des „Kampfes mit dem Vater“ beschrieb er im November 1919 sein Leben in dem (61 Druckseiten langen) *Brief an den Vater;* darin sah K. sowohl sein Schreiben als auch seine wiederholten Bemühungen zu heiraten als Versuche des Sohnes, gegenüber einer dominierenden Vatergestalt endlich Selbstständigkeit zu erlangen. Sein Schreiben war für ihn der „Ausweg“ aus dem Leiden in und an der Familie, die für ihn zum Inbegriff der von Zwängen beherrschten Welt wurde. Der Begriff „kafkaesk“ beschreibt die Grunderfahrung der Fremdheit in einer labyrinthisch anmutenden Welt.

Auch die Justiz erscheint K. als Ort, an dem Zwänge übermächtig sind, dem Leser begegnen Willkür und Gewalt in undurchschaubaren Ordnungen und Institutionen. Ebenso ist die Tierwelt, die K.s Parabeln und Erzählungen bevölkert, dem Zwang ausgesetzt. Es sind Tiere, die, den Menschen entfremdet, sich trotzdem mit ihnen zu arrangieren (wie der Affe Rotpeter im *Bericht für eine Akademie*) und zu behaupten suchen (wie das unbestimmbare Wesen Odradek in *Die Sorge des Hausvaters*). K.s Tierdarstellungen stehen zwar in der literarischen Tradition der Fabel, sind jedoch darüber hinaus als Elemente einer Gegenwelt des Menschlichen zu verstehen. K. war bemüht, das Magisch-Geheimnisvolle und die Mehrdeutigkeit seiner Dichtungen zu wahren. Die Beunruhigung, die von seinen Texten ausgeht, war ihm durchaus geläufig, denn, so sagte er, „ein Buch muss die Axt sein für das gefrorene Meer in uns“.

K.s drei Romane – *Der Verschollene, Der Prozeß, Das Schloß* – wurden nie vollendet. Doch sind gerade seine Romane, die er für missglückt hielt, diejenigen Werke, die seinen Weltruhm begründeten. In ihnen zeigt sich zwar K.s Nähe zur expressionistischen Dichtung, einer schlüssigen Einordnung widerstreben sie – wie auch alle anderen Texte – aber durch ihre ganz spezifische Eigenart.

Durch die in die verschiedensten Richtungen weisenden Andeutungen hat sich heute eine unüberschaubare Fülle von Interpretationen zu K.s Werk ergeben. Die Vielfalt der Meinungen, die „Deutungswut“ mancher Interpreten, erscheint von den Texten jedoch erzwungen. Das Gesamtwerk K.s konnte so zur Signatur einer Epoche, vielleicht eines Jahrhunderts werden: Es gibt eine Welt wieder, in der Entfremdung und Verlorenheit, Bürokratie und Folter, Entmenschlichung und Absurdität vorzuherrschen scheinen.

Werkbeschreibungen

Das Urteil (Erzählung, 1913): K. hat diese Erzählung, wie es seinem Tagebuch zu entnehmen ist, in der Nacht vom 22. zum 23.9.1912 „von zehn Uhr abends bis sechs Uhr früh in einem Zug geschrieben“; diesen außergewöhnlichen Schreibfluss setzte er selbst als den Beginn seiner schriftstellerischen Existenz an. Wie seine ausführlichen Kommentierungen zeigen, hat er im *Urteil* seine eigene Situation literarisch durchgespielt: Die Heiratspläne des „Sohnes“ werden vom „Vater“ als Verrat aufgefasst. Die äußere Unabhängigkeit des „Helden“ Georg Bendemann – er hat das darniederliegende Geschäft des Vaters zu neuer Blüte gebracht – täuscht über seine seelische Abhängigkeit vom Vater hinweg. Im Grunde sucht er zu den Fragen, die ihn bedrängen, das väterliche Urteil. Mit einem Brief an einen Freund in der Tasche, dem er gerade seine Verlobung mitgeteilt hat, geht Georg in das dunkle Hinterzimmer seines gebrechlichen alten Vaters, um auch ihn von der bevorstehenden Verbindung in Kenntnis zu setzen. Ein anfänglich ruhiges Gespräch wird zunehmend heftiger. Der Vater richtet sich schließlich auf und verurteilt ihn zum „Tode des Ertrinkens". Georg, der das väterliche Urteil sofort akzeptiert, eilt aus dem Hause, schwingt sich über ein Geländer und lässt sich in den Fluss hinabgleiten.

K. hat diese ihm „liebste Arbeit" seiner Verlobten, „Fräulein Felice B.", gewidmet, was um so verräterischer ist, da die Braut im Text aus der Sicht des Sohnes dem Vater „geopfert" wird. Dieser ist, obwohl hinfällig, die überragende Figur, der der Sohn nichts entgegenzusetzen hat.

Im Dezember 1912 las K. die Erzählung zum ersten Mal auf einem Prager Autorenabend öffentlich vor. Sie wird sofort erkannt als „Durchbruch eines großen, überraschend großen, leidenschaftlichen und disziplinierten Talents". 1913 erschien sie in dem von Max Brod herausgegebenen literarischen Jahrbuch *Arkadia*.

Die Verwandlung (Erzählung, 1915): Auch diese 1912 entstandene Erzählung spiegelt das Schicksal eines Sohnes wider, dessen Position innerhalb der Familie fragwürdig ist: Gregor Samsa findet sich über Nacht „in seinem Bett zu einem ungeheuren Ungeziefer verwandelt" vor. Es gelingt ihm mühsam, die Tür zu öffnen, doch der Vater treibt ihn mit einem Stock in sein Zimmer zurück. Dort isoliert, muss ihn die Schwester nun mit dem Nötigsten versorgen. Eines Tages fällt die Mutter bei seinem Anblick in Ohnmacht, noch während Gregor ihr helfen will, kommt der Vater dazu. Die Situation missverstehend, bombardiert er Gregor mit Äpfeln und verletzt ihn damit schwer. Danach bleibt lediglich abends die Tür zum Wohnzimmer ein wenig geöffnet, bis Gregor versucht, sich den anderen durch diese Tür zu nähern. Die Familie hat nun nur noch den Wunsch, das „Untier" los zu werden. Gregor stirbt in derselben Nacht. Nach der Beseitigung der Leiche machen Vater, Mutter und Schwester einen Ausflug vor die Stadt und besprechen ihre Zukunft.

In *Die Verwandlung* hat der Autor in noch radikalerer Weise seine Existenz, die Selbstbewertung und Fremdvorwürfe („unnützes Ungeziefer" zu sein) wörtlich genommen und literarisch durchgespielt. Der Einbruch des Unheimlichen in gewohnte Lebenszusammenhänge führt dazu, Verborgenes offen zu legen. Die Hauptfigur wird durch die Reaktionen der Familie gezwungen, die Entfernung aus deren Lebenskreis und schließlich aus dem Leben selbst zu erdulden. Die Familie indes, weit davon entfernt, dem Schicksal des Sohnes mit Anteilnahme und Mitleid zu begegnen, atmet befreit auf.

In der Strafkolonie (Erzählung, 1919): Im Herbst 1914 entstand die wohl hintergründigste Erzählung K.s: Ein Forschungsreisender wird auf einer entlegenen Insel, der Strafkolonie einer nicht näher bestimmten Macht, zum Augenzeugen einer Exekution. Dem Delinquenten wird mithilfe eines komplizierten Apparates der Text des von ihm übertretenen Gebotes in den nackten Leib eingeritzt. Anhand seiner Wunden muss er die Schrift entziffern, um schließlich sterbend zu erkennen, wofür er verurteilt wurde. Der Forscher ist über die Grausamkeit der Hinrichtungsmaschinerie bestürzt, doch der Exekutor ist von seinem Apparat so überzeugt, dass er sich freiwillig der grausamen Prozedur unterzieht, um die Wirksamkeit der „Todesmaschine" am eigenen Leib zu bestätigen. Der Reisende verlässt überstürzt die Insel, ohne in die Vorgänge eingreifen zu können oder zu wollen.

Bestürzend ist der scharfe Kontrast zwischen den unerhörten grausamen Geschehnissen dieser Geschichte und der eigenartigen Klarheit und Ruhe ihres Stils. Zeitgenossen standen der Erzählung zumeist schockiert gegenüber, heute glaubt man in ihr die Vorahnung menschenverachtender Konzentrationslager zu erkennen. Auch ist der Text verstanden worden als Auflehnung gegen den Glauben an die Allmacht der Maschinen, denen die Menschen, so K., sogar die Frage nach Recht und Schuld überantworten. GL

Marie Luise Kaschnitz

geb. am 31. 1. 1901 in Karlsruhe
gest. am 10. 10. 1974 in Rom

Kurzbiografie

M. stammte aus elsässischem Adelsgeschlecht, ihr Vater war Offizier. Sie wuchs in Berlin und Potsdam auf. Nach dem Abitur absolvierte sie 1922–1924 eine Buchhandelslehre in Weimar. Anschließend arbeitete sie als Buchhändlerin in München und Rom. 1925 heiratete sie Guido Freiherrn von Kaschnitz-Weinberg, einen Wiener Archäologen. Als er eine Professur erhielt, folgte sie ihm 1932 nach Königsberg, 1937 nach Marburg und 1941 nach Frankfurt/Main. Sie unternahmen gemeinsame Reisen u. a. nach Italien, Jugoslawien, Griechenland und Nordafrika. 1958 verstarb ihr Mann als Direktor des Deutschen Archäologischen Instituts in Rom, danach lebte sie in Frankfurt und auf dem Gut in Bollschweil (Baden). 1960 arbeitete sie in Frankfurt als Gastdozentin für Poetik. 1967 machte K. Lesereisen in die USA, auch nach Südamerika kam sie. Sie erhielt zahlreiche Auszeichnungen, z. B. 1955 den Georg-Büchner-Preis und 1967 den Orden Pour le mérite.

Literarische Einordnung

K. ist eine Erzählerin, deren Werk trotz fiktiver Elemente stark autobiografisch geprägt ist, da die Erinnerung an eigene Erfahrungen und Betrachtungsweisen für ihre Erzählungen und Gedichte eine wichtige Rolle spielen. In *Das Haus der Kindheit* (1956) beschreibt K. ihre eigenen Kindheitserlebnisse. In ihrer Lyrik bedient sie sich anfangs traditioneller, später auch freier Formen. In neun Gedichtbänden zeigt sich die geistige Entwicklung, die sie in ihrem Leben durchgemacht hat. Außerdem spiegeln sie Zeitgeschichtliches wider, z. B. die Gedichte nach dem Zweiten Weltkrieg, in denen sie sich mit den vom Faschismus verursachten Leiden beschäftigt. In ihren Erzählungen und Kurzgeschichten hält sie sich meist an einen engen Zeitraum mit wenigen Figuren, die sich – aus dem Alltag gerissen – in ungewöhnlichen Situationen wiederfinden. Realität wird zum Traum, höhere Mächte stehen über der menschlichen Individualität. Die immerwährende Gegenwart des Todes wird wie selbstverständlich dargestellt.

Für ihre Hörspiele bevorzugte K. meist historische und biblische Stoffe, z. B. *Der Zöllner Matthäus* (1956).

Obwohl sich K. vieler verschiedener Ausdrucksformen bedient, erscheint ihr Werk ganzheitlich stimmig, da sie die Liebe zum Menschen und zur Menschlichkeit zum Leitthema gemacht hat.

Werkbeschreibung

Lange Schatten (Erzählungen, 1960): Diese Erzähltextsammlung beinhaltet 21 Kurzgeschichten, die nach K.s Selbsteinschätzung zu den wichtigsten ihrer Werke gehören.

In der gleichnamigen Titelgeschichte *Lange Schatten* verbringt Rosie mit ihrer Familie den Urlaub an der italienischen Mittelmeerküste. Das Strandleben langweilt sie, für die Albernheiten ihrer jüngeren Geschwister fühlt sie sich zu alt und am liebsten würde sie etwas ohne die Familie unternehmen. Eines Tages darf Rosie nach dem Mittagessen allein in den Ort gehen. Sie fühlt sich erwachsen und würde gerne schon unabhängig von ihren Eltern sein. Auf dem Weg zum Marktplatz begegnet sie einem einheimischen Jungen, der sich bemüht, sie kennen zu lernen, aber Rosie weist ihn selbstsicher ab und gelangt bald darauf in die Stadt, die zu dieser Uhrzeit wie leergefegt erscheint. Ein Junge ruft ihr etwas zu, als Rosie einen Hund mit etwas Brot füttert. Sie ahmt den Ruf nach und geht dann weiter. Der Hund sowie sein Besitzer folgen ihr und zuerst freut sich Rosie über die Gesellschaft. Aber schnell wird sie ihr lästig und sie schickt Hund und Herrchen zurück. Dann schlägt sie einen Felsenpfad ein und genießt das erhabene Gefühl des Alleinseins. Unterdessen ist ihr der Junge abermals nachgegangen. Rosie wundert sich zunächst, weil der Junge schätzungsweise noch keine zwölf Jahre alt ist, aber als sie merkt, dass er tatsächlich wohl zum ersten Mal Küssen und Liebe von ihr will, fühlt sie sich bedrängt und erinnert sich an die Worte ihres Vaters, dass man einen streunenden Hund mit einem festen Blick bezwingen könne. Sie besiegt den Jungen schließlich, indem sie ihm durch einen schrecklichen Blick ihre Abneigung gegen sein Begehren deutlich machen kann. Der Junge weicht beschämt von ihr. Rosie geht zurück, erleichtert, dass ihr nichts weiter passiert ist.

In der Erzählung *Das dicke Kind*, die erstmals 1951 erschien und in *Lange Schatten* wieder aufgenommen wird, bekommt die Ich-Erzählerin, eine Autorin, Besuch von einem dicken Kind, das nicht wie andere Kinder ein Buch ausleihen möchte, sondern stumm um Essen bittet und die Fragen der Frau nur knapp beantwortet. Seine Trägheit und gesamte Ausstrahlung stößt die Schriftstellerin ab, zugleich fasziniert diese sie aber auch. Sie folgt dem dicken Mädchen in den Winternachmittag bis hin zu einem gefrorenen See, von dem sie dachte, dass es ihn gar nicht mehr gäbe. Das schwerfällige Kind bricht in das Eis ein, kann sich aber selbst kämpfend aus dem Wasser befreien. Die beschriebene Situation erweist sich als unwirklich, indem die Autorin erkennt, dass sie selbst dies Kind war – die Realität war nur ein Traum von der Vergangenheit.

Die Erzählungen aus *Lange Schatten* werden einerseits realistisch dargestellt, berühren andererseits aber auch unsichtbar Mystisches und unwirkliche Mächte. Sie beschreiben Schlüsselmomente im Leben, die die Figuren aus ihrem seelischen Gleichgewicht bringen.

Juni (Gedicht, 1947): In diesem Gedicht beschreibt ein lyrisches Ich in subjektiver Wahrnehmung die Erde. Die Schönheit der Landschaft – Seen, Wiesen, Wälder und Felder – und der Tierwelt wird gepriesen, das menschliche Leben wird weitgehend harmonisch dargestellt. K. versucht, durch sprachliche Schönheit und traditionelle Formen – Strophenform und regelmäßiges Versmaß (fünfhebiger Trochäus), sie verzichtet jedoch auf den Reim – der Wirklichkeit der Nachkriegszeit einen positiven Halt entgegenzusetzen. Nur die letzte Strophe gibt einen Hinweis auf die Verdunkelung durch den Krieg, die Erde steht z. T. im Schatten der Nacht. Ein direkter Bezug zur Gegenwart ist in dem Text aber nicht gegeben.

Hiroshima (Gedicht, 1957): K. sucht in dem Gedicht nach dem Schuldigen des Atombombenabwurfs auf Hiroshima 1945. Die Frage, was aus demjenigen geworden ist, beantwortet sie in der ersten Strophe mit drei hypothetischen Möglichkeiten: Der Schuldige lebt im Kloster, beging Selbstmord oder ist wahnsinnig. Einsicht und Reue werden hier dargestellt, die Konsequenz der schrecklichen Tat führt zu einer moralischen Ordnung, die sich aber in der zweiten Strophe als Lüge erweist. Denn in Wahrheit lebt der Verantwortliche in seiner spießbürgerlichen Kleinstadtidylle, zu dem ein Haus mit Garten, eine Frau im Blümchenkleid und zwei Kinder gehören. Die gleichgültige Ignoranz und die Flucht in die Normalität stehen der moralischen Auseinandersetzung mit der Schuld polar gegenüber. K. benutzt ein unregelmäßiges Versmaß und eine andere Sprache als in den frühen Gedichten, was besonders in der zweiten Strophe deutlich wird. KH

Gottfried Keller

geb. am 19. 7. 1819 in Zürich
gest. am 15. 7. 1890 in Zürich

Kurzbiografie

K. verlebte seine Kindheit und Jugend mit seiner jüngeren Schwester Regula in einfachen, bürgerlichen Verhältnissen und musste in jungen Jahren den Tod seines Vaters – ein angesehener Drechslermeister aus Glattfelden – hinnehmen. Die Erziehung und Ausbildung der Kinder lastete von nun an auf den Schultern der Mutter. 1825–1831 besuchte K. die Armenschule und ging anschließend in das Landknabeninstitut von Stüßihofstätt. Später besuchte er die kantonale Industrieschule, von der er 1934 aufgrund eines Bubenstreichs verwiesen wurde.

Seine Berufung war zunächst die Malerei, er durfte bei den Malern Peter Steiger und Rudolf Meyer arbeiten und von ihnen lernen. Mit der finanziellen Unterstützung der Mutter konnte K. zur weiteren Ausbildung als Landschaftsmaler nach München gehen. Dort fehlte es an richtiger Förderung, eine lockere Lebensweise, wirtschaftliche Not und große Entbehrungen ließen ihn 1842 erfolglos nach Zürich zurückkehren.

Die Zweifel an seiner Malbefähigung wurden immer größer und er entdeckte sein schriftstellerisches Talent. Politisch interessierte sich K. für die bürgerliche Demokratie. Durch das Vorbild deutscher Emigranten wie Ferdinand Freiligrath und Georg Herwegh und deren politische Lyrik inspiriert und von ihnen gefördert, erschien 1846 der Band *Gedichte*, durch den K. bekannt wurde. Dieser frühe Ruhm als Schriftsteller veranlasste ihn, den Traum vom Malberuf endgültig aufzugeben.

Im Herbst 1848 studierte er mithilfe eines Stipendiums der Züricher Regierung Geschichte, Philosophie, Anthropologie und Literaturgeschichte. Letzteres hörte K. bei dem Literaturhistoriker Hermann Hettner, seinem späteren Freund, mit dem er auch brieflich in Kontakt blieb, in Heidelberg. Die Bekanntschaft mit dem Philosophen Ludwig Feuerbach veränderte K.s Religiosität und beeinflusste sein zukünftiges Werk. Er wandte sich ab vom traditionellen Christentum hin zu einem Diesseitsglauben, der das Göttliche im Menschen sieht. Ab 1850 verbrachte K. entscheidende fünf Jahre in Berlin, die auch durch ein Stipendium ermöglicht wurden. Seine literarische Entwicklung zeigte sich an Werken wie *Der grüne Heinrich* (1854/55) und dem ersten Band der Erzählsammlung *Die Leute von Seldwyla* (1856).

1855 ging K. als freier Schriftsteller zurück nach Zürich. Dort war er erneut auf die finanzielle Hilfe seiner Mutter angewiesen. Weiterhin blieb er dichterisch tätig und befreundete sich u. a. mit dem Schriftsteller Conrad Ferdinand Meyer. Ab 1861 arbeitete K. als erster Staatsschreiber in Zürich, stets bemüht, das Amt pflichtbewusst und gewissenhaft auszuführen, um die Schuld, die er gegenüber der Mutter, die 1864 verstarb, und der Schwester, die ihm das Haus führte, verspürte, wieder gut zu machen.

In den Jahren nach 1870 beschäftigte sich K. mit den Ausarbeitungen von früheren literarischen Entwürfen, die *Sieben Legenden* (1872), *Die Leute von Seldwyla* (1874) in vier Bänden und die *Züricher Novellen* (1877) erschienen. 1876 trat K. von seinem Amt zurück und bearbeitete den *Grünen Heinrich* neu. Werke wie *Das Sinngedicht* (1881) und der Roman *Martin Salander* (1886) zeigten seine literarische Produktivität.

Nach 1882 ging es mit K. gesundheitlich zusehends bergab, auch sein künstlerischer Wille schwand. Zwei Jahre nach dem Tod seiner Schwester verstarb K. nach langer Krankheit.

Literarische Einordnung

K. gilt als der bedeutendste schweizerische Erzähler des bürgerlichen Realismus. Die Autoren dieser literarischen Strömung befassen sich mit der damals gegebenen bürgerlichen Welt. Das reale, tatsächliche Gegebene wird aber nicht wahllos dargestellt, sondern immer mit einer ordnenden Idee verknüpft und dichterisch gestaltet. Erst durch die Wirklichkeit, die ein Ideal hervorbringt, wird die Vollkommenheit der Kunst, besonders auch der Literatur, erreicht.

Bedeutend für den bürgerlichen oder auch poetischen Realismus ist K.s psychologischer Bildungsroman *Der grüne Heinrich*, der an das Vorbild von Goethes *Wilhelm Meister* anknüpft. Das Werk trägt autobiografische Züge seiner Jugend und zeigt am Lebenslauf der Titelfigur die Konflikte zwischen Realität und Phantasie, zwischen künstlerischer Begabung und gesellschaftlicher Abhängigkeit. Die zweite Fassung mit der Perspektive auf Arbeit und Bewährung in einem tätigen Leben vermittelt im Gegensatz zur ersten Fassung, in der sich der Protagonist das Leben nimmt, ein lebensbejahendes Ende.

Als Themen wählt K. gegenwartsgeschichtliche Stoffe, z. B. die Erziehung des Menschen zu Verantwortungsgefühl für die sozialen und staatlichen Bedingungen der schweizerischen Demokratie. Dabei steht das Verhalten des Individuums – geprägt von menschlichem Gelingen und menschlicher Tragik – in seiner Umwelt im Zentrum. Die bürgerliche Arbeit und die bürgerlichen Tugenden werden hervorgehoben und als erstrebenswert angesehen, allerdings werden im Gegenzug Verlogenheit und Heuchelei der spießbürgerlichen Gesellschaft, z. B. in *Kleider machen Leute* (1874), entlarvt. Die Figuren in K.s Erzählungen sind alltäglich, entweder bürgerlich oder aus dem bäuerlich-dörflichen Milieu, z. B. die Menschen in den Novellen der *Leute von Seldwyla* (1856), wo die Erzählform der bürgerlich-deutschen Dorfgeschichte einfließt.

Die Erzählform der Novelle überwiegt in K.s Werk. Heitere wie tragische Novellen und märchenhaft-irdische Legenden erscheinen gesammelt als locker verbundene Zyklen. Bekannt wird K. aber zunächst durch radikal politische Gedichte. Auch humorvolle Balladen und Naturgedichte verfasst er. Am Drama hat sich K. erfolglos versucht.

In K.s Erzählungen schimmern immer wieder Ironie und Humor, aber auch Wehmut durch, er beweist einen Sinn für das Groteske. Mit dem genau beobachtenden Blick des Malers beschreibt K. detailgetreu Szenen und Figuren. Reale wie phantastische Züge wirken dadurch plastisch und lebendig – ebenfalls typisch für den bürgerlichen Realismus.

Werkbeschreibungen

Romeo und Julia auf dem Dorfe (Novelle, 1856): Diese im Sommer 1855 entstandene Novelle beruht auf einem tatsächlichen Ereignis, von dem K. Jahre zuvor aus der Zeitung erfuhr. William Shakespeares Tragödie eines zwischen zwei verfeindeten, adligen Familien stehenden Liebespaares aus Verona wird hier also nicht einfach als Stoff wieder aufgegriffen, sondern als reale Gegebenheit literarisch neu gestaltet.

Die Bauern Manz und Marti leben als Freunde und Nachbarn in einem Dorf bei Seldwyla. Sie bestellen täglich ihre Felder, die durch einen brach liegenden Acker getrennt werden. Vermutlich gehört er dem schwarzen Geiger, einem Außenseiter des Dorfes, der aber die nötigen Papiere, die ihm den Besitz bestätigen würden, nicht beschaffen kann. In schweigender Übereinkunft eignen sich Manz und

Marti widerrechtlich nach und nach Teile des Brachlandes an. Als Manz das Feld schließlich bei einer Versteigerung erwirbt und Marti sich nochmals eine Furche von dem Acker abschneidet, fängt ein jahrelang dauernder, sinnloser Rechtsstreit an, der beide Familien wirtschaftlich ruiniert und moralisch zugrunde richtet. Während Manz schließlich mit seiner Familie in der Stadt einen schäbigen Gasthof führt, lebt Marti mit seiner Tochter – seine Frau starb, weil sie die Feindschaft und den Verfall der Familie nicht ertragen konnte – weiterhin mit wenigen ertraglosen Feldern auf dem Lande. Um ihre Familien zu ernähren, versuchen sich Manz und Marti schließlich im Fischen, wobei sie auf einer Brücke abermals aneinander geraten und heftig streiten. Die Kinder der beiden Bauern Sali – Sohn des Manz – und Vrenchen – Tochter des Marti – kennen sich als Spielkameraden aus Kindertagen und treffen sich nach Jahren in dieser Situation wieder. Die Kinder trennen die beiden kämpfenden Streithähne und inmitten dieser Auseinandersetzung verlieben sie sich, trotz der langen Entfremdung spüren sie eine Vertrautheit. Am nächsten Tag sucht Sali Vrenchen auf, trifft sie an jenem schicksalshaften Acker und gesteht ihr seine Liebe. Gestört werden die beiden zunächst von dem schwarzen Geiger, der die Entwicklung der Familien als ausgleichende Gerechtigkeit für den Verlust seines Eigentums ansieht, und schließlich von Marti, der das Liebespaar im Kornfeld überrascht. Marti fängt an zu toben und misshandelt Vrenchen, so dass Sali gezwungen ist, Marti Einhalt zu gebieten. Mit einem Stein schlägt er den Vater seiner Geliebten nieder und zerstört dadurch die letzte Chance auf eine gemeinsame Zukunft mit Vrenchen. Denn Marti liegt Wochen im Koma und ist danach geistig verwirrt. Er wird in eine Anstalt eingewiesen. Vrenchen wie Sali wissen, dass Salis Tat immer zwischen den beiden stehen wird. Martis restliches Hab und Gut wird versteigert und Vrenchen muss sich bald Arbeit als Dienstmagd suchen. Da erscheint Sali aber erneut, um mit Vrenchen noch einen sorgenfreien, glücklichen Tag zu verbringen. Sali kauft für Vrenchen neue Schuhe und sie gehen als Brautpaar in ein Dorf, in dem niemand die beiden kennt. Sie erfahren soziale Anerkennung und Warmherzigkeit in dem bürgerlichen Leben der Wirtsleute und wissen, dass sie nur in geordneten bürgerlichen Verhältnissen zusammen glücklich sein könnten. Ein Leben jenseits der Konventionen, wie es der schwarze Geiger ihnen vorschlägt, kommt für die beiden nicht in Frage. Am Abend tanzen sie zusammen mit einem Zug durch ihr altes Dorf und zu den drei Feldern. Die Liebenden beschließen, ihre Trauung zu vollziehen und dann aus dem Leben zu scheiden, denn einen anderen Weg gibt es nicht. Sie wählen als Brautlager ein am Ufer gelegenes Heuschiff und lassen sich damit flussabwärts treiben. Im Morgengrauen gleiten die beiden in die kalten Fluten und setzen ihrem Leben so ein Ende.

Im hoffnungslosen Ausgang der Novelle kritisiert K. bürgerliches Besitzdenken und Engstirnigkeit, von der sich auch die beiden Liebenden nicht ganz befreien können.

Kleider machen Leute (Novelle, 1874): Wenzel Strapinski, ein arbeitsloser Schneider aus Seldwyla, wandert im Regen einer unbekannten Zukunft entgegen, als ihn eine herrenlose Kutsche einholt. Der Kutscher bietet ihm an, ein Stück im Trockenen mitzufahren. An einem Wirtshaus in Goldach – ein Nachbarort von Seldwyla – endet die Fahrt. Der Kutscher, der sich einen Spaß machen will, gibt den aus der Kutsche steigenden Schneider als einen reichen, polnischen Grafen aus, was die Goldacher Bürger besonders auch wegen des langen, vornehm wirkenden Mantels des Schneiders gerne glauben. Wenzel wird von nun an fürstlich bewirtet und geschäftig umsorgt, was diesem in seiner Redlichkeit gar nicht gefällt, aber er findet auch nicht den Mut, das Missverständnis aufzuklären. Er verliebt sich in die Amtsratstochter Nettchen und kann nun endgültig das Lügenspiel nicht aufdecken. Auch Nettchen verliebt sich in den scheinbar verträumten Märchenprinzen, von dessen Unsicherheit und Schüchternheit sie sich angezogen fühlt. Als Graf hat es Wenzel nicht schwer, die Hand Nettchens vom Amtsrat zu erbitten. Doch dem Glück der beiden steht Böhni – Wenzels Nebenbuhler um Nettchen – im Wege, der Wenzel wegen seiner zerstochenen Finger gleich als Schneider erkannt hat. Auf der Verlobungsfeier lädt Böhni deshalb die Bürger aus Seldwyla ein, die Wenzel kennen und ihn durch das Wortspiel *Leute machen Kleider – Kleider machen Leute* als Schneidergesellen enttarnen. Wenzel flieht verzweifelt in die bitterkalte Winternacht und wird von Nettchen, die ihm nachgefahren ist, halb erfroren gefunden. Sie erkennt schließlich, dass nicht böswillige Absicht, sondern Unschuld und Ehrlichkeit sein Verhalten steuerten. Gegen den Widerstand des Vaters und der Goldacher Bürger heiratet sie ihren Wenzel. Dieser enttäuscht seine Frau nicht. Als ein angesehener Tuchherr in Seldwyla – später in Goldach – vermehrt er nach Belieben seinen Besitz, seinen Leibesumfang und die Anzahl seiner Kinder.

Das glückliche Ende mag für K.s Absicht stehen, die Wirklichkeit über den Anschein triumphieren zu lassen. Auch hier bringt die Realität ein Ideal – das der häuslichen und gesellschaftlichen Harmonie und des Glücks des Schneiders – hervor. Doch auch Kritik an der Dummheit der Bürger, die einem falschen Ideal – dem der blinden Adelsverehrung – nachgehen, will K. hier aufzeigen, bis schließlich am Ende der Novelle das Missverhältnis von Schein und Sein wieder zurecht gerückt ist. KH

Sarah Kirsch

geb. am 16. 4. 1935 in Limlingerode (Harz)

Kurzbiografie

K. wurde unter dem Namen Ingrid Bernstein als Tochter eines Fernmeldemechanikers geboren. 1936 zog die Familie nach Halberstadt, wo K. die Schule mit dem Abitur abschloss. Sie begann eine Forstarbeiterlehre, die sie allerdings kurz darauf wieder abbrach. Sie studierte dann in Halle Biologie und schloss 1959 ihr Studium als Diplombiologin ab. 1963–1965 befasste sie sich am Institut „Johannes R. Becher“ in Leipzig intensiv mit der Literatur. 1958 lernte sie den Lyriker Rainer Kirsch kennen, mit dem sie von 1960 bis 1968 verheiratet war.

Seit 1960 benutzt K. bei ihren Veröffentlichungen, zuerst in Zeitschriften, als Pseudonym den Vornamen Sarah. Sie wollte damit ihren Protest gegen die Verfolgung und Massenvernichtung der Juden während der NS-Zeit ausdrücken und gleichzeitig auf den immer noch latenten Antisemitismus in einigen Kreisen der Gesellschaft aufmerksam machen.

1965 wurde sie Mitglied im Deutschen Schriftstellerverband der DDR. In diesem Jahr veröffentlichte sie gemeinsam mit ihrem Mann den Lyrikband *Gespräch mit dem Saurier,* der auf Anerkennung stieß. Ihr erster unter eigenem Namen veröffentlichter Gedichtband trug den Titel *Landaufenthalt* (1967): Die Natur als Hintergrund, als Spiegel menschlicher Beziehungen und gesellschaftlicher Zustände, manchmal auch als ungebrochene Idylle – das ist von Anfang an das wichtigste

Thema ihrer Gedichte. Nach ihrer Scheidung von Rainer Kirsch 1969 zog K. nach Halle und bekam ein Kind von dem Lyriker Karl Mickel. Ihr Lyrikband *Zaubersprüche* (1973) stellt einen zweiten Kristallisationspunkt ihrer Lyrik dar: die Liebe und das Verhältnis der Geschlechter zueinander. Er wurde als „in erotischer Hinsicht freiester Gedichtband aus der ganzen bekannten deutschsprachigen Frauenlyrik" gelobt. Es folgten die Erzählung *Die ungeheuren bergehohen Wellen auf See* (1973) und auch die Tonbandreportagen *Die Pantherfrau* (1973), für die sie den Heinrich-Heine-Preis der DDR erhielt. Hier beschränkte sie ihren literarischen Eingriff auf die Auswahl und Anordnung von subjektiv-authentischen Äußerungen von Frauen, die Konflikte zwischen alten und neuen Rollenvorstellungen widerspiegeln. Ihr Lyrikband *Rückenwind* (1976) wurde bestimmt durch Motive von Liebe, Trennung und Einsamkeit. K.s Erfahrungen aus der Beziehung zu dem West-Berliner Lyriker Christoph Meckel sind darin eingearbeitet, der durch die Mauer von ihr getrennt lebte.

K. gehörte 1976 zu den Mitunterzeichnern der Protesterklärung gegen die Ausbürgerung des Liedermachers Wolf Biermann aus der DDR. Daraufhin erfolgte 1977 ihr Ausschluss aus der SED und aus dem Schriftstellerverband der DDR. Im August 1977 reiste sie nach Westberlin aus. Dort konnte sie 1978 die *Wintergedichte* veröffentlichen, ebenso den Lyrikband *Katzenkopfpflaster*. Seit 1983 lebt sie in Tielenhenn (Schleswig-Holstein).

Nach dem Gedichtband *Katzenleben* (1984) schrieb sie den erfolgreichen Prosaband *Allerlei-Rauh. Eine Chronik* (1988), der als autobiografisch geprägt gilt, auch wenn K. dem Leser darin versichert, alles sei frei erfunden. Es ist ein zwischen Traum und Realität stehendes Erinnerungsbuch über das geteilte Deutschland, ein Lob des ländlichen Lebens, ohne allerdings in der vordergründigen Idylle zu verharren. 1989 folgte der Lyrikband *Schneewärme*, der von der Kritik als „pessimistisch und menschenscheu" bezeichnet wurde. Auch der Grundtenor des Prosawerkes *Schwingrasen* (1991), im Titel die niederdeutsche Bezeichnung für Wiese über dem Moor, auf der jeder Schritt gefährlich werden kann, weist in diese Richtung.

1991 lernte man die Dichterin auch als Malerin kennen, als sie ihr Bilder-Tagebuch *Spreu* veröffentlichte. Im folgenden Jahr erschien ihr Gedichtband *Erlkönigs Tochter*, der ihr tiefes Erschrecken über den Zustand unserer Natur überaus deutlich werden lässt: „Niemals wird auf den / Armen Gefilden Herrlichkeit / Liegen wie in der Kindheit als noch die / Fichten grün und dicht lebten. / Schwarzes / Wissen beugt mir den Hals."

Ihr 1994 erschienenes Buch *Das simple Leben* schließlich ist ein literarisches Tagebuch, das erkennbar aus der Zeit des Golfkriegs und der Stasi-Enthüllungen stammt. Zu ihrem 60. Geburtstag legte K. die Gedichtsammlung *Ich Crusoe* mit 60 Gedichten aus fast 30 Jahren vor und ließ 1996 unter dem Titel *Bodenlos* neue Gedichte folgen, aus denen sich nach Meinung der Kritiker „eine kleine Farbenlehre aus Liebe, Trauer und Tod ablesen" lässt.

Literarische Einordnung

K. ist v. a. als Lyrikerin bekannt geworden, sie schrieb aber auch Erzählungen und Hörspiele sowie journalistische Beiträge.

Ihre zahlreichen Lyrikbände enthalten überwiegend Liebes- und Naturgedichte. K.s Gedichte bieten jedoch keine ungestörte Harmonie und Idylle, sondern schließen Konflikte, Ängste und Brüche mit ein. K. schreibt subjektiv, expressiv, in betont weiblichem Ich. Ein direkter politischer Aussagewille wird bei ihr nur selten offenbar. Ein Dichterkollege prägte das Wort vom „Sarah Sound", das auf K.s spezifische Art des lyrischen Sprechens anspielt: die mehrdeutigen Satzstrukturen, die Atemlosigkeit, der Satzzeichen zum

Opfer fallen, die Märchenbilder und mythischen Rückgriffe, die als „Hang zu dunklem Raunen und Romantisieren" zu begreifen sind.

Nach anfänglicher Mitgliedschaft in der SED richtete sich K.s politische Position zunehmend gegen das DDR-Regime, was letztlich zu ihrer Ausreise in den Westen führte. Auch später blieb sie bei ihrer harschen Kritik, so lehnte sie nach der Wende ihre Wahl an die Berliner Akademie der Künste mit der Begründung ab, diese sei eine „Schlupfbude für ehemalige Staatsdichter und Stasi-Zuträger".

K.s Werke haben in allen deutschsprachigen Ländern ein breites Leserpublikum. Eine Auswahl ihrer Gedichte wurde ins Englische übersetzt und in den USA publiziert. K. erhielt eine Vielzahl von Auszeichnungen, u. a. den Heinrich-Heine-Preis der DDR (1973), den österreichischen Staatspreis für europäische Literatur (1981), den Peter-Huchel-Preis (1993), den Büchner-Preis der Deutschen Akademie für Sprache und Dichtung (1996) und den Droste-Hülshoff-Preis (1997). 1996 übernahm sie die Brüder-Grimm-Professur an der Universität Gesamthochschule Kassel, gleichzeitig war sie Gastdozentin für Poetik an der Universität Frankfurt / M.

Werkbeschreibung

Klagruf (Gedicht, 1973): Als typisch für den Schreibstil K.s mag das Gedicht *Klagruf* gelten, das im Lyrikband *Zaubersprüche* (1973) zu finden ist: „Weh mein schneeweißer Traber / Mit den Steinkohlenaugen / Der perlendurchflochtenen Mähne / Den sehr weichen Nüstern / Dem schöngewaltigen Schatten / Ging durch! Lief / Drei Abende weit war nicht zu bewegen / Heimzukehren. Nahm das Heu nicht / Wahllos fraß er die Spreu / Ich dachte ich sterbe so fror ich."

Für das lyrische Ich schließt das schöne Bild des „Trabers" Verlustängste mit ein. Der elegische Tonfall wird bereits im Titel und im einleitenden „Weh" deutlich. GL

Heinrich von Kleist

geb. am 18. 10. 1777 in Frankfurt / Oder
gest. am 21. 11. 1811 bei Berlin

Kurzbiografie

Das Leben K.s ist bis heute vielfach rätselhaft geblieben. Widersprüchliches Verhalten, geheimnisvolle Andeutungen in hinterlassenen Briefen bis hin zu der grauenvollen Szene, in der K. seinem und seiner Freundin Leben ein Ende setzte, werfen die wahrscheinlich nicht mehr endgültig zu beantwortende Frage auf, wer dieser K., einer der bedeutendsten deutschen Dramatiker, eigentlich war.

K. stammte aus einer alten adligen Familie, die traditionell im preußischen Militärwesen eine bedeutende Rolle gespielt hatte. Seine Ausbildung begann mit Privatunterricht zu Hause, doch nach dem Tod des Vaters – K. war gerade sieben – wuchs er in Berlin auf. Mit 15 Jahren schon wurde er in dem berühmten preußischen Regiment Garde aufgenommen und nahm im folgenden Jahr auch an militärischen Aktionen, z. B. der Belagerung von Mainz, teil. Als 22-Jähriger war er Leutnant, schied dann aber aus dem Militärdienst aus und studierte drei Semester in seiner Geburtsstadt. Weil er sich über seine Zukunft klar werden wollte, unternahm er Reisen, darunter im Jahr 1800 jene mysteriöse nach Würzburg, über die er in seinen Briefen unterschiedliche Ziele geheimnisvoll andeutete: ein Spionageauftrag, eine Operation – oder der Versuch, Schriftsteller zu werden?

Mit Wilhelmine von Zenge blieb er nur kurz verlobt, die sog. Kant-Krise diente ihm zweifellos auch als Vorwand, sich aus dieser Bindung zu lösen. K. hatte die kritische Philosophie des in Königsberg lehrenden Immanuel Kant kennen gelernt. Aus dessen Lehre von der Relativität menschlicher Erkenntnismöglichkeiten zog er die Folgerung der Unmöglichkeit von Wahrheitserkenntnis: „Wir können nicht entscheiden, ob das, was wir Wahrheit nennen, wahrhaft Wahrheit ist (…)".

K. fand in Kants Lehre, die er nur teilweise aufnahm, eine Erklärung seiner eigenen Unsicherheiten bezüglich eines festen Lebensplanes wieder. Er flüchtete in vielerlei Reisen, die er nutzen wollte, um eine Antwort auf die Frage nach seiner wahren Lebensbestimmung zu bekommen. Solch intensive Beschäftigung mit seinem Lebensplan wird schon in dem *Aufsatz, den sichern Weg des Glücks zu finden* (1799) deutlich. Die Erfahrung der Stadt Paris, die er auf Reisen kennen lernte, erschien ihm schrecklich und er suchte in der Schweiz (1802) die ländliche Idylle – mit der Überlegung, Bauer zu werden.

In dieser Zeit arbeitete er an seinem ersten Schauspiel *Die Familie Schroffenstein,* das 1803 erschien. Er zeigt hier am Schicksal zweier adliger Familien, wie Hass und Misstrauen eine mörderische Katastrophe auslösen, die auch die nachfolgende Generation einbezieht: Die Kinder der Familie, Agnes und Ottokar, können die Gegensätze nicht durch verstandesmäßige Argumentation aufklären und überbrücken, sondern sie werden schließlich irrtümlich jeweils von ihren Vätern getötet.

K.s Unsicherheiten und Zweifel über die eigene Lebensbestimmung spiegeln sich im verhängnisvollen Geschehen dieses Schauspiels wider – wie auch im *Robert Guiskard,* ein ebenfalls 1802 angefangenes Stück, dessen Manuskript K. 1803 verbrannte, aber fünf Jahre später noch einmal wiederherstellte. Immer deutlicher werden Unsicherheiten und Suche K.s in der eigenen Lebensgestaltung: Er, der preußische Leutnant, plante, in den französischen Kriegsdienst einzutreten, und konnte nur fast gewaltsam durch Intervention des preußischen Gesandten davon abgehalten werden.

1805 erhielt er eine Anstellung in der preußischen Verwaltung, gab sie jedoch im folgenden Jahr wieder auf und schriftstellerische Arbeit an Schauspielen und Erzählungen trat in den Vordergrund. 1807 wurde er von den Franzosen (weite Teile Deutschlands standen damals unter der Oberherrschaft Napoleons) als Spion verhaftet und war monatelang in Gefangenschaft in Pontarlier, wo er allerdings zu seiner Freude literarisch arbeiten durfte. Hier entstand z. B. die Erzählung *Die Marquise von O…,* die damals skandalös mit einer Zeitungsanzeige beginnt, in der die Marquise den Vater ihres noch nicht geborenen Kindes sucht. Im Verlauf der Handlung wird offen gelegt, dass ein Offizier, der die Marquise vor Feinden gerettet hatte, die Ohnmächtige zugleich vergewaltigt hatte. Im Widerstreit zwischen Dankbarkeit, Zuneigung und Abscheu jenem „Engel und Teufel zugleich" gegenüber siegen schließlich das Verzeihen und die Liebe. Im gleichen Jahr erschien noch das Lustspiel *Amphitryon.* In Anknüpfung an den schon bei Molière vorhandenen Stoff gestaltet K. hier ein glückliches Ende: Alkmene, die Frau des Amphitryon, wird durch den Göttervater Zeus in existenzielle Gefühlsverwirrungen getrieben, doch sie behält auf der Basis der Sicherheit ihres Gefühls, nicht des Verstandes, letztlich ihre autonome ruhige Selbstgewissheit. Ganz anders endet das 1808 in der von K. inzwischen herausgegebenen literarischen Zeitschrift *Phöbus* erschienene Trauerspiel *Penthesilea:* Die Titelheldin, eine Amazonenkönigin, ist den alten Gesetzen ihres Staates unterworfen, die ihr eine Liebe nur zu einem Mann erlauben, den sie im Kampf besiegt hat. Obwohl der Grieche Achilles bei den kriegerischen Auseinandersetzungen sie besiegt hat, verlieben sich beide ineinander. Als Achilles von den Gesetzen des Amazonenstaates erfährt, ist er – ohne dass Penthesilea davon weiß – bereit, sich zum Schein von ihr besiegen zu lassen und lässt ihr eine Kampfaufforderung übermitteln. Sie jedoch versteht dies nicht, glaubt sich in ihrer Liebe zu ihm verspottet und reagiert mit Hass. In totaler Gefühlsverwirrung tötet sie schließlich ihn und sich.

Goethe gefiel diese Art und Weise, wie K. Stoffe der antiken Mythologie verarbeitete, nicht, und als es 1808 in Weimar zu einem Misserfolg der Uraufführung von K.s *Der zerbrochne Krug* kam, dessen Inszenierung Goethe zu verantworten hatte, bedeutete dies das Ende der Bekanntschaft. 1807 war K. erneut monatelang auf Reisen in verschiedenen Staaten – der möglicherweise auch diesmal politische Hintergrund ist undurchsichtig. 1810 erschien ein Band Erzählungen, der u. a. *Das Erdbeben in Chili* enthält. In dieser Novelle werden Jeronimo und die Novizin Josephe durch die hereinbrechende Naturkatastrophe vor der Bestrafung ihrer verbotenen Liebe gerettet. Aber die gesellschaftliche Toleranz und scheinbare Gemeinschaft nach dem Unglück trügt: Hass auf die beiden angeblich Schuldigen wird inszeniert und führt dazu, dass beide durch eine wütende Menge getötet werden. Nur ihr Kind wird gerettet durch einen Mann, der sich vom blinden Hass nicht hat mitreißen lassen.

Auch das Schauspiel *Das Käthchen von Heilbronn* wird in diesem Jahr uraufgeführt. Es handelt von der Gefühlssicherheit, mit der sich Käthchen, Tochter eines Handwerkers, an den adligen Grafen Wetter von Strahl gebunden sieht. Ein Traum hat ihr das Bild des Grafen vermittelt, dem sie nun – trotz Hindernissen und Intrigen – folgt. Der Graf fühlt sich ebenfalls zu Käthchen hingezogen, doch sein Standesdenken und eine Vision, die ihm eine Kaisertochter zur Frau vorhersagte, hindern ihn, seinem Gefühl zu folgen. Er wendet sich der intriganten Kunigunde zu. Doch Käthchens beharrliche Zuneigung überwindet die Gegensätze, und als sie sich schließlich als uneheliche Tochter des Kaisers herausstellt, endet das Stück märchenhaft.

Mit den *Berliner Abendblättern*, die er 1810–1811 herausgab, versuchte K. noch einmal auf journalistischem Gebiet Fuß zu fassen. Die *Abendblätter* boten eine damals neuartige Mischung von Information, politischer Meinungsbildung, Unterhaltung und ein wenig Klatsch. Hier veröffentlichte K. auch eine Reihe seiner Anekdoten und Erzählungen, z. B. die bekannte *Anekdote aus dem letzten preußischen Krieg*, in der er einen verwegenen preußischen Reiter als Sieger über eine Reihe französischer Soldaten herausstellt. Doch gefiel der preußischen Regierung K.s Vorstellung von Patriotismus nicht, und so wurde nach einigen einschränkenden Maßnahmen der Zensur die Zeitung schon bald wieder eingestellt.

Wieder bemühte sich K. vergeblich um eine Anstellung; die Familie, insbesondere die Schwestern, bestärkten sein Gefühl, ein „nichtsnutziges Glied" der Gesellschaft zu sein. Aus dieser Stimmung heraus kam es am Kleinen Wannsee bei Berlin zur Selbsttötung, die er als eine Art Selbstbestrafung empfand und in die er die ältere, todkranke und von ihm verehrte Henriette Vogel mit hineinnahm.

Literarische Einordnung

Mit einer pauschalen Einordnung K.s in die Zeit der Romantik ist wenig Charakteristisches gesagt. Zu groß sind auf den ersten Blick die Unterschiede der „typischen" romantischen Texte etwa Joseph von Eichendorffs oder Ludwig Tiecks zu K.s Werken.

Romantisch ist bei K. die Grundlegung menschlichen Handelns in der Sicherheit des Gefühls, die oft verstandesmäßigen Überlegungen zuwiderläuft. K. erprobt an den Gestalten seiner Texte diese Sicherheit, indem er sie Verwirrungen aussetzt, die sich nicht rational entschlüsseln lassen und die die Autonomie des Gefühls in Frage stellen können. Dies Grundmuster der Handlungsführung und Personengestaltung, das in seinen Texten immer wieder auftaucht und oben schon z. B. an der *Marquise von O…*, in *Amphitryon* oder im *Käthchen von Heilbronn* sichtbar geworden ist, thematisiert auch sein Essay *Über das Marionettentheater* von 1810.

K. entwirft hier ein Modell menschlichen Verhaltens im Vergleich zwischen Tier, Marionette und Gott. Instinktmäßig handelt das Tier aus seiner Natur heraus „richtig", die Grazie der Bewegung der Marionette wird im Text erklärt durch ihren rein mechanischen Bewegungsablauf, der sich allein nach natürlichen Gesetzen der Schwerkraft richte. Der Mensch jedoch ist nur ausnahmsweise in der Lage, aus dem Zustand naturhafter paradiesischer „Unschuld" heraus zu handeln; durch sein Bewusstsein, das ständig reflektierend und beurteilend eingreift, wird er gestört und aus der selbstverständlichen Sicherheit des Handelns, wie sie Tier und Marionette zu eigen ist, herausgerissen. Erst das Schauspiel *Prinz Friedrich von Homburg*, das zu Lebzeiten K.s nicht veröffentlicht wurde, zeigt hier eine Lösung: Das utopische Bild vom gerechten Staat, verdeutlicht durch den weisen, verzeihenden Herrscher, entwirft die Möglichkeit, zur Sicherheit des Handelns zurückzufinden.

Gefährdung der menschlichen Identität ist somit das große Thema K.s, das sich auch im Lebenslauf des Autors widerspiegelt. Er widerspricht damit dem optimistischen Menschenbild, das die Literatur der Aufklärung und Klassik herausgestellt hat, und weist mit solcher Thematik auf die Moderne voraus. Die Zeitgenossen K.s haben für Dichter und Werk wenig Interesse gezeigt; erst nach seinem Tod setzt durch Ludwig Tiecks Gesamtausgabe der Werke von 1821 das Interesse ein. Die oft wiederholte Meinung, mit K. sei einer der besten deutschen Dichter am Unverständnis seiner Zeitgenossen zu Grunde gegangen, gründet auf diesen Fakten.

Werkbeschreibungen

Der zerbrochne Krug (Lustspiel, 1808): Der Dorfrichter Adam ist die zentrale Gestalt des einaktigen Lustspiels. Er hat den Fall eines zerbrochenen Krugs zu untersuchen, doch indem die Wahrheit allmählich herauskommt, zieht sich das Netz des Verdachts über dem Richter selbst zusammen. Denn er selbst hat den Krug zerbrochen, als er aus dem Zimmer von Eve, Tochter der Frau Marte Rull, herausgeworfen wurde. Analytisch wird die Vorgeschichte offen gelegt: Adam wollte ein Liebesverhältnis mit Eve anfangen. Da sie mit Ruprecht verlobt war, sicherte Adam ihr zu, die bevorstehende Einziehung Ruprechts zum Militär verhindern zu können, sofern sie ihm einen nächtlichen Besuch gestatte. Eve meint aus Liebe zu Ruprecht den falschen Versprechungen vertrauen und Adams Wunsch nachgeben zu müssen. Doch Adam wurde – unerkannt – aus dem Haus geworfen. Auch jetzt beim Prozess verrät Eve nichts aus Sorge um Ruprecht und hofft, dass er ihr vertraue. Im Prozessverlauf wird immer deutlicher, dass Adam selbst der Schuldige ist. Doch um sich zu retten, fällt er das Urteil gegen Ruprecht. Jetzt sagt Eve die Wahrheit aus, und da gleichzeitig auch der Gerichtsrat Walter anwesend ist, werden Tat und Betrug Adams entlarvt und er wird davongejagt.

Der Täter, der in diesem Stück zugleich Richter ist, scheint lange die Oberhand zu behalten. Doch schließlich siegt in der Welt des Lustspiels Frau Martes naives Vertrauen in die Rechtsordnung und Eves Vertrauen, für ihren Verlobten das Richtige getan zu haben.

Prinz Friedrich von Homburg (Schauspiel, 1811): Der Traum des Prinzen von Homburg vom eigenen Ruhm und von Natalie, der Nichte des Kurfürsten, mit dem das Stück einsetzt, kontrastiert mit einer unerfreulichen Wirklichkeit, in der der Prinz sich von der Hofgesellschaft bloß verspottet sieht. Zerstreut greift er in der Schlacht, die am nächsten Tag stattfindet, gegen den ausdrücklichen Befehl des Kurfürsten vorzeitig ein. Er hat zwar militärischen Erfolg, doch dem Verstoß gegen den Befehl droht trotzdem die Todesstrafe. Der Prinz will und kann das nicht verstehen, die strenge Reaktion des Kurfürsten stürzt ihn in Verwirrung. Erst als er eingesehen hat, dass das Urteil gegen ihn zu Recht erfolgt ist, wird er begnadigt.

K. stellt in dem Schauspiel die Notwendigkeit einer gesetzlich geregelten staatlichen Ordnung gegen den Anspruch auf selbstständige Entscheidungsfreiheit und -sicherheit des Einzelnen. Doch im Zusammenhang des Schauspiels wird durch den weisen, verzeihenden Herrscher dieser Gegensatz, der das menschliche Handeln in Konflikte bringt, aufgehoben.

Michael Kohlhaas (Erzählung, 1810/11): Der Junker Wenzel von Tronka hat zwei Pferde des Pferdehändlers Michael Kohlhaas angeblich als Pfand sicher gestellt. Kohlhaas versucht sein Eigentum zunächst auf dem Rechtsweg zurück zu bekommen, doch die Angelegenheit wird durch Tronka immer weiter verzögert. Kohlhaas versucht schließlich im Übermaß des Zorns das, was er für sein Recht ansieht, mit Gewalt durchzusetzen, indem er Burg und Dörfer des Junkers verwüstet. Erst durch das Eingreifen des Kurfürsten wird die Gerechtigkeit wieder hergestellt: Der Junker wird verurteilt, aber auch Kohlhaas wird hingerichtet – ein Urteil, das er auch als gerecht ansieht.

Auch hier stellt K. den Einzelnen in Gegensatz zur staatlichen Ordnung. Doch Kohlhaas verliert sich derartig in einem Übermaß rasender Wut, dass ihm nur noch Gerechtigkeit, nicht mehr Verzeihen gewährt werden kann. HH

Günter Kunert

geb. am 6. 3. 1929 in Berlin

Kurzbiografie

K. wurde als Sohn eines Kaufmanns in Berlin geboren. Seine Mutter war Jüdin. Von „einer staatlich verpfuschten Kindheit“ sprach K. später, denn ihm blieben wegen seiner jüdischen Abstammung alle weiterführenden Schulen nach seinem Volksschulabschluss 1936 verschlossen.

1943 wurde er Lehrling in einem Bekleidungsgeschäft. Das Kriegsende erlebte der als „wehrunwürdig“ (nach den Nürnberger Gesetzen Mischling ersten Grades) Bezeichnete in einem Berliner Luftschutzkeller. Ab 1946 studierte er fünf Semester an der Hochschule für angewandte Kunst in Berlin-Weißensee, sein zeichnerisches Talent fand Niederschlag in zahlreichen Illustrationen seiner Bücher. Mit ersten satirischen Gedichten und Kurzgeschichten machte K. 1947 in der Zeitschrift *Ulenspiegel* auf sich aufmerksam. Seit 1949 gilt er als freier Schriftsteller. In demselben Jahr schloss er sich auch der SED an. 1951/52 lernte er Bertolt Brecht kennen, der neben dem späteren DDR-Kulturminister Johannes R. Becher zu seinem wichtigsten Förderer wurde.

K. arbeitete an verschiedenen Zeitungen mit und verfasste in großem Umfang Beiträge für Film, Fernsehen und Rundfunk. In der DDR galt er zunächst als einer der meist gelesenen Autoren. Er publizierte ein vielseitiges Werk, das v. a. Gedichte, aber auch Kurzgeschichten, Erzählungen, Essays, Reisejournale, Märchen und Kinderbücher umfasste. *Wegschilder und*

Mauerinschriften hieß sein Erstling von 1950, in dem er in schlichten Versen vor einer Wiederkehr der faschistischen Vergangenheit und dem Fortleben dieser Vergangenheit in der Gegenwart warnte. Stark unter dem Einfluss Bertolt Brechts standen auch K.s folgende Gedichtbände *Unter diesem Himmel* (1955), *Das kreuzbrave Liederbuch* (1961) und *Tagwerke. Gedichte und Balladen* (1961), die an das Lernen aus der Geschichte appellieren.

Jedoch zeigte sich in K.s folgenden Arbeiten eine zunehmende Skepsis gegenüber der herrschenden Aufklärungs- und Fortschrittsgläubigkeit. So setzte er sich in dem Gedichtband *Verkündigung des Wetters* (1967) stärker mit den Spannungen und Konflikten innerhalb der sozialistischen Gesellschaft auseinander, Brüche und Paradoxien wurden zum bestimmenden Merkmal seiner Gedichte. In der Sammlung *Erinnerung an einen Planeten* (1963) macht z. B. das Gedicht *Laika* auf jene tote Hündin aufmerksam, die in einem russischen Satelliten unsere Erde umkreist: „Als Warnung, / Dass so einmal kreisen könnte, / Jahr für Jahr um die Sonne, / Beladen mit einer toten Menschheit, / Der Planet Erde". Auch seine Prosa spiegelt diesen Wandel wider. Sein bislang einziger Roman, *Im Namen der Hüte* (1967), spielt in der Zeit nach 1945, der „Stunde Null", und ist von pessimistischer Weltsicht getragen.

Mit den Kulturbehörden der DDR bekam H. daher immer häufiger Schwierigkeiten, in der einflussreichen Literaturzeitschrift *Neue Deutsche Literatur* wurde ihm z. B. vorgeworfen, in seinen Arbeiten kämen „die Sujets aus dem sozialistischen Aufbau der DDR" zu kurz. In der Bundesrepublik dagegen machten gerade diese Spannungen mit der offiziellen Literaturkritik K. bekannt, seine Werke wurden hier herausgegeben und fanden ein interessiertes Publikum. 1976 gehörte K. zu den Erstunterzeichnern des Protestbriefes von DDR-Schriftstellern gegen die Ausbürgerung des unliebsamen Liedermachers Wolf Biermann. Er wurde daraufhin aus der SED ausgeschlossen – eine vergleichsweise milde Reaktion der DDR-Führung. Im Oktober 1979 durfte er zusammen mit seiner Frau Marianne, mit der er seit 1952 verheiratet ist, aus der DDR ausreisen. „Ich habe zuletzt keine Zeile mehr geschrieben, weil ich nicht mehr die Kraft für eine schöpferische Tätigkeit gefunden habe", erklärte er bei seiner Ankunft im Westen. Er zog zunächst nach Itzehoe, später nach Kaisbortel in Schleswig-Holstein.

Der Ton der Skepsis und Verzweiflung ist ihm auch nach dem deutsch-deutschen „Ortswechsel" geblieben: „Meine Angst hat sich rapide verringert, aber meine Befürchtungen sind gewachsen." Dieses Bekenntnis spiegeln seine Gedichte, Erzählungen und Denkbilder wider, z. B. in *Verspätete Monologe* (1981), *Diesseits des Erinnerns* (1982), *Zurück ins Paradies* (1984) oder *Vor der Sintflut. Das Gedicht als Arche Noah* (1985). Auch die „Wende", aus der einige Schriftsteller der ehemaligen DDR Hoffnung auf einen gesellschaftlichen Neubeginn schöpften, ließ K. unbeeindruckt. „Ob Sozialismus, welcher Art, irgendwann und irgendwo wiederkehrt, kann einen Schriftsteller kaum kümmern. Für ihn gilt nur, seine Obsessionen optimal in Literatur umzusetzen", schrieb er 1990 und fügte den Titel *Fremd daheim* seinem 1990 erschienen Gedichtband hinzu. Ähnlich düster zeigte er sich in dem Gedichtband *Mondlichtlandschaft* (1991). Mit *Der Sturz vom Sockel. Feststellungen und Widersprüche* (1991) veröffentlichte K. einen bösen Kommentar zu den sozialistischen Schriftstellern, die nach der politischen Umwälzung vom Sockel ihrer gesellschaftlichen Sonderstellung gestürzt worden seien. Er wandte sich stets gegen die Schließung der Stasi-Akten und eine versöhnliche Haltung gegenüber ehemaligen Stasi-Tätern. Mit *Im toten Winkel* (1992), einer Sammlung von 105 Prosatexten, knüpfte K. mit dem Untertitel *Hausbuch* an eine volkstümlich-aufklärerische Erzählform an, in einer Zeit, in der laut K. „der Widerstand der Kunst, vor allem der der Literatur gegen die alles und jedes nivellierende Zivilisationswalze ... immer schwächer und schwächer" werde. Unter dem Titel *Baum. Stein. Beton. Reisen zwischen Ober- und Unterwelt* erschienen 1994 die beachtenswerten Reise-Feuilletons des Autors, der zuvor schon Reisebücher, wie *Der andere Planet* (1974) über die USA oder *Ein englisches Tagebuch* (1978), mit geschichtlicher Reflexion eigener Reise-Beobachtungen, vorgelegt hatte. K.s Reise-Feuilletons führen den Leser von Itzehoe und Schleswig-Holstein nach Italien, Marokko, San Francisco, Helsinki, um schließlich in Berlin, seiner früheren Heimatstadt, zu enden, und reflektieren dabei die von der technischen Zivilisation angerichteten Zerstörungen.

Nach seinen jüngeren Titeln, *Schatten entziffern. Lyrik, Prosa 1950–1994* (1995) und *Mein Golem* (Gedichte, 1996), erläuterte er in seinen Lebenserinnerungen mit dem sprechenden Titel *Erwachsenenspiele* (1997) mit gekonntem Understatement, wie er vor 50 Jahren zum Schreiben kam: „Kurze Zeilen setze ich untereinander. Dem optischen Eindruck nach sähe so etwa ein Gedicht aus. Ist das ein Gedicht? Erste Erfolge bestätigen die Vermutung und verstärken die Motivation zum Immer-Weiterschreiben: Schreiben als Droge? Mit nachlassender Wirkung. Die ‚Urworte' werden bald zu alltäglichen. Und damit hebt das unerfüllbare Verlangen nach dem primären Erleben der Sprache an."

Literarische Einordnung

K.s Werk, häufig übersetzt, ist voluminös und vielseitig. Man kennt ihn als Lyriker und Prosaautor ebenso wie als Hörfunk- und Fernsehdramatiker, als Herausgeber wie als Essayisten und Publizisten. Sein Schwerpunkt ist jedoch die Lyrik: in der Spannweite von Mythos und Moderne, Sehnsucht und Vergeblichkeit, Geschichte und Schuld bewegen sich die Gedichte in einer eigentümlichen Schönheit. Eine starke Rhythmisierung der Verse und eine Verklammerung der Texte in Binnen- oder Endreime fügen der scheinbaren Sprödigkeit und Härte eine Eleganz hinzu, die Gelassenheit und ironische Distanz durchscheinen lässt.

K.s Wertschätzung bei Kritik und Publikum zeigen vielfältige Auszeichnungen, z. B. der Heinrich-Mann-Preis (1962), der Johannes-R.-Becher-Preis (1973), der Heinrich-Heine-Preis der Stadt Düsseldorf (1985) und der Hölderlin-Preis (1991) für sein Gesamtwerk. Seit 1981 ist er Mitglied der Deutschen Akademie für Sprache und Dichtung.

Werkbeschreibungen

Zentralbahnhof (Kurzgeschichte, 1972): K.s vielleicht beeindruckendste Kurzgeschichte erschien 1980 in *Kurze Beschreibung eines Moments der Ewigkeit*. Zunächst wird dort eine abstrus scheinende Situation geschildert, ein Jemand wird zu einem bestimmten Termin zu seiner Hinrichtung auf die Herrentoilette eines Bahnhofs bestellt, während Freunde und Bekannte sich von ihm abwenden, doch dann wird aus dem scheinbaren Spiel Ernst. Beängstigend und beklemmend scheint plötzlich das Schicksal der deportierten Juden während des Nationalsozialismus durch, die sich ungläubig und widerstandslos ihren Schergen ergaben, während die Nachbarn untätig zusahen.

Unterschiede (Gedicht, 1963): Nachdenklich stimmt auch dieses Gedicht K.s, das im Lyrikband *Erinnerungen an einen Planeten* (1963) enthalten ist: „Betrübt hörte ich einen Namen aufrufen: / Nicht den meinigen. // Aufatmend / Hörte ich einen Namen aufrufen: / Nicht den meinigen."

Die selbe Situation – nicht „aufgerufen" zu werden – ruft beim lyrischen Ich unterschiedliche Reaktionen hervor: einmal Enttäuschung, einmal Erleichterung. GL

Jakob Michael Reinhold Lenz

geb. am 12. 1. 1751 in Seßwegen (Livland)
gest. am 24. 5. 1792 in Moskau

Kurzbiografie

L. stammte aus einer evangelischen Pfarrersfamilie und erlebte den Vater, der eine Karriere zum Generalsuperintendenten von ganz Livland machte, Zeit seines Lebens als prägende dominierende Persönlichkeit, die die literarischen Interessen des Sohns scharf ablehnte. Schon während seiner Schulzeit in Dorpat, später während seines Theologiestudiums in Königsberg (1768–1771) veröffentlichte L. Gedichte. Als der Vater ihm befahl, den üblichen Weg eines Theologiestudenten einzuschlagen, nämlich auf eine Pfarrstelle zu warten und zwischenzeitlich als sog. Hofmeister, d. h. als Privatlehrer in meist adligen Familien, sein Brot zu verdienen, widersetzte L. sich. Er reiste nach Straßburg, traf dort den jungen Goethe und wurde so in den Kreis der Sturm-und-Drang-Autoren eingeführt.

Er schrieb Dramen wie *Der Hofmeister* und *Die Soldaten,* in denen er kritisch soziale Verhältnisse seiner Zeit thematisierte, und beschäftigte sich mit literaturtheoretischen Überlegungen. Seinen Lebensunterhalt sicherte er sich mehr schlecht als recht mit Privatunterricht und als Gesellschafter von Adligen. 1776 folgte er Goethe nach Weimar, wurde jedoch bald aus ungeklärten Gründen aus der Gesellschaft dort ausgeschlossen.

Ruhelos reiste er umher, lebte zeitweilig bei Freunden, doch zeigte sich bald eine beginnende Geisteskrankheit. Ab 1778 wurde er vom Pfarrer Oberlin im Elsass betreut, auch Goethes Schwager Schlosser kümmerte sich um ihn, nicht jedoch L.s Familie. Erst 1779 wurde er zum Elternhaus nach Riga gebracht, dort blieb er nur kurze Zeit. In St. Petersburg, später in Moskau lebte er von Übersetzungen und Gelegenheitsgedichten, ohne Kontakt zu den früheren deutschen Freunden, bis er schließlich eines Morgens auf einer Straße in Moskau tot aufgefunden wurde.

Literarische Einordnung

Im 19. Jahrhundert war L. praktisch vergessen, erst kurz vor 1900 entdeckte man seine literarische und literaturtheoretische Bedeutung als einen der wichtigsten Repräsentanten der Sturm-und-Drang-Zeit neu. L. verwirft in seiner literaturtheoretischen Schrift *Anmerkungen übers Theater* (1774) das traditionelle Theater mit seinem geordneten, an den drei Einheiten des Aristoteles (Ort, Zeit, Handlung) orientierten kontinuierlichen Handlungsaufbau und entwickelt in seinem Schauspiel eine Darstellungsweise, die ständige Zeit- und Schauplatzsprünge benutzt, um gleichsam durch Momentaufnahmen die Handlung voranzutreiben und Personen in charakteristischen Wesenszügen zu beleuchten. Dabei kommt es L. nicht auf die Entwicklung eines vollständigen Charakters an, sondern auf das Verdeutlichen eines charakteristischen Details. Die sog. „offene Form“ des Dramas (vgl. Georg Büchner) wird somit bei L. erkennbar.

Thematisch greift L. in seinen Dramen auf sozialpolitische Bereiche seines Umfelds zurück und behandelt im *Hofmeister* u. a. kritisch die Karriereprobleme bürgerlicher Akademiker und in den *Soldaten* die Sittenlosigkeit v. a. adliger Militärs gegenüber bürgerlichen Mädchen. Hinter dieser zeitbedingten Kulisse wird Zeitüberdauerndes greifbar: L. zeigt die Menschen zugespitzt in ihren Abhängigkeiten von sozialen Strukturen und als triebgesteuerte Wesen, die – anders als man es im Licht des optimistischen aufklärerischen Menschenbilds des 18. Jahrhunderts sah – nicht in der Lage sind, Leidenschaften vernünftig zu regulieren, sondern stattdessen von ihnen zum Handeln getrieben werden. Die Sprache vermag bei der Herstellung enger menschlicher Beziehungen nicht mehr zu helfen. Die Personen erweisen sich als unfähig zur Kommunikation und – gerade auch innerhalb der Familie – zur Herstellung zwischenmenschlicher Nähe, sie handeln marionettenhaft, ohne vernünftigen kausalen Motivationszusammenhang, oft fremdbestimmt und mitbestimmt von den Zufällen der Geschehnisabfolge.

Gefährdungen der menschlichen Existenz macht L. in oft karikierender Darstellungsweise deutlich, wie es später von Georg Büchner und dann erst wieder in der modernen Literatur des 20. Jahrhunderts aufgegriffen wird.

Werkbeschreibungen

Der Hofmeister (Schauspiel, 1774): Dieses Stück ist auch heute noch bekannt – nicht zuletzt durch die Bearbeitung, die es 1950 durch Bertolt Brecht erhalten hat.

Hofmeister Läuffer, einem Theologiestudenten, der seinen Lebensunterhalt als Privatlehrer verdient, wird durch seinen adligen Arbeitgeber seine untergeordnete gesellschaftliche Stellung drastisch vor Augen geführt. Mehr aus Langeweile als aus Leidenschaft, geschweige denn aus Liebe, kommt es zu einer Beziehung zu Gustchen, der Tochter des Hauses, die sich eigentlich mit einem theatralischen Treueschwur an Fritz von Berg gebunden hatte. Als Gustchens Schwangerschaft entdeckt wird, kann sich Läuffer gerade noch bei einem Dorfschulmeister in Sicherheit bringen. Aus Schuldbewusstsein entmannt er sich später. Fritz ist in seinem Studienort Halle inzwischen ins Gefängnis gekommen, weil er für Schulden eines Freundes die Bürgschaft übernommen hat. Durch Intrigen wird dies seinem Vater verfälscht zugetragen, sodass dieser sich von seinem Sohn abwendet. Auch Gustchen ist der Schwangerschaft wegen ihrer Familie entfremdet; sie ist davongelaufen, will sich umbringen und wird zufällig von ihrem Vater gerettet. Am Schluss des Dramas werden die gestörten Beziehungen wieder hergestellt und durch eine Anhäufung von Zufällen wird alles zum Guten gewendet.

L. kritisiert in diesem Schauspiel nicht nur die soziale Situation der Hofmeister und die Überheblichkeit der adligen Herrschaftsschicht. Er zeigt, wie aus nur oberflächlicher Kommunikation grundlegende Missverständnisse entstehen, und wie aus Triebeinflüssen und mangelnder Reflexionsfähigkeit Verhaltensweisen resultieren, die eine Selbstbestimmung des Individuums und zwischenmenschliche Nähe verhindern. Die gewaltsame Herbeiführung des Happyends mit seinen Zufallsanhäufungen wirft ein satirisches Licht auf die Vorstellung von der Autonomie des Individuums und der tugendhaften Harmonie der bürgerlichen Familie, wie sie das optimistische Menschenbild der Aufklärung noch als gut und realisierbar beschworen hatte, und zeigt so die kritische Infragestellung traditioneller Werte durch die junge Sturm-und-Drang-Generation.

Die Soldaten (Komödie, 1776): Marie, die Tochter des Kaufmanns Wesener, ist zwar mit dem bürgerlichen Stolzius verlobt, doch beeindruckt sie die „große Welt" der adligen Offiziere. Deren Bewunderung schmeichelt ihrer Eitelkeit und sie lässt sich mit ihnen ein. Diese jedoch treiben nur ihr Spiel mit ihr und sie endet im Elend. Nur durch Zufall kann sie ihr Vater vor dem Selbstmord retten.

Auch in diesem Schauspiel zeigt L. in vielen Kurzszenen lebendige Charaktere. Die Entfernung seiner Figuren von der dramatischen Tradition wird besonders an Marie deutlich, die in ihrer Beeinflussbarkeit durch das spontane Gefühl und triebhafte Einflüsse sich vom aufklärerischen Ideal der Vernunft deutlich abhebt. HH

Siegfried Lenz

geb. am 17. 3. 1926 in Lyck (Ostpreußen)

Kurzbiografie

L. wurde als Sohn eines Zollbeamten geboren und wuchs in Masuren auf. Mit 13 Jahren wurde er in die Hitlerjugend aufgenommen. 1943 bekam der 17-Jährige das Notabitur und wurde zum Dienst in der Kriegsmarine einberufen. Nachdem sein erstes Schiff versenkt wurde, desertierte er vom Kriegsdienst. Von 1945 an studierte er in Hamburg Anglistik, Philosophie und Literaturwissenschaften, brach das Studium aber nach drei Jahren ab. 1948 begann er als Volontär für die Zeitung *Die Welt*, für die er schon während seines Studiums gearbeitet hatte, wo er bis 1950 erst als Nachrichten-, später als Feuilletonredakteur arbeitete. Er stand außerdem mit der literarischen *Gruppe* 47 in Verbindung. Seit 1951 lebt er als freier Schriftsteller. L. heiratete 1949 und lebt heute im dänischen Jütland.

1951 erschien mit *Es waren Habichte in der Luft* sein erster Roman, worin er das Thema der Diktatur problematisiert und eigene Erfahrungen aus der Zeit seiner Flucht eingearbeitet hat. 1955 erinnerte er sich mit den humorvollen masurischen Erzählungen in *So zärtlich war Suleyken* seiner eigenen Herkunft, ebenso mit dem 1978 erschienenen Roman *Heimatmuseum*. Seinen größten Erfolg stellt bis heute der Roman *Deutschstunde* (1968) dar. Neben Romanen und Kurzgeschichten schrieb L. auch Hörspiele und Dramen.

Mit der Begründung, in seinen Werken stehe die „Frage der deutschen Identität" im Mittelpunkt, wurde L. 1988 mit dem Friedenspreis des Deutschen Buchhandels ausgezeichnet.

Literarische Einordnung

L. gehört neben Heinrich Böll und Günter Grass zu den meist gelesenen Autoren der Nachkriegszeit. Als realistisch schreibender Romancier und Erzähler versteht er es, auch Themen und Entwicklungen mit politisch aktueller Brisanz in seinen Romanen aufzugreifen und über menschliche Lebensbilder deutlich zu machen.

Fragen von Schuld und Sühne, die Einsamkeit des Menschen in der modernen Gesellschaft, sind Themen, die L. in den Romanen *Der Mann im Strom* (1957), *Brot und Spiele* (1959), *Der Verlust* (1981) und *Arnes Nachlass* (1999) aufgreift. Scheinbar autobiografisch arbeitet er in den Romanen *Es waren Habichte in der Luft* (1951) und *Deutschstunde* (1968) die politischen und menschlichen Verfehlungen während der Nazizeit auf. Die Auseinandersetzung mit der deutschen Vergangenheit und Gegenwart stellt auch in seinen weiteren Werken einen deutlichen thematischen Schwerpunkt dar. Der Mensch und sein Bezug zu seiner Heimat wird besonders im Roman *Heimatmuseum* thematisiert.

L. sieht in der Schriftstellerexistenz eine Instanz öffentlich-politischer Ordnung, will jedoch in seinen Geschichten nicht moralisieren, sondern an literarischen Einzelfällen Möglichkeiten durchspielen, welche den Leser wachrütteln sollen: „Ich bekenne, ich brauche Geschichten, um die Welt zu verstehen." – so L.

Werkbeschreibungen

Deutschstunde (Roman, 1968): Siggi Jepsen, Insasse einer Jugendstrafanstalt, muss als Strafaufgabe einen Aufsatz über „Die Freuden der Pflicht" schreiben. Für den Jungen sind mit diesem Thema Erinnerungen an seinen Vater geknüpft, der Polizeiposten im fiktiven schleswig-holsteinischen Rugbüll war. Dieser spricht ein von den Nazis verordnetes Malverbot gegen den ehemaligen Jugendfreund und Maler Nansen aus. Während Siggi zum Verbündeten des Malers wird – hinter dem die reale Gestalt des Malers Emil Nolde erkennbar ist – und dessen Bilder versteckt, verfolgt der Vater das Verbot mit unbarmherziger, autoritärer Härte. Selbst nach Kriegsende können sich beide nicht von ihrem Verhalten lösen, was dazu führt, dass Siggis vermeintliche Hilfeleistungen für den Maler Nansen sich ins Kriminelle verkehren.

Der bewusst realistisch gehaltene Roman versteht sich als literarische Vergangenheitsbewältigung, wobei moralische Kriterien im Vordergrund stehen. Obrigkeitsdenken und unbarmherzige Prinzipientreue am Beispiel der Familie Siggi Jepsens sind die Hauptthemen. Siggi Jepsen selbst steht als Jugendlicher im Mittelpunkt, der in der Welt der Erwachsenen seinen Weg sucht. Das Ende des Romans bleibt offen. Die Bewertung des Verhaltens und die daraus zu ziehenden Schlüsse bleiben dem Leser überlassen.

So zärtlich war Suleyken (Erzählsammlung, 1955): Das Werk ist eine Liebeserklärung L.s an seine masurische Heimat, eine Sammlung von Erinnerungen und zugleich eine Reflexion über die Problematik einer solchen Heimatbindung.

Schrullige Gestalten von „unterschwelliger Intelligenz“ treten in dem erfundenen Dorf Suleyken in Märchen, Anekdoten und Schelmenstücken auf. Die Dorfbewohner haben schon einiges erlebt: die Kleinbahn Popp, ein überaus angenehmes Begräbnis und das Wettschwimmen des Schulmeisters Karl Kuckucks um der Wahrheit willen sind einige in den Kurzgeschichten behandelte Themen.

In den unbefangenen humoristischen Erzählungen spiegeln sich typisch masurische Charakterzüge und Eigenschaften wider. Der Erzähler ist teilnehmend und miterlebend und spürt den Eigenarten seiner ostpreußischen Heimat nach. MT

Gotthold Ephraim Lessing

geb. am 22. 1. 1729 in Kamenz (Sachsen)
gest. am 15. 2. 1781 in Braunschweig

Kurzbiografie

„Ich wollte es auch einmal so gut haben wie andere, aber es ist mir schlecht bekommen.“ Mit diesen resignierenden Worten blickt 1777 der 48-jährige L. auf sein Leben zurück. Auf den ersten Blick kaum glaublich erscheint es, dass diese Worte von einem Mann stammen, der schon von Zeitgenossen – z. B. Goethe – in seiner Bedeutung für die Entwicklung der deutschen Literatur hoch geschätzt wurde und der bis heute von der wissenschaftlichen Forschung in dieser herausragenden Rolle anerkannt ist.

Wie eine Reihe von Dichtern des 18. Jahrhunderts entstammt L. einer evangelischen Pfarrersfamilie, wie sie damals ein wesentlicher Träger bürgerlicher Bildung war. Der Vater, der neben seiner pfarramtlichen Aufgabe sich noch als Gelehrter betätigte, sorgte für eine strenge religiöse Erziehung. Ab 1741 bekam L. ein Stipendium in der Eliteschule St. Afra in Meißen, in der er – bei zehn Stunden täglichem Unterricht und fehlenden Ferien! – hervorragende Kenntnisse, besonders in den alten Sprachen, erhielt. 1746 begann er in Leipzig Theologie zu studieren, bald jedoch beschäftigte ihn der vielfältige literarische Betrieb in der Messestadt mehr als sein Studium. Er lernte die Schauspieltruppe der Caroline Neuber kennen – eine der wenigen, die sich damals intensiv um eine Qualitätsverbesserung des deutschen Schauspiels bemühten.

Als L. das Theologiestudium aufgab, befahl ihn sein Vater zurück. Nach Auseinandersetzungen ging er dann wieder nach Leipzig, studierte auch Medizin, doch blieb er seinen literarischen Interessen treu. Sein Schauspiel *Der junge Gelehrte* wurde schon 1748 von der Schauspieltruppe der Neuberin erfolgreich aufgeführt. Aufgrund von finanziellen Problemen verließ er Leipzig. Bis zum Jahresende blieb er in Wittenberg (südwestlich von Berlin), studierte dort weiter Medizin und lebte ab November 1748 ganz in Berlin. Die damals schon große und kulturell rege Stadt ermöglichte ihm, durch Übersetzungen und journalistische Arbeiten (L. schrieb z. B. 1751 über 100 Buchrezensionen) seinen Lebensunterhalt zu bestreiten und sich daneben der Literatur zu widmen. 1749 schrieb er die Komödien *Die Juden* und *Der Freigeist*, veröffentlichte Fabeln und es begann eine freundschaftliche Verbindung zu dem Verleger Friedrich Nicolai und zu dem Philosophen Moses Mendelssohn.

Neben diesen schriftstellerischen Tätigkeiten beendete L. 1752 in Wittenberg sein Medizinstudium. 1755 schrieb er *Miss Sara Sampson*, ein Schauspiel, in dem er die Titelheldin, ein junges Mädchen, in ihrem moralischen Triumph über Intrigen, Gewalt und Tod herausstellt. L. begründete damit die neue Gattung des sog. bürgerlichen Trauerspiels, mit dem er sich deutlich von der in Deutschland verbreiteten französischen Theatertradition absetzte. Das ist umso bemerkenswerter, als im damaligen Berlin Friedrichs II., wo das Französische geradezu als Umgangssprache der besseren Gesellschaft galt, die Orientierung an der französischen Literatur Voraussetzung war, um am Hof des Königs eine anerkannte Stellung zu erhalten. L. verzichtete selbstbewusst darauf, schrieb mit *Philotas* ein Stück, in dem er das vom König geschätzte soldatische Heldentum kritisierte, und beschäftigte sich in den *Briefen, die neueste Literatur betreffend* weiterhin mit Literaturtheorie und Gegenwartsliteratur. Schließlich zwangen ihn finanzielle Probleme doch, Berlin, wo er keine feste Anstellung fand, zu verlassen.

Ab November 1760 war er in Breslau und blieb für vier Jahre dort Sekretär des Generals Tauentzin. Er schrieb in dieser Zeit die Komödie *Minna von Barnhelm*, in der er Kenntnisse über den aktuellen Siebenjährigen Krieg verwertete und die – 1767 veröffentlicht – in ihrer Relativierung des starren preußischen Ehrbegriffs sehr erfolgreich wurde. Zwei Jahre lebte L. dann wieder in Berlin. Im Frühjahr 1767 zog er nach Hamburg, wo er erstmalig eine feste Anstellung als Dramaturg am neu gegründeten Nationaltheater erhielt. In der *Hamburgischen Dramaturgie* hat er in Kritiken und Reflexionen seine Arbeit zur Qualitätsverbesserung des Theaters notiert. Die Hoffnungen, die L. auf die Hamburger Tätigkeit gesetzt hatte, scheiterten aus finanziellen Gründen. Auch die eigene Druckerei, die er für die Verbreitung literarischer Texte gegründet hatte, ging in Konkurs – L. blieben nur Schulden.

Einen Rückzug aus der lebhaften Szenerie der großen Städte bedeutete es, dass er 1770 in Wolfenbüttel eine Stellung als Bibliothekar an der herzoglichen Bibliothek annahm. Diese finanzielle Sicherheit erlaubte Gedanken an eine Familiengründung. 1771 verlobte er sich mit der Kaufmannswitwe Eva König und heiratete sie fünf Jahre später: So lange dauerte es, bis er seine Finanzen als ausreichend für die Versorgung einer Familie einschätzte.

In der Zwischenzeit schrieb er *Emilia Galotti* (1771/72) und publizierte ab 1774 die bibelkritischen *Fragmente eines Ungenannten*, aus denen ab 1778 die große Auseinandersetzung über religionskritische Fragen mit dem Hamburger Hauptpastor Melchior Goeze folgte. Als ihm 1778 von seinem Herzog die Erlaubnis zur weiteren Veröffentlichung seiner scharfen Kritik an der konservativen dogmatischen Position seines Kontrahenten entzogen wurde, schrieb L. das Schauspiel *Nathan der Weise* (1779), das in seiner Forderung nach Toleranz zwischen den Religionen als literarische Antwort auf die Engstirnigkeit Goezes und des in ihm repräsentierten Religionsverständnisses gelten kann.

Dass L. sich auf solche jahrelangen Auseinandersetzungen einließ, hat als persönlichen Hintergrund die Ablenkung vom privaten Schicksal: Sein Sohn (geb. 1777) starb kurz nach der Geburt, seine Frau nur wenige Tage später. Die eingangs zitierte resignierende Aussage L.s über sein Leben entstammt diesem Zusammenhang. Schon bald, nach 1780, verschlechterte sich sein Gesundheitszustand. Er begann zu erblinden und lebte nach dem Goeze-Streit, der ihn in den Augen vieler zum Gotteslästerer gemacht hatte, in zunehmender Einsamkeit. In den letzten Lebensmonaten wurde er von seiner Stieftochter Amalie gepflegt. Während eines Aufenthalts im nahen Braunschweig starb L. kurz nach seinem 52. Geburtstag.

Literarische Einordnung

Das deutsche Theater des 18. Jahrhunderts hat durch das theoretische und dichterische Werk L.s einen entscheidenden Qualitätssprung gemacht. Als typischer Vertreter des 18. Jahrhunderts hält L. zwar wie Gottsched und Gellert vor ihm an der aufklärerischen belehrenden Wirkung des Theaters als notwendigem Nutzen fest, doch löst er sich von der engen Ausrichtung am Vorbild des französischen Theaters und von der strikten Einhaltung der alten dichtungstheoretischen Vorschriften wie den drei Einheiten und der Ständeklausel. Bei der Gestaltung der Charaktere fordert L. die Möglichkeit ein, dass sich der Zuschauer leicht in die guten, aber auch weniger guten Merkmale einer dramatischen Figur hineinfinden kann, er lehnt dementsprechend die Darstellung extrem guter oder negativer dramatischer Gestalten ab und entwirft den mittleren Charakter, dessen Freuden und Befürchtungen, Tugenden und Fehler so sind, dass der Zuschauer sie leicht nachvollziehen kann. Das Mit-Leiden, so wie L. es versteht, wird so zum wesentlichen Element seines Tragödienkonzepts; zwar kann der Leser/Zuschauer nicht genau die gleichen Gefühle erleben wie die dramatische Figur, doch nimmt er mitfühlend teil an den Gemütsbewegungen, die durch die dramatische Handlung hervorgerufen werden. Der Zuschauer „trainiert“ auf diese Weise seine Fähigkeit, Mitleid mit anderen zu empfinden, und in dieser Fähigkeit sieht L. ein wesentliches Element für die Herausbildung einer geistig-moralischen Emanzipation des Bürgertums.

L.s Ziel ist es, durch seine literarischen Texte den Bürger „aufzuklären“ und ihn in einer Zeit, die in politischer Hinsicht nur die Unterordnung der bürgerlichen Gesellschaft unter den Adel zuließ, selbstbewusst zu machen im Hinblick auf die Ausbildung von Verstand und moralischer Kultur. Das gesamte literarische Werk L.s dient dieser Zielsetzung, die ihn zur dominanten Gestalt der bürgerlichen Emanzipation des 18. Jahrhunderts werden lässt. Die weniger bekannten, meist frühen Komödien gliedern sich diesem Ziel ebenfalls ein, indem sie zum Durchschauen vorurteilsbeladener Ansichten und Verhaltensweisen anregen wollen und somit kritische Wahrnehmung eigenen und fremden Verhaltens fördern. Auch seine Fabeln sind hier noch zu nennen, die z. T. schon sehr deutlich – wenn auch versteckt unter der Tiermetaphorik – das neue Selbstbewusstsein des Bürgers zur Sprache bringen und Kritik an einer Dominanz des Adels, die durch keine moralische Qualität gerechtfertigt ist, hervorscheinen lassen.

In seinen theoretischen Schriften zum Theater reflektiert L. Theater- und Schauspielkunst seiner Zeit und bemüht sich um Qualitätsverbesserung. Seine Abwendung vom französischen Theatervorbild und seine Hervorhebung der Werke Shakespeares öffnen den Blick für das Neue, das dann v. a. die folgende junge Generation – und dazu gehört z. B. Goethe – in Shakespeare entdecken wird.

Werkbeschreibungen

Emilia Galotti (Trauerspiel, 1772): L.s heute bekanntestes bürgerliches Trauerspiel hat in Emilia ein junges Mädchen zur Titelheldin. Im Verlauf der Handlungsführung taucht sie jedoch erst im zweiten Akt persönlich auf und wird zunächst aus der Sicht anderer vorgestellt. Beide, der Maler Conti und der regierende Fürst des Territoriums, der Prinz von Guastalla, sind von ihrer Schönheit ergriffen. Die Gedanken des Prinzen sind so von ihr und dem Wunsch, sie zu „besitzen" geprägt, dass er unfähig ist, seinen Staatsgeschäften ordnungsgemäß nachzukommen. Als er von seinem Vertrauten Marinelli erfährt, dass Emilia kurz vor der Hochzeit mit dem Grafen Appiani steht, verzweifelt er, doch Marinelli erinnert ihn an seine Möglichkeiten, als Herrscher Macht anzuwenden, – und der Prinz gibt Marinelli freie Hand, eine Intrige einzufädeln. Dieser versucht zunächst Appiani zum Verschieben des Hochzeitstermins zu veranlassen – doch vergeblich. Der Prinz hat selbst noch einmal einen ungeschickten Versuch unternommen, sich Emilia heimlich zu nähern, und sich ausgerechnet die Kirche dazu ausgesucht, in der sie zu beten pflegt. Völlig verwirrt erscheint sie bei ihrem ersten Auftritt auf der Bühne, weil sie die Störung religiöser Andacht durch eine ihr bisher nie begegnete Gefühlssprache nicht verarbeiten kann. Die Mutter sucht sie zu beruhigen und macht ihr die Sprache höfischer Galanterie klar, die sie doch eher geschmeichelt aufnehmen sollte. Vor der strengen Moral des Vaters Odoardo, der die höfische Welt insgesamt ablehnt, müssen diese Ratschläge der Mutter natürlich geheim bleiben. Mit seinem zweiten Anschlag auf Appiani ist Marinelli erfolgreicher. Auf dem Weg zur Hochzeit wird der Wagen des Brautpaars überfallen, Appiani getötet und Emilia auf das nahe Schloss des Prinzen gebracht. Die Eltern Emilias, die wenig später auf dem Schloss eintreffen, werden gehindert, ihre Tochter zu sehen. Odoardo aber beginnt, v. a. auch durch die Informationen, die er von der Gräfin Orsina, der ehemaligen Geliebten des Prinzen, erhält, die wahren Zusammenhänge und Absichten des Prinzen zu durchschauen. Er erkennt den raffinierten Plan, der Emilia zur Geliebten des Prinzen machen soll, und seine eigene Machtlosigkeit, dies zu verhindern. Das letzte Gespräch mit seiner Tochter macht ihm klar, dass sie so denkt wie er: Sie sieht die ihr vom Prinzen zugedachten Verlockungen höfischer Lebensart als Einengungen ihrer Selbstbestimmung und erklärt den Selbstmord als den einzig ihr verbleibenden Freiraum. Odoardo greift die von ihr ausgesprochene Virginia-Anspielung, den Hinweis auf die Tötung der Tochter durch den Vater, auf und ersticht sie. Der von diesem Ausgang entsetzte Prinz schiebt alle Schuld Marinelli zu.

Dieses bürgerliche Trauerspiel zeigt trotz der Vorstellungen über die Erreichbarkeit gesellschaftlicher Harmonie durch Vernunft und Tugend, wie sie im 18. Jahrhundert in Teilen des sog. „aufgeklärten" Bürgertums und auch des Adels verbreitet waren, die ungebrochene Macht des Adels, die als brutale Gewalt, politische Intrige und subtile Verführungskunst auftritt. Im Konflikt zwischen einem tugendhaften Verzicht auf Emilia und den faktischen Möglichkeiten des Machthabers entscheidet sich der Prinz, Letztere zu nutzen. Nicht nur gegenüber der körperlichen Bedrohung, sondern auch angesichts der Verlockungen höfischer Lebensart und höfischen Luxus sieht Emilia den einzigen ihr verbleibenden Freiraum in der Entscheidung zum Tod. Ihre bürgerliche Familie vermag ihr keinen Schutz zu bieten und hat keine Chance sich zu wehren. L. tritt somit den optimistischen Vorstellungen der Aufklärung skeptisch entgegen.

Nathan der Weise (Schauspiel, 1779): Dies „dramatische Gedicht“, wie L. es nennt, spielt während der Kreuzzugszeit des 12. Jahrhunderts in Jerusalem, wo drei Religionen zusammentreffen. Der Jude Nathan, ein reicher Kaufmann, erfährt, dass seine Tochter Recha durch einen Brand beinahe ums Leben gekommen wäre, doch von einem jungen christlichen Tempelherrn noch gerettet wurde. Bei diesem handelt es sich um einen jungen Mann, der vom moslemischen Sultan Saladin begnadigt wurde, weil er ihn an seinen verschollenen Bruder erinnert hatte. Die finanziellen Schwierigkeiten des Sultans bringen ihn mit Nathan zusammen, der Geld leihen soll. Da dieser sich weigert, fürchtet der Schatzkanzler des Sultans, der ein Freund Nathans ist, dass der Sultan Gewalt anwenden könne. Sittah, die Schwester des Sultans, aber will auf eine andere Art an Nathans Geld kommen. Sie will ihm die Frage nach der richtigen Religion – Christentum, Judentum oder Islam – stellen und ist sich sicher, Nathan zu einer „falschen“ Antwort verleiten zu können, aufgrund deren man ihn unter Druck setzen und das Geld erpressen könne. Auch von der anderen, christlichen Seite her entstehen Probleme für Nathan. Der Tempelherr hat nämlich erfahren, dass Recha nicht Nathans eigene Tochter ist, sondern ein adoptiertes christliches Mädchen. Er, der sich in die von ihm gerettete Recha verliebt hat und bei Nathan um ihre Hand anhält, ist empört, als Nathan seinen Wunsch zurückweist, und deutet dem christlichen Patriarchen der Stadt an, dass ein Jude ein christliches Kind als sein eigenes ausgebe. Der aufgebrachte Patriarch lässt Nachforschungen anstellen. Nathan, der inzwischen bei Saladin vorgeladen ist und dort auf die als Falle gedachte Frage antworten muss, erzählt die Ringparabel: Seine Erzählung handelt von drei Ringen, die ein Vater für seine drei Söhne anfertigen ließ und ihnen die Vorstellung vermittelte, jeder besitze den echten. Nach dem Todes des Vaters entsteht Streit, weil ein jeder nun nur seinen Ring als den einzig echten beansprucht. Ein weiser Richter fällt das Urteil, dass wohl keiner der echte sei, weil keiner die versprochene Fähigkeit zeige, seinen Träger bei allen beliebt zu machen.

Saladin erkennt in Nathans Parabel den Vergleichspunkt, der auf die drei Religionen verweist. Beeindruckt von der Weisheit Nathans wünscht er dessen Freundschaft. Nun entsteht eine märchenhafte Schlusskonstellation: Denn Recha ist tatsächlich Adoptivkind Nathans, das ihm bei vergangenen kriegerischen Unruhen, bei denen er seine Familie verloren hatte, als Kind eines Freundes übergeben wurde. Der Tempelherr stellt sich als Bruder Rechas heraus, Saladin und Sittah jedoch sind Geschwister von jenem Freund Nathans, also Tante und Onkel von Recha und dem Tempelherrn. Im Happyend gegenseitiger Umarmungen endet das Stück.

In diesem Schluss realisiert sich die Aussage der Ringparabel, die das Kernstück des Schauspiels ausmacht. Es zeigt die Möglichkeit friedlicher Gemeinsamkeit zwischen Menschen, die durch unterschiedliche Religion und Erziehung geprägt sind. Wesentliche Bedingung hierfür ist die Fähigkeit zur Toleranz, die auf dem unvoreingenommenen Erkennen von Tugend und Menschenwert des anderen beruht. Dem ordnet sich auch L.s Sicht der Religionen zu: Er verwirft jeden Absolutheitsanspruch einer Religion, sondern wertet sie, soweit sie ihre Anhänger zu Toleranz und Menschlichkeit hinzuführen im Stande sind, gleich. In dieser Religionsauffassung liegt die Basis des Streits L.s mit dem Hamburger Hauptpastor Goeze, der einen Absolutheitsanspruch des Christentums aufrecht erhielt. Toleranz und Förderung von Humanität durch Religion dagegen sind neue Wertvorstellungen des 18. Jahrhunderts, zu deren Verbreitung L.s *Nathan* beigetragen hat. HH

Heinrich Mann

geb. am 27. 3. 1871 in Lübeck
gest. am 12. 3. 1950 in Santa Monica (Kalifornien)

Kurzbiografie

Wenige Wochen nach der Reichsgründung Bismarcks wurde M. als ältester Sohn eines Lübecker Senators und Kaufmanns geboren. Von seiner Mutter, deren kreolisch-brasilianische Abstammung als ungewöhnlich für seine Umgebung erscheinen musste, erhielt er ebenso literarisch-musische Anregungen wie von anderen Verwandten. Als ausgesuchter Erbe der Handelsfirma seines zum Großbürgertum der Hansestadt zählenden Vaters ging M. nach der vorletzten Klasse vom Gymnasium ab und durchlief 1889 eine Buchhändlerlehre in Dresden, die er nach einem knappen Jahr abbrach. 1890–1892 war M. Volontär im S.-Fischer-Verlag in Berlin und unternahm dort auch Studien.

Der Tod des Vaters und die Auflösung der Firma 1891 sowie eine Lungenblutung 1892 bereiteten den Weg für ein zunächst vom Besuch diverser Badeorte geprägtes Reiseleben, das der nun freie, gesundheitlich labile Schriftsteller 1893–1898 mit mehreren Aufenthalten in Italien verband. M. schrieb erste Erzählungen und Romane wie *Das Wunderbare* (1897) oder *Das Verbrechen* (1898). Ästhetisch-emotionale Themen standen dabei im Vordergrund. Dagegen zeigten sich bei M. zeitkritisch-satirische Züge zuerst in *Im Schlaraffenland. Ein Roman unter feinen Leuten* (1900). Inspiriert vom französischen Romancier Guy de Maupassant beschrieb M. hier am Beispiel des Studenten und Journalisten Andreas Zumsee scheinbaren Glanz und Elend der völlig vom Bankier Türkheimer abhängigen, sich anpassenden Berliner gehobenen Gesellschaft, in der außer dem Ehrgeiz des Dazugehörens keine Moral gilt. Den Roman *Im Schlaraffenland* und das Nachfolgewerk *Die Göttinnen oder die drei Romane der Herzogin von Assy* (1903) verbindet das Ideal eines ahistorisch verstandenen, sich auslebenden Renaissancemenschen; hier offenbarten sich für die Jahrhundertwende zeittypische Antibürgerlichkeit und Gesellschaftsfeindlichkeit. M. war in dieser Schaffensphase zwar hoch produktiv, jedoch vereinsamt. Der von ihm besonders geschätzten Schwester Carla, die 1910 Selbstmord beging, ist wohl das Thema des 1903 entstandenen Romans *Die Jagd nach Liebe* zu verdanken. Darin wird eine unerfüllte Liebesbeziehung geschildert.

Der auch als Übersetzer französischer Literatur tätige M. erreichte erst mit dem Roman *Professor Unrat* (1905) eine in ihrer Sozialkritik und satirischen Schärfe neue Qualität. Aus dem ästhetisierenden Kritiker des Bürgertums wurde der Demokrat mit bewusst wahrgenommener gesellschaftlicher Verantwortung. Im Essay *Eine Freundschaft: Gustave Flaubert und George Sand* (1905) nur skizziert, formulierte M. seine sog. intellektuelle Politik als Programm 1910 in den kulturpolitischen Schriften *Voltaire–Goethe* und *Geist und Tat*. Als utopischer Gesellschaftsentwurf wurde die Neubestimmung als engagierter Künstler von M. 1909 im Roman *Die kleine Stadt* umgesetzt, in dessen Mittelpunkt ein Operngastspiel steht. Der Versuch, das als geist- und menschenfeindlich erlebte Kaiserreich mit den Mitteln des Intellektuellen und Autors zu überwinden, gipfelte bei M. in der Trilogie *Das Kaiserreich* mit seinen z. T. mehrere Jahre nach der Entstehung veröffentlichten Romanen *Der Untertan* (1916), *Die Armen* (1917), *Der Kopf* (1925).

Unmittelbar vor Ausbruch des Ersten Weltkriegs heiratete M. die Schauspielerin Maria Kanova. Aus dieser Verbindung ging 1916 die Tochter Leonie hervor. In diesen Jahren verfügte M. über intensive Kontakte zum Theatermilieu; er hatte auch einige Stücke verfasst, u. a. das Drama *Madame Legros* (1913).

1914 brach die Beziehung zwischen M. und seinem Bruder Thomas zunächst völlig ab; Ursache war Thomas' enthusiastische Bejahung des Kriegs und der deutschen Haltung. Im Essay *Zola* formulierte M. 1915 gegen die breite national-chauvinistische Stimmung in Deutschland die Bindung von Macht an Recht und den Vorrang der Menschenwürde. Konsequent setzte er seine Idee der Aussöhnung zwischen Deutschland und Frankreich auf der Basis demokratischer Strukturen und geistiger Beziehungen in der Weimarer Republik fort. Davon zeugen die Essaybände *Macht und Mensch* (1920) sowie *Geist und Tat. Franzosen 1780–1930* (1931). Die Einmischung in das politische Leben der jungen Republik zeigte u. a. seine Gedenkrede auf Kurt Eisner, den 1919 ermordeten bayerischen Ministerpräsidenten und Sozialisten. Sein zum Vernunftrepublikaner gewandelter Bruder Thomas versöhnte sich mit M. 1922 unter dem Eindruck einer lebensbedrohenden Erkrankung des Älteren. Mit den Romanen dieser Zeit wie *Mutter Marie* (1927), *Eugénie oder Die Bürgerzeit* (1928), in denen märchenhafte Elemente die Einsicht und Moral mitbewirken, erzielte M. weniger Resonanz als mit den satirischen Auseinandersetzungen zum Wilhelminismus. 1931 wurde er zum Präsidenten der Sektion Dichtkunst bei der Preußischen Akademie der Künste gewählt und nutzte diese öffentliche Position auch, um SPD und KPD zu gemeinsamer Front gegen Hitler zusammenzuführen. M. wurde immer mehr zum Feindbild nationalistischer Dichterkollegen.

1933 emigrierte M., seit 1930 geschieden, zusammen mit seiner neuen Gefährtin Nelly Kroeger nach Frankreich. Der schon 1933 ausgebürgerte M. wurde 1939 tschechischer Staatsbürger und engagierte sich im Exil mit Beiträgen in zahlreichen antifaschistischen Zeitschriften und mit engagierten Reden, dokumentiert in den Essaysammlungen *Der Haß* (1933) und *Mut* (1939). In intensivem Austausch mit Schriftstellerkollegen wie z. B. André Gide, Ernst Bloch oder Lion Feuchtwanger verbrachte M. die Jahre bis 1940 in Nizza. Hier entstanden die historischen Romane über Heinrich IV.: *Jugend des Königs Henry Quatre* (1935) und *Die Vollendung des Königs Henri Quatre* (1938). Mit der Darstellung einer Königsfigur aus der Zeit der Religionskriege, die den Schrecken der Bartholomäusnacht 1572, der Machtgier und Intoleranz trotzt und eine Gesellschaft der menschlichen Freiheit anstrebt, schuf M. ein historisches Gleichnis, einen Appell an die Zeitgenossen. 1940 floh M. aus dem besetzten Frankreich über Spanien und Portugal nach Los Angeles. Als Drehbuchautor bei Warner Bros. erfolglos, verfasste er neben dem als Filmskript aufgebauten Roman *Lidice* (1942) das Memoirenwerk *Ein Zeitalter wird besichtigt*. Nelly Kroeger, die M. 1939 geheiratet hatte, verübte unter dem Eindruck materieller Probleme des Paares 1944 Selbstmord. Zudem sollten sich die politischen Hoffnungen M.s auf eine Verbindung von Frankreich und der Sowjetunion nach der Zerschlagung des NS-Regimes nicht erfüllen. Der nun vereinsamte M. blickte durch die Hauptfigur, eine österreichische Aristokratin, in *Der Atem* noch einmal auf die Epoche vor dem Zweiten Weltkrieg zurück.

Er starb im Alter von 79 Jahren 1950 in Santa Monica (Kalifornien) kurz vor seiner geplanten Rückkehr nach Ostdeutschland. Ihm war die Präsidentschaft der Deutschen Akademie der Künste (der DDR) angeboten und 1949 auch der Nationalpreis des gerade gegründeten zweiten deutschen Staates verliehen worden.

Literarische Einordnung

Der literarische Rang der Romane, der Kurzprosa und Essays M.s wird heute nicht mehr bestritten. Besonders die satirisch-psychologischen Darstellungen etwa im *Untertan* oder im *Professor Unrat* haben mittlerweile eine umfassende Rezeption erfahren, nicht zuletzt auch durch ihre filmischen Adaptionen. Die Entfaltung eines gesellschaftskritischen Realismus erreicht M. durch genaue Schilderung, groteske und satirische Darstellung sowie eine oft funkelnd-metaphorische Sprache. Vorbilder aus dem französischen Roman des 19. Jahrhunderts wie Balzac und Flaubert beeinflussten M., der sich nach anfänglich ästhetizistischen Zügen in seinem Werk zum vielleicht bedeutendsten Verfechter engagierter Literatur im Deutschland der Weimarer Republik wandelte.

Der politische Moralist M., der das Ende der ersten deutschen Demokratie durch seinen Einsatz für eine Verbindung sozialdemokratischer bis hin zu kommunistischen Kräften zu verhindern suchte, wurde 1933 in Frankreich und dann 1940 in den USA seiner Wirkungsmacht beraubt. M. wurde, wie vielen Exilautoren, bis Ende der 60er-Jahre in Westdeutschland im Gegensatz zur DDR wenig Aufmerksamkeit geschenkt. Als deutscher Europäer und bedeutender Schriftsteller, auch ohne zusammen mit dem jüngeren Bruder Thomas genannt zu werden, wird M. erst seit den 70er-Jahren über eine engere literarische Öffentlichkeit hinweg anerkannt.

Werkbeschreibungen

Professor Unrat (Roman, 1905): Der Gymnasialprofessor Raat, seit 26 Jahren im Schuldienst und nur unter dem demütigenden Spitznamen Unrat stadtbekannt, hat sich vorgenommen, die drei ihm besonders verhassten Schüler Kieselack, von Ertzum und Lohmann „zur Strecke zu bringen". Dabei forscht er deren Umgang mit Rosa Fröhlich nach, Sängerin und Prostituierte in einem verrufenen Lokal namens *Blauer Engel*. Der verwitwete und spießige Raat beginnt mit der Fröhlich ein Verhältnis, das durch ein Gerichtsverfahren gegen die drei Schüler bekannt wird und zu seiner Entlassung führt. Aus dem tyrannischen Bürger wird nun eine Art Anarchist; Unrat führt zusammen mit der von ihm so genannten „Künstlerin" Fröhlich ein offenes Haus des Glücksspiels und erotischer Freizügigkeit. Erst als er den intellektuell-distanzierten Lohmann bestiehlt, den Unrat nicht zu „fassen" in der Lage war, endet dieser Ausbruch aus der Kleinstadtexistenz durch die Polizei.

M. karikiert hier weniger die Schule selbst; sie dient als Modell der wilhelminischen Gesellschaft, die als zutiefst von verdrängter Sinnlichkeit und übersteigertem Autoritätsdenken geprägt erscheint. Der Roman wurde 1931 mit Emil Jannings in der Hauptrolle und Marlene Dietrich als *Der blaue Engel* verfilmt. Diese legendäre Filmfassung zeigt den Fall Unrats als Tragödie, kaum noch den satirischen Charakter der Vorlage einbeziehend.

Der Untertan (Roman, 1916): Diederich Hessling, furchtsam-autoritätshöriger Sohn eines Papierfabrikanten in der Kleinstadt Netzig, erlebt Elternhaus und Schule als Angst einflößende Gewalten, denen er sich beglückt und mit sadomasochistischen Zügen unterwirft. Seine charakterliche Deformation wird durch die Zeit als Mitglied einer schlagenden Studentenverbindung deutlicher ausgeprägt. Als Höhepunkt dieser Berliner Studienzeit erlebt Hessling den in vielen Wesenszügen ihm vergleichbaren Kaiser Wilhelm II. Die Verbindung zur Tochter eines Geschäftsfreundes löst er auf, weil sie ihm nicht lukrativ erscheint. Stattdessen heiratet er die reiche Guste Daimchen, nachdem er die väterliche Firma übernommen hat. Im Haus und gegenüber der Belegschaft kehrt er tyrannische Züge hervor; durch Denunziation, Intrigen und Stammtischpolitik führt er die von liberalen Ideen und künstlerischen Interessen geprägte, geschäftlich konkurrierende Familie Buck ins ökonomische und gesellschaftliche Abseits. Seine Reden sind von Chauvinismus, Verurteilung sozialdemokratischer Bestrebungen und Antisemitismus geprägt, was ihm beim Regierungspräsidenten und anderen Kleinstadtgrößen Sympathien einbringt. Höhepunkt seiner Laufbahn ist die Einweihung eines Denkmals für Kaiser Wilhelm I., Hesslings Renommiervorhaben. Seine Rede bei dieser Einweihung versinkt in einem orkanartigen Gewitter.

M., der Reden Wilhelms II. für die Figur Hesslings auswertete, personifiziert im *Untertan* jenen militaristisch-ruhmsüchtigen Geist der wilhelminischen Epoche, der ursächlich für das internationale Auftreten des Kaiserreichs und den Weg in den Ersten Weltkrieg war. Die Verfilmung von Wolfgang Staudte für die DEFA (1951) gilt bis heute als eine besonders gelungene Umsetzung der M.schen Satire.

Ein Zeitalter wird besichtigt (Essays. Erinnerungen, 1946): Die 1941–1944 entstandenen Aufzeichnungen stellen mehr als Erinnerungen dar, wenngleich Autobiografisches in vielen Passagen eingeflochten ist. M. betrachtet Europa seit der Aufklärung; v. a. seine Zuneigung zu Frankreich, zu den Ideen der Französischen Revolution, wird dokumentiert. Neben Analysen anderer europäischer Mächte, darunter einer aus heutiger Sicht beschönigenden Darstellung der Sowjetunion unter Stalin und der Moskauer Prozesse, seziert M. den Verfall des intellektuellen und politischen Lebens in Deutschland. Außerdem sind Essays z. B. zu Frank Wedekind und M.s Bruder Thomas zu finden, auch zu Themen wie Glaube und Liebe. Die Auseinandersetzung mit dem Scheitern der Weimarer Republik, mit Blick auf deutsche Leser verfasst, wurde zunächst 1946 in Stockholm in einer kleinen Auflage verbreitet, 1947 vom Aufbau-Verlag (Ostberlin) in Deutschland publiziert; zu Lebzeiten M.s scheiterte eine Veröffentlichung sowohl in den USA als auch in Westdeutschland. MK

Klaus Mann

geb. am 18. 11. 1906 in München
gest. am 21. 5. 1949 in Cannes

Kurzbiografie

Als zweites Kind des späteren Literaturnobelpreisträgers Thomas Mann und seiner Frau Katja genoss M. eine liberale, von zahlreichen musischen Anregungen und Begegnungen geprägte Kindheit im großbürgerlichen elterlichen Haushalt.

Schon mit 18 Jahren veröffentlichte M. erste Aufsätze und Erzählungen; im gleichen Alter verlobte er sich mit Pamela Wedekind, Tochter Frank Wedekinds, und arbeitete ein halbes Jahr lang als festangestellter Theaterkritiker beim *12 Uhr Blatt* in Berlin. Als Kind des berühmten Thomas Mann galt er zusammen mit seiner Schwester Erika und seiner Verlobten Pamela 1925 mit der Uraufführung seines Werks *Anja und Esther* eher als publizistische denn als literarische Sensation. Ein erster Erzählband und M.s Romanerstling *Der fromme Tanz* erschienen im gleichen Jahr. In rascher Folge verfasste M. trotz zahlreicher Reisen Essays, Erzählungen, Reisebeschreibungen – darunter *Rundherum. Ein heiteres Reisebuch* nach der gemeinsamen Weltreise mit seiner Schwester Erika 1927/28. Sowohl *Anja und Esther* als auch die 1927 aufgeführte *Revue zu Vieren* wurden von Gustaf Gründgens inszeniert, der als Ehemann der M.-Schwester Erika und noch nicht renommierter Schauspieler und Regisseur die drei sog. Dichterkinder ergänzte. Beide Verbindungen überdauerten allerdings diese Theaterversuche nicht.

Themen seiner frühen Werke waren eine romantisierend-jugendbetonte, religiös eingefärbte Lebensgier, erotisch-psychologische Eigen-Erforschung und die Künstlerproblematik, häufig kritisiert als luxuriöse, egoman-unernste Selbstoffenbarung ohne Programm, abgehoben von sozialen Zeitfragen.

Die Auseinandersetzung mit der eigenen Homosexualität und das rastlose Reisen M.s prägten die Folgejahre, als mit *Alexander. Roman der Utopie* (1929) und *Treffpunkt im Unendlichen* (1932), in dem die zeitlebens M. bedrängende Drogensucht ausführlich literarisch verarbeitet wurde, zwei umfangreichere Werke entstanden.

M. fand 1930–1933 in seiner Essayistik zu einer unzweideutigen Ablehnung der NS-Diktatur, nicht frei von ästhetizistisch-großbürgerlichen Motiven. 1933 ging er zunächst nach Paris ins Exil, überwiegend hielt er sich während der ersten Jahre in Amsterdam auf. Mit der Herausgabe der Zeitschrift *Die Sammlung* (bis 1935) versuchte er antifaschistische Künstler konservativer bis kommunistischer Provenienz zum gemeinsamen Kampf gegen den NS-Faschismus zu bewegen. M.s Romane *Flucht in den Norden* (1934) und *Mephisto* (1936) setzen sich mit Widerstand und Anpassung auseinander, während *Symphonie Pathétique* (1935) die gebrochene Künstlerpersönlichkeit Tschaikowskys beschreibt, die Motive Todessehnsucht und homoerotische Liebe variierend. Die deutsche Staatsbürgerschaft wurde M. schon 1934 aberkannt, auch seine Beiträge für das antifaschistische Kabarett *Pfeffermühle* seiner Schwester Erika dürften dazu beigetragen haben. Aufenthalte in der Sowjetunion und den USA dienten ihm zu Vortragstätigkeit gegen den NS-Staat, ebenso war er mit einer viel beachteten Rede beim Pariser Schriftstellerkongress „für die Verteidigung der Kultur gegen Krieg und Faschismus" beteiligt. Zwischen Entziehungskuren nahm M. 1938 als Reporter am Spanischen Bürgerkrieg teil, bevor er in die USA übersiedelte. Die Erfahrungen der europäischen Exilzeit verarbeitete M. im Roman *Der Vulkan* (1939). Sein erneuter Versuch einer politisch-literarischen Zeitschrift mit dem Titel *Decision* scheiterte nach einem Jahr 1942; hingegen erschien in englischer Sprache im gleichen Jahr seine Autobiografie *The Turning Point* (posthum 1952 in erweiterter Fassung in deutscher Sprache als *Der Wendepunkt* veröffentlicht) und 1943 seine Studie zum französischen Romancier und Philosophen André Gide, einem seiner wesentlichen Vorbilder.

M. wurde Ende 1942 auf seine Initiative zur US-Army eingezogen, arbeitete im Dienst der Psychological Warfare Branch und für die Armeezeitung *Stars and Stripes.* Nach seiner Entlassung 1945 und wechselnden Aufenthalten in Rom, Amsterdam, New York und andernorts beging er mit einer Überdosis Schlaftabletten 1949 in Cannes vermutlich Selbstmord.

Literarische Einordnung

Trotz seiner vielseitigen Begabungen und unbestrittenen Formulierungskunst gilt M. mit Blick auf seinen literarischen Rang weiterhin als umstritten. Seinem Werk werden sowohl epigonale Züge, nicht ohne Verweise auf seinen Vater Thomas und seinen Onkel Heinrich, als auch eine Neigung zu oberflächlich-kolportagehaften Zügen zugeschrieben.

Das Interesse an M.s Werk ist nicht ohne das an seiner Person zu denken, zumal die lebenslange Auseinandersetzung mit Homosexualität, exzessivem Leben und Todessehnsucht biografische Bezüge nahe legt. Unbestritten ist seine engagierte Haltung gegenüber der NS-Barbarei, die dazu beitrug, den zunächst zögerlichen Vater zum Exil zu bewegen, und M.s konsequentes Eintreten für ein über ideologische Grenzen hinweg einiges Exil. Die häufige Verwendung von Figuren, die eher Porträts denn Verschlüsselungen bekannter Vorbilder waren, wurde als Schwäche gerade der Romane M.s angesehen. Seine Autobiografie *Der Wendepunkt* gilt als wichtiges Dokument des deutschen Exils; Resonanz fanden in beiden Deutschland nach seinem Tod neben dem skandalträchtigen *Mephisto* v. a. *Treffpunkt im Unendlichen* als Paradigma eines sich auflösenden Bürgertums und *Der Vulkan*.

Werkbeschreibungen

Mephisto. Roman einer Karriere (Roman, 1936): Dieses bekannteste Werk M.s beschreibt den Aufstieg des Schauspielers Hendrik Höfgen vom Hamburger Provinzstar zum repräsentativen Theaterleiter des brutalen neuen Reiches. Äußerlich unverkennbar an Gustaf Gründgens orientiert, wird dabei ein letztlich seiner Eitelkeit und Karrieresucht unterliegender Mensch dargestellt, der zwar mit Skrupeln behaftet und von Ängsten geplagt ist, auch gelegentlich Regimegegnern zu helfen versucht, aber im Grunde seiner Egozentrik folgt – gespeist aus sozialem Unterlegenheitsgefühl und heimlicher Übereinstimmung mit dem Bösen. 1926–1936 erlebt dieser Hendrik Höfgen zunächst seinen Aufstieg durch handwerkliches Geschick, umtriebig von Boulevard über Klassik bis zum linksgerichteten Agitprop-Theater kaum ein mögliches Bühnenforum auslassend. Durch den Kontakt zu Lotte Lindenthal, der Geliebten und späteren Frau des zweithöchsten Mannes im Staate (Göring nachgebildet), gelingt Höfgen die Beziehung zur neuen Macht und der Aufstieg bis zum Intendanten. Höfgens Ex-Frau Barbara Bruckner (M.s Schwester Erika porträtierend) stellt das Gegenbild zum Karrieristen dar und ist im Exil aktiv gegen das Regime. Der Roman konfrontiert Höfgen schließlich damit, zum Teufelspakt, zur Mephisto-Rolle, fähig zu sein, beim Hamlet, der moralisch-grüblerischen Figur, aber zu versagen.

Mephisto konnte 1949 in Deutschland nicht erscheinen, der Verleger begründete dies gegenüber dem empörten M. mit der schon wieder bedeutenden Rolle von Gründgens; nach einer Ausgabe im Ostberliner Aufbau-Verlag 1956 führte der Adoptivsohn von Gründgens 1965–1971 einen Prozess gegen den westdeutschen Verlag der M.-Werke, den schließlich das Bundesverfassungsgericht in einer strittigen Entscheidung zugunsten des Klägers entschied. Nach der Aufführung einer Theaterversion des *Mephisto* in Paris 1979 konnte 1981 der Roman erstmals in der Bundesrepublik erscheinen. Noch heute gilt der Rechtsstreit um den *Mephisto*-Roman als bedeutendste Auseinandersetzung um Literatur, Zensur und Persönlichkeitsrecht im Nachkriegsdeutschland.

Der Vulkan (Roman, 1939): In Etappen von 1933 bis 1938 werden v. a. verschiedene Deutsche im Exil dargestellt, vom scheiternden, letztlich an Drogensucht sterbenden Dichter Martin Korella in Paris über die aristokratische, ihren verstorbenen jüdischen Gatten nicht verleugnende Frau von Kammer in der Schweiz und deren drei Töchter bis hin zum jüdischen Universitätsgelehrten Benjamin Abel, dem ein spätes Glück nach einer schwierigen Zeit in den Niederlanden an einer US-Provinzuniversität zuteil wird. Mit weiteren Figuren, etwa dem französischen Schriftsteller Marcel Poiret, der im Spanischen Bürgerkrieg getötet wird, oder der Rezitatorin Marion, Tochter der Frau von Kammer, die in Europa und den USA gegen das NS-Regime auftritt, entwirft M. ein Panorama unterschiedlichster Personen und Haltungen im Exil. Einerseits sind diese von Vertreibung und Faschismus bedroht – im Bild des verschlingenden Vulkans sinnfällig dargestellt –, andererseits werden über den Lebensgefährten Martin Korellas, den ebenso morbiden wie gläubigen Kikjou, und dessen Engelsvisionen surreal-visionär die Leiden der Exilierten und ihr Scheitern aufgehoben, auch als Hingabe und Opfer verklärt. Diese mystisch-religiöse Überhöhung findet sich bei M. in mehreren Werken. MK

Thomas Mann

geb. am 6. 6. 1875 in Lübeck
gest. am 12. 8. 1955 in Zürich

Kurzbiografie

M., zweiter Sohn von Thomas J. H. Mann, einem angesehenen Lübecker Kaufmann und Senator der Hansestadt, wuchs mit einer Fülle musischer Anregungen in großbürgerlicher Umgebung auf. Vor allem M.s Mutter Julia, geb. da Silva-Bruhns, als sinnlich-geistreich beschriebene Tochter einer portugiesisch-kreolischen Brasilianerin und eines Vaters skandinavischer Herkunft, dürfte die Musikalität ihres Sohns geweckt haben. Der glanzvolle Lebensstil des Elternhauses prägte M. ebenso wie die Abneigung gegen das gängelnde Reglement in der Schule, die M. 1893 nach der Obersekunda verließ.

Der frühe Tod des Vaters 1891, der zur Firmenauflösung geführt hatte, bewirkte die Übersiedlung der Familie nach München, wo M. 1894 kurze Zeit als Volontär einer Versicherungsgesellschaft arbeitete. Nach ersten journalistischen Versuchen veröffentlichte er die Novelle *Gefallen*, ein moralisch-psychologisierendes Werk über einen betrogenen jungen Mann, der sich in Weltverachtung flüchtet. Zusammen mit seinem Bruder Heinrich konnte M. seinen Lebensunterhalt von einer Rente aus dem väterlichen Vermögen bestreiten.

Als Schriftsteller arbeitete er in enger Anlehnung an den französischen Romancier Paul Bourget, dessen Psychologie des „Dilettanten"-Typus M. beeindruckte. In der Haltung beobachtender Unentschiedenheit und kritischer Selbstkontrolle sah M. offenbar ein faszinierend-abstoßendes Bild gerade der Künstlerexistenz. Nicht nur die moralisierend-kulturkritische Haltung Bourgets, sondern auch der in den 1890er-Jahren modische Antisemitismus und die Deutschtümelei zeigten sich als von M. übernommene Facetten in seinen Beiträgen für die Zeitschrift *Das Zwanzigste Jahrhundert. Blätter für deutsche Art und Wohlfahrt*, begründet von dem deutschnationalen Fritz Lienhard.

Der gut 20-jährige M., der sich als Journalist sah und Verlegern erste Novellen wie *Der Wille zum Glück* anbot (erschienen 1896 im *Simplicissimus*), unternahm recht ziellos Studien an der Münchner Technischen Hochschule. Im Herbst 1996 besuchte M. seinen Bruder Heinrich in Italien; aus dem Besuch wurde ein eineinhalbjähriges Miteinander. In dieser als Zeit des Abwartens empfundenen Phase begann M. mit Studien zur eigenen Familiengeschichte, Recherchen zu den *Buddenbrooks*. Animiert dazu hatte ihn der Verleger Samuel Fischer, der M.s Novelle *Der kleine Herr Friedemann* herausgebracht hatte. Während der nun folgenden Jahre der Romanproduktion und auch danach beeinflussten M. die Lektüre Arthur Schopenhauers sowie Friedrich Nietzsches.

1898/99 in München als Lektor für den *Simplicissimus* tätig, konnte M. 1900 einen längeren Militärdienst vermeiden, den er sich aufgrund seiner labilen Konstitution und der Neigung zu Depression nicht zumuten wollte. Mit dem Erscheinen der *Buddenbrooks* 1901 konnte M. sich als Autor durchsetzen, obwohl seine wirklichkeitsgesättigte Prosa den Expressionisten nichts sagte und die realitätsnahe Ironie auch beim Bruder Heinrich wenig Gegenliebe erzielte. *Tonio Kröger* veröffentlichte M. 1903 mit fünf weiteren Novellen.

Der seine Homosexualität verbergende M. heiratete 1905 Katja Pringsheim, mit der er eine äußerlich solide Ehe führte, aus der sechs Kinder hervorgingen. Die Ehefrau als hochgebildet-zurückhaltende

Gefährtin sorgte bis zum Tod M.s für den störungsfreien, durch penibles Regelmaß und bürgerliche Korrektheit gekennzeichneten Tagesablauf. Die wohlhabende Familie Pringsheim stattete das Ehepaar mit einem Zuschuss aus, obwohl der Mathematikprofessor Alfred Pringsheim deutlich Distanz zu seinem Schwiegersohn wahrte.

In der Erzählung *Königliche Hoheit* (1909) beschrieb M. den Ausbruch von Klaus Heinrich, dem jüngeren Bruder des Großherzogs mit Sitz im fiktiven Grimmburg, durchaus auch zu lesen als epische Auseinandersetzung mit jener Repräsentativität, zu der sich M. verpflichtet fühlte. Deutlicher auf seine sexuelle Neigung spielte 1912 *Der Tod in Venedig* an.

Der ästhetische Konflikt mit dem Bruder Heinrich steigerte sich immer mehr auch zu einem politischen. Mit den *Gedanken im Kriege* (1914) und *Friedrich und die große Koalition von 1756. Ein Abriß für den Tag und die Stunde* (1915) sowie weiteren Schriften bis hin zu dem in Teilen schon 1917, insgesamt 1918 abgedruckten *Betrachtungen einen Unpolitischen* offenbarte M. seine Nähe zu einem chauvinistischen Denken, was spätestens seit der Kriegsbegeisterung des August 1914 zum tiefen Zerwürfnis mit dem auf innereuropäischen Ausgleich drängenden Heinrich führte. M. befand sich im Einklang mit einem besonderen Erwähltheitsglauben, der Deutschland in der Ära Wilhelms II. beherrschte. Zwar differenzierter als Stefan George, Gerhart Hauptmann und andere deutsche Intellektuelle 1914, aber eindeutig in der Verwendung der Sprache deutscher Machtpolitik brauchte M. einige Zeit bis zu den beginnenden 20er-Jahren, um sich aus der konservativ-nationalen Sphäre herauszulösen. Vom romantisierenden Nationalismus wandte sich M. erst in den Jahren nach 1920 ab – motiviert durch seine Abscheu vor dem offenen Rechtsterrorismus, v. a. nach dem Mord am liberalen Außenminister Walter Rathenau 1922.

Mit der Rede *Von deutscher Republik* (1922) entwickelte M. sich zum an Humanität orientierten Erzieher. Die Versöhnung mit Heinrich, der eine schwere Operation zu überstehen hatte, vollzog M. am Krankenbett. In den Essays *Goethe und Tolstoi* sowie *Fragmente zum Problem der Humanität* (1923) verurteilte M., der 1922 die schon vor dem Ersten Weltkrieg begonnenen *Bekenntnisse des Hochstaplers Felix Krull* veröffentlicht hatte, völkisch-nationalistisches Denken.

Erfüllt von einem Ethos übernationaler Sittlichkeit, war M. seit Mitte der 20er-Jahre im europäischen Ausland zu Vortragsreisen und Begegnungen unterwegs. Mit *Zauberberg* (1924), der trotz seines Umfangs und seiner Komplexität weit über Deutschland hinaus zum Verkaufserfolg wurde, gelangte M. mehr und mehr in den Rang einer nationalen Institution der Weimarer Republik. Durch den 1929 verliehenen Literaturnobelpreis galt M.s Haltung zur deutschen Kultur und Politik als Wegweiser für das liberale, in den Krisenjahren nach 1929 allerdings immer weniger präsente Bürgertum. Auch mit der kaum verklausulierten Botschaft gegen Verführung und Verdummung in der Erzählung *Mario und der Zauberer* (1930) bewies M. Einsicht in die psychologische Natur des Faschismus. Mit *Deutsche Ansprache. Ein Appell an die Vernunft* und seinen öffentlichen Beiträgen zum Goethe-Jahr 1932 profilierte er sich als entschieden demokratischer Mahner mit dem Begriff der Humanität als Kern seines Denkens, ein Bündnis von Bürgertum und Sozialismus fordernd.

Bis 1936 vermied M. eine eindeutige Aussage zum NS-Regime, obwohl er auf Anraten seiner zum Widerstand aus dem Exil entschlossenen ältesten Kinder Erika und Klaus von einer Vortragsreise schon im Frühjahr 1933 nicht mehr nach München zurückkehrte und sich nach kurzem Aufenthalt an der französischen Mittelmeerküste im schweizerischen Küsnacht am Zürichsee niederließ. Während der Weiterarbeit an der *Joseph*-Tetralogie, einem Romanwerk ungeheuren Ausmaßes und Anspruchs, war erst ein Artikel Eduard Korrodis, des Feuilletonchefs der *Neuen Zürcher Zeitung*, unter dem Titel *Deutschland im Emigrantenspiegel* für M. 1936 der Anlass, sich öffentlich auf die Seite der Emigranten zu stellen. Korrodi hatte die Literatur der Emigration als jüdisch bezeichnet und M. ausdrücklich ausgenommen bzw. als dem Regime gegenüber indifferent eingestuft.

Im gleichen Jahr ausgebürgert und mit tschechischer Staatsbürgerschaft ausgestattet, siedelte M. 1938 in die USA über. Nach einer Gastprofessur in Princeton (New Jersey) zog M. 1940 nach Kalifornien, wo er 1942–1952 im eigenen Haus in Pacific Palisades einen Fixpunkt deutscher Kultur im Exil bzw. im Ausland darstellte. Hier stellte er auch 1943 den vierten Teil der *Joseph*-Tetralogie fertig. Kennzeichen dieser großen epischen Dichtung ist die souverän-ironische Auseinandersetzung nicht nur mit den biblischen Mythen, sondern mit dem menschlichen Wesen und geistigen Strömungen bis in die Gegenwart hinein. M. unterbrach dieses Werk nur zugunsten des Romans *Lotte in Weimar*, der 1939 erstmals in Stockholm erschien und M.s lebenslange Beschäftigung mit Goethe erzählerisch dokumentiert. Ausgangspunkt ist die Wiederbegegnung von Goethe und Charlotte Buff, dem Vorbild der Lotte aus Goethes frühem Bestseller *Werther*. M. nutzte diese literarische Konstruktion zur Variation seines großen Themas Kunst und Leben, den alternden Goethe parziell als Selbstporträt gestaltend.

Mit *Deutsche Hörer! Radiosendungen nach Deutschland* (1942/45) meldete M. sich aus den USA, um die Gräuel und Inhumanität des NS-Regimes anzuprangern. Schon 1945 sah er sich, zur Rückkehr nach Deutschland aufgefordert, Angriffen sog. innerer Emigranten ausgesetzt, die weder M.s Haltung während der NS-Herrschaft noch seine kühle Replik *Warum ich nicht nach Deutschland zurückgehe* akzeptierten.

1947, im Jahr der Veröffentlichung seines großen Alterswerks *Doktor Faustus*, reiste er erstmals wieder nach Europa, im Goethe-Jahr 1949 auch nach Deutschland. Bewusst und im heraufziehenden Klima des Kalten Kriegs von rüden Angriffen begleitet hielt M. die Ansprache auf den deutschen Klassiker sowohl in Frankfurt/Main als auch in Weimar, wobei er betonte, Zonengrenzen für sich als Repräsentanten deutscher Sprache nicht zu akzeptieren. Den letzten Anstoß für die endgültige Rückkehr nach Europa mit dem Wohnsitz bei Zürich in der Schweiz gab 1951 die Verleumdung durch einen republikanischen Kongressabgeordneten, M. sei einer der berühmtesten Stalin-Befürworter der Welt. In der von antikommunistischer Hysterie geprägten Mc-Carthy-Ära der späten 40er- und 50er-Jahre in den USA war M. nicht mehr sicher, ob er vor den berüchtigten Untersuchungsausschuss geladen und damit öffentlich geächtet würde. Seit 1944 US-Bürger, ließ M. sich 1952 in der Schweiz nieder, wo er 1954 in Kilchberg bei Zürich sein letztes Haus bezog. Mit dem noch in den USA verfassten Roman *Der Erwählte*, einer Nachdichtung von Hartmann von Aues Mittelalterepos *Gregorius*, knüpfte M. an den ironischen Gestus der *Joseph*-Tetralogie an; *Die Betrogene* (1953) nahm das Thema Liebe und Tod erneut auf. Mit der Fortführung der schon vor dem Ersten Weltkrieg begonnenen *Bekenntnisse des Hochstaplers Felix Krull* knüpfte M. 1954 sowohl an die psychologisch-typologischen Akzente seines Frühwerks als auch an das Motiv des Jünglings mit erotischer Ausstrahlung an.

Mit 80 Jahren immer noch häufig auf Vortragsreisen z. B. zu Schillers 150. Todestag und in Europa hoch geehrt, erkrankte er 1955 an einer Thrombose und starb wenige Wochen später.

Literarische Einordnung

M. gilt als bedeutendster Darsteller und präziser Kritiker bürgerlicher Tradition und Lebensweise im 20. Jahrhundert. An Leo Tolstojs Epik und Detailtreue als Vorbild orientiert, lautete M.s Dichter-Credo, nichts anderes als Wirklichkeitskritik durch den Geist anzustreben. Die deutlichen Bezüge zu Autobiografischem mit dem Ziel künstlerischer Repräsentanz prägen das Erzählwerk von den *Buddenbrooks* bis zum *Doktor Faustus*. Die Gegensätze von bürgerlichem Leben und Künstlernatur, die reflektierende, oft pessimistische Auseinandersetzung mit der Künstlerexistenz, ihrer moralischen Fragwürdigkeit und Gefährdung sowie die Sehnsucht nach dem Tod speisten sich aus M.s Rezeption Nietzsches, des Psychologen der Dekadenz, und Arthur Schopenhauers. Neben der als Verführung und Macht erlebten und vielfach im Erzählwerk M.s präsenten Musik Richard Wagners spielt das Erotische als Verführung und Verhängnis eine bedeutende Rolle, häufig auch als Vorliebe für junge Männer bis hin zur Vergöttlichung – offenbar vergeistigter Reflex nicht ausgelebter homosexueller Neigungen.

Der Gestus skeptischer Ironie steigert sich in M.s Werk seit den 20er-Jahren zur facettenreich erlebbaren Haltung. Die mehr und mehr angestrebte Repräsentativität, das Selbstverständnis als Dichter, der deutsche Sprache und Kultur geradezu verkörpert, ließ M. unter den Schmähungen seiner Person und seiner Schöpfungen besonders leiden. Der zunehmenden Eigenspiegelung etwa in literarischer Auseinandersetzung mit dem Klassiker Goethe entsprang ein über nationales Denken hinausragender Anspruch.

M.s Wandel von konservativen, sogar national-chauvinistischen Positionen zu einem sich erst nach 1920 entwickelnden Vernunftrepublikanismus entsprach ein zunehmend Historisches und Politisches mitreflektierendes Denken und Schreiben in Abkehr von der Haltung vor der Jahrhundertwende, einem bloßen Ästhetizismus. Ein von ihm postuliertes Weltdeutschtum mit dem Kernbegriff der Humanität galt nicht mehr dem nationalen Raum; tiefe Verstörung bis hin zum Ekel hatte in M. die NS-Barbarei hinterlassen.

Werkbeschreibungen

Buddenbrooks. Verfall einer Familie (Roman, 1901): M. beschreibt in diesem Roman die Geschichte von vier Generationen einer Lübecker Patrizierfamilie. Diese wird zunächst 1835 als erfolgreiche Kaufmannsdynastie geschildert, geführt vom robust-unbekümmerten Johann Buddenbrook sen., dessen Sohn Johann jun., genannt Jean, trotz seiner Frömmigkeit die Geschäfte im Zweifel auch ohne größere Rücksichtnahme weiterführt. Von den vier Kindern Jeans stirbt Carla früh; Christian entwickelt sich zum Exzentriker, der sich gegen alle Familiengrundsätze auslebt. Sein Bruder Thomas, der die Geschäfte leitet und zum Senator aufsteigt, leidet darunter, sich ein vergleichbares Ausleben seiner künstlerischen Neigungen versagen zu müssen und stirbt als Resultat seiner ständigen Selbstüberforderung jämmerlich. Seine Schwester Antonia, genannt Tony, überlebt trotz zweier gescheiterter Ehen mit einem Heiratsschwindler und einem Hopfenhändler. Sie steht für das robustere Naturell der Familie, geprägt auch von Naivität. Hanno, Sohn von Thomas und dessen musisch veranlagter Frau Gerda, erweist sich als letzter und besonders lebensuntauglicher Spross, als sensibel-kränklicher Vertreter der vierten Buddenbrook-Generation. Er stirbt, vom Leiden an der Schule und seiner verständnislosen Mitwelt gezeichnet, an Typhus.

Die *Buddenbrooks* etablierten M. als Schriftsteller, der oft als Autor bürgerlicher Dekadenz missverstanden wurde. Mit vielen autobiografischen Zügen versetzt, sind die *Buddenbrooks* v. a. ein Spiegel des ausgehenden 19. Jahrhunderts als bürgerlicher Epoche.

Tonio Kröger (Novelle, 1903): Der schwärmerisch-sensible Junge Tonio Kröger verliebt sich in den unbeschwert-blonden Hans Hansen, dann in die in Naturell und Aussehen Hans ähnelnde Ingeborg Holm. Ihr sich zu nähern gelingt Tonio aber nicht. Als Erwachsener, nun erfolgreicher Schriftsteller und in München ansässig, kehrt Kröger bei einer Reise in seine Heimat in den Norden zurück. Nach erneuter Begegnung mit Hans und Ingeborg findet seine von Selbstzweifeln geprägte Bewertung der eigenen Existenz als Künstler Halt. Sein Schaffen soll nun fruchtbar werden in der Liebe zum hellen Lebendigen, zum Glücklichen und Gewöhnlichen, wie er der Malerin und (Brief-)Freundin Lisaweta Iwanowna mitteilt.

Tod in Venedig (Novelle, 1912): Der hoch angesehene, alternde Schriftsteller Gustav von Aschenbach wird von einer plötzlichen Reiselust, einer Suche nach Unbekanntem und Abweichendem, erfasst und reist nach Venedig. In einem Strandhotel an der Adriaküste begegnet er dem schönen Knaben Tadzio, den er sehnsüchtig zu lieben beginnt. Mehrere Versuche zur Abreise, v. a. von der ausgebrochenen Cholera motiviert, scheitern an Aschenbachs Entschlusslosigkeit und zunehmender innerer Auflösung. Tadzio wird, als er letztmalig zum Baden ins Wasser geht, zum lockenden Führer aus dem Blick des ihn betrachtenden, sterbenden Schriftstellers.

Die Handlung verweist auf antike Mythologie, mehrere Figuren fungieren als dem griechischen Gott und Führer ins Totenreich Hermes nachempfundene Boten des nahenden Endes. Im Aufbau der klassischen Tragödie ähnlich, wird der Widerstreit von Dionysischem und Apollinischem, von Verlockung, Überwältigung und Chaos im Gegensatz zu Form, Würde und Ordnung gespiegelt. Letztlich siegt die Todesfaszination über die Bürgerlichkeit, gibt sich Aschenbach dem Traum einer sinnlichen Raserei zum Untergang hin. *Der Tod in Venedig* spielt in der Rezeption von M.s Schaffen eine herausragende Rolle. Das anspielungsreiche, z. B. Merkmale der Komponisten Mahler und Wagner verarbeitende Werk fand mehrfach in Musik, Literatur und Film ein nachschöpfendes Echo. Die Künstlerproblematik und das morbid-anregende Ambiente Venedigs sowie der virtuos genutzte Mythos als leitmotivische Grundlage der Erzählung dürften dafür ausschlaggebend sein. Auch die homoerotische Komponente als soziales Phänomen ist Anlass zur Auseinandersetzung mit diesem Werk M.s gewesen.

Der Zauberberg (Roman, 1924): Hans Castorp, Enkel eines Hamburger Senators und vor seiner Ausbildung zum Ingenieur stehend, erkrankt beim Besuch seines Vetters in einem Lungensanatorium im Kurort Davos (Schweiz) selbst. Der Pflicht zur Rückkehr in den bürgerlichen Rahmen entzieht er sich, nachdem sich zwischen Clawdia Chauchat und ihm eine erotische Beziehung verwirklicht. Lodovico Settembrini, ein von den Ideen der Aufklärung überzeugter Humanist und Literat, wird in dieser Zeit zum Erzieher Castorps. Dazu gesellt sich Naphta, Jesuit und Verfechter eines Gottesstaats, der Gehorsam und Unfreiheit im Namen eines Respekts vor dem Tod und dem Allmächtigen einfordert, durchsetzt von kommunistischen Idealen eines Terrorregimes. Diese ihre Kontroverse bis ins Absurde eines Duells treibenden Castorp-Erzieher werden vom lebenslustigen Begleiter der nach Davos zurückgekehrten Clawdia Chauchat, Mynheer Peeperkorn, ergänzt. Der Verfechter dionysischer Lebenslust und Antiintellektuelle scheitert und verübt Selbstmord. Castorps siebenjähriger Aufenthalt endet mit dem Beginn des Ersten Weltkriegs und seiner Einberufung zum Militär.

Der Zauberberg, zwischen Bildungsroman und Zerfallsgeschichte angesiedelt, zeigt eine den Zeitläufen enthobene Gesellschaft, spiegelt aber als Zeitroman die Konflikte einer vom Untergang bedrohten bürgerlichen Gesellschaft. Das vielschichtige Ineinander von Motiven wie Eros, Tod und Chaos, die schon im Zentrum von *Tod in Venedig* und anderen Werken M.s standen, sowie Strömungen aus Philosophie, Religion und Politik lassen den *Zauberberg* nicht nur zum Bildungsroman seines Helden Hans Castorp, sondern zum vom souveränen Erzähler angeleiteten Bildungserlebnis seiner Leser werden.

Doktor Faustus (Roman, 1947): Das Werk, im Langtitel *Doktor Faustus. Das Leben des deutschen Tonsetzers Adrian Leverkühn, erzählt von einem Freunde*, entstand 1943–1947. Der Komponist Adrian Leverkühn, eine Art Wiedergeburt des Ur- bzw. goetheschen Faust, begegnet künstlerisch und erotisch den Mächten der Verführung und des Teuflischen. Sich ganz seinem Werk hingebend und sich dafür buchstäblich dem Bösen verschreibend, gelingt Leverkühn das Überschreiten der herkömmlichen Kompositionslehre und -technik. Der im Teufelspakt geforderte Liebesverzicht führt selbst zum Tod seines von ihm vergötterten Neffen Nepomuk. Nach einer Lebensbeichte im Freundeskreis verfällt Leverkühn in geistige Umnachtung und stirbt einige Jahre später.

Die düstere Geschichte, die u. a. auf Nietzsche anspielt, wird durch den Erzähler Serenus Zeitblom, einen Weggefährten Leverkühns seit Jugendtagen, auch humoristisch gebrochen. Zeitblom, ein unpolitischer Humanist, ist durch die abgründige Künstlernatur seines Freundes tief verschreckt. Zugleich ist er als Zeitgenosse und Notar der Ereignisse während der Entstehungszeit des Romans Spiegel des in der NS-Barbarei und im Zweiten Weltkrieg versinkenden Deutschland.

Die Parallelisierung von Lebens- und deutscher Geschichte in der faustischen Figur Leverkühns sorgte für ein großes Spätwerk M.s, das die Künstlerproblematik von Entgrenzung, Rausch und erotischer Erfahrung jenseits bürgerlicher Konvention mit dem literarischen Kommentar zum Weltgeschehen koppelt. MK

Monika Maron

geb. am 3. 6. 1941 in Berlin

Kurzbiografie

M. wurde während des Krieges in Neukölln / Berlin geboren und wuchs bei ihrer Mutter auf. Ihre Großeltern siedelten zu Beginn des Jahrhunderts aus der Gegend von Lodz (Polen) nach Berlin über, sie wurden 1939 jedoch wieder nach Polen vertrieben, wo der jüdische Vater 1942 umkam. Ihre Mutter, eine überzeugte Kommunistin, zog 1953 nach Ostberlin und heiratete 1955 den damaligen Chef der Volkspolizei Karl Maron, der 1955–1963 Innenminister der DDR war.

In ihrer Jugend engagierte sich M. in der FDJ und später auch in der SED. Die Abneigung gegen den Stiefvater führte jedoch zu Auseinandersetzungen mit den Eltern. Nach dem Abitur 1959 verließ sie das Elternhaus, um als Fräserin in einem Flugzeugwerk in Dresden zu arbeiten. Sie entschied sich dann für ein Studium der Theaterwissenschaft und Kunstgeschichte, war anschließend als Regieassistentin beim Fernsehen tätig und arbeitete später als Journalistin u. a. für die Zeitschrift *Wochenpost*. Zunehmende Schwierigkeiten im Beruf führten sie in eine Krise, die sie erst überwand, als sie sich 1976 dazu entschloss, als freie Schriftstellerin zu leben.

Mit M.s Roman *Flugasche* (1981) begann ihre literarische Laufbahn. Es war das erste Werk, das die dramatische Umweltzerstörung in der DDR thematisierte, aber wegen seines kritischen Gehalts zuerst nicht dort, sondern in der Bundesrepublik erschien.

Ebenfalls in Westdeutschland wurde ihr Sammelband *Das Mißverständnis* (1982) veröffentlicht, von der Kritik recht schnell als „ein schwaches Werk des Übergangs" abgetan, v. a. wohl deswegen, weil vornehmlich surreal anmutende Bilderwelten aus phantastisch wirkenden Perspektiven wiedergegeben wurden. Als gelungene Erzählung des Bandes gilt demgegenüber die realistisch-satirische Skizze über einen DDR-Funktionär (*Herr Aurich*), der aus Gesundheitsgründen vorzeitig aufs Altenteil und in die Bedeutungslosigkeit abgeschoben wird.

Als insgesamt geglückt wurde M.s zweiter Roman *Die Überläuferin* (1986) beurteilt, obwohl auch er phantastische Erzählmomente beinhaltet. Der jungen Wissenschaftlerin Rosalind Polkowski, die später auch in *Stille Zeile sechs* (1991) eine Rolle spielt, versagen eines Morgens die Beine. Ihr Leben ist damit plötzlich auf die Abgeschlossenheit ihres Zimmers begrenzt. Sie bleibt allein, ausgesetzt nur ihrer Erinnerung, ihrer Phantasie, ihren Gedanken, Wünschen, Träumen und Bildern. Durch die Begegnung mit fiktiven Gestalten in einer Art „Kopf-Theater" werden Konflikte des Individuums mit der Gesellschaft ausgetragen. So vermag sie sich gegen Engstirnigkeiten der Bürokraten und deren Anpassungsforderungen zu wehren und gewinnt die „wirkliche Freiheit", die Freiheit der Phantasie und des Denkens.

1988 zog M. von Ostberlin nach Hamburg. In *Ein deutsch-deutscher Briefwechsel*, den sie mit dem Publizisten Joseph von Westphalen (1987/88) geführt hatte, und in verschiedenen Zeitschriften-Beiträgen zeigte sie sich als originelle Essayistin und Polemikerin. Mit kritischen Stellungnahmen zur Vereinigung hat sie die deutsche Öffentlichkeit mehrfach herausgefordert. Angegriffen wurde sie auch wegen ihrer kurzen, aber vermeintlich allzu bereitwilligen Mitarbeit bei der Staatssicherheit der ehemaligen DDR, bevor sie selbst als Dissidentin überprüft und bespitzelt wurde.

Eigenständige Sichtweisen bestimmen auch M.s nächsten Roman *Stille Zeile sechs* (1991), in dem sie ein Bild der Gründergeneration der DDR am Beispiel des alten Funktionärs Herbert Beerenbaum nachzeichnet. Die Historikerin Rosalind Polkowski, bereits bekannt durch *Die Überläuferin* (1986), soll ihm die gelähmte rechte Hand ersetzen und seine Memoiren aufschreiben. Trotz ihrer ursprünglichen Absicht, nur ihre Hand, nicht aber ihren Kopf in den Dienst dieses selbstgerechten Mannes zu stellen, greift sie ihn immer stärker an, bis er schließlich nach einem Streitgespräch einem Herzanfall erliegt. Während der Trauerfeier reflektiert sie auch über ihr eigenes Leben und lässt den Leser etwas ahnen von den Abgründen und den Fähigkeiten zur Täterschaft des Einzelnen. Seit dem Roman *Stille Zeile sechs* gilt M. als Erfolgsautorin.

Drei Jahre nach dem Fall der Berliner Mauer zog M. wieder nach Berlin. 1996 erschien der Roman *Animal triste*, die Geschichte einer Liebe im Sommer 1990, ihr bislang größter Erfolg.

Deutlich autobiografisch geprägt ist der Roman *Pawels Briefe* (1999). Anhand von Familienfotos und Briefen rekonstruiert M. das Leben des im Getto Belchatow umgekommenen jüdischen Großvaters Pawel und dessen Familie. So entsteht eine Familiengeschichte, die fast das ganze Jahrhundert umspannt, gekennzeichnet von tiefen Brüchen und Einschnitten. So wie Pawel sich vom Judentum abwendet, Baptist und später Kommunist wird, entwickelt sich seine Tochter Hella zur leidenschaftlichen Befürworterin des SED-Regimes. Ihre Tochter Monika dagegen wird zur Dissidentin, die ihre Bücher in der DDR nicht veröffentlichen darf, die aber trotzdem der Stasi zuarbeitet, bevor sie selbst deren Beobachtungsgegenstand wird.

In ihrem bisher letzten Roman *Endmoränen* (2002) erzählt M. von Lebensentwürfen und Umbrüchen nach dem Ende der DDR und vom nahenden Alter.

Literarische Einordnung

Insgesamt wird in M.s Werken deutlich, dass sie Totalitarismus jeglicher Spielart bewusst ablehnt. Ihre Grundhaltung ist durch Individualität und Identitätssuche, Selbstbestimmung und Eigenverantwortlichkeit bestimmt. Gegenüber herrschenden, verordneten und gängigen Meinungen zeigt sie Widerstand. Ihre literarischen Gestalten sind vornehmlich Frauen, die selbstbestimmt ihrer eigenen Weltsicht zu folgen versuchen.

In der Rezeption wurde M. manchmal abwertend als eine „Autorin des Rückzugs" tituliert, da sich ihre Heldinnen zunehmend der „Auseinandersetzung mit der realen Welt entzögen und sich in die Innenräume privater Erinnerung und Träumerei flüchteten". Übersehen wird dabei wohl, dass es den Frauen nur durch ihre Träume und Phantasien gelingt, der Anpassung und dem Alltagstrott zu widerstehen und ein eigenständiges Leben zu führen. Diese Auffassung lässt sich häufiger in der jüngeren Literatur der DDR finden, so auch bei Christa Wolf.

M.s Stil ist karg und sachlich, manchmal auch schroff, dann wieder zart, ernst und komisch zugleich. Neben den inzwischen recht zahlreichen Veröffentlichungen zeigen M.s Erfolg auch die Preise und Ehrungen, die ihr zuteil wurden, z. B. 1992 der Kleist- und der Brüder-Grimm-Preis, 1994 die Roswitha-Medaille.

Werkbeschreibung

Animal triste (Roman, 1996): Mit einem kurzen Blickkontakt beginnt im Sommer 1990 unter dem Skelett des Brachiosaurus im Berliner Naturkundemuseum die Liebe zwischen einer Paläontologin aus Ostberlin und einem Hautflüglerforscher aus Ulm. Die Frau, die Ich-Erzählerin, gibt sich ihrer Liebe bedingungslos hin, bereitwillig verlässt sie Ehemann und erwachsene Tochter. Ihr Geliebter Franz reagiert dagegen zögernd, er ist zunehmend weniger bereit, sich von seiner Ehefrau und seinem gewohnten Leben zu lösen. Die Leidenschaft der Frau lässt jedoch den Verzicht auf ihn nicht zu, sie versucht ihn daher zu einer Liebe zu zwingen, die für sie absolut ist.

Der Roman setzt am Ende des Sommers ein, nachdem ihr Geliebter sie – wie sie zunächst sagt – verlassen hat. Die Ich-Erzählerin zieht sich von der Welt zurück und erinnert sich fast zwanghaft an die einzelnen Stationen ihrer Liebe. Es wird deutlich, dass diese Liebe ihre einzige sichere Orientierung vor dem Hintergrund der sich auflösenden Ordnung in der DDR wird. Ihre bisher getroffenen Lebensentscheidungen haben keinen Bestand mehr, mit ihren neu gewonnenen Freiheiten kann sie nicht umgehen. Sie klammert sich nur an den einen Grundsatz: „Man kann im Leben nichts versäumen als die Liebe." Die Liebe zu Franz wird daher zur Besitz ergreifenden Obsession, die am Ende dazu führt, dass sie ihren Geliebten absichtlich-unabsichtlich vor einen Bus stößt.

Das Besondere an diesem Roman ist seine ungewöhnliche und den Leser zunächst verwirrende Zeitgestaltung: „Jetzt bin ich hundert und lebe immer noch. Vielleicht bin ich auch erst neunzig, ich weiß es nicht genau, wahrscheinlich aber doch schon hundert. … Vielleicht bin ich aber doch erst neunzig oder sogar noch jünger. Ich kümmere mich nicht mehr um die Welt und weiß darum nicht, in welcher Zeit sie gerade steckt." Erst viel später wird deutlich, dass die erzählte Zeit des Romans lediglich einen Sommer umfasst. Die völlige zeitliche und räumliche Desorientierung der Ich-Erzählerin erklärt sich der Leser zunächst damit, dass sie unsäglich um ihre verlorene Liebe trauert. Erst am Schluss wird das gesamte Ausmaß ihres Handelns deutlich, nämlich, dass sie sich ihrerseits über jegliche Ordnung hinweggesetzt hat und ausschließlich ihren eigenen Empfindungen zu folgen bereit ist. Ihre völlige Isolation ist daher unvermeidlich und konsequent. GL

Conrad Ferdinand Meyer

geb. am 11. 10. 1825 in Zürich
gest. am 28. 11. 1898 in Kilchberg

Kurzbiografie

Nach dem frühen Tod des Vaters, eines Regierungsrates aus einem alten schweizerischen Patriziergeschlecht, war allein die religiöse, schwermütige Mutter für die Erziehung ihrer Kinder Conrad und Betsy verantwortlich. M.s melancholisches, sensibles Wesen litt unter ihrer sittenstrengen, calvinistischen Frömmigkeit und ihren künstlerfeindlichen Pflichtvorstellungen, die ihn einschüchterten und in eine selbst gewählte Isolation drängten.

M. besuchte das Gymnasium in Zürich, wurde aber von seiner Mutter 1843 zur weiteren Ausbildung nach Lausanne geschickt, wo sich der Historiker Louis Vuillemin – ein väterlicher Freund – seiner annahm. Ein Jahr später kehrte M. selbstbewusster und gestärkter zurück, beendete die Schule mit der Reifeprüfung und begann gemäß dem Wunsch seiner Mutter ein Jurastudium. Er widmete sich auch historischen und philologischen Studien und spielte mit dem Gedanken, Maler zu werden. Doch seine künstlerische Ziellosigkeit und sein dichterischer Selbstzweifel stürzten M. in tiefe Depressionen. Er wurde 1852 in die Nervenheilanstalt Préfargier bei Neuenburg eingewiesen, die er einige Monate später aber entschlossen und zielbewusst wieder verlassen konnte.

In der Folgezeit wurde M.s Selbstbewusstsein durch Vuillemin erneut gestärkt, er arbeitete als Übersetzer französischer Literatur in Lausanne.

Nach dem Tod der Mutter 1856, der für ihn befreiend wirkte, unternahmen er und seine Schwester Betsy Reisen nach Paris, München und Italien. Eine reiche Erbschaft ermöglichte es ihm, in die Welt der Kunst und Ästhetik einzutauchen. Er ließ die intensiven Bilder der italienischen Renaissance in seine Arbeit einfließen; erste eigene Balladen und Gedichte wurden anonym veröffentlicht.

Erst um 1870 entwickelte M. Vertrauen zu seiner künstlerischen Arbeit und entschied sich unter dem Eindruck des deutsch-französischen Krieges 1870/71 für den deutschen Sprach- und Kulturkreis. Werke wie *Huttens letzte Tage* (1871) und *Jürg Jenatsch* (1866–1874) festigten seinen literarischen Aufstieg. 1875 heiratete er Louise Ziegler, die Tochter eines Obersten, vier Jahre später wurde eine Tochter – Camilla – geboren. Von 1877 an lebte M. zurückgezogen in Kilchberg bei Zürich und wurde erst dort in intensivem Maße dichterisch tätig. Die Novellen *Der Heilige* (1877) und *Gustav Adolfs Page* (1882) entstanden.

M.s letzte Lebensjahre zeichneten sich durch Krankheit, erneute Depression und Lebensangst aus. Die Novelle *Angela Borgia* (1890/91) konnte er nur mühsam und mit Betsys Hilfe beenden. 1892/93 verbrachte M. wieder in einer Nervenheilanstalt und war bis zum Tode geisteskrank.

Literarische Einordnung

M. ist neben Gottfried Keller der größte schweizerische Lyriker und Novellist des 19. Jahrhunderts. Er verwendet historische Stoffe und Themen für sein zwischen bürgerlichem Realismus und Moderne stehendes Werk, um dem zeitgenössischen Alltag in der Literatur bewusst auszuweichen. Seine von der italienischen Renaissance beeinflussten, oft geschichtlichen Persönlichkeiten unterscheiden sich von den gewöhnlichen, alltäglichen Figuren in den literarischen Werken zeitgenössischer Schriftsteller. Helden wie Sünder in M.s

Werken zeichnen sich durch Lebensfreude und Energie aus, z. B. die Figur des gewalttätigen, selbstherrlichen Helden Jürg Jenatsch in dem gleichnamigen Roman oder die Sünderin in der Novelle *Die Richterin* (1881–1885).

M. entwirft bewusst ambivalente Bilder von Handlungen, Entwicklungen und Entscheidungen, wie das Bild der Lukretia in der Novelle *Angela Borgia* (1890/91). Die jugendlichen Gestalten in seinen Erzählungen, z. B. Auguste Leubelfing in *Gustav Adolfs Page* (1882), sind psychologisch genau erfasst. M. bemüht sich, die Konflikte – wie sittliche Gewissensfragen vor dem Hintergrund einer oft unmoralischen, gewalttätigen Welt – und Leidenschaften eines Individuums distanziert und objektiv psychologisch zu durchleuchten. Entfremdung und Einsamkeit fließen als Lebenserfahrung immer mit ein.

Als überwiegende Erzählform wählt M. die Novelle, bei der er sich meist der Rahmentechnik bedient. Auch das Versepos und der historische Roman tauchen als Erzählform auf, am Drama scheitert M. allerdings nach einigen Versuchen. Seine Bekanntheit zu Lebzeiten erhält M. durch das Versepos *Huttens letzte Tage* (1871), das in acht Büchern das bewegte Leben des im Sterben liegenden Ritters, Glaubensstreiters und Dichters Ulrich von Hutten erzählt.

Bekannt wurde er v. a. auch durch Gedichte und Balladen, die er in Sammlungen 1864 und 1871 publizierte. Die Form seiner Lyrik steht im Gegensatz zu den seit der Romantik um subjektive Inspiration und Spontaneität bemühten Gedichten und zeichnet sich durch eine starke, bewusst gesetzte Symbolik aus. Die Gedichte *Zwei Segel* und *Der römische Brunnen* entstehen durch mühevolle Arbeit und auf der jahrelangen Suche nach dem richtigen Wort. M. überarbeitet seine Gedichte mehrmals, bis sie ihre endgültige Form erhalten und seiner Vorstellung von ästhetischer Perfektion entsprechen.

Werkbeschreibungen

Die Hochzeit des Mönchs (Novelle, 1881): Die Novelle beginnt mit einer Rahmenhandlung: Der Fürst von Verona hat sich mit seiner Hofgesellschaft am Herdfeuer versammelt, um den Abend mit dem Erzählen und Lauschen von Geschichten zu verbringen. Diesen geselligen Kreis betritt der aus seiner Heimatstadt Florenz verbannte Dichter Dante, der sogleich aufgefordert wird, die nächste Geschichte zu erzählen. Dante erinnert sich an eine Grabinschrift in Padua und nimmt sie als Impuls für die folgende, erfundene Erzählung.

Am Tage der Vermählung zwischen Umberto Viccedomini und Diana Pizzaguerra – Angehörige zweier bedeutender Adelshäuser in Padua – kommt es zu einem folgenschweren Unglück: Das Brautschiff kentert, Umberto und seine drei Söhne aus erster Ehe ertrinken. Nur Diana kann vom Mönch Astorre – Umbertos Bruder – aus den Fluten gerettet werden. Astorres im Sterben liegender Vater befürchtet nun das Aussterben seines Geschlechts. Er fordert von Astorre, das Kloster zu verlassen und in die Welt zurückzukehren, um die Nachkommenschaft der Viccedomini zu sichern. Astorre fügt sich widerwillig dem Wunsch des Vaters und verspricht, Diana zu ehelichen. Doch er bricht das Versprechen: Am festgesetzten Hochzeitstag vermählt er sich wegen Antiope, die er seit Kindertagen liebt, nicht mit Diana. Diese schlägt ihre Rivalin wutentbrannt nieder. Bei der Hochzeit von Antiope und Astorre dann, einem Maskenfest, zu dem der Herrscher von Padua geladen hat, wird Antiope von der in ihrem Stolz verletzten Diana umgebracht. Astorre ersticht in blinder Wut Dianas Bruder Germano, wird aber selbst vom Schwert des stürzenden Freundes tödlich verletzt.

M. gestaltet hier in der klassischen Form der Novelle Menschen, die aus einem geordneten Leben herausgerissen werden und von genau dargestellter Leidenschaftlichkeit getrieben handeln.

Der römische Brunnen (Gedicht, 1860/82): Dieser Text, an dem M. über 20 Jahre immer wieder gearbeitet hat, zeigt sein Streben nach ästhetischer Perfektion. Er beschreibt in einer Strophe den Wasserkreislauf in einem römischen Brunnen von einer Schale zur nächsten, bis das Wasser aus der letzten Schale erneut aufsteigt und sich wieder in die oberste Schale ergießt. Der Sprachfluss wird durch Enjambements gefördert. Metrum (vierhebiger Jambus) und Reimschema (Kreuzreim) unterstützen die Vorstellung des stetigen Wasserflusses im Brunnen.

Im Dinggedicht wird ein Gegenstand auf das Wesentliche reduziert und erhält so gleichsam symbolische Bedeutung. Der Brunnen kann hier als Symbol des menschlichen Zusammenlebens gesehen werden. Geben und Nehmen, Strömen und Ruhen, wie es in dem Gedicht heißt, machen den Kreislauf des Lebens und Sterbens aus. Anhand eines konkreten Gegenstands drückt M. eine allgemein gültige Wahrheit über das Leben aus.

Die Füße im Feuer (Ballade, 1882): In dem düster-geheimnisvollen Text bittet ein Reiter, ein Kurier des Königs, in einer Sturmnacht um Unterschlupf in der Burg eines Edelmannes. Dieser lädt den Reiter freundlich ein. Das Bild einer Frau im Ahnensaal weckt die Erinnerung des Kuriers. Vor Jahren verfolgte er die Hugenotten, französische Protestanten, bis in diese Burg. Die Frau des Schlossherrn verriet damals ihren Mann nicht, obwohl der Kurier sie folterte – er hielt ihre nackten Füße ins Feuer – und schließlich tötete. Nun bangt der Reiter um sein Leben, da die Kinder des Hausherrn ihn erkennen und dem Vater ihr Wissen offenbaren. Im Morgengrauen will er sich davonmachen. Der über Nacht ergraute Schlossherr überrascht ihn. Als sich der Kurier endgültig verabschieden will, gibt der Edelmann zu erkennen, dass er von dem Mord an seiner Gattin weiß. Sein Verzicht auf Rache zeigt seine menschliche Größe. KH

Eduard Mörike

geb. am 8. 9. 1804 in Ludwigsburg
gest. am 4. 6. 1875 in Stuttgart

Kurzbiografie

Der Arztsohn wurde am städtischen Gymnasium in Stuttgart und in der Klosterschule zu Urach, wo er 1818 eine Ausbildung zum Geistlichen begann, erzogen. 1822 nahm er ein Theologiestudium an der Universität Tübingen auf, wo er u. a. mit David Friedrich Strauß und Friedrich Theodor Vischer in Kontakt kam, die ihn mit religionskritischem und linkshegelianischem Gedankengut bekannt machten.

Im folgenden Jahr lernte er Maria Meyer kennen, die im Haus eines Studienkollegen wohnte und einen etwas unbestimmten Ruf hatte. Er verliebte sich in sie, doch auf Drängen seiner Schwester traf er sie nicht wieder. Die kurze Beziehung übte einen prägenden Eindruck auf M. aus, denn als Peregrina kehrt Maria Meyer in seinen Gedichten, als Elisabeth im Roman *Maler Nolten* wieder.

Nach Beendigung der Studien führte M. acht Jahre lang das Leben eines wandernden schwäbischen Vikars, der immer wieder versuchte, sich als Hofmeister oder Journalist einen neuen Beruf zu erschließen, aber stets zum Pfarramt zurückkehrte. Aus dieser Zeit stammen neben verschiedenen Naturdichtungen auch mehrere seiner schönsten Liebeslieder. 1832 erschien die erste Fassung des 1853–1874 überarbeiteten psychologischen Künstlerromans *Maler Nolten*, der trotz seiner romantischen Züge noch deutlich unter dem Einfluss Goethes steht.

1834 übernahm er die Pfarrei von Cleversulzbach, wo er neun Jahre lang mit seiner Mutter und seiner Schwester Klara lebte. Auch in dieser Zeit betätigte er sich als Schriftsteller und es entstanden zahlreiche Balladen, symbolische Dinggedichte und mit vielen Sagen- und Legendenelementen durchwobene Kunstmärchen (*Der Schatz*, 1836; *Der Bauer und sein Sohn*, geschrieben 1839, *Die Hand der Jezerte*, Erstfassung 1841).

1843 musste M. sich aus Gesundheitsgründen aus dem Pfarrdienst zurückziehen. Er lebte im vorzeitigen Ruhestand als freier Schriftsteller und Beiträger vieler Zeitschriften in Schwäbisch Hall und später in Bad Mergentheim zusammen mit der Schwester Klara. Die 1851 mit Margarete Speeth eingegangene Ehe scheiterte 1873 endgültig, was weitgehend wohl auf die dem Haushalt weiter vorstehende Schwester zurückzuführen ist.

Er folgte dem Ruf an das Katharinenstift in Stuttgart, um dort als „Pfleger weiblicher Jugend" Vorlesungen über deutsche Literatur zu halten. Dort schrieb er Märchen wie *Das Stuttgarter Hutzelmännlein* (1855) oder die Novelle *Mozart auf der Reise nach Prag*. Danach traten außer einigen Gedichten keine Werke M.s mehr an die Öffentlichkeit. Auch der immer wachsende Kreis der Bewunderer konnte dieses nicht ändern.

Die Stellung im Stift gab er 1866 wegen seiner zunehmenden Kränklichkeit auf und verbrachte die nächsten Jahre in verschiedenen kleinen Städtchen Schwabens. 1871 schließlich verlegte er seinen Wohnsitz wieder nach Stuttgart, wo er 1875 starb.

Literarische Einordnung

M.s nicht sehr umfangreiches literarisches Werk ist zwischen Spätromantik und Frührealismus einzuordnen. Das Erbe der Romantik ist in seinen Balladen und den Märchen zu erkennen. In der Lyrik zeichnet er sich durch eine Erweiterung der Liebes- und Naturgedichte um sowohl begeisterte als auch schwermütige Töne aus, doch gibt es auch humoristische Elemente in seinen Dichtungen. In seinem Roman *Maler Nolten* geht er über die Romantik hinaus, da er Menschen aus Fleisch und Blut geschaffen hat und durch die Darstellung von deren psychologischer Entwicklung den Weg zu einer psychologisch-realistischen Kunst gebahnt hat.

Werkbeschreibungen

Maler Nolten (Roman, 1832): M. selbst bezeichnete das Werk als „Novelle", nach heutigen Kriterien ist es jedoch sein einziger Roman und zugleich seine erste gedruckte Prosa. Heute gilt er als zu Unrecht vergessen: Zum einen stellt er den klassischen Bildungsroman quasi auf den Kopf, indem er eine Entwicklung zum Tode erzählt. Zum anderen hat das Werk einen literaturhistorisch interessanten Standort: Seine Wurzeln reichen zurück zum Künstlerroman der Spätromantik, wobei speziell Ähnlichkeiten zu E. T. A. Hoffman auffallen, seine Erzählweise und Charaktergestaltung jedoch weisen voraus auf die Erzählkunst des Realismus. Ein großer Teil seiner frühen Lyrik ist in diesen Roman integriert, u. a. die *Peregrina*-Gedichte. In der gewählten Thematik spiegelt sich zudem M.s eigene Neigung zur Malerei.

Der junge Maler Nolten wird über seinen früheren Diener Wispel mit dem anerkannten Maler Tillsen bekannt. Tillsen fördert Nolten in dessen Karriere und verschafft ihm Zugang in die Gesellschaft des Grafen Zarlin, in dessen Schwester Konstanze Nolten sich verliebt, nachdem er sich durch die – angebliche – Untreue seiner Verlobten Agnes getäuscht fühlt. Das Schicksal nimmt seinen Lauf, der durch vielschichtige Intrigen verkompliziert wird: Die erste Intrige geht von dem Zigeunermädchen Elisabeth aus, die das Verhältnis zwischen Nolten und seiner Freundin Agnes trübt. Das Verhältnis wird aber durch eine Gegenintrige des Schauspielers Larkens, der ein Freund von Nolten ist und scheinbar in dessen Namen handelt, aufrecht erhalten. Das wiederum führt dazu, dass Konstanze sich nach der Aufdeckung der Intrigen von Nolten abwendet, was den negativen Höhepunkt des Romans ausmacht. Im weiteren Verlauf der Handlung verstricken sich alle Beteiligten immer mehr in diese geheimnisvoll-tragischen, wechselseitigen Abhängigkeiten und unheimlich-dämonischen Bindungen, die am Ende keiner von ihnen überlebt.

An der Titelfigur, aber auch am Freund Larkens wird sichtbar, wie sehr künstlerische Existenz in ihrer z. T. übersteigerten Intensität der Wirklichkeitswahrnehmung zugleich auch Gefährdung bedeutet. Das romantische Ideal, Kunst als Leben und Leben als Kunst zu gestalten, führt in M.s Roman zum Tod.

Mozart auf der Reise nach Prag (Novelle, 1855): In diesem Werk klingt der romantische Gedanke einer dem Künstler eigenen Todessehnsucht an, der bereits den *Maler Nolten* bestimmte. Die Handlung steht unter den beiden Voraussetzungen Heiterkeit und Schwermut. M. schildert darin vierundzwanzig fiktive Stunden aus einer Reise Mozarts von Wien nach Prag, die durchaus so hätten stattgefunden haben können: Mozart hat diese Reise tatsächlich 1789 unternommen, um in Prag die Uraufführung seiner Oper *Don Giovanni* vorzubereiten und zu leiten.

Die eigentliche Erzählung beginnt mit der ersten Rast in einem Dorfgasthaus. Vor dem Mittagessen nutzt Mozart die Gelegenheit und geht in einem der Öffentlichkeit zugänglichen Garten des dort ansässigen Fürsten spazieren. Beim Anblick eines Orangenbaumes tauchen vor seinem geistigen Auge Erlebnisse aus seiner Jugend auf, die ihn dazu bewegen, gedankenverloren eine Frucht zu pflücken und zu zerschneiden, wobei er vom Gärtner des Grafen ertappt wird. Dieser weist Mozart darauf hin, dass die Früchte des Baums – ein Hochzeitsgeschenk für Eugenie, die Nichte des Grafen – gezählt seien. Nach Mozarts Entschuldigung werden er und seine Frau zum Mitfeiern eingeladen, was für Eugenie das schönste Verlobungsgeschenk ist. Erst am nächsten Morgen setzen sie ihre Reise in einer vom Grafen geschenkten Kutsche fort. Den Gastgebern, besonders Eugenie, bleibt die Erinnerung an den geselligen und unterhaltsamen Komponisten zurück. Doch wird diese von der Vorahnung seines frühen Todes überschattet.

In der Erstfassung der Novelle herrschte die Heiterkeit vor. In der überarbeiteten Fassung ist Eugenie die Einzige der Festgesellschaft, die eine Vorahnung vom nahen Tod des Komponisten hat und diese nach seiner Abreise in einem zufällig wiedergefundenen „Volksliedchen" als böses Omen preisgibt.

Das verlassene Mägdlein (Gedicht, 1829): In diesem vierstrophigen, kreuzgereimten Gedicht mit unreinen Reimen (z. B. krähn – stehn) ahmt M. in Sprache und Thematik einen Volksliedton nach, der schmerzlich-süß von der Liebe singt.

Das Gedicht ist aus der Sicht eines Mädchens geschrieben, das seine tägliche Arbeit verrichten muss („Früh, wann die Hähne krähn, / Eh die Sternlein verschwinden, / Muß ich am Herde stehn, / Muß Feuer zünden."). Die schlichte Tätigkeit des Feueranzündens ist schon metaphorischer Hinweis auf die Liebesleidenschaft, die dann plötzlich erinnernd bewusst wird („Plötzlich, da kommt es mir, / Treuloser Knabe, / Daß ich die Nacht von dir / Geträumet habe."). Diese Erinnerung bedeutet aber zugleich das Bewusstwerden des Verlustes, der Treulosigkeit des Geliebten und das Gefühl des Leids, das nun hereinbricht. Im Ausdruck der Gefühlsverwirrung von Schmerz, Erinnerung an das Glück und erneuerter Hoffnung auf das Wiedersehen endet das Gedicht: „Träne auf Träne dann / Stürzet hernieder; / So kommt der Tag heran – / O ging' er wieder!" WS

Heiner Müller

geb. am 9. 1. 1929 in Eppendorf (Sachsen)
gest. am 30. 12. 1995 in Berlin

Kurzbiografie

M. wurde als Sohn eines Beamten geboren, der wegen seiner sozialdemokratischen Gesinnung 1933 verhaftet wurde und längere Zeit interniert war. Nach seiner Entlassung fand er eine Stelle als Angestellter in Waren am Müritzsee. Die Familie zog deshalb 1937 nach Mecklenburg um, wo M. auch die Schule besuchte. Seine Mutter war als Textilarbeiterin tätig. Gegen Ende des Krieges wurde M. von der Schulbank zum Reichsarbeitsdienst und zum sog. „Volkssturm" eingezogen. Nach kurzer amerikanischer Kriegsgefangenschaft kehrte er nach Waren zurück, wo er im Landratsamt arbeitete. 1947 ging er mit seiner Familie nach Sachsen und beendete die Oberschule. Dort, in Frankenberg, war er anschließend in der Stadtbücherei tätig. 1947 trat er in die SED ein. 1951 flohen seine Eltern in den Westen, M. jedoch ging nach Ostberlin, wo er seine Frau Rosemarie Fritzsche kennen lernte und später auch seine Tochter Regine geboren wurde.

Seit 1950 entstanden seine ersten literarischen Texte, daneben war er journalistisch tätig, zunächst als Redakteur der Zeitschrift *Sonntag* und seit 1953 bei der Zeitschrift *Neue deutsche Literatur*. 1954–1955 war M. wissenschaftlicher Mitarbeiter des Deutschen Schriftsteller-Verbandes in der DDR, 1957–1958 Redakteur der Zeitschrift *Junge Kunst*. Mit der Szenencollage *Zehn Tage, die die Welt erschütterten* nach einer Reportage über die Oktoberrevolution wurde 1957 an der Berliner Volksbühne erstmals ein Stück von ihm aufgeführt. 1958–1959 arbeitete er am Maxim-Gorki-Theater in Berlin. Seit 1959 gilt er als freischaffender Autor.

M.s erste dramatische Texten stießen auf Resonanz. Seine frühen Stücke, die weitgehend in der Tradition des agitatorisch-didaktischen Theaters standen, begleiteten kritisch den Aufbau der sozialistischen Produktionsgesellschaft in den ersten Nachkriegsjahren (u. a. *Die Korrektur*, 1957/58; *Der Lohndrücker*, 1958). Arbeiter und Leiter, Brigadiere und Ingenieure, Klein- und Neubauern, Flüchtlinge und Überläufer machte M. zu Handlungsträgern. In einzelnen Szenen, kurzen Dialogen und Texten zeigte er Unterdrücker und Unterdrückte, die gleichermaßen der Zerstörung ausgeliefert waren und deren Welt ein Ort sich ständig fortsetzender Gewalt zu sein schien. M. erzeugte Furcht und Schrecken, um zu schockieren. Er wollte über den Schock – und nicht wie Bertolt Brecht durch kritische Distanz und Reflexion – zum Lernen anregen. Seine Stücke wurden heftig diskutiert, weil sie den Anforderungen des sozialistischen Realismus der SED-Kulturabteilung zunächst nicht zu genügen schienen, und wurden zunächst verboten. Doch schon 1959 verlieh ihm die angesehene Akademie der Künste den Heinrich-Mann-Preis.

Auch seine nächsten Arbeiten waren umstritten: Das Drama *Die Umsiedlerin oder das Leben auf dem Lande* (1961) wurde als „konterrevolutionärer Angriff" auf den Staat verstanden. M. wurde gezwungen, eine Selbstkritik zu verfassen. Trotzdem erfolgte 1961 sein Ausschluss aus dem Schriftstellerverband (1988 wurde er allerdings wieder aufgenommen). Sein regimekritisches Stück *Der Bau* (1964) wurde ebenfalls verboten, auch mit ihm hatte M. die Grenzen des Erlaubten im DDR-Literaturbetrieb überschritten. Seit 1965 begegnete die offizielle DDR dem

SED-Mitglied M. daher mit deutlicher Reserve. Auch das 1970 erschienene Stück *Mauser*, das sich in vielfältiger Weise auf Brechts Lehrstück *Die Maßnahme* bezog, blieb bis zum Ende der DDR verboten.

M.s zweite Frau Inge, die er 1955 geheiratet hatte und die als seine Mitarbeiterin vielfach zusammen mit M. ausgezeichnet worden war, wurde zunehmend depressiv. Nach mehreren gescheiterten Suizidversuchen beging sie 1966 Selbstmord. 1970 heiratete er die Bulgarin Ginka Tscholakowa, die er 1966 bei den Proben zu seinem Stück *Ödipus Tyrann* kennen gelernt hatte (1992 heiratete er schließlich die Fotografin Brigitte Maria Mayer, mit der er seine Tochter Anna bekam).

Ende der 60er-Jahre wich M. zunehmend auf mythische Stoffe aus der Antike aus, was er mit der Kritik der SED an seiner Arbeit und den daraus folgenden Aufführungsverboten begründete (*Philoktet*, 1965; *Herakles 5*, 1966; *Sophokles, Ödipus Tyrann*, 1969; *Der Horatier*, 1973). Er entwickelte seine schockierende Bildsprache weiter und löste sich zunehmend von Strukturen des überlieferten Dramas. Sein *Leben Gundlings Friedrich von Preußen Lessings Schlaf Traum Schrei* (1974) z. B. zeigt die zunehmende Verunsicherung der deutschen Intellektuellen angesichts einer immer neuen Aufklärungs- und Klassikbeschwörung. Nach Kritikermeinung erreichte diese neue Sichtweise Zenit und Krise zugleich in seiner *Hamletmaschine* (1977), einer programmatischen Absage an jegliche Tradition. Den Verzicht auf herkömmliche dramatische Ausdrucksmittel begründete M. mit seiner Zeit, die seiner Ansicht nach „zu unvernünftig geworden war", als dass man ihr mit den Formen des klassischen Theaters gerecht werden könnte. Bei der *Bildbeschreibung. Szenarium* (1984) war M. mit seiner metaphernreichen Sprache und komplexen Handlung eigenen Aussagen zufolge „an einem Endpunkt oder Nullpunkt" angekommen.

Inzwischen hatte die DDR jedoch mit M., ihrem loyal gebliebenen Außenseiter, ihren Frieden gemacht. 1986 wurde er mit dem Nationalpreis 1. Klasse ausgezeichnet, die offizielle Anerkennung schlug sich auch in einer liberaleren Bühnen- und Veröffentlichungspraxis nieder. Im Westen war M. schon seit Jahren einer der meist gespielten zeitgenössischen Dramatiker. Bekannt wurden u. a. die Stücke *Germania Tod in Berlin* (1977), *Der Auftrag* (1982 nach der Erzählung von Anna Seghers *Das Licht auf dem Galgen*, 1960, entstanden) und *Wolokolamsker Chaussee 1–5* (1985). Eine besondere Anerkennung wurde M., der in den 80er-Jahren ungehindert zwischen beiden deutschen Staaten hin- und herwechseln konnte, 1990 zuteil, als in Frankfurt unter Führung der Deutschen Akademie der Darstellenden Künste ein Festival ausgerichtet wurde, das ganz im Zeichen des Autors stand. Zwei Drittel seines zu der Zeit inzwischen 30 Stücke umfassenden Werkes waren in aktuellen Inszenierungen deutscher Theater aus Ost und West zu sehen.

Nach dem Zusammenbruch der DDR 1989 betätigte sich M. in erster Linie als Regisseur. So inszenierte er 1990 die Kombination von Shakespeares *Hamlet* und seiner *Hamletmaschine* am Deutschen Theater Berlin und 1991 die Wagner-Oper *Tristan und Isolde* in Bayreuth. 1992 erschien seine Autobiografie *Krieg ohne Schlacht. Leben in zwei Diktaturen*. Zur gleichen Zeit gab er den schmalen Band *Gedichte* heraus. Im gleichen Jahr wurde er als Co-Intendant in das fünfköpfige Leitungsteam des von Bertolt Brecht begründeten *Berliner Ensembles* (BE) berufen. 1995 wurde er dessen alleiniger künstlerischer Leiter. Im Juni 1995 inszenierte er Brechts Parabel *Der aufhaltsame Aufstieg des Arturo Ui* und stellte noch den BE-Spielplan für die Saison 1995/96 vor, der auf Bertolt Brecht und seine eigenen Stücke konzentriert war. M. starb an einem Krebsleiden.

Literarische Einordnung

M.s Tod wurde von Künstlern und Politikern als ein großer Verlust für die Theaterwelt bezeichnet, zählte er doch in der DDR neben Peter Hacks zu den renommiertesten Dramatikern. Auch die internationale Presse würdigte M., der als zeitgenössischer Künstler die Entwicklungen in beiden deutschen Staaten verkörperte, übereinstimmend als einen der großen Gegenwartsautoren. Seine Inszenierungen von eigenen und fremden Stücken machten ihn weit über die Grenzen hinaus bekannt.

Zwar beherrschte M., der sich 1976 vehement gegen die Ausbürgerung des unbequemen Liedermachers Wolf Biermann aus der DDR ausgesprochen hatte, die Schlagzeilen der Boulevard-Presse zu Jahresanfang 1993, nachdem offiziell bestätigt feststand, dass die Staatssicherheit der DDR ihn unter dem Decknamen „Heiner“ als „Inoffiziellen Mitarbeiter“ (IM) geführt hatte. M. gab seine „regelmäßigen Kontakte“ auch in einem Interview zu, doch begründete er sein Tun mit den Worten, er habe „versucht zu beraten und Einfluss zu nehmen“, da es ab einem bestimmten Zeitpunkt nicht mehr möglich gewesen sei, „mit Parteifunktionären vernünftig zu reden, gerade in den letzten Jahren“. Weiter gehende Verdächtigungen einer tatsächlichen konspirativen Zusammenarbeit M.s mit der Stasi zum Schaden Dritter bestätigten sich nicht.

M., der „sein Publikum nicht mit Harmonie aufmöbeln“ wollte, wurde vielfältig geehrt, so z. B. durch den Heinrich-Mann-Preis 1959, den Lessing-Preis der DDR (1975), den Büchner-Preis der Deutschen Akademie für Sprache und Dichtung (1985), den Heinrich-von-Kleist-Preis (1990), den 4. Europäischen Theaterpreis, Paris (1991) und den Theaterpreis Berlin (1996). Die Jury für das 33. Berliner Theatertreffen 1996 schließlich stellte seine Inszenierung von Bertolt Brechts *Der aufhaltsame Aufstieg des Arturo Ui* als eine der besten Arbeiten heraus.

Werkbeschreibung

Der Bau (Stück in neun Bildern, 1964; Uraufführung 1980): Erik Neutschs Roman *Spur der Steine* (1964) wurde in der DDR negativ aufgenommen, seine Verfilmung mit Manfred Krug wurde verboten und erst nach der Wende in der ehemaligen DDR gezeigt. Doch M., der die Stadien des Aufbaus in der DDR auch zuvor schon kritisch begleitet hatte, griff Motive des Romans auf und gestaltete daraus sein Stück *Der Bau.* Angesichts der Vorgeschichte war ein Aufführungsverbot zu erwarten, es erfolgte auch bereits 1964. Erst 1980 konnte das Werk an der Berliner Volksbühne uraufgeführt werden.

M.s Stück stellt die Arbeitswelt einer Großbaustelle im Jahr 1961 kritisch, differenziert und facettenreich dar: Die Brigade Barka arbeitet an einem Wasserwerk, kurz vor dessen Fertigstellung soll sie die Arbeit daran einstellen und an einem Kraftwerk weiterarbeiten. Die Arbeiter weigern sich und setzen ihre Arbeit fort, das dafür nötige Material stehlen sie anderen Brigaden. Während diese widerspruchslos die einander widersprechenden Anordnungen der Planungsbehörde befolgen („Wir reißen ein, baun neu“), entwickelt die Brigade Barka neue Arbeitsformen, die zwar Eigeninitiative und Selbstverantwortung Rechnung tragen, aber in ihrer Zielsetzung missverstanden werden.

M. ging es nicht nur um die Darstellung der Arbeitswelt, sondern darüber hinaus um eine Bestandsaufnahme der DDR-Gesellschaft zu Beginn der 60er-Jahre. Die Kämpfe, die zwischen den Arbeitern, den Parteifunktionären und den Ingenieuren ausgefochten werden, kreisen um die Frage, ob die Zukunft die Opfer lohnt, die Menschen jetzt zu leisten haben. Der Aufbau des Sozialismus und menschliches Glück schließen sich aus, das Ende der „Eiszeit“ ist noch nicht abzusehen.

Der Bau war das letzte Stück, in dem M. sich offen mit der Gegenwart der DDR beschäftigte. GL

Robert Musil

geb. am 6. 11. 1880 in Klagenfurt
gest. am 15. 4. 1942 in Genf

Kurzbiografie

M. wurde in Klagenfurt geboren, wo sein Vater als Maschinenbau-Ingenieur tätig war. Dieser trat jedoch bald darauf in den Staatsdienst ein und wurde 1917 geadelt. M. selbst sollte nach dem Willen seines Vaters Offizier werden. Er absolvierte die Militär-Unterrealschule in Eisenstadt, danach die Militär-Oberrealschule in Mährisch-Weißkirchen und trat dann in die Technische Militärakademie in Wien über. Allerdings wechselte er bald an die Technische Hochschule in Brünn, um dort Maschinenbau zu studieren. 1901 legte er das Ingenieurdiplom ab.

M. schlug auch nun wieder nicht die vorgezeichnete Laufbahn ein, sondern schrieb sich 1903 an der Universität in Berlin für Philosophie, Psychologie, Mathematik und Physik ein. Dieses Studium führte zu einer Promotion im Fach Philosophie, doch auch diesmal entschied er sich gegen eine Karriere und begann die Arbeit als freier Schriftsteller, nachdem bereits 1906 sein erster Roman *Die Verwirrungen des Zöglings Törleß* erschienen war. Bis 1914 hatte sich M. als Mitarbeiter des Expressionistenorgans *Aktion* von Franz Pfemfert sowie als Redakteur der renommierten *Neuen Rundschau* des S.-Fischer-Verlags hervorgetan und sich als herausragender Essayist einen Namen gemacht.

Im Ersten Weltkrieg rückte M. als Soldat ein und stieg in dessen Verlauf vom Reserveleutnant zum Landsturmhauptmann auf. Er arbeitete bei der Militärpresse und gab die *Südtiroler Soldaten-Zeitung* und die *Heimat* heraus, für die er mehrere Artikel schrieb. 1917 erhielt M. den Adelstitel „Edler von" und arbeitete 1919/20 für das österreichische Auswärtige Amt in Wien.

Von dort aus ging er nach Berlin, wo er Kontakt zu Ernst Rowohlt aufnahm, der sein späterer Verleger wurde. Er entschied sich wieder für das Leben als freier Schriftsteller und erhielt 1923 den Kleist-Preis, nachdem 1921 die Komödie *Die Schwärmer* veröffentlicht worden war. 1926 wurde M. mit dem Kunstpreis der Stadt Wien geehrt, 1929 erhielt er den Gerhart-Hauptmann-Preis. Bis 1933 lebte und arbeitete M. in Berlin, wo auch die ersten beiden Teile seines Romans *Der Mann ohne Eigenschaften* erschienen.

Nach der Machtübernahme durch die Nationalsozialisten 1933 sah M. seine jüdische Frau, die er 1911 geheiratet hatte, in Deutschland gefährdet und ließ sich mit ihr in Wien nieder, das er jedoch 1938 nach dem „Anschluss" Österreichs endgültig verließ.

M. starb 1942 in Genf, wo er bis an sein Lebensende unter sehr schwierigen finanziellen Verhältnissen mit der Arbeit an dem Roman *Der Mann ohne Eigenschaften* beschäftigt war, dessen letzten Teil seine Frau 1952 veröffentlichen ließ.

Literarische Einordnung

M. wird neben Hermann Broch und Thomas Mann als ein Erneuerer des modernen deutschen und des europäischen Romans angesehen. Das Grundthema seiner Texte ist das Problem einer selbstbestimmten Ich-Findung des Individuums im Spannungsfeld von Rationalität, Intellekt einerseits und Emotionalität und mystischer Selbsterfahrung andererseits. Das eigentliche Romangeschehen wird immer wieder durch Reflexionen der Hauptfigur unterbrochen, und diskussionsartige Dialoge, Erörterungen, kulturkritische Abhandlungen, essayistische und wissenschaftliche Betrachtungen o. Ä. sprengen den Rahmen des traditionellen Erzählens mit durchgängiger Handlungsführung. Durch das literarische Aufzeigen einer anderen Wirklichkeit zwischen Verstand und Gefühl wird die konventionelle Sicht der Realität aufgebrochen, wobei stets eine genaue, kritische Analyse des zeitgenössischen Bewusstseins, das sich an Ideologien orientiert, einfließt.

M.s Dramen- und Prosawerk geriet schnell in Vergessenheit. Der resignativ-ironische Titel des Erzählbandes *Nachlaß zu Lebzeiten* (1936) weist auf diesen Umstand hin. Erst in den 50er-Jahren setzte eine Neuentdeckung M.s ein, die 1974 die Gründung der Internationalen Robert-Musil-Gesellschaft hervorbrachte.

Werkbeschreibungen

Die Verwirrungen des Zöglings Törleß (Roman, 1906): Dieses Werk befasst sich vordergründig mit dem Erwachen sadistisch-triebhafter Gelüste Heranwachsender in einer Eliteschule in Wien. Der Sohn des Hofrats Törleß soll hier die allerbeste Erziehung erhalten. Doch sadistische und masochistische Triebe, von denen er und seine Mitschüler ergriffen werden, führen zu quälenden Demütigungsszenerien eines Opfers in einer abgelegenen Dachkammer des Internats. Nach Aufdeckung der Geschehnisse verlässt Törleß schließlich die Schule.

M. verarbeitet hier seine eigene strenge Internatszeit in Mährisch-Weißkirchen und das Erlebnis homosexueller Neigungen in seiner Jugend. Bereits in diesem frühen Werk unterbricht M. die eigentliche Romanhandlung immer wieder durch Reflexionen seiner Hauptfigur, so z. B. über das Wesen mathematischer Zahlen. Doch steht im *Törleß* die psychologische Entfaltung der verwirrenden Erfahrungen unbekannter Gefühlsschichten eines Individuums im Mittelpunkt. Neben der gewagten (sexuellen) Thematik des Buches ist die Verlagerung des Erzählinteresses von einer Außen- hin zur seelischen Innenwelt des Protagonisten einer der Gründe, warum M.s Erstling in Expressionistenkreisen begeistert aufgenommen wurde.

Der Mann ohne Eigenschaften (Roman, 1930–1952): Dieses Lebenswerk M.s erschien stufenweise, zuerst der erste Band unter dem Sondertitel *Reise an den Rand des Möglichen* (1930), dann der zweite Band *Das Tausendjährige Reich* (1933) und der dritte kurz nach dem Tod des Autors (1943). Die letzten Fragmente wurden erst in der von Adolf Frisé besorgten Neuausgabe des *Manns ohne Eigenschaften* von 1952 veröffentlicht, die sehr schnell die deutschsprachige Welt eroberte.

Der Roman spielt im Vorkriegsjahr 1913/14, sein Schauplatz ist das Land Kakanien (abgeleitet von k.-k.: kaiserlich-königlich), also die österreichisch-ungarische Monarchie, besonders natürlich Wien. In diesem Romanfragment ist die Eigenschaftslosigkeit der Hauptfigur, d. h. ihre Ungebundenheit gegenüber den sozialen Rollen der Wirklichkeit, nicht Nachteil, sondern vielmehr Voraussetzung, um aus den starren Konventionen der zerfallenen Gesellschaft auszubrechen. Die Hauptfigur Ulrich entzieht sich in ihrem „Möglichkeitssinn", d. h. ihrer Offenheit für alternative Denkmöglichkeiten jedem ideologischen Gebundensein und entfremdet sich von der modernen Industriegesellschaft, deren geistiger Zusammenbruch in Chaos und Krieg führt. Im dritten und letzten Teil wird eine Utopie des „anderen Zustands" beschrieben, die dieser Gesellschaft als Ideal entgegensteht. Hierbei handelt es sich um das fließende Überschreiten aller Raum- und Zeitkategorien, das Ulrich in der inzestuösen Beziehung zu seiner Schwester Agathe erleben kann. In der Geschwisterliebe offenbart sich beiden eine neue utopische Form der Mystik, in der Verstand und Seele verschmelzen und die Leere der Gesellschaft überwunden wird. WS

Sten Nadolny

geb. am 29. 7. 1942 in Zehdenik / Havel

Kurzbiografie

N. ist das Kind des Autorenehepaares Isabella und Burkhard Nadolny. Er wuchs in Oberbayern auf und machte 1961 sein Abitur. In München, Tübingen, Göttingen und Berlin studierte er Geschichte und Politologie. Nach dem Staatsexamen promovierte er 1976 mit einer Arbeit über die Abrüstungsverhandlungen in der Weimarer Republik.

Den Beruf des Lehrers gab N. allerdings schon bald wieder auf. 1977 stieg er in das Filmgeschäft ein und sah eine Karriere als Regisseur vor sich, als er ein Stipendium für sein Drehbuch-Exposé bekam. Der Film *Netzkarte* wurde zwar nie realisiert, dennoch übernahm N. den Titel für seinen ersten, auf dem Drehbuch basierenden Roman (1981). Ole Reuter, der 30-jährige Held des Romans, erwirbt eine Netzkarte und reist vier Wochen durch die damalige Bundesrepublik. Die Reise stellt nicht nur eine Suche nach Abenteuern dar, sondern auch eine Flucht vor dem vorgegebenen Leben, das auf den fertigen Lehramtsstudenten wartet. So wird die Reise zum Lebensentwurf, zum Protest und zum Medium, Selbsterfahrung und Abenteuerlust zu verbinden.

Bereits 1980 war N. der Durchbruch als Schriftsteller gelungen, als er mit dem fünften Kapitel seines bis dahin noch unveröffentlichten Romans *Die Entdeckung der Langsamkeit* (1983) den Ingeborg-Bachmann-Preis erhielt. Der fertige Roman machte ihn schlagartig berühmt.

1990 veröffentlichte er den Roman *Selim oder die Gabe der Rede*, in dem sich ein Vierteljahrhundert deutscher Geschichte an den Schicksalen des Deutschen Alexander, der versucht, hinter das Geheimnis der Rede zu kommen, und der Türken Selim und Mesud, die mit der ersten Gastarbeiterwelle nach Deutschland kommen, widerspiegelt. In Montageschnitten wird das Leben dieser Menschen in den Jahren 1965–1980 in tragisch-einfühlsamer Weise erzählt. Der Roman verbindet die Emotionsgeschichte der Studentenbewegung mit der Gastarbeiterwelle und einer Geschichte des Erzählens.

1994 erschien N.s Roman *Ein Gott der Frechheit*. Hermes, der antike Gott der Diebe und Kaufleute, wird nach 2 000-jähriger Gefangenschaft befreit und verliebt sich prompt in die junge Helga aus Stendal in Sachsen-Anhalt. Auf seinen Reisen lernt er nicht nur seine Angebetete besser kennen, sondern macht sich auch einen Reim auf die Veränderungen, die die Welt in den letzten 2 000 Jahren beeinflusst haben. Satirisch betrachtet dieses Göttermärchen dabei den heutigen Zeitgeist.

Er oder ich (1999) ist N.s bislang letzter Roman. Wieder einmal besteigt Ole Reuter mit einer Netzkarte in der Tasche die Bahn. Wieder einmal sucht er sich selbst, will sich noch einmal vier Wochen treiben lassen. Doch der inzwischen 20 Jahre ältere Consultant und Sachbuchautor Ole Reuter wird eher getrieben – geplagt von Schuldgefühlen, Trennungsgedanken und Selbstzweifeln. Tragisch-sarkastisch wird der Verfall eines Mannes dokumentiert.

Darüber hinaus veröffentlichte N. die Poetikvorlesungen *Das Erzählen und die guten Absichten* (1990) und *Das Erzählen und die guten Ideen* (2001).

N. lebt als freier Schriftsteller in Berlin.

Literarische Einordnung

N. gehört zu den aktuellsten deutschen Autoren. Eine genaue Einordnung ist daher noch kaum möglich.

N. gibt sich nicht politisch: Schon mit seinem ersten Roman *Netzkarte* kam er nicht den Forderungen der damaligen linken Intellektuellen nach, mit der Literatur der politischen Sache zu dienen. Auch seine folgenden Romane und Erzählungen verfielen nicht in einen politisch-moralischen Ton. Vielmehr lebt N. in seinen Romanen seine Lust am Erzählen aus, die er mit einer sensiblen Sprache umsetzt. Im Mittelpunkt seiner Werke steht das kunstvolle Erzählen über eine konkrete Person, um die Geschichten gewoben werden und deren Schicksal mit anderen Schicksalen verknüpft wird.

Das Lager der Literaturkritiker ist in Bezug auf N.s Werk recht gespalten.

Werkbeschreibung

Die Entdeckung der Langsamkeit (Roman, 1983): Das Buch erzählt die Biografie des englischen Seefahrers und Nordpolforschers John Franklin (1786–1847), der trotz seiner langsamen Auffassungsgabe und Reaktionsfähigkeit in der durch die industrielle Revolution und den technischen Fortschritt immer hektischer werdenden Welt besteht. Er schafft es, sich aufgrund seiner langsamen, aber umsichtigen Urteilsfindung gegen die Hektik der Welt durchzusetzen und so vom einfachen Offizier auf einem Kriegsschiff zum Forschungsreisenden und schließlich zum Gouverneur der englischen Sträflingskolonie Van Diemen's Land aufzusteigen.

Die im Roman verwendeten Ereignisse sind authentisch und den Forschungsberichten entnommen. Dennoch will N. hier nicht nur von der Person John Franklins erzählen; vielmehr wird durch die Eigenheit der Hauptperson zugleich Kritik an der heutigen Informations- und Medienwelt geäußert, die in Wahrnehmungs- und Reaktionstempo Menschlichkeit und Individualismus aus den Augen verliert. N.s Sprache bleibt dabei in einem kunstvoll einfachen, beinahe schon märchenhaften Ton. MT

Johann Nestroy

geb. am 7. 12. 1801 in Wien
gest. am 25. 5. 1862 in Graz

Kurzbiografie

Nur ein Jahr beschäftigte sich N. nach seiner Gymnasialzeit mit dem Studium der Rechtswissenschaft, um die Familientradition zu wahren, doch schon 1822 wandte er sich vollständig dem Theater zu. Er trat zunächst v. a. als Sänger auf und hatte Engagements in Wien, Amsterdam, Brünn, Pressburg und Graz. In den 20er-Jahren trat das Sprechtheater in den Vordergrund: Er begann seine fast lebenslange Karriere als Schauspieler und – ab 1827 – auch als Verfasser von Theaterstücken.

Bis zu seinem Lebensende schrieb N. über 70 meist sehr erfolgreiche Stücke, in denen er auch selbst eine Hauptrolle zu spielen pflegte, die neben seinen schauspielerischen auch seine gesanglichen Fähigkeiten zum Vorschein bringen konnte. Die Zeitgenossen beeindruckte auch seine Kunst des sog. Extemporierens, d. h. aus dem Stegreif, ohne Textvorlage, eine Rolle weiterspielen zu können. In einer Zeit, in der der gedruckte Text eines Theaterstücks vorher der staatlichen Überprüfungsbehörde, der sog. Zensur, vorgelegt werden musste, konnte N. „extemporierend" seinen Stücken mancherlei kritisch-satirische Wendungen zufügen, die der Zensur unentdeckt blieben, aber vom Publikum begeistert aufgenommen wurden.

Ein wichtiger Impuls für seine Tätigkeit ging aus der Zusammenarbeit mit dem Wiener Theaterdirektor Karl Carl hervor, an dessen Theater N. 1831–1854 fast allabendlich spielte und den er 1854 als Direktor des Leopoldstaler Theaters ablöste.

1860 trat N. zurück und übersiedelte nach Graz. Noch einmal kehrte er als Autor und Schauspieler 1861/62 nach Wien zurück, bevor er – wieder in Graz – starb.

Literarische Einordnung

N.s Werk ist mit dem Wiener Vorstadttheater, d. h. dem Theater, das dem bürgerlichen Publikum offen stand, untrennbar verbunden. Sprache und Figurengestaltung entstammen dem Wiener Milieu des letzten Jahrhunderts, doch weisen die Themen weit über N.s Zeit hinaus.

Die „Posse mit Gesang" wurde zu N.s typischer dramatischer Darstellungsform. Es handelt sich dabei um eine einfache Lustspielhandlung, in der der ironisch-witzige Dialog dominiert, jedoch mehrfach von Gesangseinlagen unterbrochen wird, die verfremdend aus der Spielhandlung herausführen, über sie hinausweisen, die witzig-kritische Aussage verallgemeinern und durch die musikalisch-gesangliche Gestaltung besonders hervorheben.

Wenn auch die starke regionale Bindung von N.s Werk es schwer macht, es den üblichen literarischen Epochen zuzuordnen, so zeigen sich doch deutlich Zusammenhänge mit der Vormärz-Literatur. N. schreibt in Wien, dem Zentrum der politischen Restauration nach 1813/14 (Wiener Kongress) und wendet sich in seinen Stücken scharf gegen das etablierte hierarchische Gesellschaftssystem mit seinen Ungerechtigkeiten und Unterdrückungsmechanismen. Hinter den Happyends der Posse und dem belustigenden Sprachwitz versteckt sich N.s satirische Gesellschaftskritik und seine Skepsis gegenüber der Vorstellung einer gerechten Gesellschaftsordnung, an der die biedermeierliche Gesellschaft noch festzuhalten bemüht war. Erst der sprachliche Witz in seiner oberflächlich gesehen harmlosen Lustigkeit macht es im Verein mit N.s schriftstellerischer und schauspielerischer Darstellungskunst möglich, in einer Zeit, in der die Zensur Bücher verbieten, Verlage schließen und Autoren inhaftieren konnte, Kritik öffentlich zu machen.

Werkbeschreibung

Der Talisman (Lustspiel, 1840): Hauptfigur des Schauspiels ist der arbeitslose Barbiergeselle (Frisör) Titus Feuerfuchs. Sein Bemühen um eine Anstellung schlägt fehl, weil er aufgrund seiner roten Haare (auf die sein sprechender Name schon hinweist) als Außenseiter betrachtet und verspottet wird. Als Dank für eine zufällige Hilfeleistung erhält er eine schwarze Perücke. Mit dieser äußerlichen Veränderung beginnt seine Karriere. Denn Frauen aus verschiedenen Gesellschaftsschichten bis hin zum Adel finden sein Aussehen nunmehr so attraktiv, dass er Aussicht hat, es bis zum Sekretär und literarischen Berater zu bringen. Doch als das Geheimnis seiner Perücke verraten wird, fällt Titus in seinen ursprünglichen gesellschaftlichen Status zurück. Die aufkommende Nachricht von einer bevorstehenden Erbschaft ändert erneut alles. Titus wird wieder gegrüßt, hofiert und umworben. Er aber lässt am Schluss die Chance des finanziellen und gesellschaftlichen Aufstiegs außer Acht, bekennt sich zu seinen roten Haaren und wendet sich Salome zu, die, ebenfalls rothaarig, wie er verachtet wird. Mit der Aussicht auf ein bescheidenes, aber glückliches Leben der beiden jenseits der gesellschaftlich so bedeutungsvollen materiellen Werte endet die Posse.

Die einfache Lustspielhandlung lebt v. a. von der satirisch-witzigen Sprache des Titus, der, als geistig allen überlegen dargestellt, die anderen Figuren ironisiert und ihre Dummheit und die Beschränktheit ihres Denkens durch Vorurteile und Äußerlichkeiten ins Lächerliche zieht. Die Kritik an einer hierarchischen Gesellschaftsordnung, die Äußerlichkeiten mehr schätzt als Vernunft und Moral, wird hier handfest in Szene gesetzt. HH

Novalis

geb. am 2. 5. 1772 in Oberwiederstedt (Harz)
gest. am 25. 3. 1801 in Weißenfels (Thüringen)

Kurzbiografie

Georg Philipp Friedrich von Hardenberg, der sich ab 1798 Novalis nannte (den Namen hatte ein Vorfahr schon einmal verwendet), entstammte gehobenen gesellschaftlichen Verhältnissen. Der Vater wurde 1784 Direktor der staatlichen Salinen (Salzherstellung) und die Familie lebte seitdem in Weißenfels. N. studierte in Jena, Leipzig und Wittenberg Jura und legte 1794 sein Examen ab.

Schon ab 1788 aber beschäftigte er sich auch mit Literatur und schrieb eine Vielzahl von Gedichten, die noch am spielerischen Ton des Rokoko und der Gefühlsbetonung der Freundschaftslyrik des sog. Göttinger Hain orientiert sind.

N. arbeitete zunächst in der Verwaltung der Saline in Weißenfels, später eignete er sich in der Bergakademie in Freiberg spezielle technische Kenntnisse an und war ab 1799/1800 Salinenassessor und Amtshauptmann.

Weißenfels, das nahe bei Weimar und Jena liegt, bot vielfältige literarische und wissenschaftliche Anregungen. N. hörte bei Friedrich Schiller, der damals Professor für Geschichte in Jena war, historische Vorlesungen. Auch die Wissenschaftslehre Johann Gottlieb Fichtes beeinflusste ihn. Fichte nämlich versuchte die durch Immanuel Kants Philosophie formulierte Begrenzung der Erkenntnismöglichkeiten des Ich zu überwinden, indem er jegliche Sinnerfassung der Welt als Produkt des erkennenden Subjekts, d. h. seiner sinngebenden Erkenntnisfähigkeit, definiert. Solche Betonung der Bedeutung des Subjektiven als Gegensatz zum aufklärerischen Denken des 18. Jahrhunderts hatte für das Entstehen der romantischen Ideen große Bedeutung. Zu eben diesem Kreis der sog. Frühromantiker in Jena hielt N. enge Kontakte: Die Brüder Friedrich und August Wilhelm Schlegel, Ludwig Tieck und der Philosoph Friedrich W. J. von Schelling gehörten – neben N. – dazu und in der von den Brüdern Schlegel herausgegebenen Zeitschrift *Athenäum* hatte man ein Publikationsorgan. N.s Gedichtsammlung *Blütenstaub* (1788) und seine *Hymnen an die Nacht* (1800) wurden hier veröffentlicht.

In pietistische Religiosität war N. von Kindheit an hinein gewachsen. Auch wurde er früh mit dem Tod konfrontiert: Seine Verlobte, die erst 12-jährige Sophie von Kühn, starb nach 2-jähriger Verlobungszeit, im gleichen Jahr wie sein Bruder Erasmus. Seitdem führte N. ein Tagebuch, in dem er psychisch-emotionale Selbsterfahrungen notierte. 1798 verlobte er sich erneut, mit Julie von Charpentier, die er aber aufgrund seines frühen Todes nicht mehr heiraten konnte. Nicht einmal drei Jahre später starb er an Tuberkulose.

Literarische Einordnung

N. gehört zum Kreis der Autoren, die die Literaturwissenschaft als sog. Jenaer Frühromantik kennzeichnet. Charakteristisch für N. ist die – von Fichte beeinflusste – Abwendung vom aufklärerischen Rationalitätsglauben, wie er es z. B. programmatisch in einem Gedicht zum Ausdruck bringt, in dem es heißt: „Wenn nicht mehr Zahlen und Figuren, / Sind Schlüssel aller Kreaturen, / Wenn die, so singen oder küssen / Mehr als die Tiefgelehrten wissen …"

Im Anschluss an Schlegels Begriff der romantischen Dichtung als „progressive Universalpoesie“ spricht N. von der dichterischen Aufgabe der „Romantisierung“ der Welt. Er meint damit eine dichterische Darstellungsweise, die „dem Gewöhnlichen ein geheimnisvolles Ansehn, dem Bekannten die Würde des Unbekannten“ gibt und umgekehrt „das Höhere, Unbekannte, Mystische“ als Alltägliches erscheinen lässt. N. will damit Querverbindungen sichtbar machen zwischen den unterschiedlichsten Bereichen menschlichen Seins, die vom konventionellen Denken und der traditionellen Wissenschaft nicht erfasst werden. Sein Ziel ist es, psychische und intellektuelle Fähigkeiten des Menschen zu erweitern und damit letztlich zu einer humanen Gesellschaft und harmonischem menschlichen Zusammenleben beizutragen – ein Ziel, das durchaus Parallelen zum aufklärerischen Denken des 18. Jahrhunderts besitzt, von N. allerdings nur durch einen lang andauernden Prozess realisierbar vorgestellt wird.

Zu diesem Denken N.s gehört auch sein Verständnis vom Verlauf der Geschichte, das er in dem Aufsatz *Die Christenheit oder Europa* formuliert. Dieser Text wurde von N. in Jena vorgetragen, aber erst 1826 nach seinem Tod publiziert. N. versteht Geschichte als Abfolge dreier grundlegender Stufen: Die von N. idealisierte mittelalterliche Welt, in der der christliche Glaube dominierte, ist abgelöst worden vom Zeitalter der Wissensvermehrung vom Humanismus bis zur Aufklärung, das N. als negative, aber notwendige Zwischenstufe ansieht. Das dritte, utopische Zeitalter schließlich sieht N. soeben angebrochen und er versteht es als sich herausbildende Synthese von Glauben und Wissen. Speziell in der wieder erstehenden vermehrten Bedeutung des Christentums in Europa sieht N. die Stärkung der Möglichkeit von Frieden im gesellschaftspolitischen Miteinander der Staaten.

In seinen *Hymnen an die Nacht* kommt die Bedeutung, die N. dem Christentum zuweist, klar zum Ausdruck. Die individuellen Erfahrungen des lyrischen Ich der Hymnen, in denen N. – hier wird Autobiografisches sichtbar – Liebe und Tod als Erfahrungen einer den Alltag des Lebens überschreitenden Transzendenz herausgehoben gestaltet, verweisen zugleich auf Christus, sein Leben, Sterben und die durch ihn vermittelte Unvergänglichkeit und Ewigkeit menschlicher Existenz: Eben diese Gewissheit will die Zusammenstellung von sechs Gedichten der *Hymnen* ansprechen und weitergeben.

Werkbeschreibung

Heinrich von Ofterdingen (Roman, 1800): N. erfindet für diesen Text das bekannte romantische Motiv von der „blauen Blume“. Nach ihr sucht der Titelheld des Romans und damit zugleich nach sich selbst und der Bestimmung seines Lebens. Er reist umher und erfährt dabei von Poesie und Naturwissenschaft. Die Erfahrung der Liebe bedeutet dann eine neue Reifestufe. Am Ende dieses ersten Teils des Romans steht die Erzählung von Klingsohr, Heinrichs zukünftigem Schwiegervater, der ein Märchen erzählt, das mithilfe von Mythenmotiven, Metaphern und allegorisch gedeuteten wissenschaftlichen Erkenntnissen eine Welt der Liebe und des Friedens poetisch vorführt. Der zweite Teil bricht früh ab: Heinrich wird mit dem Tod konfrontiert und wird sich seines Lebenssinns immer bewusster. Nach N.s Plänen sollte Heinrich am Schluss die blaue Blume finden und eine harmonische Welt erleben – doch konnte er diesen Schluss nicht mehr vollenden.

Der Roman verändert das schon von Goethes *Wilhelm Meister* her bekannte Konzept des Entwicklungsromans im Sinn der Romantik und spiegelt in der inneren Entwicklung des Helden deutlich N.s theoretische Vorstellungen von Mensch, Welt und Geschichte wider. HH

Ulrich Plenzdorf

geb. am 26. 10. 1934 in Berlin

Kurzbiografie

Die politischen Verhältnisse des Nationalsozialismus, unter denen P. aufwuchs, beeinflussten seine Kindheit stark. Denn seine Eltern, die in der KPD aktiv waren – der Vater war Fotograf für die *Arbeiter-Illustrierte Zeitung* –, waren aufgrund ihrer politischen Haltung zeitweise im Gefängnis. Nach dem Krieg studierte P. für kurze Zeit Philosophie in Leipzig, 1955–1958 arbeitete er als Bühnenarbeiter bei der DEFA, der DDR-Filmgesellschaft. Er ging freiwillig zur Volksarmee, studierte 1959–1963 an der Filmhochschule der DDR in Babelsberg bei Berlin und arbeitete dann bei der DEFA, indem er Spielszenen für Bühne, Film und Fernsehen schrieb.

Seine erste Arbeit, *Karla,* die die Geschichte einer Lehrerin erzählt, schrieb er 1964, die begonnene Verfilmung wurde jedoch abgebrochen. Bekannt machte ihn der Text *Die neuen Leiden des jungen W.*, den P. mit Vorarbeiten 1968 begann und schließlich als Erzählung und als Schauspiel (beides 1972) vorlegte. Der Text thematisiert das spannungsvolle Verhältnis eines Jugendlichen zur DDR-Gesellschaft. Radikaler als in den *Neuen Leiden* gestaltete P. den Gegensatz des Individuums zur offiziell gewünschten gesellschaftlichen Lebensform in der Erzählung *Kein runter, kein fern* (1978), in der er als inneren Monolog eines Jugendlichen dessen Verlorenheit und Schwierigkeit, sich sprachlich auszudrücken, beschreibt und gleichzeitig mit einmontierten Klischees der offiziellen Parteisprache, die angesichts des 20-jährigen Bestehens der DDR die sozialistische Gesellschaft preist, konfrontiert. Ähnlich thematisiert auch P.s Liebesgeschichte *Die Legende von Paul und Paula,* 1973 als Film, 1979 als Roman und 1983 als Theaterstück publiziert, diese damals in der DDR neue Frage nach den Glücksbedürfnissen des Einzelnen und ihren Realisierungsmöglichkeiten innerhalb der sozialistischen Gesellschaft. Die Arbeit an dramatischen Spielszenen und Filmdrehbüchern blieb auch weiterhin P.s literarischer Schwerpunkt. So schrieb er 1984/85 das Drehbuch zu der Verfilmung von Martin Walsers *Ein fliehendes Pferd* unter der Regie von Peter Beauvais und publizierte 1991 die Stücke *Ein Tag länger als im Leben* und *Zeit der Wölfe.*

P. lebt in Berlin.

Literarische Einordnung

Die Literatur der DDR war seit 1959 bestimmt durch den sog. Bitterfelder Weg. Auf vom Staat initiierten Konferenzen in Bitterfeld wurde der Literatur die Aufgabe vorgegeben, den Aufbau der sozialistischen Gesellschaft zu fördern. Zu diesem Zweck sollte zugleich der Arbeiter motiviert werden, selbst schriftstellerisch tätig zu werden und durch eigene literarische Arbeit zur sozialistischen gesellschaftlichen Integration beizutragen. Literatur, die diesen vorgegebenen Zielen nicht entsprach, wurde nicht gefördert und sogar – trotz offiziell nicht vorhandener Zensur – ihre Publikation untersagt.

Die Starre, die sich daraus für die Literatur ergab, schien um 1971 zu schwinden, als Honecker die politische Macht in der DDR übernahm. In diese Situation hinein stellen junge DDR-Autoren wie P. die Frage nach den Lebensbedingungen der Jugend in der sich etablierenden sozialistischen Gesellschaft und kommen zu kritischen Antworten. P.s Held Edgar Wibeau in den *Neuen Leiden des jungen W.* ist als Laubenbewohner, Jeansträger, *Werther-*

Leser und Jugendjargon-Sprecher eine unangepasste Figur, deren Orientierung am von der Väter-Generation her Aufgebauten und Integration in die sozialistische Gesellschaft nicht mehr ohne Brüche und Probleme gelingt. Die verschiedenen Versionen dieses Textes spiegeln wider, wie schwer sich P. tat, die kritische Opposition seiner Titelfigur zur Gesellschaft so zu steuern, dass die Ziele gesellschaftlichen Aufbaus für den Leser gewahrt blieben.

P. fand mit diesem Text, der als Aufschrei der Jugend gedeutet wurde, auch in der Bundesrepublik große Beachtung. In der DDR wurde er von Vertretern der etablierten Literaturkritik scharf verurteilt, was allerdings auch dort seinen Erfolg nicht verhinderte. Voraussetzung dafür ist die spezielle Gestaltung der Texte P.s: Er formuliert zwar im Detail die kritische Distanz der Jugend zu Erscheinungen der sozialistischen Gesellschaft, doch hat in seinem Text das grundlegende Ziel, zum gesellschaftlichen Aufbau des Sozialismus beizutragen, unangefochten Gültigkeit.

Werkbeschreibung

Die neuen Leiden des jungen W. (Erzählung, Schauspiel, 1972): Edgar Wibeau ist vor Mutter, Schule und Lehre in eine Berliner Gartenlaube geflüchtet. Auf obskure Weise lernt er Goethes *Werther*-Roman kennen (das Buch war in der Laube als Toilettenpapiervorrat zur Verfügung), er begeistert sich für diesen Text, für Jeans, seine Malerei und Tonbandbotschaften, die er allein seinem Freund Willi schickt. Als er die Kindergärtnerin Charlie kennen lernt, entwickelt sich eine ähnliche Handlungskonstellation wie in Goethes *Werther*, sodass Edgar im Verlauf mit *Werther*-Zitaten sein eigenes Gefühlsleben zu beschreiben und kommentieren versucht. Edgar verliebt sich nämlich in Charlie, die eigentlich mit dem trockenen, braven Dieter verlobt ist. Auch Charlie entwickelt Zuneigung zu ihm, da sie seine Spontaneität und Unkonventionalität in Sprache und Verhalten im Kontrast zu Dieter beeindrucken, der v. a. auf Planung, Ordnung und Regelmäßigkeit aus ist. Es kommt zum sexuellen Kontakt zwischen Edgar und Charlie, doch Charlie zieht sich dann, erschrocken über sich selbst, zurück und heiratet Dieter. Edgar, der für seinen Lebensunterhalt Geld verdienen muss, wird von einer vorbildlichen sozialistischen Arbeiterbrigade wieder ins Arbeitsleben integriert. Um Charlie zu vergessen, konzentriert er sich nun auf Erfindung und Bau einer besonderen Farbspritzmaschine. Beim Experimentieren mit diesem Gerät kommt er ums Leben.

Aus dieser Endsituation, Edgars Tod – und darin liegt der erzählerische „Witz“ –, ergibt sich die besondere Perspektive des Textes, der sozusagen aus dem Jenseits von dem toten Edgar erzählt wird, der sich auch dann, wenn andere Personenrollen erzählerische Passagen übernehmen, kommentierend einmischt.

P. thematisiert hier die Auflehnung der jungen Generation gegen die etablierte gesellschaftliche Ordnung. Er ironisiert etwa in Dieter die sozialistischen Vorbildfiguren, wie sie die Literatur des Bitterfelder Wegs als Orientierungsmuster vorgeführt hatte. Nicht zuletzt Edgars lockerer Jugendjargon als seine charakteristische Sprechweise trug dazu bei, dass der Text als Protest der Jugendgeneration auch in der Bundesrepublik so erfolgreich aufgenommen wurde und seine Sprüche zu einer Art „Kult“ wurden.

Bei genauer Betrachtung ist P.s Text allerdings viel weniger gesellschaftskritisch als er auf den ersten Blick erscheint, denn durch die übergeordnete Perspektive des „toten Edgar“, der sein Verhalten kommentiert, wird von Anfang an Kritik an der unangepassten Figur in der Selbstreflexion („Ich Idiot ...“) deutlich ausgesprochen – was der Veröffentlichungsmöglichkeit damals in der DDR zweifellos entgegen kam. HH

Wilhelm Raabe

geb. am 8. 9. 1831 in Eschershausen
(bei Holzminden/Weser)
gest. am 15. 11. 1910 in Braunschweig

Kurzbiografie

Die Umwelt der kleinen Orte im Raum des Weserberglandes, wo R. aufwuchs, bildete für ihn eine wesentliche positive Erfahrung, die sich in vielen späteren literarischen Werken widerspiegelt. Die unbeschwerte Kindheit endete, als der Vater – Jurist im Dienste des Herzogs von Braunschweig – ins nahe Stadtoldendorf versetzt wurde. Die dortige Stadtschule bot nur sehr begrenzte Bildungsmöglichkeiten, doch Reisen mit dem Vater und die Benutzung seiner umfangreichen historischen und geografischen Bibliothek ermöglichten dem Jugendlichen die Ausweitung seiner Kenntnisse.

Der Tod des Vaters 1845 veränderte die Lebenssituation der Familie. Aus finanziellen Gründen siedelte man in die ehemalige Residenzstadt Wolfenbüttel bei Braunschweig um, wo zwei Onkel R.s als Gymnasiallehrer tätig waren. Trotz oder auch gerade wegen der Lehrerverwandtschaft hatte R. keinen schulischen Erfolg, sodass er das Gymnasium verließ und eine Buchhändlerlehre in Magdeburg begann. Er genoss zwar die Möglichkeit zur Lektüre vielerlei literarischer Werke, doch eine Berufsperspektive gewann er aus dieser Tätigkeit nicht. Er kehrte nach Wolfenbüttel zurück, versuchte – erfolglos – das Abitur abzulegen und reiste 1854 nach Berlin, um dort als Gasthörer Vorlesungen an der Universität zu besuchen.

Der 15. 11. 1854 bildete einen entscheidenden Einschnitt in seinem Leben: Er fasste den Entschluss zum Schreiben eines literarischen Textes, der *Chronik der Sperlingsgasse* (hinter der sich seine Adresse in Berlin verbirgt), und verstand diesen Entschluss zugleich als Veränderung seiner gesamten Existenz, nämlich als „Berufsschriftsteller" allein von der künftigen literarischen Produktion zu leben.

Realisierbar war dieser Entschluss auf dem Hintergrund einer in Deutschland inzwischen vorhandenen bürgerlichen Gesellschaft, die gewillt und in der Lage war, Geld für Bücher auszugeben, und durch die damals aufgekommenen sog. Familienzeitschriften, in denen u. a. auch literarische Werke in Fortsetzungen veröffentlicht wurden, sodass für den Autor eine neue, weitere Einkunftsquelle zur Verfügung stand. Dennoch war R.s betonte Hinwendung zum „freien Schriftsteller" neuartig und mutig.

1856 erschien die *Chronik* im Druck und die positive Aufnahme verlieh R., der inzwischen nach Wolfenbüttel zurückgekehrt war, literarische und gesellschaftliche Anerkennung. Die Möglichkeit, seine weiteren Werke in den damals bekannten *Westermannschen Monatsschriften* zu veröffentlichen, schuf finanzielle Sicherheit. Ein heute noch bekanntes Werk aus dieser Zeit ist z. B. *Die schwarze Galeere*.

R. heiratete 1862 und zog kurz darauf nach Stuttgart, da er sich in dieser damals ca. 60 000 Einwohner zählenden Stadt ein reicheres kulturelles Leben versprach. Tatsächlich beurteilte er später die Stuttgarter Zeit als seine schönste Lebenszeit, in der sich vielfältige Kontakte zu Künstlern und Wissenschaftlern ergaben. Eine Ehrengabe von 300 Talern von der Schillerstiftung 1864 ist äußeres Anzeichen für die gewachsene Hochschätzung R.s.

1870 realisierte er seinen Wunsch, der norddeutschen Heimat wieder näher zu kommen, indem er nach Braunschweig zog, wo er bis zu seinem Tod wohnte.

Hier schrieb er wichtige Werke wie *Pfisters Mühle* (1884), *Das Odfeld* (1888), *Stopfkuchen* (1891) und *Die Akten des Vogelsangs* (1891), die jedoch aufgrund ihrer Thematik und Erzählweise von den Lesern vernachlässigt wurden und ihren Verfasser für einige Jahre ins Abseits des literarischen Markts und in finanzielle Bedrängnis brachten.

Er sah sich als Schriftsteller isoliert, wozu auch die äußeren Lebensbedingungen im gegenüber Stuttgart eher provinziellen Braunschweig beitrugen. Schriftstellerischen Austausch gab es in der Stadt nicht und R. lebte ein recht gleichförmiges Leben. Mit Erscheinen der Erzählung *Hastenbeck* (1899) sah R. sein literarisches Werk als beendet an, er bezeichnete sich jetzt selbst als Schriftsteller a. D. (außer Dienst).

Das Interesse an R.s Texten nahm seit Beginn der 90er-Jahre wieder zu, sodass dem alternden Autor schließlich doch eine Reihe von Ehrungen, u. a. Verleihung von mehreren Ehrendoktortiteln, zuteil wurde.

Literarische Einordnung

In den späteren Romanen seiner Braunschweiger Zeit prägte sich die für R. typische Erzählweise vollständig aus; sie war neuartig und irritierte seine Leser. Statt nämlich einen Roman aus auktorialer Sicht als kontinuierlichen Handlungsverlauf zu erzählen, wie die Leser es gewohnt waren und schätzten, verwendet R. unterschiedliche Perspektiven, stellt Gegenwart und Vergangenheit nebeneinander, kontrastiert und ironisiert dadurch hintergründig, er arbeitet mit Anspielungen und versteckten Zitaten, um ironische Brechungen in seine Texte einzubauen.

Seine ironisierende Darstellungsweise, die eine kritische Leserhaltung hervorrufen wollte, und auch die Thematisierung der ökologischen und sozialen Probleme der einsetzenden Industriegesellschaft kennzeichnen R. als Autor eines neuen, kritischen Realismus und unterscheiden ihn von den Autoren des sog. Poetischen Realismus, dem viele literarische Texte in der Zeit 1850–1910 zuzuordnen sind. Im Poetischen Realismus nämlich wird eine zwar an der Wiedergabe der Wirklichkeit orientierte (also realistische) Darstellungsweise gefordert, die zugleich aber auswählt: Vor allem sollen positive literarische Figuren gezeigt werden, die Erfolg haben und deshalb vorbildhaft auf den Leser wirken. Schlechte Figuren, die der Leser ablehnen soll, scheitern dagegen in ihrem literarischen Lebenslauf.

R. folgt diesem zu einfachen Schema nicht. Seine gesellschaftskritische Thematik und die komplizierte doppelbödige Darstellungsweise seiner Gestalten fordert seinen Lesern mehr ab, indem er zu einer kritischen Haltung anregen will.

Werkbeschreibungen

Pfisters Mühle (Erzählung, 1884): Gerade unter der Perspektive des heutigen geschärften Umweltbewusstseins ist dieser Text interessant, in dem R. soziale und ökologische Folgen der Industrialisierung scharf und pessimistisch thematisiert.

Die *Ein Sommerferienheft* untertitelte Erzählung führt zunächst die Person des Lehrers Eberhard Pfister ein, der letztmalig einen Ferienaufenthalt in der alten Mühle seines Vaters verbringt. Denn die idyllisch gelegene Mühle, einst beliebtes Ausflugslokal, steht vor dem Abbruch und der Umwandlung in eine Fabrik. Pfister erinnert sich und – so die Erzählsituation – macht sich Aufzeichnungen über jene glückliche Zeit und ihr plötzliches Ende. Sie endete nämlich, als die stinkenden Abwässer der nahen Zuckerfabrik die Gäste der Mühle vertrieben. Obwohl er, sein Vater und der Chemiestudent Adam Asche die Fabrik als Verursacher der Verschmutzung nachweisen konnten und ein juristischer Sieg errungen wurde, ist die Zeit der Mühle vorbei. Nach den lang dauernden Streitigkeiten ist Vater Pfister nicht mehr in der Lage, das fast Vergangene fortzuführen, und so wird die Mühlenidylle abgelöst durch das Industriepanorama. Auch Asche, der Mitkämpfer gegen die Fabrik, steckt schließlich zurück: Er bewahrt zwar das Andenken an die alte Zeit, tritt aber selbst in die Fußstapfen der Industrie, indem er einen Färbe- und Reinigungsbetrieb aufmacht.

Pessimistisch, aber als unausweichlich sieht R. hier die Ausbreitung der Industrie. Sie zerstört nicht nur die idyllische Mühlenszenerie, sondern beeinträchtigt auch traditionelle menschliche Wert- und Bildungsvorstellungen, wie sie Vater Pfister und Eberhard noch haben. Verständnislos stehen sie dem neuen, naturwissenschaftlich geprägten Menschtyp gegenüber, der in Adam (!) Asche quasi als „Vater" einer veränderten Zeit dargestellt ist. Asche steht nicht einfach für die Gewissheit, dass sich menschliche Integrität fortsetze, wie es oft gedeutet ist, sondern die Unterschiede zwischen ihm und Pfisters Weltsicht treten erzählerisch hervor und kennzeichnen das Hereinbrechen der neuen naturwissenschaftlich-technisch geprägten Zeit, in der sich die Alten nicht mehr zurechtfinden und in der die Idylle nur noch in der Erzählung und Erinnerung aufbewahrt werden kann.

Das Odfeld (Erzählung, 1888): Der Text spielt zur Zeit des 7-jährigen Krieges im Jahre 1761. Zentralfigur ist die Gestalt des Noah Buchius, ehemals Lehrer an der berühmten Klosterschule Amelungsborn, der nach Aussiedlung der Schule weiterhin fast allein in dem Kloster lebt. Nachbar ist nur der Klosterverwalter, mit dessen Ordnungsfanatismus Buchius beständig im Streit liegt. In dem nur 24 Stunden andauernden Erzählausschnitt wird er, der bisher immer als einfältig und wenig tauglich für den Ernst des Lebens gegolten hat, mit außergewöhnlichen Ereignissen konfrontiert, die ein ganz anderes Bild von ihm offen legen. Ein Kampf zwischen zwei Rabenschwärmen am nahe gelegenen Odfeld bildet das Vorspiel für die folgenden kriegerischen Geschehnisse. Englische, preußische und französische Truppen treffen in der Nähe des Klosters aufeinander. Zwei auf preußischer Seite kämpfende Soldaten, u. a. der ehemalige Klosterbruder Thedel von Münchhausen, suchen bei Buchius Unterschlupf. Als sie nach Angriff der Franzosen fliehen müssen, behält Buchius die Übersicht und führt sie zu einer versteckten Höhle. Von feindlichen Soldaten werden sie entdeckt, aber das Hinzukommen des Feldherrn, Herzog Ferdinand v. Braunschweig, bringt Rettung. Im Gespräch zwischen ihm und Buchius treten im Kontrast zur kriegerischen Umgebung Werte der Freundlichkeit und Mitmenschlichkeit hervor. Thedel von Münchhausen greift wieder aktiv in den Kampf ein und findet schließlich den Tod. Buchius kehrt am Ende des Kampfes mühevoll ins Kloster zurück und wird vom Verwalter mit dem Versprechen eines besseren gegenseitigen Verständnisses begrüßt.

Die äußeren Ereignisse dieses 24-stündigen Handlungsausschnitts sind in R.s Text nur Anlass für Wichtigeres, nämlich die Darbietung der charakterlichen Merkmale der Hauptfigur, die v. a. durch den Dialog zutage treten. Im scheinbar lebensuntüchtigen Klosterlehrer, der den Idealen des wirtschaftlichen Erfolgs und militärischer Macht, wie sie in R.s zeitgenössischem Umfeld gepflegt wurden, so deutlich widerspricht, zeigt der Erzähler die Bedeutung menschlichen Verhaltens in einer chaotischen Umwelt auf. Andere wichtige Figuren des Textes, wie Thedel und der Herzog, tragen auf ihre Weise dazu bei, Menschlichkeit im Verhalten zu veranschaulichen. Anders als es die Lesererwartung möchte, gestaltet R. jedoch keine strahlenden, immer erfolgreichen Helden, sondern schafft durch die erzählerische Gestaltung immer wieder eine ironische Distanz des Lesers zu Buchius, indem er ihn trotz seines mutigen Handelns zugleich als schlichten, manchmal komischen Menschen zeigt. HH

Christoph Ransmayr

geb. am 20. 3. 1954 in Wels (Österreich)

Kurzbiografie

R. wuchs in Gmunden am Traunsee auf und legte 1972 in Lambach die Matura (Abitur) ab. Er studierte in Wien Philosophie und Ethnologie (Völkerkunde) und beschäftigte sich mit Forschungsprojekten im Bereich der Philosophiegeschichte. 1978–1982 arbeitete er als Kulturredakteur der Zeitschrift *Extrablatt* in Wien und schrieb auch Artikel für andere auf Vermittlung von Wissenschaft und Kultur bedachte Zeitschriften wie *Merian*.

1984 erschien sein erster Roman *Die Schrecken des Eises und der Finsternis,* in dem von einem wissenschaftlichen Projekt, das sich mit Entwicklung und Untergang der Menschheit befasst, erzählt wird und das einen Aspekt seines erfolgreichen Romans von 1988, *Die letzte Welt,* schon beinhaltet. Das Spiel mit der Verquickung unterschiedlicher historischer Zeiten, wie es *Die letzte Welt* perfektioniert, zeigt auch sein Roman *Im blinden Winkel* (1985), der eine Nordpolexpedition des letzten Jahrhunderts in die Moderne verschiebt. Auch R.s Roman *Morbus Kitahara* (1995) mischt unterschiedliche Zeitebenen, indem Szenerien des Kriegs- und Nachkriegsdeutschland zeitlich verlängert und konsequent fortgeschrieben werden, um ein kritisches Bild der gegenwärtigen Gesellschaft hervorscheinen zu lassen.

R. erhielt mehrere literarische Preise, wie den Großen Literaturpreis der Bayrischen Akademie der Schönen Künste 1992. R. lebt heute in Dublin.

Literarische Einordnung

Die Thematik vom Ende der Menschheitsgeschichte, mit der sich R. in seinen Texten beschäftigt, ergibt eine Begründung für seine Zuordnung in die sog. Postmoderne. Dieser vielschichtige Begriff verweist auf eine Literatur, die von der Unmöglichkeit jeglicher „objektiver" Sinn- und Wahrheitsaussagen ausgeht. Traditionelle Vorstellungen von Sinn, Kausalität oder Logik in Realität und Geschichte erscheinen unter der Perspektive der Postmoderne aufgelöst, reduziert auf individuelle Entwürfe, die den Anspruch verbindlicher Sinnaussagen verloren haben. Verloren geht damit auch die Vorstellung vom Menschen als autonomem, geschichtliche Prozesse lenkenden Individuum. Das betrifft auch Künstler und Kunstwerk: Kunst wird in der Postmoderne zur Kunst des Zitats, d. h. des Neu-Arrangierens von bereits vorhandenen Texten und Sinnzusammenhängen. Der Künstler zitiert und imitiert Vorhandenes, ohne – wie im elitären Kunstverständnis früherer Zeiten – neue Sinngebungen und Zielsetzungen für die Probleme der Wirklichkeit zu gestalten und zu beanspruchen. Auch dies Merkmal postmoderner literarischer Darstellung wird bei R. greifbar, wenn er in *Die letzte Welt* in Sprache und Inhalt auf das Werk *Die Metamorphosen* des lateinischen Dichters Ovid aus der Zeit um den Beginn unserer Zeitrechnung anspielt.

R. beschreibt die Welt seiner Texte detailliert in einer eindringlichen bildhaften Sprache, die teilweise expressionistische Züge trägt.

Werkbeschreibung

Die letzte Welt (Roman, 1988): Auf der Suche nach dem vom römischen Kaiser Augustus verbannten Dichter Ovid und seinem dichterischen Werk *Die Metamorphosen* reist Cotta ans Ende der damals bekannten Welt nach Tomi. Er versucht die Spuren Ovids aufzunehmen, indem er nach Wohnstätten und Bekannten des Dichters fragt. Doch er kommt nicht weiter: Auskünfte werden verweigert oder Informationen sind für Cotta unverständlich, da sein „römischer" Verstand die Denkweise der Bewohner Tomis nicht nachvollziehen kann. Er begegnet Figuren aus Ovids Dichtung als lebende Gestalten, andere wiederum verwandeln sich zu Stein oder in ein Tier. Nach mehr als einem Jahr schließlich endet die Suche – und der Roman –, indem Cotta, wahnsinnig geworden aufgrund der Unzahl unverständlicher Erfahrungen, im Gebirge verschwindet, auf dem Weg nach dem verfallenen Garten, wo Ovid gelebt hatte.

Die *Metamorphosen* Ovids, auf die R.s Text postmodern anspielt, entwerfen als dichterisches Werk den mythischen Ursprung der Welt und daraufhin die fortschreitende Entwicklung der Menschheit von einem primitiven Urzustand hin zur kulturellen Blüte, die im „Goldenen Zeitalter" des Augustus, des Herrschers zur Lebenszeit des Ovid also, ihren Höhepunkt hat. R.s Roman, der durch die Beigabe von Auszügen aus Ovids *Metamorphosen* im Anhang zum direkten Vergleich auffordert, entwirft ein Gegenbild: Er setzt ein im kulturellen Höhepunkt der Augustus-Zeit und erweckt Geschichten und Gestalten aus dem Umkreis Ovids zum Leben, aber er kehrt dann die positive Entwicklung der *Metamorphosen* in einen Endzustand von Chaos, Unverständnis und Wahnsinn um. Traditionelle Denkmuster wie ein fortlaufend optimistisches Geschichtsdenken werden von R. so aufgelöst.

R.s Roman wurde von der Literaturkritik zwiespältig aufgenommen. Die Urteile reichten vom Feiern einer „neuen Literatur" bis zur Ablehnung der „wenig originellen" Verarbeitung antiker Literatur in einer eher uninteressanten Handlung. Der bisherige große Erfolg des Buches hat den zustimmenden Urteilen Recht gegeben. HH

Rainer Maria Rilke

geb. am 4. 12. 1875 in Prag
gest. am 29. 12. 1926 in Val-Mont (Schweiz)

Kurzbiografie

R. wuchs im Hause eines einfachen Beamten aus einem deutsch-böhmischen Bauerngeschlecht auf, auch wenn seine Mutter aus einer „gehobenen" Familie aus dem „goldenen Prag" stammte. Er wurde vom Vater zur Offizierslaufbahn bestimmt und besuchte die Militär-Unterrealschule in St. Pölten und anschließend die Militär-Oberrealschule in Mährisch-Weißkirchen, wo er jedoch aus gesundheitlichen Gründen 1891 entlassen wurde. Er besuchte danach erfolglos die Handelsakademie in Linz und erhielt später – von einem Onkel finanziert – Privatunterricht als Vorbereitung auf das Abitur, dem ein Studium der Philosophie, Kunst und Literatur in Prag, München und Berlin folgte.

R.s Hauptinteresse galt der Literatur. Bereits während seiner Schulzeit begann R. zu schreiben. 1894 erschien sein erster Gedichtband *Leben und Lieder*. 1897 lernte R. die Schriftstellerin Lou Andreas-Salomé kennen und entschloss sich, nur von seiner Dichtung zu leben. Sein 1899 erschienener Text *Die Weise von Liebe und Tod des Cornets Christoph Rilke*, eine Art Ballade, in der er Liebe und Tod in einen gefühlsbetonten, mit psychologischer Genauigkeit beschriebenen Zusammenhang stellt, machte ihn über Nacht bekannt.

R. reiste mit Lou Andreas-Salomé zwei Mal nach Russland, wo die Begegnung mit Tolstoi, das Erlebnis der Weite des russischen Landes und der mystischen Frömmigkeit russischer Menschen ihn nachhaltig beeinflussten. Es entstanden daraufhin *Vom lieben Gott und Anderes* (1900) und *Das Stunden-Buch* (1905).

In der Künstlerkolonie Worpswede bei Bremen lernte er 1900 die Bildhauerin Clara Westhoff kennen, die er 1901 heiratete und mit der er im gleichen Jahr noch eine Tochter namens Ruth bekam. Das Ehepaar trennte sich bereits 1902 und R. ging nach Paris, wo er den Bildhauer Auguste Rodin kennen lernte, als dessen Sekretär er 1906–1907 tätig war. Rodin vertrat die Auffassung, jegliches künstlerisches Schaffen stelle eine religiöse Handlung dar. R. machte sich diese Sichtweise zueigen und versuchte in seinen Versen das künstlerische Ebenmaß einer vollkommenen Skulptur zu verwirklichen. Die Gedichte, die in diesen Jahren entstanden, erschienen gesammelt in *Neue Gedichte* (1907) und *Der Neuen Gedichte anderer Teil* (1908). 1910 erschien R.s einziger Roman *Die Aufzeichnungen des Malte Laurids Brigge*, an dem er seit 1904 gearbeitet hatte.

In der Periode bis 1922 befand R. sich nach seinem eigenen Empfinden in einer Krise seiner Produktivität, in diesen Jahren ist nur *Das Marien-Leben* (1913) erschienen. Andererseits arbeitete R. 1912/13 auf dem Adriaschloss Duino der Fürstin Marie von Thurn und Taxis an der Konzeption für sein bedeutendstes Spätwerk, die *Duineser Elegien*, und rund die Hälfte der *Elegien* entstand in dieser Zeit.

Zu Beginn des Ersten Weltkrieges 1914 schrieb R. fünf *Kriegsgesänge*, allerdings wich seine anfängliche Kriegsbegeisterung der Erschütterung. 1915 wurde er wehrdienstuntauglich geschrieben und in Böhmen eingesetzt, von wo aus er 1916 ins Kriegsarchiv nach Wien versetzt wurde, in dem u. a. auch Stefan Zweig arbeitete. 1919 siedelte er in die Schweiz über, wo er 1921 nach mehreren Ortswechseln das Schloss Muzot (Wallis) bezog. 1923 erschienen die *Duineser Elegien* und *Die Sonette an Orpheus*.

Die letzten Lebensjahre waren gekennzeichnet durch häufige Sanatoriumsaufenthalte in Val-Mont bei Montreux und Bad Ragaz wegen einer Erkrankung an Leukämie. R. starb in einem Sanatorium in Val-Mont und wurde an der Bergkirche von Raron (Wallis) bestattet.

Literarische Einordnung

R.s Jugendlyrik, seine frühen Dramen und Prosaskizzen bewegen sich noch unentschieden zwischen Naturalismus, Jugendstil und Neuromantik, wie es an der Darstellungsweise von Liebe und Tod sichtbar ist. Nach 1900 vollzieht sich durch den Einfluss der Rodin-Begegnung in R.s Dichtungen ein Wandel: Er entwickelt eine ausgesprochene poetische Eigenständigkeit. Die subjektive Sicht durch das lyrische Ich tritt in den Hintergrund, statt dessen nimmt das Gegenständliche mehr Raum ein, was sich bereits in den Gedichtbänden *Das Buch der Bilder* (1902; erweitert 1906) andeutet und in *Das Stunden-Buch* (1905) deutlich sichtbar wird. Ein nuancenreicher, plastischer, malerisch-intensiver Stil prägt nun zunehmend die Lyrik. Der Höhepunkt wird in den beiden Bänden der *Neuen Gedichte* erreicht, in denen R.s Auffassung einer wechselseitigen Durchdringung von Innenwelt und Außenwelt und seine Überzeugung, dass alle Dinge der äußeren Erscheinungswelt gleichermaßen Kundgaben des inneren Lebens seien, zum Ausdruck kommen.

Werkbeschreibungen

Die Aufzeichnungen des Malte Laurids Brigge (Roman, 1910): Das Werk gilt als der erste „moderne“ Roman der deutschsprachigen Literatur, da hier zum ersten Mal die aus dem 19. Jahrhundert überlieferte Erzählweise aufgebrochen wird. Der Roman hat keine Handlung im herkömmlichen Sinn, er besteht vielmehr aus assoziativ erzählten, voneinander weitgehend unabhängigen Episoden und Gedankengängen aus dem Leben des jungen dänischen Adeligen Malte, die mit einer Art Tagebuch verglichen werden können. Es werden hauptsächlich die Bedrängnis und das Reifen eines jungen Künstlers in Paris beschrieben, wobei die „Stadt" zum Symbol der Enthumanisierung, zum Inbegriff des Bösen, Nichtzubewältigenden wird. Als Kontrast dazu werden Erinnerungen an eine heile Vergangenheit auf dem Lande genannt. Bemerkenswert ist auch hier die Beschäftigung R.s mit dem Tod, denn es wird vom Tod vieler Menschen berichtet (z. B. Maltes Mutter, Maltes Vater, des Großvaters ebenso wie von mittelalterlichen Königen). Durch die poetische Sprache des Romans kann der Leser nicht einfach in die Handlung eintauchen, sondern muss zwischen den Zeilen lesen, was in der Erscheinungszeit des Buches für Verständnisprobleme gesorgt hatte.

Duineser Elegien (Gedichte, 1923): R. begann mit seinen *Elegien* im Jahre 1912 auf dem Adriaschloss Duino, welches für die Namengebung verantwortlich war. Unter einer Elegie versteht man einen klagenden lyrischen Text in einer Abfolge von Distichen (Verbindung von Hexametern und Pentametern). Allerdings hat sich R. an diese strenge antike Form meist nicht gehalten, sondern Veränderungen vorgenommen. Die Elegiendichtung wird 1922 vollendet, indem zu den bereits vorher entstandenen ersten *Elegien* und den vorhandenen Bruchstücken, deren Abschluss endlich gelingt, insgesamt noch vier weitere hinzukommen.

R. spricht hier über Sinngebung und Sinnleere menschlicher Existenz, wobei die Gesänge teilweise einen hymnischen, mystisch-visionären Charakter besitzen. So nehmen z. B. die *Siebte* und die *Neunte Elegie* die Gebärde eines priesterlichen Verkündens an und in der *Zehnten Elegie* werden Klage und Jubel vereint zu einem Einklang von Glück und Schmerz, von Leben und Tod. WS

Joseph Roth

geb. am 2. 9. 1894 in Brody (Galizien)
gest. am 27. 5. 1939 in Paris

Kurzbiografie

R. wurde als Sohn eines Holz- und Getreidehändlers und einer Frau geboren, die dem galizischen Judentum angehörte. Wohlhabende Verwandte der Mutter ermöglichten ihm den Besuch des Gymnasiums in Brody; danach studierte er in Lemberg und Wien Philosophie und Germanistik. Am Ersten Weltkrieg nahm er nach 1916 zunächst als Feldjäger, später als Mitarbeiter des Pressedienstes teil.

1915 war bereits mit der Novelle *Der Vorzugsschüler* R.s erstes Werk erschienen. Nach dem Krieg war er für verschiedene Zeitungen in Wien, Prag und Berlin tätig und wurde dann Korrespondent der *Frankfurter Zeitung*, die u. a. seine ersten Romane *Das Spinnennetz* (1923), *Hotel Savoy* (1924) und *Die Rebellion* (1924) druckte. Von sozialistischen Gedanken getragen, schildert etwa *Das Spinnennetz* vor dem Hintergrund zeitgeschichtlicher Ereignisse und politischer Auseinandersetzungen die Verstrickung eines sozial verunsicherten Kleinbürgers in die Trugbilder der Macht. 1925 reiste R. als Korrespondent der *Frankfurter Zeitung* nach Paris. Ein Aufenthalt in der Sowjetunion 1926 führte zu seiner Abkehr vom Sozialismus. Es folgten *Reise nach Albanien* und *Briefe aus Deutschland* (beide 1927). Danach wurden die Welt des Ostjudentums (*Hiob*, 1930) sowie der Untergang der Donaumonarchie (*Radetzkymarsch*, 1932; *Die Kapuzinergruft*, 1938) zu R.s dominanten Themen.

1928 wurde R.s Frau Friederike, die er 1922 geheiratet hatte, wegen fortschreitender Schizophrenie in eine Pflegeanstalt eingewiesen, wo sie 1940 im Rahmen des Euthanasieprogramms der Nationalsozialisten ermordet wurde. 1933 emigrierte R. nach Paris, wo er in Hotels lebte und bei einigen Exilzeitschriften mitarbeitete. Wegen privater Probleme und politischer Desillusion verfiel er immer mehr dem Alkohol. In seinem Todesjahr erschien noch *Die Geschichte von der 1002. Nacht*, bevor er an den Folgen seiner Trunksucht in einem Pariser Armenhospital starb.

Weitere Werke R.s sind *Zipper und sein Vater* (1928), *Tarabas. Ein Gast auf dieser Erde* (1934), *Beichte eines Mörders, erzählt in einer Nacht* (1936) und *Leviathan* (posthum 1940). Verfilmt wurden u. a. *Die Kapuzinergruft* (1971), *Hiob* (1978), *Tarabas* (1982), *Das Spinnennetz* (1989) und *Radetzkymarsch* (1994).

Literarische Einordnung

R. ist keinen geraden Weg gegangen: Aus einem sarkastischen Journalisten wird unter dem Einfluss französischer und russischer Autoren ein psychologisierender Realist, unter dem Hofmannsthals und Schnitzlers beinahe ein Wiener Impressionist. In seinen vom Realismus des 19. Jahrhunderts geprägten Gesellschaftsromanen wie *Radetzkymarsch* (1932) und *Die Kapuzinergruft* (1938) entwirft er einen enttäuschten Ausblick, in dem er sich nach den alten Zeiten der untergegangenen Donaumonarchie Österreich-Ungarn zurücksehnt. *Flucht ohne Ende* (1927) formuliert einmal mehr das Schreibprogramm einer Neuen Sachlichkeit: „Es handelt sich nicht mehr darum, zu ‚dichten'. Das Wichtigste ist das Beobachtete."

Werkbeschreibung

Radetzkymarsch (Roman, 1932): R. beschäftigt sich in seinem Hauptwerk mit der Pracht und dem Untergang Österreichs, der Hand in Hand mit dem Untergang der Familie Trotta im Verlauf mehrerer Generationen einhergeht.

Die Hauptgestalt des Romans ist Bezirkshauptmann Franz von Trotta, Nachfahre slowenischer Bauern. Sein Vater war ein Offizier, der in der Schlacht von Solferino seinem obersten Kriegsherren das Leben rettete und dafür in den Adelsstand erhoben wurde. Franz ist herrisch und gutmütig zugleich und ähnelt im Äußeren Kaiser Franz Joseph. Er ist Jurist, zweifelt aber an seinem Beruf und will schließlich wie sein Vater Bauer werden, was dieser jedoch verwehrt. Die Entwurzelung wird in seiner Person bereits deutlich und kommt in seinem Sohn Carl Joseph zu einem Höhepunkt. Dieser ist Kavallerist und wird zur Infanterie in die Ukraine versetzt. Die Zeit dort wird durch zwei Ereignisse geprägt: Zum einen ist in der Garnison eine Spielbank errichtet, in der Carl so lange für einen Kameraden bürgt, bis die Schuldenlast ihn fast seine Karriere kostet und nur ein Eingriff des Kaisers die Ehre seiner Familie retten kann. Das zweite Ereignis zeigt den Gegensatz zwischen der Unordnung der technischen Zivilisation und der heilen Ordnung des bäuerlichen Lebens noch deutlicher. Carl Joseph soll die Borstenfabrik des Ortes vor den demonstrierenden Arbeitern notfalls mit Waffengewalt schützen. Ihm wird klar, dass er seinen Soldaten befehlen muss, auf ihre Landsleute zu schießen. Bei der folgenden Schießerei wird Carl verletzt und beschließt, die Armee zu verlassen, was er nach der Ermordung des Thronfolgers in Sarajewo auch tut, obwohl dies nach den Aussagen seines Vaters einer Desertion gleichkommt. Allerdings muss er mit Beginn des Ersten Weltkrieges seine Uniform wieder anziehen. Wenige Tage später wird er von Bauern beim Wasserholen vor einem Brunnen erschossen.

Die Fortsetzung dieses Romans ist *Die Kapuzinergruft* (1938). Beide zusammen bilden ein bleibendes Denkmal der Geschichte Österreich-Ungarns. WS

Friedrich Schiller

geb. am 10. 11. 1759 in Marbach/Neckar (Württemberg)
gest. am 9. 5. 1805 in Weimar

Kurzbiografie
Die Abhängigkeit des bürgerlichen Untertans vom Willen des feudalen Herrschers war eine Lebenserfahrung, die Sch.s Kindheit und Jugend nachhaltig beeinflusste. Denn schon durch den Beruf seines Vaters, der als Offizier im Dienst des württembergischen Herzogs stand, erlebte er, wie die anbefohlenen wechselnden Stationierungen, u. a. in Würzburg, Cannstatt, Schwäbisch-Gmünd, Lorch und Ludwigsburg, eine ständige Veränderung des Familienwohnsitzes einforderten. Schmerzhaft für ihn fühlbar wurde diese Erfahrung schließlich, als er, nachdem er in Ludwigsburg die Lateinschule absolviert hatte und eigentlich Theologie studieren wollte, auf ausdrücklichen Befehl des Herzogs ab 1773 die sog. Militär-Pflanzschule (später Karlsschule genannt) in Stuttgart zu besuchen hatte. Militärische Disziplin bestimmte das Leben in dieser Schule, und Vorschriften wie die Pflicht zur Denunziation eines ungehorsamen Mitschülers konnte Sch. nur schwer ertragen. Er studierte hier zunächst Jura, ab 1775 Medizin und schloss das Studium mit dem Doktorexamen 1780 ab. Danach arbeitete er, weiterhin auf Geheiß des Herzogs, bei einem in Stuttgart stationierten Regiment.

Fast zwangsläufig ergab sich von diesen Lebenserfahrungen her der Wunsch nach Auflehnung, der sich in literarischer Tätigkeit auslebte. All seine Kritik an Herrscher, Staat und Gesellschaft entlud sich in seinem ersten Schauspiel *Die Räuber*, in dem er die Gestaltungsmerkmale der schon durch Lenz oder Goethe bekannten Sturm-und-Drang-Dramatik zu einem neuen Höhepunkt steigerte und das bei seiner Erstaufführung 1782 in Mannheim – ohne Nennung des Autors – zu einem riesigen Erfolg wurde. Sch. war heimlich zu dieser Uraufführung nach Mannheim (d. h. außerhalb der Landesgrenzen) gereist, jedoch gesehen worden. Der über das Stück und Sch.s Unbotmäßigkeit erboste Herzog verbot ihm jede weitere literarische Tätigkeit und bestrafte ihn mit Arrest. Sch. floh noch im gleichen Jahr nach Mannheim, wo er sein schon fertiges zweites Stück *Die Verschwörung des Fiesko zu Genua* vorlas, das aber nach seiner Uraufführung 1783 nicht sonderlich erfolgreich war. Sch. hatte unterdessen Mannheim schon wieder verlassen, da er Verfolgungen aus Württemberg fürchtete. Dankbar hatte er ein Angebot angenommen, sich auf dem Gut Bauerbach bei Meiningen (Thüringen) für einige Zeit – unter dem falschen Namen Dr. Ritter – aufhalten zu dürfen. Hier begann er die Arbeit am Trauerspiel *Luise Millerin*, das später werbewirksamer *Kabale* (Intrige) *und Liebe* genannt wurde, und am *Don Carlos*. 1783 kehrte Sch. nach Mannheim zurück und erhielt dort eine Anstellung als Theaterdichter, die allerdings seine finanziellen Sorgen kaum lindern konnte. Überraschende Hilfe kam, weil Sch. u. a. aufgrund der überaus erfolgreichen Aufführung von *Kabale und Liebe* in Mannheim „Sponsoren" fand, die ihn finanziell unterstützten, sodass er – ab 1785 in Leipzig und Dresden – sorglos arbeiten, aber auch seinen vielfachen Bemühungen, eine passende Frau zu finden, nachgeben konnte. Für die literarische Zeitschrift *Thalia* schrieb er durchaus am Publikumsgeschmack orientierte Kriminalgeschichten wie *Verbrecher aus verlorener Ehre*. 1787 erschien das Schauspiel *Don Carlos*, das zur Zeit der spanischen Vorherrschaft und der niederländischen Freiheitsbestrebungen im 16. Jahrhundert spielt. Diese literarische Beschäftigung mit Geschichte verband sich mit historischer Forschung und führte zur Publikation der Abhandlung *Die Geschichte des Abfalls der Vereinigten Niederlande von der spanischen Regierung*.

Um sich von finanziellen Zuwendungen unabhängig zu machen, siedelte Sch. noch 1787 nach Weimar um, wo er von den dort im Umkreis des kulturell engagierten Herzogs inzwischen lebenden Persönlichkeiten deutschen Geisteslebens – Goethe war noch in Italien – recht freundlich aufgenommen wurde. Seine wissenschaftliche Beschäftigung mit Geschichte kam Sch. nun zugute und ermöglichte ihm – u. a. auch aufgrund des Zuspruchs des 1788 zurückgekehrten Goethe – 1789 eine Professur für Geschichte an der benachbarten Universität Jena und damit ein regelmäßiges Einkommen zu erhalten. Sch. heiratete nun die lange verehrte Charlotte von Lengefeld und lebte in Jena. Er schrieb die wissenschaftliche Untersuchung *Geschichte des Dreyßigjährigen Kriegs* und trug darin Informationen zusammen, die er später im *Wallenstein*-Schauspiel literarisch verwertete.

Eine schwere Erkrankung führte schon 1791 zur Unterbrechung, 1793 dann zum Ende seiner Universitätstätigkeit. Durch Stipendien blieb zwar die wirtschaftliche Existenz Sch.s und seiner Familie gesichert, doch die Lungenentzündung, die sich in den folgenden Jahren bis zu seinem Tod immer mehr verschlimmerte, beeinträchtigte sein Leben und ließ die literarische Arbeit zu einem ständigen Kampf gegen die Krankheit werden.

Aus der Beschäftigung mit der Philosophie, insbesondere der Kants, ging Sch.s philosophisch-ästhetische Schrift *Über Anmut und Würde* (1793) hervor, in der er sich mit dem moralischen Verhalten des Menschen befasst. Unter „Anmut" versteht Sch. einen Höhepunkt menschlicher Moralität, in dem gutes Handeln nicht etwa aus prüfender Reflexion erfolgt, sondern aus einer Harmonie von sinnlichen Trieben und Vernunft quasi unbewusst hervorgeht; solche moralische Selbstgewissheit bezeichnet Sch. als Kennzeichen für das, was er „schöne Seele" nennt. In seinen *Briefen über die ästhetische Erziehung des Menschen* (1795) entwickelt Sch. den Beitrag, den das künstlerische Werk für das moralische Handeln des Menschen besitzt. Das Erleben der Schönheit der Kunst, in der sich sinnlich erfahrbare und rationale Elemente vereinigen, bietet laut Sch. die Möglichkeit, dem Menschen jene erstrebenswerte Harmonie von Vernunft und sinnlicher Triebhaftigkeit vor Augen zu führen, von der er sich als allmählichen Wirkungsprozess eine Veredlung des menschlichen Charakters verspricht, aus der schließlich Humanität – ein Leitbegriff klassischer Kunst – erwächst.

Über Pläne zur Gründung einer Zeitschrift *(Die Horen)*, mit der Sch. seine künstlerischen Vorstellungen einer breiteren Öffentlichkeit zugänglich machen wollte, ergab sich 1794 ein näherer Kontakt zu Goethe, der bald in enge Freundschaft beider einmündete. Die folgenden gut zehn Jahre ständigen persönlichen und künstlerischen Austausches zwischen Goethe und Sch. machen das Zentrum der deutschen Klassik aus. Sch. reflektiert im Aufsatz *Über naive und sentimentalische Dichtung* (1795) die eigene und Goethes Art der Dichtung unter geschichtsphilosophischer Sicht vom Hintergrund der griechischen Antike her. „Naiv" meint nach Sch. die frühe Zeit einer harmonischen natürlichen Einheit im Denken, Handeln und Empfinden des Menschen. Dieser Zeit ordnet er die griechische Antike, aber weitgehend auch Goethe zu. Sich selbst fasst er als „sentimentalischen" Dichter auf und bezeichnet damit die „moderne" Zeit, in der der Mensch in der Gegensätzlichkeit von Wirklichkeit und eigentlich erstrebenswertem Ideal lebt und es deshalb Aufgabe des sentimentalischen Dichters ist, diesen Gegensatz durch dichterisches Aufzeigen des früheren harmonischen Zustands zu überbrücken. Am Ende der Geschichte werde dann, so Sch., im Zustand des „Elyseums", dieser Gegensatz völlig aufgehoben sein.

Durch den Einfluss Goethes wandte Sch. sich wieder der Dichtung zu: Reflektierende Gedichte wie *Die Teilung der Erde* (1795) entstanden, in dem programmatisch das Bild des klassischen Künstlers entworfen wird, oder *Das Ideal und das Leben*, in dem Sch. beschreibt, wie menschliches Leben „zwischen Sinnenglück und Seelenfrieden" sich erhebt zur idealen göttergleichen Existenzweise. Auch Balladen schrieb Sch. in diesen Jahren, z. B. *Der Ring des Polykrates*, *Die Bürgschaft* und *Die Kraniche des Ibykus*, die Vorstellungen beispielhaften sittlichen Handelns einprägsam darstellen. Die *Xenien*, die er 1797 zusammen mit Goethe schrieb, sind spöttisch-kritische Verse, mit denen v. a. triviales und banales Denken und Dichten und der anspruchslose Geschmack derjenigen aufs Korn genommen wurde, die beider Position nicht teilten – dass diese Texte in die Gemütlichkeit Weimars wie eine Bombe einschlugen, lässt sich vorstellen.

In seinen letzten Lebensjahren wandte sich Sch. wieder fast ganz dem Theater zu. Seine wissenschaftliche Beschäftigung mit dem Dreißigjährigen Krieg fand nun seine dramatische Umsetzung, indem er im *Wallenstein* diese historische Figur und ihre Situation thematisierte. Drei Jahre etwa schrieb Sch. an diesem Schauspiel, das 1799 fertig gestellt war.

Im gleichen Jahr zog er endgültig nach Weimar, um den Kontakt mit Goethe zu erleichtern. Auch in den folgenden Dramen blieb er bei der Gestaltung historischer Vorlagen; fast jährlich erschien jetzt ein neues Stück: 1800 *Maria Stuart*, 1801 *Die Jungfrau von Orleans*, 1803 *Die Braut von Messina* und 1804 *Wilhelm Tell*. Daneben beschäftigte er sich mit Übersetzungen und Bearbeitungen anderer Schauspiele für das Weimarer Theater.

Die Verleihung des Adelstitels 1802 bedeutete Sch., der sich tief in seine literarischen Arbeiten versenkt hatte, wenig. Er starb kurz vor Vollendung des Schauspiels *Demetrius*.

Literarische Einordnung

Von *den* beiden Größen der deutschen Literatur, Goethe und Sch., wurde Sch.s Werk lange Zeit, bis ins 20. Jahrhundert hinein, als das bedeutendere angesehen. Riemer, der langjährige Sekretär Goethes, schrieb schon 1841: „Sch. ist der Abgott der Jugend, der Liebling der Frauen (...) die Begeisterung des Kriegers (...) die Devise und der Weltspruch der debattierenden Republikaner", und kennzeichnet damit das breite Feld der Leser, die sich in Sch.s Texten wiederfinden konnten. Die junge Sturm-und-Drang-Generation der 70er-Jahre, die schon Goethes *Götz* und den *Werther* gefeiert hatte, war 1781 natürlich auch von den *Räubern* begeistert. Denn schärfer als andere Sturm-und-Drang-Dichter bringt Sch. die in Verachtung umschlagende Kritik der jungen Generation zum Ausdruck, die den geistigen und moralischen Verfall beklagt und sich gegen Herrschaftsverhältnisse auflehnt. In der Zerstörung der traditionellen dramatischen Form und in pathetisch-leidenschaftlicher Sprache, die bewusst die Grenzen des Obszönen z. T. überschreitet, stellt der junge Sch. seinen dramatischen Helden als „Kraft-Genie" dar, das sich von der gesellschaftlichen platten Normalität distanziert. Auch Einsicht in eigene Schuld und Todesnähe hindern die Heldengestalt nicht an der selbstbewussten großen Geste, mit der sie ihr Persönlichkeitsrecht gegenüber der Gesellschaft behauptet. Dabei kann eine solche Heldenfigur auch weiblich sein, wie sich z. B. in der Ballade *Die Kindsmörderin* (1782) zeigt, mit der Sch. in die damals aktuelle Diskussion über die Todesstrafe für sog. Kindermörderinnen (d. h. Frauen, die meist aus Angst vor gesellschaftlicher Schande ihr uneheliches Kind getötet hatten) eingreift und mit der Gestaltung einer selbstbewusst-emanzipierten Frauenrolle Partei ergreift.

Sch. bleibt beim Sturm-und-Drang-Pathos des Einzelnen, der sich gegen die gesellschaftliche Ordnung auflehnt, nicht stehen. Wie Goethe gelangt er in der Abwendung vom zeitgenössischen Kulturbetrieb zu einem neuen Kunstverständnis: Er proklamiert das dichterische Genie, das Werke von Ewigkeitswert schafft, in denen die Schönheit der Gestaltung sich mit der Bedeutsamkeit der inhaltlichen Aussage harmonisch verbindet: Ein grundsätzliches Kennzeichen der nun entstehenden klassischen Kunst liegt darin begründet. Die Situation des Menschen zwischen Ideal und Leben, zwischen Realität und sittlichem Anspruch an das Handeln wird zum wichtigen Thema Sch.s. Die Dichtung greift hier ein: Sie macht – oft in antithetischer Gegenüberstellung von Figuren – den Prozess der charakterlichen Veredelung hin zu dem, was Sch. innere Freiheit, also Unabhängigkeit des Charakters von äußeren Einflüssen, nennt, anschaulich und sie zieht den vom dichterischen Werk gefesselten Leser/Zuschauer zumindest teilweise in diesen Vorgang mit ein.

Das kann auf leichte, populäre Weise geschehen, wenn Sch. z. B. im *Lied von der Glocke* (1800) weibliche charakterliche Tugenden feiert – damals durchaus emanzipatorisch. In seinen Schauspielen aber wendet sich Sch. der Vergangenheit zu. Als Historiker greift er geschichtliche Ereignisse und Figuren auf, doch modelliert er sie künstlerisch, d. h. idealisierend, damit der Zuschauer hineingezogen wird in die Welt des Schauspiels und den Widerstreit der Figuren und dort eine den Menschen veredelnde Sittlichkeit und Humanität erfährt. In solchem fortdauernden, Generationen übergreifenden Bildungsvorgang sieht Sch. die entscheidende Aufgabe seiner Dichtung.

Werkbeschreibungen

Die Räuber (Schauspiel, 1781): Sch.s erstes Schauspiel bezieht seine Handlungsmotivation aus dem Gegensatz der beiden Brüder Franz und Karl von Moor. Der durch und durch böse und machtbesessene Franz versucht mit allen Mitteln, Erbe und Herrschaft an sich zu reißen. Dazu inszeniert er falsche Informationen und Beweise, um den Vater gegen seinen Lieblingssohn Karl einzunehmen, und erreicht schließlich, dass Karl verstoßen wird. Zugleich hofft Franz, dass der Kummer des Vaters seine Lebenskräfte schwächt. Karl, der inzwischen in Leipzig ein recht lockeres Leben geführt hat, nun aber hofft, nach Hause zurückkehren zu können, erhält statt des ersehnten Verzeihungsbriefs des Vaters die von Franz gefälschte Antwort, die ihm die väterliche Verstoßung mitteilt. Enttäuscht vom Vater, aber auch von der Gesellschaft und ihrer Moral, gründet Karl eine Räuberbande, um auf eigene Faust da, wo er Unrecht zu sehen meint, für das Recht einzutreten. Doch er kann Gewalttaten anderer nicht verhindern und wird so selbst immer tiefer ins Unrecht hineingezogen. Als er zu seinem Heimatort zieht, erfährt er, dass Franz den Vater eingesperrt hat und verhungern lassen will. Heimlich sucht er den Vater auf, doch der stirbt vor Aufregung, als Karl sich als lang gesuchter Räuber offenbart. Franz hat inzwischen von der heimlichen Ankunft des Bruders gehört, fürchtet dessen Rache und tötet sich selbst. Amalie, Karls Verlobte, hofft, dass sich alles zum Guten wenden könne, doch sieht Karl keine andere Möglichkeit, sich von der Räuberbande zu lösen, als sich dem Gericht zu stellen. Er tötet Amalie und übergibt sich dem Gericht.

In den *Räubern* gestaltet Sch. seine Version des Sturm-und-Drang-Helden, der aus persönlicher Enttäuschung heraus zum Kämpfer gegen gesellschaftliche Moral, Staat und Kirche wird. Erst allmählich erkennt er, dass er immer tiefer in völlige moralische Schrankenlosigkeit hineingezogen wird. Schließlich wird ihm klar, dass „zwei Menschen wie (er) den ganzen Bau der sittlichen Welt zugrund richten würden". In Anerkennung der Notwendigkeit einer gesellschaftlichen Ordnungsinstanz stellt er sich schließlich.

Kabale und Liebe (Trauerspiel, 1784): Aus der Liebe und den gesellschaftlichen Gegensätzen zwischen Luise, Tochter des Stadtmusikanten Miller, und Ferdinand, Sohn des mächtigen Regierungspräsidenten von Walther, ergibt sich der tragische Handlungsverlauf des Schauspiels.

Luise ist seit einiger Zeit mit Ferdinand befreundet. Die Mutter erhofft dadurch den sozialen Aufstieg der Tochter, der Vater jedoch befürchtet, dass seine Tochter nur als Geliebte des jungen Adligen missbraucht werden könne. Auch der Präsident ist gegen eine solche Bindung seines Sohnes, weil er Ferdinand mit der ehemaligen Geliebten des Fürsten des kleinen Staates verheiraten will, um dem Staatsinteresse und seiner eigenen Machtposition damit zu nützen. Da Ferdinand dem Wunsch seines Vaters nicht nachgeben will, sondern ihn sogar mit Kenntnissen über dessen heimliche Machenschaften unter Druck zu setzen versucht, beginnt der Präsident mithilfe seines Sekretärs Wurm (sprechender Name!) eine Intrige einzufädeln. Er lässt Luises Vater ins Gefängnis einsperren und zwingt die Tochter durch die Vorspiegelung der Aussicht, ihren Vater retten zu können, dazu, einen Liebesbrief an den lächerlichen Hofmarschall von Kalb zu schreiben. Dieser Brief wird Ferdinand in die Hände gespielt, der sich daraufhin von Luise betrogen glaubt. Aus enttäuschter Liebe vergiftet er sich zusammen mit Luise und erfährt erst, als es zu spät ist, vom wahren Sachverhalt.

Sch. entlarvt in dem Stück das selbstherrliche Machtbewusstsein des Adels, der den bürgerlichen Menschen als manipulierbare Sache ansieht. Aber auch das Bürgertum erfährt Kritik, z. B. in der Korrumpierbarkeit der Mutter durch den adligen Glanz oder durch Wurms Bereitwilligkeit, um des eigenen Vorteils willen am Machtspiel des Adels mitzumachen. In solchem Umfeld kann sich die Liebe zwischen Luise und Ferdinand nicht behaupten. Die Hoffnung der Aufklärungszeit, gesellschaftliche Machtstrukturen durch Ausbildung von Vernunft und Gefühl abbauen und dadurch Menschlichkeit umfassend verwirklichen zu können, wird in der Handlungsführung von Sch.s Schauspiel als Illusion sichtbar gemacht.

Don Karlos (Schauspiel, 1787): Das Stück spielt am spanischen Hof des 16. Jahrhunderts. Elisabeth von Valois, die junge Frau Königs Philipp II., hat eine Liebesbeziehung zu Karlos, Sohn des Königs, der nach ursprünglicher Planung eigentlich ihr Mann werden sollte. Marquis Posa, Karlos' Freund, kommt an den Hof und erzählt begeistert von neuen politischen Ideen, die in den Freiheitsbestrebungen der Niederlande zum Ausdruck kommen. Es gelingt ihm, Karlos und die Königin in seine Begeisterung einzubeziehen. Elisabeth will erreichen, dass Karlos sich um die Durchsetzung der neuen Ideen auch in Spanien bemüht, um ein humanes Regierungssystem zu etablieren, und bittet ihn deshalb, die Liebe zu seinem Land in den Vordergrund zu stellen. Der König erfährt von einer Prinzessin von dessen Beziehung zur Königin. Um Karlos vor der Verfolgung durch den zornigen König zu retten und ihm die Flucht zu ermöglichen, will Marquis Posa den König davon überzeugen, dass er es sei, der die Liebesbeziehung zur Königin unterhalte. Doch die Rettungsversuche scheitern: Der Marquis wird erschossen, auf Karlos wartet das Inquisitionsgericht mit der Todesstrafe.

Auch in diesem Stück bindet Sch. eine Liebesbeziehung in eine politische Auseinandersetzung und Intrigenhandlung ein. Sch. lässt hier in der Gestalt des Marquis Posa die Ideen der Humanität und eines fortschrittlich veränderten Staates begeistert und überzeugend aussprechen – Ideen, die er im Schauspiel nur sicherheitshalber in die historische Szenerie des 18. Jahrhunderts verlagert, deren Realisierung er jedoch auch für seine Zeit und spätere Generationen einfordert. Dass die junge Generation um Posa hier noch am Widerstand der etablierten Macht scheitert, sagt nichts über die Berechtigung und Zukunftsbedeutung ihrer Position.

Wallenstein (Schauspiel, 1798/99): Der große Feldherr des Dreißigjährigen Kriegs ist Titelfigur des dreiteiligen Schauspiels, das sich aus *Wallensteins Lager, Die Piccolomini* und *Wallensteins Tod* zusammensetzt. Der problematische Charakter Wallensteins steht dabei im Mittelpunkt.

Durch sein persönliches Charisma ist Wallenstein Führer der kaiserlichen Armee, die ihn verehrt. Er möchte den schon lange andauernden Krieg beenden, aber auch für sich selbst eine gegenüber dem Kaiser mächtige Position behaupten. Der kaiserliche Hof fürchtet, dass Wallenstein zu diesem Zweck verräterische Beziehungen zu den Kriegsgegnern, den Schweden, aufnehmen könne, und beabsichtigt daher, seine Macht zu schwächen. Tatsächlich hat Wallenstein Kontakte aufgenommen, um notfalls auch gegen den Kaiser handeln zu können. Freunde Wallensteins bemühen sich unterdessen, einen eventuellen Positionswechsel, der ja einen Bruch des Treueschwurs bedeutete, vorzubereiten, indem sie die Gehorsamsschwüre der Soldaten auf Wallenstein erneuern. Max Piccolomini lehnt dies als überflüssig ab, weil ein Abfall Wallensteins vom Kaiser für ihn unvorstellbar ist, für Octavio Piccolomini dagegen ist Wallenstein bereits ein Verräter. Unter dem Druck der Ereignisse verliert Wallenstein seine bisherige Handlungssicherheit. Er glaubt zwar, alle Fäden des politischen Spiels in der Hand zu haben, doch er zögert, zieht seinen Astrologen zu Rate und bleibt so lange unentschlossen, bis ihm nur noch der Weg des Verrats als alleinige Handlungsmöglichkeit übrig bleibt. Durch Octavios Einfluss bewogen fallen viele Soldaten von Wallenstein ab. Schließlich wird er von Offizieren seiner eigenen Armee getötet. Max Piccolomini sieht im Konflikt zwischen Kaisertreue und Verehrung Wallensteins nur den Tod im Kampf als Ausweg, der das gewährleistet, was Sch. als sittliche Freiheit bezeichnet.

Sch. gestaltet im *Wallenstein* die historische Situation als Konflikt von machtpolitischem Ehrgeiz und Moral. Verschärft wird der Konflikt durch das Hinzutreten weiterer Figuren, die zu Wallenstein in unterschiedlich enger persönlicher Beziehung stehen. Wallenstein glaubt in diesem Spiel die entscheidungsfähige Rolle inne zu haben, doch scheitert er, indem er plötzlich erfährt, dass seine Handlungsfähigkeit zur Illusion geworden ist.

Maria Stuart (Trauerspiel, 1800): Der geschichtliche Konflikt im England des 16. Jahrhunderts zwischen der protestantischen englischen Königin Elisabeth I. und der aus ihrem Land geflohenen katholischen Königin Schottlands, Maria Stuart, bildet den Stoff, den Sch. verarbeitet.

Maria befindet sich zu Beginn des Stücks gefangen in England; allmählich entwickelt der Text analytisch die Hintergründe. Maria, die vor einem Aufstand in ihrem Land geflohen ist, hat in England von der ihr entfernt verwandten Königin Hilfe erwartet. Elisabeth sieht Maria jedoch als Bedrohung an: Sie befürchtet, dass diese mithilfe außenpolitischer Fäden, die sie sogar vom Gefängnis aus geknüpft hat, und aufgrund ihrer charismatischen Persönlichkeit den englischen Königsthron für sich gewinnen und England wieder katholisch machen wolle. Doch zögert Elisabeth, das Todesurteil gegen Maria wegen landesverräterischer Beziehungen zu unterschreiben und damit in Kraft zu setzen, wie es v. a. von ihrem Berater Burleigh gewünscht wird. Die Vorstellung, eine von der Abstammung her als Königin legitimierte – und damit ihr grundsätzlich ebenbürtige – Frau dem Tod zu überantworten, schreckt sie nicht nur persönlich, sondern auch im Hinblick auf ihr Image in der Bevölkerung. Eine endgültige Entscheidung Elisabeths wird abhängig gemacht von einem persönlichen Zusammentreffen mit Maria. Vor allem der doppelzüngige Graf Leicester hat hierzu geraten, da er zwar offiziell als Bewunderer und Favorit Elisabeths gilt, doch heimlich Beziehungen zu Maria geknüpft hat, die zu lieben er vorgibt. Das Gespräch der Königinnen endet katastrophal: Maria versucht anfangs durch Unterwürfigkeit das Verzeihen und die Zuwendung Elisabeths zu gewinnen, doch als diese in hochmütiger Verachtung verharrt, erregt Maria sich und wirft Elisabeth vor versammelter Hofbegleitung ihren Abstammungsmakel vor, nämlich nur als uneheliche Königstochter zur Herrschaft gekommen zu sein. Gedemütigt besinnt sich Elisabeth auf ihre Macht. Doch auch jetzt noch – obwohl zur gleichen Zeit ein revolutionärer Plan zur Befreiung Marias aufgedeckt worden ist – tut Elisabeth sich schwer mit der Realisierung des Todesurteils. Sie unterschreibt zwar, doch stellt sie dessen Weitergabe ins Belieben ihres Sekretärs, dem sie damit die Verantwortung zuzuschieben sucht. Da das Dokument schnell in Burleighs Hände kommt, wird das Todesurteil unmittelbar vollzogen. Maria geht gefasst in den Tod, während Elisabeth in scheinbarer Empörung über die angebliche Missachtung ihres Willens vom Zuschauer als lügnerisch durchschaut wird und von ihren Beratern verlassen allein zurückbleibt.

In bewusster Veränderung der historischen Fakten inszeniert Sch. Maria als Frau, die im Verlauf der Auseinandersetzung mit ihrer Gegnerin menschliche Größe gewinnt, indem sie die Bemühungen und Hoffnungen zur Rückgewinnung ihrer politischen Macht aufgibt und das Todesurteil als verdiente Sühne für ihr früher begangenes Unrecht akzeptiert.

Wilhelm Tell (Schauspiel, 1804): In seinem letzten vollendeten Schauspiel greift Sch. zurück in die historische Situation des 14. Jahrhunderts, die Zeit der Schweizer Unabhängigkeitskämpfe gegen Österreich.

Durch Beispiele und Erzählungen macht der Text zunächst die Unterdrückung des Schweizer Landvolks durch die kaiserlichen und österreichischen Machtinhaber anschaulich. Auf dem Rütliberg kommt es daher zu einem Vereinigungsschwur der drei Schweizer Kantone, sich gegen die Tyrannei zu wehren, um das Recht auf menschliche Freiheit zu bewahren. Tell wird eher zufällig in die Auseinandersetzung einbezogen: Er hat vergessen, den Hut des Landvogts Gessler zu grüßen, den dieser zum Training der Unterwürfigkeit des Volkes hat aufstellen lassen. Indem er daraufhin die brutale Macht des Gewaltherrschers erfährt, der von ihm verlangt, einen Apfel vom Kopf seines Sohnes zu schießen, um sich zu retten, wird er zum politischen Handeln gebracht. Gessler bricht sein Versprechen, Tell nach gelungenem Schuss frei zu lassen, doch Tell kann sich befreien. Er erschießt den Landvogt. Sein Handeln löst den Volksaufstand und die Vertreibung der Machthaber aus. Deutlich abgesetzt von Tells Handeln wird eine Parallelhandlung: der machtpolitisch motivierte Mord Parricidas an seinem Onkel, dem König.

Zu den Grundlagen menschlicher Existenz gehört, wie Sch. hier darstellt, ein unabdingbares Maß an Freiheitsrechten. Deren Infragestellung durch die Herrscher bedeutet menschenverachtende Tyrannei, die Widerstand – bis zur Gewaltanwendung – legitim nach sich zieht. Dass Sch. hier nicht nur Verhältnisse des 14. Jahrhunderts beleuchtet, sondern grundsätzlich Position bezieht zu Menschenwürde, Freiheit, Herrschaft und Widerstand, war schon den Zeitgenossen klar, für die die Thematik angesichts der Besetzung weiter Gebiete Deutschlands durch Napoleon eine ganz eigene Aktualität hatte. HH

Bernhard Schlink

geb. am 6.7.1944 bei Bielefeld

Kurzbiografie

Sch. wuchs in Heidelberg auf und begann dort nach dem Abitur ein Jurastudium, das er in Berlin fortsetzte. Er arbeitete als wissenschaftlicher Assistent in Heidelberg, Darmstadt, Bielefeld und Freiburg. 1975 promovierte er über *Abwägung im Verfassungsrecht*, 1981 folgte die Habilitation zum Thema *Amtshilfe, ein Beitrag zu einer Lehre der Gewaltenteilung in der Verwaltung*. Sch. war Professor in Bonn und Frankfurt und ist seit 1992 an der Humboldt-Universität Berlin Professor für öffentliches Recht und Rechtsphilosophie. 1993 verbrachte er als Gastprofessor an der Yeshiva-University in New York. Vom Düsseldorfer Landtag ist Sch. zum Richter am Verfassungsgerichtshof für das Land Nordrhein-Westfalen in Münster gewählt worden.

Zur Zeit lebt er als Jurist in Bonn und Berlin.

Literarische Einordnung

Sch.s Karriere als Schriftsteller begann mit gesellschaftskritischen Krimis, deren Protagonist der Mannheimer Privatdetektiv Gerhard Selb ist. Die drei Krimis *Selbs Justiz* (1987), *Selbs Betrug* (1992) und *Selbs Mord* (2001) wurden von der Literaturkritik als „Trilogie deutscher Nachkriegsgeschichte" bezeichnet. Der erste Roman *Selbs Justiz* wurde 1992 von Nico Hofmann unter dem Titel *Der Tod kam als Freund* verfilmt, mit Martin Benrath und Hannelore Elsner in den Hauptrollen. Für *Selbs Betrug* bekam Sch. 1993 den Deutschen Krimi-Preis.

Für seinen zweiten Roman, *Die gordische Schleife*, wurde Sch. mit dem Autorenpreis der Kriminalautorenvereinigung „Syndikat" anlässlich der Criminale 1989 in Berlin ausgezeichnet. Der Roman erzählt die Geschichte von Georg Polger, der seine Anwaltskanzlei in Karlsruhe mit dem Leben als freier Übersetzer in Südfrankreich vertauscht und sich mehr recht als schlecht durchschlägt – bis zu dem Tag, als er durch merkwürdige Zufälle Inhaber eines Übersetzungsbüros wird. Polger gerät in einen Strudel von Ereignissen, die ihn Freund und Feind nicht mehr voneinander unterscheiden lassen.

Mit dem Roman *Der Vorleser* (1995) erlangte Sch. zahlreiche Preise. Mit *Der Vorleser* erreichte erstmals ein deutsches Buch Platz eins der *New-York-Times*-Bestsellerliste. Der Roman wurde in 25 Sprachen übersetzt. Die Filmrechte sicherte sich Hollywood-Filmproduzent Miramax, Regisseur wird Anthony Minghella *(Der englische Patient, Der talentierte Mr. Ripley)* sein. Edinburgh (Schottland) erlebte die Uraufführung des *Vorlesers* auf der Bühne.

In dem Prosawerk *Liebesfluchten* (2000) macht Sch. die Liebe zum Brennpunkt der subtilen Erzählungen. Sieben Geschichten erzählen von den Anziehungs- und Fluchtformen der Liebe, es sind Großstadtgeschichten und zugleich Geschichten über eine ratlose Generation, die über die Fallstricke ihrer Vergangenheit stolpert.

Werkbeschreibung

Der Vorleser (Roman, 1995): Der Roman thematisiert den Umgang mit der nationalsozialistischen Vergangenheit in der Bundesrepublik Deutschland, indem er ihn mit einer Liebesgeschichte verknüpft. Das in seiner sinnlichen Intensität erzählte Verhältnis zwischen einem sehr jungen Mann und einer Frau in den besten Jahren macht den besonderen Reiz des Romans aus. Nicht nur der Altersunterschied, auch die Diskrepanz der sozialen Schicht macht diese Beziehung interessant.

Der 15-jährige Ich-Erzähler Michael Berg kommt aus einer Professorenfamilie und einer Wohnung mit Biedermeiermöbeln, einem Flügel und Regalen voller Bücher. Er besucht das humanistische Gymnasium, während seine mehr als 20 Jahre ältere Geliebte Hanna Schmitz als Straßenbahnschaffnerin arbeitet und in einer kleinen möblierten Wohnung lebt. Das Verhältnis zwischen den beiden beginnt im Frühjahr 1959 und findet im Spätsommer ein jähes Ende, als die Geliebte ohne Abschied aus der Stadt verschwindet. Der plötzliche Verlust des Liebesobjekts und des gemeinsam etablierten Beziehungsrituals, zu dem auch das Vorlesen gehört, stürzt den Jungen in eine schwere Krise. Jahre später treffen beide Partner wieder aufeinander – sie als eine von fünf Angeklagten in einem Prozess gegen KZ-Aufseherinnen, er als studentischer Prozessbeobachter. Dem Geheimnis, wieso Hanna Schmitz sich die Hauptschuld an einem Verbrechen zuweisen lässt, kommt der Prozessbeobachter Michael durch Nachdenken auf die Spur: Hanna ist Analphabetin. Diese Erkenntnis provoziert die zentrale Frage, ob Hanna denn „so eitel und böse (war), für das Vermeiden einer Bloßstellung zur Verbrecherin zu werden" oder ob es möglich ist, für ihr Verhalten eine entschuldigende Erklärung zu finden. Im Gefängnis lernt Hanna mithilfe von Tonkassetten, die Michael Berg mit literarischen Texten besprochen hat, lesen und schreiben. Am Tag vor ihrer Entlassung aus dem Gefängnis erhängt sie sich in ihrer Zelle.

Für den Erzähler wird in der Konfrontation mit Hanna und ihrer Vergangenheit plötzlich erfahrbar, wie das historische Verbrechen in seine Lebenswelt eindringt und als Frage nach eigener Schuld beunruhigend lebendig wird. Er kann diese Frage nicht einfach abschütteln – auch wenn er es gern möchte. CM

Robert Schneider

geb. am 16. 6. 1961 in Bregenz (Österreich)

Kurzbiografie

Sch. ist in Meschach, einem kleinen Bergdorf in den rheintalischen Alpen, aufgewachsen und lebt dort heute als freischaffender Schriftsteller. In diesem Dorf und auch in seinem Elternhaus gab es kaum Kunst und Bücher. Die einzige Musik, die er in seiner frühen Kindheit kennen gelernt hat, war die des Dorforganisten in der Kirche. Nachdem er die Schule durchlaufen hatte, studierte er von 1981 an Komposition, Kunstgeschichte und Theaterwissenschaft in Wien.

1990 erhielt Sch. den Abraham-Woursell-Award. Dieses amerikanische Stipendium fördert junge europäische Autoren. Dadurch konnte Sch. an seinem ersten Roman *Schlafes Bruder* arbeiten. Nach sechs Monaten Schreibzeit erschien der Roman 1992 und wurde zu einem überraschenden Publikumserfolg. Das Buch hat enorme Verkaufszahlen, wurde in 24 Sprachen übersetzt und in andere Kunstgattungen übertragen. 1995 setzte Joseph Vilsmaier den Roman filmisch um und die Thematik bot Stoff für die Oper (1996) und das Ballett des Pfalztheaters Kaiserslautern.

Außerdem schrieb Sch. Theaterstücke, wie *Traum und Trauer des jungen H.* (1993), für das er den Landespreis für Volkstheaterstücke des Landes Baden-Württemberg erhielt, und *Dreck* (1993).

Die Luftgängerin, sein zweiter Roman des Romanzyklus *Die Rheintalische Trilogie*, erschien 1998 und der dritte Roman *Die Unberührten* 2000.

Für seine Werke erhielt Sch. zahlreiche Auszeichnungen wie den Literaturpreis der Salzburger Osterfestspiele, den Dramatikerpreis der Potsdamer Theatertage, den Alemannischen Literaturpreis und den italienischen Premio Grinzane Cavour für den besten ausländischen Roman.

Literarische Einordnung

Sch. gehört zu den erfolgreichsten Autoren der deutschsprachigen Gegenwartsliteratur. Er thematisiert in seinen Werken Fremdsein, Ausländerhass und Fremdenfeindlichkeit *(Dreck)*, aber oft auch Menschen mit außergewöhnlichen Fähigkeiten *(Schlafes Bruder, Die Luftgängerin)*.

Der Roman *Schlafes Bruder* ist einer der größten Verkaufserfolge der Gegenwartsliteratur, obwohl der Erfolg des Buches zuerst fragwürdig war. Sch. schickte 1990 das Manuskript an 23 Verlage und hatte bis 1991 von allen Verlagen Absagen erhalten. Nur der Reclam Verlag in Leipzig entschied sich schließlich zu einer „kleinen" Erstauflage von 4 000 Büchern.

Sch. verwendet in *Schlafes Bruder* Elemente verschiedener Literaturgattungen. Durch die Verbindung Elsbeth–Elias entwickelt er einen Liebesroman. Durch die Darstellung der Begabung und des Schicksals von Elias baut Sch. auch Grundzüge eines Künstlerromans ein. Als Handlungsort wählt Sch. ein naturalistisches Dorfmilieu und verwendet so Elemente der Heimatliteratur (Dorfgeschichte), die v. a. im 19. Jahrhundert verbreitet war.

Werkbeschreibung

Schlafes Bruder (Roman, 1992): Das Werk erzählt, wie im einleitenden Satz zusammenfassend beschrieben, „die Geschichte des Musikers Johannes Elias Alder, der zweiundzwanzigjährig sein Leben zu Tode brachte, nachdem er beschlossen hatte, nicht mehr zu schlafen".

Die Hauptfigur wird 1803 in dem abgelegenen Bergdorf Eschberg geboren. Er kommt ohne Atmung und Herzschlag auf die Welt und erst der Gesang der Hebamme erweckt ihn zum Leben. Elias ist von Geburt an ein Außenseiter. Die Eltern schämen sich für ihn und er wird von seiner Umwelt ausgegrenzt. Elias erlebt im Alter von fünf Jahren eine körperliche Wandlung, bei der sich sein Gehör, sein Aussehen und seine Stimme verändern. Er hört bei dieser „Mutation" seines Körpers den Herzschlag eines ungeborenen Kindes, bei dem es sich um seine Cousine Elsbeth handelt, in die er sich später verlieben wird. Elias entwickelt eine enorme Musikalität. Er wird Organist in der Dorfkirche, kann aber sein außerordentliches Talent in dieser Umgebung nicht entfalten. Die Liebe zu Elsbeth legt er nicht offen dar, sondern versucht sie in Musik auszudrücken, woraufhin Elsbeth sich von Elias mit der Zeit abgewiesen fühlt und später einen anderen Mann heiratet. Elias trauert um diese Liebe. Er prägt sich die Worte eines Schaupredigers ein, dass man als Liebender nicht schlafen dürfe, da man im Schlaf nicht lieben würde. Als Liebesbeweis fasst er schließlich den Plan, nicht mehr zu schlafen, und verübt im Alter von 22 Jahren einen qualvollen Selbstmord durch Schlafentzug.

Der Roman wird von einem auktorialen Erzähler berichtet, der Vorausdeutungen und Rückblenden einbaut. Sch. entwickelt in dem Roman eine ganz eigene Sprache. Auf der einen Seite ist sie geprägt von altertümlichen und ländlichen Ausdrücken, die z. T. auch in Dialekt geschrieben sind. Auf der anderen Seite kommen auch sehr moderne Ausdrücke vor. Eine wichtige Rolle im Handlungsgerüst spielt die Musik, aus der Elias Kraft schöpft. Genau hier liegt aber auch das Schicksal der Hauptfigur: Elias wurde in eine Umgebung hineingeboren, in der er sein Talent nicht entfalten kann. Er ist ein Künstlergenie, der durch die Unsensibilität seiner Mitmenschen zum Außenseiter wird. So kommt es in dieser scheinbar idyllischen Gegend zum tragischen Ende. LB

Arthur Schnitzler

geb. am 15. 5. 1862 in Wien
gest. am 21. 10. 1931 in Wien

Kurzbiografie

Sch. war Sohn einer geachteten jüdischen Arztfamilie und dementsprechend waren Schulausbildung und Studium auf eine Medizinerkarriere ausgerichtet. Er verfolgte diesen Berufsweg auch zunächst, war Assistenzarzt in Wien, eröffnete nach dem Tode des Vaters 1893 eine Arztpraxis und schrieb medizinische Fachartikel.

Doch die Theatereindrücke seiner Kindheit, die ihm durch die Großeltern vermittelt worden waren, tauchten als Interesse an literarischer Tätigkeit wieder auf. Schon von 1886 an veröffentlichte Sch. Gedichte in mehreren literarischen Zeitschriften. Die Publikation von Schauspielen und Novellen kam ab 1892 hinzu. So trat das dichterische Schreiben gegenüber dem Medizinerberuf allmählich in den Vordergrund.

Seine entlarvende Darstellung der Leere und Verlogenheit menschlicher Beziehungen und seine Kritik an einer bürgerlichen Sexualmoral, die zur bloßen äußerlichen Fassade geworden war, wie er sie in seinen Schauspielen *Anatol* (1892) und *Liebelei* (1895) zum Ausdruck brachte, führten zu Theaterskandalen. Der *Reigen* (ersch. 1903) wurde als angebliche Pornographie verboten und in Deutschland erst 1920 uraufgeführt. Ein langer Prozess wegen Erregung öffentlichen Ärgernisses war die Folge und führte dazu, dass Sch. als skandalträchtiger Autor im Bewusstsein der Bevölkerung verblieb. Auch das Schauspiel *Professor Bernhardi* (1912) geriet ins Kreuzfeuer des Zensurverbots in Österreich, weil politisches Intrigenspiel – in Verbindung mit antisemitischen Ressentiments – um die Leitungsposition eines Krankenhauses thematisiert wurde.

Skandale und Verbote änderten aber nichts am Erfolg und steigenden Ansehen Sch.s, das auch durch eine Reihe von erzählerischen Texten gefördert wurde, wie die Novellen *Sterben* (1895) oder *Leutnant Gustl* (1901), die auch durch ihre erzählerische Darstellungstechnik neuartig waren.

Während des Ersten Weltkriegs distanzierte Sch. sich von der allenthalben anfangs vorhandenen Kriegsbegeisterung und kritisierte Politiker, die über das Leiden der Menschen hinweggingen, scharf.

In den 20er-Jahren interessierte er sich für das neue Medium des Films und versuchte sich an Drehbüchern. Zu seinen letzten Werken gehören der Roman *Therese* (1928), der auf biografische Art den Lebens- und Leidensweg einer Frau erzählt, und die Erzählung *Flucht in die Finsternis* (1931), die sich ähnlich wie der Text *Sterben* mit einer detaillierten Darstellung eines längeren körperlichen und seelischen Krankheitsprozesses beschäftigt.

Sch. starb an einer Gehirnblutung.

Literarische Einordnung

Nach Sch.s Tod wurden seine Texte von den Nationalsozialisten aus rassischen und „moralischen" Gründen verboten, doch ist er heute wieder in den Vordergrund des literarischen Interesses gerückt.

Das ist zum einen begründet durch sein erzählerisches Werk und dessen neuartige Erzähltechnik, für die Erkenntnisse der entstehenden psychoanalytischen Forschung Sigmund Freuds eine Grundlage liefern. Sch. verwendet den inneren Monolog, um so aus der Innensicht einer Erzählerrolle Gedanken und Gefühle sichtbar zu machen. Durchgehend ist diese Erzähltechnik erstmals in *Leutnant Gustl* angewendet. In einer Art Bewusstseinsstrom wird hier das Denken und Fühlen analytisch offen gelegt, aber auch Unbewusstes, Assoziatives kommt so hinzu und trägt zum entstehenden Bild der Erzählerrolle bei. Auch die anderen erzählerischen Texte Sch.s haben die genaue analytische Offenlegung innerer Vorgänge zum Mittelpunkt und zeigen die phrasenhaften Fassaden im menschlichen Umgang, die wirkliches Verstehen verhindern.

Der andere Schwerpunkt des Interesses an Sch. beruht auf seinen Schauspielen, die ebenfalls den Mangel an echter Kommunikation und mitmenschlicher Nähe thematisieren und die er zumeist als Komödien bezeichnet hat. In *Anatol* ist die Titelfigur eine Gestalt, die – zwischen mehreren Frauen hin- und hergerissen – letztlich unfähig ist zu einem wirklichen Gefühl. Komödienhaft spielt Anatol Rollen, die den Schein wirklichen Gefühls inszenieren, aber doch Lüge sind – obwohl er selbst an dieser Oberflächlichkeit leidet und die dahinter stehende Einsamkeit ahnt. Die Sprache wird dabei – und damit berührt Sch. sich mit Hugo von Hofmannsthal – grundsätzlich in Bezug auf ihre Fähigkeit, menschliche Gemeinschaft herzustellen, in Zweifel gezogen.

Häufig sind Sch.s dramatische Texte als Einakter oder Reihungen von Szenen gestaltet, die schlaglichtartig die seelische Verfassung einer Person beleuchten. Eine solche Konzentrierung der Thematik auf seelische Prozesse in Verbindung mit der Skepsis gegenüber gültigen gesellschaftlichen Werten, menschlichen Beziehungen und menschlicher Sprache, wie sie als durchgängige Merkmale von Sch.s literarischem Werk greifbar sind, gilt als typisch für diese literarische Phase, die als Wiener Impressionismus bezeichnet wird.

Werkbeschreibungen

Der Reigen (Dialogisches Spiel, 1903): Das skandalumwitterte Werk besteht aus einer Abfolge von zehn Szenen, in denen sich das gleiche Handlungsmuster wiederholt: Paare aus unterschiedlichen gesellschaftlichen Bereichen treffen zusammen, verlogene Worte stellen den Anschein von echter Emotionalität her, es kommt zu – diskret durch Gedankenstriche angedeuteten – sexuellen Beziehungen und danach erfolgt die Trennung, die in Sprache und Verhalten die innere Distanz zwischen den Beteiligten aufzeigt. Die Monotonie der Wiederholung und die Art der szenischen Verkettung – je eine Person einer Szene taucht in der folgenden wieder als Partner auf, bis in der letzten Szene mit dem erneuten Auftreten der Dirne der Reigen zum Abschluss kommt – entlarven die phrasenhafte Sinnentleerung der Worte, die nur noch den äußeren Schein von Gefühl herstellen.

Der augenblickshafte impressionistische Blick in die Gefühlswelt der Personen, den Sch.s Szenenfolge ermöglicht, legt die innerliche Leere und Scheinmoral drastisch offen. Der Text ist somit nicht unmoralisch, wie er damals verstanden wurde, sondern er fordert in dem negativen Bild, das er vermittelt, gerade Ehrlichkeit und emotionale Tiefe in den menschlichen Beziehungen ein.

Leutnant Gustl (Novelle, 1901): Leutnant Gustl, der von einem Bäckermeister beleidigt wurde, kann diesen nicht zum Duell herausfordern und seine Ehre wiederherstellen, weil der Bäcker nach Ansicht der damaligen Gesellschaft nicht „satisfaktionsfähig“ ist. Eine Nacht lang beschäftigt er sich selbstquälerisch mit diesen Vorgängen und Konsequenzen, bis er am nächsten Morgen vom plötzlichen krankheitsbedingten Tod des Bäckers erfährt. Indem Gustl nur erleichtert reagiert und alle psychische Qual beseitigt ist, entlarvt er sich und sein Verhalten durch solche Oberflächlichkeit seines Denkens und Handelns, das nur an äußeren gesellschaftlichen Normvorstellungen, nicht aber am Menschen interessiert ist. Zugleich wirft er ein kritisches Licht auf die gesellschaftliche Schicht, der er entstammt. HH

Anna Seghers

geb. am 19. 11. 1900 in Mainz
gest. am 1. 6. 1983 in Ostberlin

Kurzbiografie

S. wurde unter dem Namen Netty Reiling als Tochter einer wohlhabenden jüdischen Familie in Mainz geboren. 1919 begann sie an der Universität Köln das Studium der Kunstgeschichte, Geschichte, Philologie und Sinologie, das sie 1924 mit der Promotion in Heidelberg abschloss. Dort lernte S. politische Emigranten aus Osteuropa kennen, darunter den ungarischen Kommunisten Laszlo Radvanyi, den sie 1925 heiratete und mit dem sie nach Berlin zog. Hier wurden auch ihre beiden Kinder, Peter und Ruth, geboren.

S. schrieb bereits in ihrer Jugend, doch veröffentlicht wurden ihre ersten Erzählungen unter dem Pseudonym Anna Seghers. 1928 trat S. in die KPD ein, 1929 wurde sie Gründungsmitglied im „Bund Proletarisch-Revolutionärer Schriftsteller". In dieser Zeit hatte sie ihren ersten großen Erfolg mit der Erzählung *Aufstand der Fischer von St. Barbara* (1928), die mit dem Kleist-Preis ausgezeichnet wurde. Der Text weist deutlich auf das Anliegen der Autorin hin, die Unterdrückung der kleinen Leute in Kontrast zu den herrschenden gesellschaftlichen Verhältnissen aufzuzeigen. In einer unbestimmten geographischen und historischen Situation handelt diese Geschichte von der Auflehnung einiger Fischer gegen ausbeuterische Arbeitsverhältnisse. Zwar wird der Aufstand niedergeschlagen, doch durch ein plastisch gestaltetes Bild am Schluss der Erzählung gelingt es S., Hoffnung auf bessere Zeiten aufkeimen zu lassen. Kritik kam jedoch aus den eigenen Reihen: Eine spontane, unorganisierte Revolte mit unklarem Ausgang, wie sie S. hier darstellte, passte nicht zu den kommunistischen Vorstellungen. Die Verfilmung des Regisseurs Erwin Piscator (1934 in der Sowjetunion unter dem Titel *November 28*) endet folgerichtig mit dem klaren Sieg der Fischer im Kampf um menschenwürdige Lebensbedingungen. Viele zeitgenössische Leser jedoch waren beeindruckt von S.s offener Gestaltung und der präzisen Darstellung des Lebensgefühls in der von wirtschaftlichen, sozialen und ideologischen Krisen und Kämpfen erschütterten Weimarer Republik.

S. wurde aufgrund ihres politischen Engagements verhaftet und floh kurz darauf im Januar 1933 mit ihrer Familie über die Schweiz nach Paris, 1940 weiter in das unbesetzte Frankreich nach Marseille und von da aus 1941 über Ellis Island/New York nach Mexiko-City. Bestimmt vom Auftrag, Aufklärung über den Faschismus leisten zu wollen, begann sie ihr Exilwerk mit einem Deutschland-Zyklus, in dem Fragen nach der Entstehung und den Auswirkungen des Faschismus auf den Menschen gestellt und beantwortet wurden. In *Der Kopflohn. Roman aus einem deutschen Dorf im Spätsommer 1932* (1933) findet ein junger, steckbrieflich gesuchter Mann Zuflucht bei Verwandten in einem kleinen Dorf, wo für einige der ausgesetzte Kopflohn zur Versuchung wird. Denn für die meisten Dorfbewohner hat der Faschismus eine große Anziehungskraft. Er zieht mit seinen Versprechungen und seinen scheinbar einfachen Lösungen viele der Älteren in seinen Bann, aber auch die Jüngeren erliegen der Verführung. So wird letztlich derjenige zum Verräter, der den unbedingten Gehorsam gegenüber seinem Gruppenführer über seine Freundschaft stellt. In *Die Rettung* (1937) steht die deutsche Arbeiterschaft im Mittelpunkt, wobei die psychologischen Auswirkungen der Arbeitslosigkeit auf den Menschen das Thema des Romans bestimmen. Der Ausgangspunkt der Handlung ist die Rettung von sieben verschütteten Bergleuten. Ihr Anführer, ein Helfer, Tröster und Vorbild in der Not, ist jedoch der sich anschließenden Wirtschaftskrise und Massenarbeitslosigkeit nicht gewachsen. Langeweile und Isolation tragen Schritt für Schritt zum Abbau seiner Persönlichkeit und seiner Würde bei. Wie in den früheren Werken tritt S. auch hier hinter das Geschehen zurück, sie enthält sich jeglicher Bewertung, klagt nicht an, sondern überlässt es dem Leser, Schlüsse zu ziehen und Fragen nach Schuld und Schuldigen zu beantworten. Auch ihr bekanntester Roman *Das siebte Kreuz* (1942), der ihren Weltruhm begründet, ist durch diese Erzählhaltung bestimmt.

Erfahrungen, die aus dem Aufenthalt in Marseille und auf einem Frachtschiff nach Mexiko im Jahr 1941 resultierten, verarbeitete S. in ihrem Roman *Transit* (in Spanisch und Englisch 1944 veröffentlicht, die deutschsprachige Ausgabe erfolgte 1948). Er schildert in kurzen, miteinander verwobenen Erzählsequenzen die Nöte und Ängste der Emigranten, die vor der NS-Diktatur fliehen. Heimatlosigkeit, Orientierungslosigkeit und Identitätskrisen bedrücken die Flüchtlinge, die gegen Behördenwillkür und den drohenden Zugriff der Nationalsozialisten kämpfen. Der Roman zeichnet ein facettenreiches Bild des Emigrantendaseins, S. vermeidet aber jegliche Sentimentalität, eher beiläufig lässt sie den Ich-Erzähler berichten, doch gerade dadurch wirkt das Geschehen bedrückend und alptraumhaft. Deutlicher noch biografisch gefärbt ist die Erzählung *Der Ausflug der toten Mädchen* (1946) – ein Abschied von der Mutter und ein Rückblick auf die zerbombte Heimatstadt.

Für S. hat der amerikanische Kontinent seit den Jahren der Emigration in Mexiko eine wichtige Rolle gespielt. Nach ihrer Rückkehr gehörte es zu ihren selbst gestellten Aufgaben, den Reichtum und die Vielfalt der fremden Kultur zu vermitteln. Vor allem die *Antillen-Novellen* (1949) (auch veröffentlicht unter dem Titel: *Die Hochzeit von Haiti. Zwei Novellen* oder *Karibische Geschichten*), die Novellen *Crisanta* (1951) und *Das wirkliche Blau* (1967) beschreiben das Leben in Lateinamerika, während die Erzählung *Überfahrt* (1971) die Brücke von dort in die DDR der Nachkriegszeit schlägt. Im Zentrum des Textes steht die schwierige Entscheidung über eine Rückkehr aus der Emigration, die ein junger Arzt zu treffen hat. Indem er seinem Mitreisenden auf der Fahrt von Brasilien nach Deutschland von seiner Emigrationszeit und den Freunden dort erzählt, gelangt er zu der Klarheit und Einsicht, die ihm eine bewusste Entscheidung für ein Leben in der DDR ermöglicht.

1947 kehrte S. nach Deutschland, genauer nach Ostberlin, zurück. Auch ihre Entscheidung für die spätere DDR ist Ausdruck ihrer Parteinahme für den Teil des Landes, der nach ihrer Auffassung allein den Weg in eine sozialistische Zukunft gehen konnte. Vielfältige Beiträge, Reden und Äußerungen prägten ihr Leben in der Öffentlichkeit. Neben Bertolt Brecht und Johannes R. Becher wurde sie die wichtigste Repräsentantin der Literatur der DDR. S. trat 1947 der SED bei, war 1952–1978 Vorsitzende des Schriftstellerverbandes und vielfache Preisträgerin der DDR. Zwar ist ihr Schaffen nach 1947 mehr als in früheren Jahren von theoretischen Äußerungen begleitet, doch es entstehen auch bedeutende Erzählwerke. So entstand bereits im Zeichen der Rückkehr der Roman *Die Toten bleiben jung* (1949), die Chronik einer deutschen Familie 1918–1945, in der der Vater und später der Sohn im Kampf für das Proletariat getötet werden. Über das Jahr 1945 hinaus führte die Autorin diesen Ansatz fort mit den Romanen *Die Entscheidung* (1959) und *Das Vertrauen* (1968), die lose miteinander verknüpft erscheinen.

Mit zunehmendem Alter und auch aus gesundheitlichen Gründen entzog sich S. jedoch immer mehr ihren öffentlichen Aufgaben. Nach dem Tod ihres Mannes 1978 lebte sie bis an ihr Lebensende 1983 sehr zurückgezogen. S. wurde auf dem Dorotheenstädtischen Friedhof in Berlin beigesetzt. Lange nach ihrem Tod erschien die Erzählung *Der gerechte Richter*, zwar 1957/58 geschrieben, aber später nicht mehr überarbeitet. Darin scheint sich eine kritische Sicht auf die sozialistische Gesellschaft der DDR anzudeuten.

Literarische Einordnung

S. ist eine politische Schriftstellerin, deren oberstes Ziel es ist, schreibend zur gesellschaftlichen Veränderung beizutragen, wobei sie sich einem engagierten Realismus verpflichtet fühlt. Die westdeutsche Kritik war sich jedoch lange in einer strikten Ablehnung von S. einig, wohl auch deswegen, weil die Autorin an ihrem Bekenntnis zum Sozialismus keinen Zweifel ließ und als herausragende Repräsentantin der DDR galt. Diese Einschätzung änderte sich im Verlauf der 70er-Jahre, ihr Schaffen erlangte auch durch das erstarkende Interesse an der Exilliteratur insgesamt Beachtung. Auch die Nachkriegsromane, zunächst in der Bundesrepublik als realitätsfern und konform zur Ideologie der DDR abgeurteilt, wurden differenzierter betrachtet und angemessen aufgenommen. Denn S. hat sich – so engagiert und diszipliniert sie sich an der aufklärerisch-agitatorischen Parteiarbeit beteiligte – in Fragen der künstlerischen Gestaltung stets mehr auf ihr eigenes Urteilsvermögen als auf die häufig von ideologischen Richtlinien bestimmten Vorgaben der Theoretiker des Sozialistischen Realismus verlassen.

So hebt sich etwa S.s Vorliebe für die Kombination von verschiedenen Stilmitteln, wie Montage, innerer Monolog oder erlebte Rede, deutlich von den strikten Forderungen des Sozialistischen Realismus ab. S. trat für eine an der Erfahrung orientierte literarische Gestaltung ein, die sich der vorhandenen ästhetischen Mittel bedienen und mit neuen experimentieren müsse. Die Autorin enthält sich darüber hinaus fast jeglicher Bewertung des Verhaltens und Denkens ihrer Figuren, sie überlässt es Ihren Lesern, eigene Schlüsse zu ziehen. Sie liefert in ihrem Erzählwerk keine fertigen Lösungen, doch wirkt ihre Sprache bei aller Klarheit, fast schon Kargheit, poetisch und vielschichtig.

Die Wertschätzung der Autorin zeigen auch die Literaturpreise und Ehrungen, mit der man sie auszeichnete. So erhielt sie 1947 den Büchner-Preis, 1975 den Kulturpreis des Weltfriedensrates, mehrmals den Nationalpreis der DDR, 1975 die Ehrenbürgerschaft von Berlin/DDR und schließlich 1981 die Ehrenbürgerschaft ihrer Geburtsstadt Mainz.

Werkbeschreibung

Das siebte Kreuz (Roman, erschienen in Mexiko 1942): Im Herbst des Jahres 1937 sind aus dem Konzentrationslager Westhofen am Rhein sieben Häftlinge geflohen. Um die anderen abzuschrecken und die wieder Einzufangenden foltern zu können, lässt der Kommandant sieben Kreuze errichten. Der Gestapo gelingt es schon nach kurzer Zeit, vier der entflohenen Häftlinge einzufangen. Ein anderer stirbt, als er sein Heimatdorf erreicht, während der sechste sich freiwillig stellt. Nur dem Kommunisten Georg Heisler gelingt die Flucht ins Ausland, in die Freiheit. Das siebte Kreuz bleibt also leer, es wird zum Symbol der Hoffnung und des Widerstands für die Häftlinge und für alle, die davon erfahren und die mit dem Regime nicht einverstanden sind. Heislers Fluchtweg wird durch Menschen gelenkt, denen er begegnet, Verwandte, Freunde, Gesinnungsgenossen und politisch Andersdenkende. Seine 14-tägige Irrfahrt stellt sie vor die Entscheidung, den steckbrieflich Gesuchten bei sich zu beherbergen oder zu kapitulieren und ihn zu verraten. Die Menschen, die sich dazu durchringen, dem Flüchtling zu helfen, und ihn damit vor dem sicheren Tod bewahren, zeigen Eigenständigkeit und menschliche Größe. Sie fühlen, das Richtige zu tun, sie handeln v. a. aus emotionalen Motiven. Einfache Menschen setzen ihr Leben und das ihrer Angehörigen aufs Spiel, damit Heislers Flucht in der Freiheit enden kann. Der Grundtenor des Romans ist daher nicht Verzweiflung, sondern Zuversicht. Das Bild des siebten Kreuzes, das leer bleibt, erinnert an die christliche Passion und symbolisiert zugleich menschliches Handeln, das Kräfte frei setzt, die den Menschen zum Herrn seines eigenen Schicksals machen.

Mit dem Geschehen verknüpft sind die Landschaft und die Geschichte des Rheinlandes. In Kontrast zu den wechselnden Herrschaften, angefangen von den römischen Söldnerlegionen, setzt S. die bleibende Schönheit der Naturlandschaft. Auch so vermittelt sie die Einsicht, dass die Diktatur der Nationalsozialisten begrenzt sein muss.

Die Handlung des Romans ist in etliche Einzelabschnitte aufgelöst, die parallel geführt werden und sich gegenüberstehen. Die zu Kreuzen verunstalteten Bäume auf dem Hof des Konzentrationslagers, von denen eines nun leer bleibt, bilden seinen Rahmen. Rückblenden, Reflexionen und innere Monologe vertiefen das ausgebreitete Geschehen.

Das Werk zählt zu den wenigen Widerstandsromanen, die auch im Ausland ein breites Publikum fanden. Es wurde ein Buch, das für Deutschland sprach, als sonst fast nur mit Abscheu von Deutschland gesprochen wurde. 1942 zunächst auf englisch publiziert, wurde es noch während des Zweiten Weltkriegs verfilmt (*The Seventh Cross*, USA 1944, Regie: Fred Zinnemann). 1946 war es in der damaligen Sowjetischen Besatzungszone erstmalig auf deutsch erhältlich. GL

Adalbert Stifter

geb. am 23. 10. 1805 in Oberplan
(heute Tschechische Republik)
gest. am 28. 1. 1868 in Linz (Österreich)

Kurzbiografie

S. wuchs als ältestes von fünf Kindern in der Landschaft des Böhmerwaldes auf. Sein Vater war Leinenweber und Flachshändler. Als S. elf Jahre alt war, verunglückte der Vater tödlich; S. wurde seitdem überwiegend von den Großeltern erzogen. 1818–1826 besuchte er das Gymnasium der Benediktiner in Kremsmünster, wo er nach seinen Worten die glücklichste Zeit seines Lebens verbrachte.

1826 begann er in Wien mit einem Jurastudium, wandte sich aber bald der Mathematik und den Naturwissenschaften zu. Nebenbei malte und dichtete er. Da er sich den Examensprüfungen nicht stellte, musste er sich seinen Lebensunterhalt als Vorleser und Hauslehrer verdienen. S.s Liebe zu Fanny Greipl (um 1829) endete unglücklich, da ihre Eltern einer Hochzeit nicht zustimmten. 1837 heiratete S. dann die vermögenslose Modistin Amalie Mohaupt. Die Ehe blieb kinderlos, eine Pflegetochter starb 1859.

S.s finanzielle Lage besserte sich ab 1840, dem Jahr, in dem seine Erzählungen (*Der Condor, Feldblumen, Das Haidedorf, Abdias*) mit Erfolg in Journalen erschienen. Darüber hinaus trugen die Veröffentlichung journalistischer Beiträge und die Begegnung mit dem Verleger Gustav Heckenast (1841) zu einer positiveren Lebenssituation bei. Der zwischen Malerei und Dichtung schwankende S. entschied sich auch aufgrund der ihm von Heckenast anvertrauten Redaktion eines Sammelbandes 1844 für die Literatur. Im gleichen Jahr erschienen die ersten Bände der *Studien* (insgesamt sechs Bände), die von der Kritik gelobt wurden. Schon 1847 wendete sich das Blatt, Friedrich Hebbel wurde zu einem von S.s schärfsten Kritikern.

1848 trat S. aktiv für die Revolution ein, vor der er sich aber bald enttäuscht ins ruhigere Linz zurückzog. Eine Möglichkeit der Einflussnahme auf die Gesellschaft sah er nun in der Schule. 1850 wurde S. zum Schulrat, 1853 auch zum Konservator (Denkmalspfleger) von Oberösterreich ernannt. Zunächst enthusiastisch gab er 1854 zusammen mit dem Linzer Realschulprofessor J. Aprent ein *Lesebuch zur Förderung humaner Bildung in Realschulen* heraus, das aber nicht zum Unterricht zugelassen wurde.

Der Erzählband *Bunte Steine* (1853) und der Roman *Der Nachsommer* (1857) wurden von der Kritik überwiegend negativ beurteilt. Neben diesen beruflichen Enttäuschungen musste S. auch gesundheitliche Probleme (Leberzirrhose) erleiden. 1865 wurde S. krankheitsbedingt pensioniert, wobei er dank der Verleihung des Titels Hofrat sein Gehalt weiterbeziehen konnte. Am 26. 1. 1868 unternahm S. wegen seiner Krankheit einen Selbstmordversuch, an dem er zwei Tage später starb.

Literarische Einordnung

Typisch sind S.s Landschaftsbeschreibungen, die bis in kleinste Details ausgeführt sein können. In dem Vorwort der Erzählsammlung *Bunte Steine* führt S. seine Weltvorstellung aus: In der Natur findet der Mensch zu sich selbst, da sowohl der Mensch als auch die Natur von einem „sanften Gesetz", das alles unaufhörlich durchwirkt, bestimmt sind. Das wahrhaft Edle und Große findet man im Unscheinbaren und Stillen, in dem sich das „sanfte Gesetz" offenbart. Der Mensch muss Ehrfurcht vor der Natur haben, um zu sich selbst zu finden. S. lehnt Maßlosigkeit und Gewalt ab, er zeigt in seinen Werken eine christliche Weltfrömmigkeit. Eine positive Wirkung auf die Leserschaft soll durch die Darstellung von Idealen erzielt werden, das Schlechte wird weitgehend ausgeblendet. So findet auch die Darstellung von negativen gesellschaftlichen Zuständen kaum Eingang in die Werke S.s.

S. orientiert sich in seinem Werk sowohl an Romantikern (Jean Paul, Tieck) als auch an klassischen Autoren (Goethe, Schiller). Besonders aufgrund der fehlenden expliziten Gesellschaftskritik, des Rückzugs nach innen und der Orientierung an „alten" Idealen kann S. dem bürgerlichen Realismus (Biedermeier) zugeordnet werden.

Werkbeschreibung

Brigitta (Erzählung, 1843, später integriert in den vierten Band der *Studien*): Die Erzählung handelt von Brigitta, einem schüchternen und hässlichen Mädchen, das von dem allseits beliebten Stephan Murai umworben wird. Obwohl Brigitta ihn darauf hinweist, dass sie von ihm stärker geliebt werden muss als eine hübsche Frau, heiraten sie. Sie leben auf dem Land, haben einen Sohn und sind glücklich, bis Murai Brigitta mit einer Schöneren betrügt. Daraufhin verlässt sie ihn und zieht mit dem Sohn auf einen Hof, wo sie die Felder bestellt. Nach 15 Jahren Reisen zieht Murai auf einen Nachbarhof Brigittas, um wieder in ihrer Nähe zu sein. Brigitta wird schwer krank, woraufhin Murai sie gesund pflegt. Sie schließen einen Vertrag, der einen nur nachbarschaftlichen Umgang der beiden festlegt. Nachdem der Sohn durch Wölfe schwer verletzt und von Murai gerettet wird, überwindet Brigitta ihren Stolz und Murais Untreue ist gesühnt. So können beide erneut zueinander finden in einem inneren Ausgleich und einer geistigen Verbundenheit, die durch die natürliche und von ihnen kultivierte Umgebung unterstützt wird. ME

Theodor Storm

geb. am 14. 9. 1817 in Husum
gest. am 4. 7. 1888 in Hademarschen (Schleswig-Holstein)

Kurzbiografie

Der geographische Umkreis seines Geburtsortes Husum ist für S. bis zu seinem Tode die ihn bestimmende und als Heimat stets geliebte Lebenswelt gewesen, die auch immer wieder in seinen literarischen Werken auftaucht. Er entstammt dem gehobenen Bürgertum der Stadt, wo der Vater als Jurist tätig war und mütterlicherseits verwandtschaftliche Beziehungen zu den alten Patrizierfamilien bestanden. Entsprechend war sein Bildungsweg: Grundschule und sog. Gelehrtenschule im kleinen Heimatort, mit 14 Jahren Besuch des Gymnasiums im bedeutenden Lübeck, Jurastudium in Kiel und Berlin und Examen. 1843 eröffnete S. eine Anwaltspraxis in Husum und heiratete 1846 seine Cousine, mit der er bis zu deren Tod 1865 verheiratet blieb. Doch schon ab 1847 galt seine Liebe auch Dorothea Jensen, die er dann 1866 heiraten konnte.

Die ab 1848 sich verschärfenden und in einen Krieg mündenden deutsch-dänischen Auseinandersetzungen um das Herzogtum Schleswig, zu dem Husum gehörte – der dänische König war gleichzeitig Herzog von Schleswig –, beeinflussten S.s Leben entscheidend. Er, der sich aktiv bei Aufständen gegen die Dänen beteiligt hatte und sich in Zeitungsartikeln und Gedichten scharf gegen eine beabsichtigte Erhöhung des dänischen Einflusses ausgesprochen hatte, verlor seine Anwaltszulassung, als die dänische Regierung ihre politischen Pläne durchsetzte. S. floh und lebte 1853–1864 in Potsdam, später in Heiligenstadt (bei Göttingen), wo er Kreisrichter war. Schon 1850 hatte er seine Novelle *Immensee* veröffentlicht. In der Potsdamer „Exilzeit" schrieb er mehrere Novellen und hatte auch in Potsdam Bekanntschaft zu dem literarischen Verein *Tunnel über der Spree* geknüpft und dabei Theodor Fontane kennen gelernt.

Nach der dänischen Niederlage gegen Preußen kehrte S. 1864 nach Husum zurück und wurde dort 1867 Amtsrichter. Viele Gedichte und Novellen, wie *Draußen im Heidedorf* und *Aquis submersis* entstanden in dieser Zeit. Durch vielfachen Briefwechsel war S. mit fast allen literarischen Größen seiner Zeit gut bekannt.

Nach seiner Pensionierung 1880 zog er in das nahe Dorf Hademarschen. Hier entstand kurz vor seinem Tod noch seine berühmteste Novelle *Der Schimmelreiter*.

S. starb an Magenkrebs.

Literarische Einordnung

Szenerie und Atmosphäre seiner schleswig-holsteinischen Heimat sind für S. mehr als bloße Schauplätze, sondern Lebensgrundlage – sowohl vieler literarischer Figuren als auch des Autors selbst. Sein dichterisches Werk ist charakteristisch für den poetischen Realismus.

Die norddeutsche Landschaft, Natur und Menschen, aber auch die menschliche Gefühlswelt im breiten Spektrum von Liebe und Todestrauer sind Themen seiner Gedichte, in denen er die realistische Wirklichkeitsbeobachtung kunstvoll mit emotional betonter Stimmungshaftigkeit verbindet. Die Thematik der in den sog. Gründerjahren nach 1871 rapide sichtbar werdenden Industriewelt dagegen spielt in S.s lyrischem Werk, wie auch in seinem Leben, keine Rolle.

Bekannter noch ist S. durch sein vielfältiges novellistisches Werk geworden. In vielen Novellen spiegeln sich persönliche Erfahrungen wider, wie z. B. schon in *Immensee* (1849), wo ein alternder Mann der verlorenen Liebe zur Jugendfreundin nachsinnt. Die genau beobachtete Szenerie – zu der hier etwa die Wasserlilie gehört, die zu pflücken ihm nicht gelingt – wird dabei immer wieder zum kunstvollen symbolischen Bild der Thematik von Liebe und Verzicht und zeigt beispielhaft S.s Kunst, das realistische Detail von Landschaft oder Personen über eine bloße Wiedergabe der Wirklichkeit hinauszuführen und zum symbolischen Ausdruck der jeweiligen Thematik zu verdichten.

Seine Novellen der 50er- und 60er-Jahre nehmen dann auch gesellschaftliche Probleme und soziale Spannungen seiner Zeit auf und eröffnen so einen gesellschaftskritischen Horizont, der jedoch – typisch für die Poetisierungstendenz dieses Realismus – nicht zu kritischen Infragestellungen führt, sondern in harmonischen, die Gegensätze versöhnenden Lösungen endet. Die gerade auch in der Novelle künstlerische Darstellungstechnik S.s, etwa die mehrperspektivische Rahmenerzählung, die die Ereignisse häufig in eine frühere Zeit verlagert oder den „Realitätsgehalt" des Erzählten auf die Perspektive der Erinnerung oder Traumvision einer Erzählfigur verlagert, entschärft zusätzlich eine direkte gesellschaftskritische Zielrichtung seiner Texte zu Gunsten der Bedeutsamkeit dichterischer Gestaltungskunst.

Werkbeschreibungen

Pole Poppenspäler (Novelle, 1875): In dem als Rahmenerzählung gestalteten Werk wird aus der Sicht des erwachsenen Drechslers Pole P. von seiner Kinderfreundschaft zu Lisei, der Tochter eines herumziehenden Puppenspielers, erzählt, die er anlässlich einer Puppentheateraufführung kennen gelernt hatte. Als er sie viele Jahre später wiedersieht und dazu beiträgt, ihren Vater von einem falschen Diebstahlsverdacht zu befreien, begleiten ihn beide in seine Heimatstadt und er heiratet Lisei dort. Als ihr Vater eine Puppentheateraufführung veranstaltet, kommt es durch Störaktionen mehrerer Leute zu einem Skandal. Liseis Vater wird lächerlich gemacht und mit dem Schimpfnamen Pole Poppenspäler bedacht. Innerlich gebrochen stirbt er wenig später. Besser als der Schwiegervater versteht es der Erzähler, dem öffentlichen Spott entgegenzutreten, und er lebt mit Lisei glücklich weiter.

Mit dem alten Puppenspieler stellt S. eine Gestalt dar, die in einer sich verändernden Gesellschaft, in der namentlich das Bürgertum zu einer sehr uneinheitlichen Gruppe geworden ist, in ihrer Lebensweise und ihrer halb-künstlerischen Berufstätigkeit altmodisch wirkt, intolerant ausgegrenzt wird und sich nicht wehren kann. Dagegen stellt S. den Erzähler P. und Lisei, die das Andenken des Puppenspielers bewahren und zugleich in der Lage sind, gestützt auf ihr persönliches Glück zu leben, Anfeindungen zu widerstehen und sich einen geachteten Lebensumkreis aufzubauen.

Der Schimmelreiter (Novelle, 1888): Auch S.s letzte Novelle ist eine Rahmenerzählung, in der zunächst auf den zur unheimlichen sagenhaften Gestalt gewordenen Schimmelreiter vorausgedeutet wird, bevor in der zeitlich zurückliegenden Binnenhandlung davon erzählt wird.

Der Schimmelreiter ist Hauke Haien, der aus ärmlichen Verhältnissen stammt und durch Arbeit und Kenntnisse, allerdings auch gestützt durch die Heirat mit einer vermögenden Frau, zum sog. Deichgrafen gewählt wird. Damit hat er die für die Küstengegend existenzsichernde Aufgabe, den Zustand der Deiche zu kontrollieren und zu optimieren. Er kann sich aber nur schwer mit seinen Plänen gegen die Dorfbevölkerung durchsetzen, die Kosten und Arbeit scheut und lieber alles beim Alten lassen möchte. Doch gelingt es ihm, durch den Bau eines neuen, auch technisch neu gestalteten Deichs die Landgewinnung voranzutreiben. Durch die vielen Auseinandersetzungen mit den Bauern allmählich zermürbt, vernachlässigt er jedoch die Sorgfalt bei der Instandhaltung der anderen Deiche. So kommt es bei einer Sturmflut zur Katastrophe: Ein Stück Land wird überschwemmt und das Meer reißt Hauke Haiens Familie mit sich; er selbst beobachtet das Unglück vom Deich aus und stürzt sich daraufhin mit seinem Schimmel ins Meer. Trotz der Zerstörungen ist der von ihm gebaute Deich erhalten geblieben.

Die Figur des Hauke Haien ist widersprüchlich gestaltet: Er wird einerseits gesehen als der vernünftige Kämpfer und Techniker, der die Position des wissenschaftlichen-technischen Fortschritts vertritt. So sieht ihn auch der Schulmeister in der Rahmenerzählung, der den erhalten gebliebenen neuen Deich als Zeichen des Sieges des Fortschritts versteht. Daneben aber ist Hauke Haiens Zögern erkennbar, seine abergläubischen Verhaltensweisen und seine Nachlässigkeit beim Beharren auf notwendigen Maßnahmen, was die Katastrophe ermöglicht und seine Mitschuld an Unglück und Tod bedeutet. Auch diese Merkmale werden in der Rahmenerzählung aufgegriffen, wenn er im Volksglauben zum Gespenst, zum sog. Wiedergänger, der aufgrund seiner Schuld nicht sterben kann, wird, dessen Auftauchen als Signal nahenden Unheils gilt.

S. stellt diese Widersprüche der Figur nebeneinander, ohne sie aufzulösen. Das hat dazu geführt, dass der Text sowohl als Kritik am industriellen Fortschritt wie auch als Verherrlichung eines tapferen Einzelnen, der für den Fortschritt eintrat, gelesen wurde. Solche einseitigen Festlegungen lassen die psychologische Tiefe des widersprüchlich gestalteten Charakters der Hauptfigur und auch die Tatsache, dass S. durch die Rahmenstruktur seiner Erzählung das Geschehen aus dem Umfeld der zeitgenössischen Industriegesellschaft herausnimmt, beiseite. HH

Botho Strauß

geb. am 2. 12. 1944 in Naumburg/Saale

Kurzbiografie

S., Sohn eines Lebensmittelberaters, besuchte das Gymnasium in Remscheid und Bad Ems. Nach dem Abitur studierte er in Köln und München Germanistik, Theatergeschichte und Soziologie. Während seines Studiums versuchte er sich als Schauspieler auf einer Laienbühne. Das Studium brach er 1967 ab, um als Kritiker und Redakteur bei der Zeitschrift *Theater heute* zu arbeiten. 1970 ging er an die Westberliner Schaubühne am Halleschen Ufer, wo er unter der Anleitung von Peter Stein als Dramaturg arbeitete und bis 1975 an vielen erfolgreichen Inszenierungen mitarbeitete.

Sein erstes Theaterstück, *Die Hypochonder*, schrieb S. 1972, der Durchbruch gelang ihm 1977 mit der *Trilogie des Wiedersehens*, einer modernen Variation von Gorkis Drama *Sommergäste*. Bis 1993 hat sich S. mit 14 Bühnenwerken und mehr als 400 Inszenierungen in 30 Ländern einen Platz unter den erfolgreichsten Gegenwartsdramatikern gesichert. 1975 erschien mit *Marlenes Schwester* seine erste Erzählung, zwei Jahre später erlangte er mit *Die Widmung* internationalen Erfolg.

S. bekam u. a. 1975 den Dramatiker-Preis der Stadt Hannover verliehen, 1981 den Literaturpreis der Bayrischen Akademie der Schönen Künste, 1989 den Georg-Büchner-Preis und 1993 den Berliner Theaterpreis. S. ist unverheiratet und verweigert sich der Öffentlichkeit konsequent. Er wohnt heute in Berlin.

Literarische Einordnung

Trotz seines Rufes, zu den erfolgreichsten Gegenwartsautoren zu gehören, ist S. der wohl geheimnisvollste und einzelgängerischste wie auch gebildetste und begabteste deutsche Dramaturg der 70er- und 80er-Jahre. Seine oft unkonventionellen Werke spalteten das Lager der Kritiker in Gegner und Befürworter. Seine Bühnenstücke stellen Kristallisationspunkte der Kritik dar. Besonders die Angstsituationen in dem Stück *Hypochonder*, die S. ohne durchgängigen Handlungsfaden aneinander reiht, erschienen der Kritik als esoterisches Verwirrspiel.

S.s Charaktere bewegen sich meist in gesellschaftlich abgesonderten Räumen, etwa einem herrschaftlichen Gemach, einem verlassenen Hotel oder einem Haus in der Landkommune, worin sie sich selbst isolieren, verlieren oder auch verwandeln. Durch die Auflösung von Raum und Zeit, von Inhalt und Form der Dialoge und der Bindungslosigkeit der Figuren werden die Erfahrungen der Beziehungslosigkeit und der gestörten Kommunikation in unserer Gesellschaft widergespiegelt. Seine Stücke brechen die alten Theaterstrukturen auf und führen dazu, das Theater lebendig zu erhalten.

Große Erwartungen wurden anfangs in S. als Prosaisten gesetzt. „Eine große Hoffnung der Literatur", so nannte ihn Marcel Reich-Ranicki nach seinem großen Erfolg mit dem Roman *Die Widmung* (1977). Auch die folgenden Werke *Rumor* (1980) und *Paare, Passanten* (1981) beschieden dem literarischen Provokateur einigen Erfolg. Mit seinen in den darauf folgenden Jahren erschienenen Arbeiten wurde jedes Buch ein „Fest- wie Schlachttag der Kritik". Der Erzähler sei ein Erzähler und Mystagoge, Beobachter und Phantast, Schriftsteller und Poet gleichermaßen. Marcel Reich-Ranicki zerriss den Roman *Der junge Mann* (1984) mit den Worten: „Manchmal wurde die Langeweile schier unerträglich."

Werkbeschreibungen

Paare, Passanten (Roman, 1981): Der Roman ist unterteilt in eine in sechs Teile zerfallende Montage mit fragmentarisch-flüchtigem Charakter, in dessen Mittelpunkt der „menschlose Mensch" in der desolaten Freizeit- und Konsumgesellschaft steht. Verknüpft werden die sechs Blöcke von einem mit soziologischem Röntgenblick ausgestatteten Ich-Erzähler, der ein düsteres Panorama der bundesdeutschen Seelenlage zeichnet und sich auch in den Szenen distanziert, in denen er selbst mitspielt. Dafür wird eine subtil komponierte Sammlung von Momentaufnahmen verwendet, von zufälligen Begegnungen, von kulturkritischen Aphorismen und Prosaskizzen. Eigenwillig werden Versatzstücke der Philosophie, insbesondere Gedankengut von Adorno und Foucault, mit dem Prosatext vermengt, die dadurch mit dem Text in Zusammenhang stehen.

Das Gleichgewicht (Schauspiel, 1993): In einem Handlungsstrang versucht ein Ehepaar, ihre Beziehung durch vorübergehende Trennung aufzufrischen. Die Frau führt daraufhin ein Doppelleben in Berlin und hat eine vielleicht sogar nur eingebildete Affäre mit einem alternden Rockstar. Der Mann, ein liberaler Wirtschaftsprofessor, lernt in Australien Bogenschießen in Verbindung mit der Zen-Meditation. Nach seiner Rückkehr wird seine Frau von einem seiner Pfeile getroffen, als er übt. Ein weiterer Erzählstrang zeigt ein Paar, das sein Glück mit einem kleinen Laden versuchen will und dabei Grundstücksspekulanten zum Opfer fällt. Weiter angereichert wird die Szene durch einen Penner und einen rechtsradikalen Professorensohn.

Das Stück legt die im Alltag verborgenen Sehnsüchte des Einzelnen frei. Dabei soll die ausnahmsweise zusammenhängende Handlung die Isolation der Figuren auf der Bühne deutlich machen. Die Hilflosigkeit der Charaktere im Dialog zeigt die Unfähigkeit zum Diskurs in der Situation des wiedervereinigten Berlin. MT

Patrick Süskind

geb. am 26. 3. 1949 in Ambach
(am Starnberger See)

Kurzbiografie

Die Beschäftigung mit Sprache und Literatur gehörte zu den ersten Lebenserfahrungen S.s, denn bereits der Vater hatte sich als Schriftsteller und Sprachkritiker einen Namen gemacht. S. studierte nach dem Abitur in München und Aix-en-Provence Geschichte (Abschluss 1974).

Zunächst lebte er vom Schreiben vom Fernsehdrehbüchern, doch schon 1981 war sein Einakter *Der Kontrabaß* ein großer Theatererfolg. In diesem Ein-Personen-Stück zeigt S. im durchgängigen Monolog die komisch-tragische Figur eines Musikers, der von der künstlerischen Bedeutung seines Instruments schwärmt, im Verlauf aber immer stärker in die deprimierende und triviale Seite seiner nicht nur künstlerischen Existenz hineingerät. Am Beispiel eines Kindes zeigt *Die Geschichte von Herrn Sommer* (1991) den psychischen Druck, der durch nur erzwungene musikalische Beschäftigung entsteht. S.s Roman *Das Parfum* (1985), inzwischen in ca. 20 Sprachen übersetzt, war sein bislang größter Erfolg. In den folgenden Jahren wurde S. als Autor von Fernsehserien einem breiten Publikum bekannt.

S. ist ein sehr menschenscheuer Autor, der sich aus dem Trubel des literarischen Markts heraushält, Literaturpreise ablehnt und Interviews ausschlägt. Entsprechend wenig weiß man über ihn persönlich – außer dass er wechselnd in München und Frankreich (Paris?) lebt.

Literarische Einordnung

Eine Zuordnung S.s zu literarischen Stilrichtungen kann schon aufgrund der zu großen zeitlichen Nähe noch nicht geleistet werden. S.s Roman *Das Parfum* jedoch wird häufig mit dem Begriff der Postmoderne verbunden und von hier aus verstanden. Dieser Begriff, oft unscharf definiertes Modeetikett, soll deshalb als mögliche Verstehenshilfe für diesen Roman zumindest ansatzweise erläutert werden.

Mit Postmoderne ist ein Literaturverständnis gemeint, das sich den überlieferten Ansprüchen, Literatur sei Schöpfung eines genialen Autors und habe zur Sinnfindung des Lebens wesentlich beizutragen, verweigert. Nach Anschauung der Postmoderne ist es nicht mehr möglich, allgemein verbindliche Sinnaussagen zu treffen. Eine Literatur, die sich aufgrund des hohen Schwierigkeitsgrades ihrer Darstellungsweise nur noch an ein gebildetes Publikum wendet, wird abgelehnt. Postmoderne Literatur nimmt daher Elemente der Unterhaltungsliteratur auf, um auch eine künstlerisch weniger anspruchsvolle Leserschaft zu erreichen und ihren Wünschen nachzukommen. Der postmoderne Autor, der nicht mehr als einsames Genie eine bedeutsame „message" verkünden will, greift beim Schreiben seines Textes auf in der Literatur schon Vorhandenes zurück, er zitiert Bekanntes, spielt darauf an, ordnet es neu, verändert es und fügt es mit eigenen Ideen zusammen.

Man kann postmoderne Texte daher auf unterschiedliche Weise lesen: Zum einen ausgerichtet auf die Spannung und den Unterhaltungswert der Handlung – zum anderen interessiert an der Entschlüsselung der Art und Weise, wie der Autor den Text „gemacht" hat.

Werkbeschreibung

Das Parfum (Roman, 1985): Der Text erzählt die Geschichte des vielfachen Mörders J. B. Grenouille aus dem Paris des 18. Jahrhunderts. Er entstammt elendsten

Verhältnissen, sollte eigentlich von der Mutter gleich nach der Geburt getötet werden und wird dann als Kleinkind über mehrere Pflegepersonen weitergereicht. Er zeichnet sich aus durch die merkwürdige Eigenschaft, keinen Eigengeruch zu haben, und andererseits durch einen genial ausgebildeten Geruchssinn, mit dem er in der Lage ist, quasi blind seine Umgebung wahrzunehmen. Der erste Mord eines jungen Mädchens, das er nur tötet, weil er sich dessen wunderbaren Duftes bemächtigen will, prägt seinen weiteren Lebensverlauf vor. Seine Fähigkeiten der Duftanalyse und -herstellung perfektioniert er zunächst als Parfümeurlehrling und bildet sich sein erstes Lebensziel, perfekte Düfte zu kreieren. Er sieht sich als Genie und verachtet die übrigen Menschen, die ihn nur interessieren, soweit er sie braucht. Umgekehrt ist er schon aufgrund seines Herkommens ein gesellschaftliches Nichts, wird missachtet und benutzt.

Sein sich steigernder Hass auf die Menschen führt zum Aufbruch aus Paris in die Bergeinsamkeit. Er genießt für sich allein jahrelang in Phantasien sein Machtgefühl, sich Duftwelten erschaffen zu können, doch muss er eines Tages feststellen, dass er selbst keinen Geruch hat, er sich selbst nicht riechen kann. In panikartiger Flucht verlässt er die Einsamkeit. Die Begegnung mit einem an ihm aus wissenschaftlichen Gründen interessierten Adligen ermöglicht ihm, sich ein gewisses gesellschaftliches Ansehen zu verschaffen, dem er nachhilft durch die Kreation eines Parfüms, das ihm zu menschlichem Geruch und damit gewisser Aufmerksamkeit verhilft. Er genießt die Erfahrungen, die gehassten Menschen so um den Finger wickeln und ihr Denken über ihn manipulieren zu können.

In Grasse, der Parfümstadt, erlernt er dann feinste Techniken der Duftherstellung und -konservierung. Als Krönung plant er den Mord eines Mädchens, dessen Duft er als Höhepunkt eines Duftkunstwerks, das er schaffen will, ansieht. Als „Vorübung" dafür tötet er eine Reihe anderer junger Mädchen, deren Duft er dann gewinnt. Nach der Vielzahl der Morde wird er entdeckt und verurteilt, doch inszeniert er während der Hinrichtungszeremonie durch ein besonderes Parfüm, das in der Lage ist, durch die Duftwirkung seinen Benutzer als liebenswerteste Person erscheinen zu lassen, eine Sinnenverwirrung bei allen Bewohnern der Stadt: Er wird von allen geliebt, doch da er erkennt, dass dies nur durch Duft-Manipulation erfolgt, aber nichts mit seiner Person zu tun hat, hasst er sich selbst. Er flieht nach Paris und inszeniert dort seine eigene Tötung.

Der aktionsreiche Unterhaltungswert des Textes zeigt sich schon an dieser Inhaltswiedergabe. Spannend gestaltet S. die Entwicklung des gesellschaftlichen Außenseiters, zugleich Geruchsgenie, der sich selbst nicht riechen, d. h. nicht wahrnehmen und erkennen kann, des Machtbesessenen, der seine Freude daran hat, Menschen zu manipulieren, und des genialen Künstlers, der Duftkunstwerke schafft, die aber letztlich nur der eigenen krankhaften Triebbefriedigung zu töten dienen. Sind in solchen Deutungen des Textes als Entwicklungsroman, Künstlerroman oder sogar Kriminalroman schon unterschiedliche Verstehensmöglichkeiten – entsprechend der Konzeption der Postmoderne – der Figur des Grenouille erkennbar, so stellt sich der Roman vollends durch seine sprachliche Gestaltung als postmodern dar:

Indem im Roman eine Vielzahl von Texten der literarischen Tradition zitiert werden oder mehr oder weniger sichtbar darauf angespielt wird, eröffnet sich dem Leser das Angebot, diese Anspielungen zu entziffern, zu deuten und für sein Textverständnis zu nutzen – oder eben den Roman „nur" als spannende Unterhaltung zu lesen. HH

(Johann) Ludwig Tieck

geb. am 31. 5. 1773 in Berlin
gest. am 28. 4. 1853 in Berlin

Kurzbiografie

T. wurde als Sohn eines gebildeten und wohlhabenden Seilermeisters in Berlin geboren. Nach dem Gymnasium studierte er in Halle, Göttingen und Erlangen Theologie, Geschichte und Philologie.

Schon in jungen Jahren begann T. zu schreiben, ohne ein bestimmtes Ziel vor Augen zu haben. Zunächst schwankend zwischen leichtfertiger und nüchtern-aufklärerischer Unterhaltungsliteratur verfasste er in Anlehnung an den zeitgenössischen Schauerroman den Roman *Abdallah* (1795). Bereits vorher entstand das Schicksalsdrama *Karl von Berneck* (1793–1795), ebenso der Roman *Peter Lebrecht* (1795). Letzterer ist eine humoristische Ich-Erzählung, die zwar über gewöhnliche Späße nicht hinauskommt und sich gegen alles Fantastische richtet, aber zum ersten Mal auf die alten Volkslieder und Volksromane hinweist und diese dem modernen Roman vorzieht. 1795/96 erschien der dreibändige Briefroman *William Lovell,* in dem mit psychologischer Genauigkeit die Entwicklung eines jungen Mannes erzählt wird, der aus dem Willen frei zu handeln heraus zum Verbrecher wird.

Die dreibändige Sammlung *Volksmärchen*, „herausgegeben von Peter Lebrecht", ein Synonym, welches T. häufig verwendet hat, veröffentlichte er 1797. Diese Sammlung kennzeichnet gleichzeitig seinen Übergang vom aufklärerischen Rationalismus ins Lager der Romantik. T. hat noch eine Reihe anderer Märchen veröffentlicht, so auch die Bühnen-Märchen *Ritter Blaubart* (1796), *Der gestiefelte Kater* (1797), *Prinz Zerbino oder die Reise nach dem guten Geschmack* (1797) und *Die verkehrte Welt* (1797).

Bei Besuchen in Jena, Dresden und Weimar kam er mit dem Kreis der Frühromantiker um August Wilhelm und Friedrich von Schlegel, Novalis und Clemens Brentano in Berührung und lernte auch Johann Gottlieb Fichte, Johann Wolfgang Goethe und Friedrich Schiller kennen.

Auch Versuche als Dramatiker fehlten in T.s Laufbahn nicht (*Kaiser Octavianus,* 1804), doch sein bevorzugtes literarisches Genre wurden der Künstlerroman (*Franz Sternbalds Wanderungen,* 2 Bände, 1798) und das romantische Kunstmärchen, als deren Begründer er jeweils gelten kann. Von großem Einfluss wurde auch seine Novellensammlung *Phantasus* (3 Bände, 1812–1816), deren Erzähltexte T. in einen Rahmen einfügte, in dem überwiegend poetologische Fragen erörtert wurden.

Ab dem Jahre 1825 war T. als Hofrat und Dramaturg am Dresdener Hoftheater tätig und wurde schnell zu einer bedeutenden Persönlichkeit des kulturellen Lebens der Stadt. 1842 übernahm er auf Einladung Friedrich Wilhelms IV. eine Beratertätigkeit am Hoftheater von Berlin.

Seine letzten Lebensjahre waren von wirtschaftlichen Schwierigkeiten, einem Gichtleiden und zunehmender Vereinsamung überschattet.

Literarische Einordnung

Im Ganzen gesehen war T. einer der vielseitigsten und produktivsten Dichter seiner Epoche, der in der späteren deutschen Literatur starken Nachhall fand.

In seinen jungen Jahren gehörte T. dem aufklärerischen Rationalismus an, einer Einstellung, die durch seine Freundschaft mit dem Aufklärer Christoph Friedrich Nicolai, für dessen Zeitschrift *Straußenfeder* er Erzählungen schrieb, begünstigt wurde. Doch auch triviale Momente des Schauerromans fanden bei T. Eingang, z. B. im Roman *Abdallah* (1795). Bei dieser Gattung des Unterhaltungsromans kreist die Handlung um unheimliche Ereignisse oder Verbrechen, die bevorzugt in mittelalterlichen Spukschlössern mit düsteren Verliesen, Geheimtreppen und unterirdischen Gängen angesiedelt werden, und die nach einem geschickten Spannungsaufbau mit sich stetig steigernden Schaueffekten häufig eine natürliche Erklärung finden.

In dem Roman *Peter Lebrecht* (1795) wies T. zum ersten Mal auf die alten Volkslieder und Volksromane hin. In seinen folgenden Werken gab er sich als Vertreter der Romantik zu erkennen.

Das die frühe Romantik kennzeichnende Spiel der Brechung von Wirklichkeit und Fiktion, die sog. romantische Ironie, prägt viele seiner Werke. Wirkliches und Dämonisch-Unwirkliches mischen sich z. B. in den Kunstmärchen T.s, in denen er das traditionelle Volksmärchen umformt. Das Kunstmärchen ist eine literarische Sonderform des Märchens, das im Gegensatz zum mündlich überlieferten Volksmärchen von einem bestimmten Autor verfasst wurde und in seiner Textgestalt eindeutig fixiert ist. Dementsprechend sind Kunstmärchen von literarischen Strömungen und der Wirkungsabsicht des Autors beeinflusst. In T.s Werken wird bewusst der naive Ton der Volksmärchen imitiert (*Der blonde Eckbert*, 1797; *Der Runenberg*, 1804). Auch die romantische Sehnsucht nach dem Mittelalter, aus dem Empfinden des Ungenügens der Gegenwart erwachsen, wird in T.s Texten greifbar (z. B. in *Franz Sternbalds Wanderungen*).

Zu seinen Lebzeiten wurde T. als „König der Romantik" gefeiert. Heute ist er einem größeren Publikum v. a. durch seine Leistungen als Übersetzer (z. B. Shakespeare) und durch einige Erzählungen bekannt, wobei die Satire *Der gestiefelte Kater* (1797) eine besondere Größe ist.

Werkbeschreibungen

Der gestiefelte Kater (Bühnen-Märchen, 1797): Hier wird T.s Fähigkeit deutlich, offen und einfühlsam, aber auch düster grübelnd und fragend zu sein: Tragik und Komik, Satire und Märchen mischen sich so bunt durcheinander, dass man nicht recht weiß, ob der Verfasser Spaß macht oder ob er es ernst meint. T. setzt hier die romantische Ironie ein, um die Atmosphäre des Wunderbaren und Zauberhaften zu brechen. In diesem Stück reden Tiere wie Menschen und es regiert der märchenhafte Zufall. Allerdings ist das nur die eine Handlung, denn auf der Bühne sitzen außerdem noch ein Müller, ein Schlosser und ein Fischer, die „Zuschauer" spielen. Diese „Zuschauer" lassen gerade immer an den romantischen Höhepunkten des Märchenspiels ihre überaus einfältige Kritik laut werden. Dadurch entlarven sie sich selbst als Leute, die nicht dazu in der Lage sind, ein reines Fantasiegebilde genießen zu können. Gleichzeitig werden sie selbst zu Opfern der T.schen Ironie. In der Wiederentdeckung des Spiel-im-Spiel-Dramas *(interludes)* wird T.s Shakespeare-Bewunderung deutlich.

Franz Sternbalds Wanderungen, eine altdeutsche Geschichte (Künstlerroman, 1798): Die Figur des Franz Sternbald trägt Züge von T.s früh verstorbenem Freund Wilhelm Wackenroder. Die Form des Entwicklungsromans war durch Goethes *Wilhelm Meister* vorbestimmt, denn wie dessen Titelfigur ist auch Sternbald eine träumerische Natur. Als junger deutscher Maler, der lange Zeit Schüler Dürers und des Lukas van Leyen war, wandert er nach Rom, um dort in Raffaels und Michelangelos Werken sein eigenes Schönheitsideal zu suchen. Sternbalds Wanderung hat eigentlich kein Ziel, sie wird vielmehr durch die Sehnsucht nach der Ferne und der Suche nach sich selbst angetrieben. Hier wird der tragische Kern aller Künstlerromane, die Unvereinbarkeit von Kunst und Leben, deutlich. WS

Uwe Timm

geb. am 30. 4. 1940 in Hamburg

Kurzbiografie

T. wurde als jüngstes von drei Geschwistern in Hamburg geboren, wo er in der Nähe zum Hafen und zum Kiez aufwuchs. Sein Vater, ein ehemaliger Offizier, besaß einen kleinen Kürschnerbetrieb, in dem die ganze Familie mithelfen musste.

Schon als Kind sammelte T. Stoff für seine Geschichten und unternahm erste Schreibversuche. Wichtige Anlaufpunkte waren der Hamburger Hafen, wo er Geschichten von Kriegsheimkehrern und Seeleuten hörte, aber auch die Küche seiner Tante, die einen Treffpunkt zum Austausch der neuesten Stadtgeschichten bot.

Zunächst schloss T. eine Kürschnerlehre ab, nach dem Tod des Vaters 1958 leitete er dann das Geschäft bis 1961. Nach dem Besuch des Braunschweig-Kollegs bestand T. 1963 auf dem zweiten Bildungsweg das Abitur. Er studierte Philosophie und Germanistik in Paris (1966/67) und München (1967/68) und promovierte 1971 mit einer Arbeit über *Das Problem der Absurdität bei Albert Camus*. Anschließend begann T. ein Studium der Soziologie und Volkswirtschaftslehre.

Ein Studium in dieser Zeit musste zu einer Auseinandersetzung mit der damals auf ihrem Höhepunkt befindlichen Studentenbewegung führen. So hat die Studentenbewegung auch für T. eine große Bedeutung, sie hat als Schubkraft für seine politische Bewusstseinsbildung gewirkt und zu einer neuen künstlerischen Artikulationsfähigkeit beigetragen. T. war aktiv im „Sozialistischen Deutschen Studentenbund" und trat 1973 für einige Jahre der DKP bei; außerdem unterstützte er die Anti-Apartheid-Bewegung. Er stand der Studentenbewegung trotz aktiver Teilnahme immer auch als Beobachter gegenüber, da er, anders als viele seiner Kommilitonen, keine geradlinige akademische Laufbahn hinter sich hatte und auch das Arbeitermilieu selbst kannte.

T. ist seit 1971 freier Schriftsteller. Er hielt sich mehrmals längere Zeit im Ausland auf, so 1981–1983 in Rom und 1994/95 in den USA. Die Auslandsaufenthalte als auch die Literatur ausländischer Autoren finden Eingang in seine Romane und stellen für ihn eine wichtige Möglichkeit zur Auseinandersetzung mit sich und der Gesellschaft dar.

Seit 1994 ist T. Mitglied der Deutschen Akademie für Sprache und Dichtung. Er ist verheiratet mit der Deutsch-Argentinierin Dagmar Ploetz, die Übersetzerin südamerikanischer Autoren ist und auch selbst Bücher schreibt. T. hat vier Kinder; die Familie lebt in Herrsching bei München.

Literarische Einordnung

T. ist ein Gegenwartsautor, der tief greifende Krisenerfahrungen wie Krieg nicht selbst bewusst erlebt hat. Prägendste Erfahrung war die Studentenrevolution, bei der wesentliche Erfahrungen die Solidarität untereinander und die neue Sichtweise der Menschen und Dinge waren, die nun als gesellschaftlich bedingt (determiniert) und damit als veränderbar gesehen wurden. Diese Überlegungen führten zu der Ansicht, Literatur als ein Instrument der Aufklärung und Information könne Gesellschaft verändern. Man nahm an, dass eine realistische Schreibweise, die durch genaue Beschreibung bestimmter eingeübter Verhaltensweisen und Zustände die Wirklichkeit transparent macht, Anreize zur Kritik geben kann und letztlich zu Veränderungen der Wahrnehmungen und des eigenen Verhaltens führen kann.

Literatur soll nach T. ausweglose Situationen und lähmende Widersprüche darstellen, zuweilen auch eine Utopie entwerfen. Ein wichtiges Element von T.s Büchern ist der ethnologische Blick, die Auseinandersetzung mit dem Fremden, oft in Form fremder Kulturen (*Morenga*, 1978; *Der Schlangenbaum*, 1986; *Kopfjäger*, 1991).

In den Texten T.s wiederholen sich Motive, sie tauchen an einer Stelle in einem Text auf und es kann später daraus ein neuer Roman entstehen (Bsp. Der Umsturz des Denkmals des Kolonial-Pioniers Wissman, der in *Heißer Sommer* von 1974 beschrieben wird, zeigt eine Parallele zur Thematik des Romans *Morenga*). Immer wieder ist festzustellen, dass Geschichten aus der Kindheit T.s in seinen Werken Eingang finden, so z. B. der Drahtschlingenmörder von Hamburg (um 1947), der in *Heißer Sommer* erwähnt wird.

T.s Erzählstil ist realistisch und an der Wiedergabe der äußeren Handlung orientiert. Deshalb wird ihm gelegentlich eine „Degeneration der Wirklichkeit zum Signalsystem" vorgeworfen und eine fehlende Tiefe konstatiert. T. hat einerseits den Anspruch, Literatur solle kritisch-aufklärerisch sein, andererseits soll aber auch der Aspekt des Unterhaltens nicht vernachlässigt werden. T.s Werke reichen von finsteren (*Kerbels Flucht, Der Schlangenbaum*) bis zu heiter-leichten Geschichten (*Die Entdeckung der Currywurst, 1993; Johannisnacht*, 1996), von entworfenen Utopien (*Morenga*) bis zu scheinbaren Untergangsszenarien (*Der Schlangenbaum*). Die Probleme und Brüche des Nach-Wende-Berlin behandelt der Roman *Johannisnacht* (1996) auf witzig-skurrile Weise.

T.s bislang jüngster Roman *Rot* (2001) erzählt eine Geschichte über die Liebe und den Tod, die sich zugleich mit der 68er-Generation auseinander setzt.

Werkbeschreibungen

Morenga (Roman, 1978): In diesem historischen Roman greift T. den Kolonialkrieg 1904–1907 auf, den das Deutsche Kaiserreich im damaligen Deutsch-Südwestafrika (heute Namibia) gegen den Aufstand der Hereros und Hottentotten führte und der schließlich mit der verlustreichen Niederlage der Aufständischen endete. T. verknüpft in dem Roman die in aufwändiger Archivarbeit zusammengetragenen historischen Dokumente mit der fiktiven Geschichte des Veterinärs Gottschalk, der am Feldzug teilnimmt und die Ereignisse beobachtet. T. vermeidet es zu moralisieren und lässt Dokumente und fiktives Geschehen für sich sprechen, sodass die Überheblichkeit „der Weißen" gegenüber „den Schwarzen", der Zerstörungswille des Militärs und die Machtinteressen von Politik und Industrie deutlich werden.

Der Schlangenbaum (Roman, 1986): Der Satz von Diderot, der dem Roman vorangestellt ist, kann als Motto gelesen werden: „Unsere ohnmächtigen Anstrengungen gehören ebenso zur allgemeinen Ordnung wie die erfolgreichen."

Wagner, Ingenieur einer deutschen Firma, wird in eine südamerikanische Militärdiktatur geschickt, um als Bauleiter im Dschungel eine Papierfabrik zu errichten. Er kommt an zu einem Zeitpunkt, da die Schwierigkeiten schon vermehrt auftreten und zwei Vorgänger bereits gescheitert sind. Gründe für Wagners Engagement sind u. a. eine persönliche Krise und der Wunsch nach Veränderung. Gegen viele Widerstände und ungute Vorzeichen versucht Wagner den Bau voranzubringen, scheitert aber an den Zuständen im Land (Korruption, Guerilla, Armut, ihm fremde Mentalität und Sitten). Aufgrund dieser Erfahrungen muss Wagner seinen Glauben an technische Rationalität und die Machbarkeit der Dinge infrage stellen. Er gerät in einen Zustand von Angst, Zweifel und Schuldgefühlen. So sieht er am Ende resigniert zu, wie das Fundament der Fabrik vom Urwald überwuchert wird und die Natur mit einem apokalyptisch anmutenden Gewitter ihre Stärke zeigt. ME

Georg Trakl

geb. am 3. 2. 1887 in Salzburg
gest. am 3. 11. 1914 in Krakau

Kurzbiografie

Als Sohn eines wohlhabenden und angesehenen Eisenhändlers verlebte T. mit seinen sechs Geschwistern eine zunächst wohlbehütete und äußerlich harmonisch wirkende Kindheit in Salzburg. Die Familie führte ein großbürgerliches Leben mit Dienstboten und Gouvernanten, der Vater war tolerant und hatte ein gütiges und ausgleichendes Wesen, nur die Mutter war gefühlskalt und interessierte sich ausschließlich für ihre Antiquitätensammlung, was bewirkte, dass T. sie hasste.

Nach der Grundschule besuchte T. von 1897 an ein Gymnasium, das er, nachdem er zwei Jahrgangsstufen wegen schlechter Leistungen wiederholen musste, 1905 mit der Mittleren Reife verließ. In dieser Gymnasialzeit vollzog sich während der Pubertät ein entscheidender charakterlicher Wandel: Aus dem vorher lebensfrohen und lebhaften Knaben wurde ein introvertierter, melancholischer, missmutiger, sich zurückziehender Jugendlicher.

Schon in diese Zeit fielen erste Kontakte mit Betäubungsmitteln und Rauschgiften, die er zunehmend regelmäßig einnahm, sowie Selbstmorddrohungen. Das Verhältnis zu seiner vier Jahre jüngeren Lieblingsschwester Margarethe, genannt Gretl, mit der ihn gemeinsame künstlerische Neigungen verbanden, gewann aller Wahrscheinlichkeit nach phasenweise an Intensität, die über die rein geschwisterliche Liebe hinausging, was später ebenso wie die Tatsache, dass T. sie zum Rauschgift verführte, zu schwersten Schuldgefühlen führte, die auch in seinen Dichtungen deutliche Spuren hinterließen. Die Figur der Schwester, die bis zu seinem Lebensende die einzige wichtige Frauengestalt für ihn darstellte, lässt sich unmittelbar oder auch indirekt (vgl. z. B. *Blutschuld*) in über einem Drittel seiner Dichtungen feststellen. Selbstverachtung und sogar Selbsthass prägten sowohl T. als auch seine Schwester, die sich wegen ihrer physischen und psychischen Probleme 1917 erschoss. Zeit seines Lebens wütete T. in Form von Alkohol- und Drogenexzessen geradezu gegen sich selbst, fühlte sich verbrecherisch und böse, verstrickt in Scham, Ängste, Ekel und Depressionen.

T. absolvierte 1905–1908 ein Praktikum in einer Salzburger Apotheke und 1908–1910 ein Pharmazie-Studium in Wien, was ihm zugleich leichteren Zugang zu Drogen verschaffte. Nahm er die Ausbildung in der Apotheke zwar ernst, so galt sein Hauptinteresse aber der Intensivierung seiner literarischen Kenntnisse sowie der Fortführung schon in der Schulzeit begonnener eigener dichterischer Versuche. In dieser Zeit stilisierte sich T., der sich bereits in seiner Gymnasialzeit dem Dichterzirkel *Minerva* angeschlossen hatte, unter dem Einfluss der Lektüre von Nietzsche, Dostojewski, Baudelaire und Ibsen zum *poète maudit*. Er schrieb Prosawerke, die sämtlichst nicht erhalten sind, sowie erste dramatische Szenen und Einakter, die er nach Aufführungen im Salzburger Stadttheater und überwiegend vernichtenden Kritiken selbst verbrannte – ein Zeichen seines lebenslangen extremen Selbstzweifels.

Sein eigentliches dichterisches Werk besteht aus etwa 125 zu Lebzeiten publizierten Gedichten, die im Wesentlichen zwischen 1906 und 1914 – verstärkt aber ab 1909 – entstanden, und einigen späten kurzen Prosatexten. Eine Sammlung von fünfzig bis 1909 entstandenen Gedichten erschien – herausgegeben von seinem Freund Erhard Buschbeck, der ihm auch vereinzelte Gedichtpublikationen in verschiedenen Tageszeitungen vermittelte – unter dem Titel *Sammlung 1909* erst posthum, da T. sie bis auf zwei Ausnahmen, darunter das berühmte Gedicht *Verfall*, selbst vernichtend kritisierte und deshalb ihre Veröffentlichung untersagte.

In der Zeit des einjährigen Militärdienstes 1910/11, den T. in Wien als Sanitäter leistete, litt er unter der Monotonie, Trostlosigkeit und Verlogenheit des bürgerlichen Lebens, das ihm ebenso wie die Stadt Wien und später auch Salzburg und Innsbruck zunehmend verhasster wurde. Ihn quälten die Einsamkeit, Anonymität und Kälte des Lebens in der Großstadt.

Trotzdem bemühte er sich – auch, da wegen des Todes des Vaters die finanzielle Unterstützung seitens des Elternhauses z.T. versiegte – noch etwa ein ganzes weiteres Jahr um eine feste berufliche Stellung in einer der großen österreichischen Städte. Seine Tätigkeiten als Angestellter in einer Salzburger Apotheke, die Probezeit für eine Beamtenstelle im Medikamentenbereich beim Militär in Innsbruck und verschiedene weitere Versuche, beruflich Fuß zu fassen, zeigten aber, dass er zu einer Doppelexistenz als Dichter und Bürger nicht fähig war. Er wurde immer menschenscheuer und verfiel mehr und mehr übermäßigem Alkohol- und Drogenkonsum.

Erst der Beginn der Freundschaft mit Ludwig von Ficker, der in seiner Literaturzeitschrift *Der Brenner* ab 1912 regelmäßig Gedichte T.s veröffentlichte und ihn in literarische Zirkel in Innsbruck einführte, leitete eine Wende ein. Dennoch prägten starke Kontraste das Leben und die Stimmungen T.s bis zu seinem Tode: einerseits rauschhafte Exzesse und eine extreme Verurteilung alles Bürgerlichen, andererseits das Verlangen nach Muße und Ruhe.

Als 1913 eine erste Anthologie der Werke T.s erschien (*Gedichte*), ließ er sich in den militärischen Reservedienst versetzen, um als freischaffender Dichter in Innsbruck, Wien und Salzburg zu leben. Er war nun fast ausschließlich von finanziellen Zuwendungen seiner Freunde – v.a. seines Hauptmäzens von Ficker – abhängig. Aber schon bald setzte sich der Prozess psychischer und physischer Zerrüttung fort, der sich in quälenden Zuständen des Verfolgungswahns, starker Depressionen und ständiger Angst, in Halluzinationen, Todessehnsüchten und Selbstmordvisionen offenbarte und ihn immer schweigsamer, verschlossener und scheuer werden ließ. Halt fand T. nur in Phasen dichterischen Schaffens, das bei ihm freudvolle rauschhafte Empfindungen auslöste. Die Motive, Themen, Bilder und Visionen seiner Werke drängten sich ihm geradezu auf. Daran schloss sich aber dann meist eine künstlerische Umsetzung in Form fanatischer Umarbeitungsbemühungen an, was nicht nur die häufig existierenden mehrfachen Fassungen eines Gedichts, sondern auch die bis zu zehn Varianten für einzelne Wörter in den Autografen beweisen.

Eine Fehlgeburt sowie eine schwere Erkrankung der noch immer tief verehrten, inzwischen verheirateten und in Berlin lebenden Schwester Gretl lösten im November 1913 T.s bis dahin schwerste Lebenskrise aus. Dass seine sich treu um ihn kümmernden Freunde aus Wien und Salzburg ihm nur teilweise helfen konnten, zeigen die 1914 entstandenen Dichtungen in düsterem und resignierendem Ton, wie etwa die mit dem geradezu programmatischen Titel *Traum und Umnachtung*, das erste Prosawerk seit langer Zeit.

Das Vermögen von 20000 Kronen, das ihm von Ficker aufgrund einer Spende von Ludwig Wittgenstein für bedürftige österreichische Künstler zur Verfügung stellen konnte, hielt T. nicht davon ab, im August 1914 unmittelbar nach dem Ausbruch des Ersten Weltkrieges freiwillig mit einer Sanitätseinheit einzurücken. Diese war in

Galizien stationiert und wurde im September bei einer besonders grauenvollen Schlacht bei Grodek eingesetzt. T. musste hier auf sich allein gestellt und ohne helfen zu können 90 Schwerverwundete zwei Tage lang betreuen. Vom Versuch sich zu erschießen wurde er von Kameraden abgehalten und nach einem Fluchtversuch wieder zurückgebracht.

Der völlig Verstörte, der schon zuvor Symptome manischer Depressivität zeigte, durchlebte nun der Schizophrenie ähnliche Zustände. Zur Beobachtung seines Geisteszustandes wurde er im Oktober in die Psychiatrie-Abteilung des Hospitals in Krakau eingewiesen, wo er an einer Überdosis Kokain starb. Ob es sich um einen Freitod handelte, konnte nie endgültig geklärt werden, wenn auch Indizien dafür sprechen und Selbstmordsehnsüchte den Dichter fast sein ganzes Leben hindurch bestimmten.

Die beiden kurz vor seinem Tod entstandenen Gedichte *Grodek* und *Klage*, die zu seinen bedeutendsten Werken gehören, sowie die noch von ihm selbst zusammengestellte Anthologie *Sebastian im Traum* erschienen erst posthum.

Literarische Einordnung

T. lässt sich keiner literarischen Epoche eindeutig zuordnen. Zeigen seine frühen Werke neuromantische und impressionistische Züge und spätere Dichtungen symbolistische, so ist er insgesamt dem Expressionismus zuzurechnen. Doch nimmt er durch seinen Individualstil, der sich sowohl im sprachlich-stilistischen als auch im motivisch-thematischen Bereich zeigt, eine Sonderrolle ein und entzieht sich damit einer näheren Kategorisierung.

Bis etwa 1909 weist seine Lyrik noch starke Beeinflussungen durch die Dichtungen Baudelaires, Heines, Lenaus, Hofmannsthals, Nietzsches, Rilkes u. a. sowie eine große stilistische Vielfalt auf. Die Dominanz einiger Motive und Themen deutet aber schon auf das spätere Schaffen hin: Traum, Vergänglichkeit, Leiderfahrung, düstere Stimmungen, pessimistische und nihilistische Elemente sowie v. a. Tod und Verfall bilden Grundkonstanten.

Während die Gedichte der *Sammlung 1909* noch traditionelle Strukturen (Reime, Verse, Strophen betreffend) aufweisen, bildet sich 1909–1912 immer deutlicher T.s Individualstil heraus. Er wird in diesen Jahren auch von Rimbaud und Hölderlin beeinflusst. T. äußert sich 1910 folgendermaßen zur Ästhetik und zum Stil seiner Lyrik sowie zum Schaffensprozess: „Meine bildhafte Manier, die in vier Strophenzeilen vier einzelne Bildteile zu einem einzigen Eindruck zusammenschmiedet, (ist) die heiß errungene Manier meiner Arbeiten, (wobei) das lebendige Fieber (…) sich eben gerade diese Form schaffen musste." Tatsächlich bleibt dieser von Parataxe bestimmte sog. Zeilenstil von nun an charakteristisch für T.s Lyrik. In den letzten beiden Lebensjahren finden sich aber auch freie Rhythmen und andere freie Strukturen.

In den letzten, von den Kriegserlebnissen beeinflussten Gedichten prägen sich die Motivik und Stilistik immer deutlicher aus: T. wird von Ahnungen und später von Erfahrungen der Zerstörung und des Verfalls sowie von Todesvisionen bedrängt, die er z. T. auch zusammen mit religiösen, biblischen Motiven, christlicher Mystik oder antiken Elementen verarbeitet. Positive Erfahrungsmöglichkeiten der Natur werden ersehnt, erscheinen aber als illusionär und werden deshalb negiert.

Metaphern voller Elemente der Angst, Düsternis, Bedrohung und Todesgesichter, eine die Realität verfremdende Farbsymbolik und -metaphorik, Traumelemente, Oxymora und Intensivierungen der Wahrnehmungen bzw. Darstellungen durch ausdrucksstarke synästhetische Bildungen prägen nicht nur die reife Lyrik T.s, sondern auch die späten sog. „Prosagedichte", in denen die allmähliche Auflösung der traditionellen stilistischen Verfahren ihren Endpunkt erreicht (z. B. *Verwandlung des Bösen, Winternacht, Traum und Umnachtung*).

Ist der thematisch-motivische Kreis auch relativ eng begrenzt, so wirkt die Lyrik T.s dennoch nicht monoton – zu vielfältig sind die Möglichkeiten seines Individualstils: Bildreihungen, Kontrastierungen aufeinander bezogener Bilder, Variationen derselben Elemente in verschiedenem Kontext und veränderten Konstellationen, hoch artifizielle parallele oder symmetrische Anordnungen machen differenzierte Intentionen deutlich.

Die Metaphorik und die vorherrschenden Themen weisen zwar Berührungspunkte zum Expressionismus auf, T.s Lyrik fehlen aber die grellen, aggressiven, provozierenden oder drastischen Töne. Die Ästhetik des Hässlichen erscheint bei ihm gemildert, Trauer und Klage dominieren zwar beispielsweise in vielen Gedichten, aber es handelt sich um sanfte Klagen und Darstellungen der Trauer, die mit Bildern voller positiver ästhetischer Reize vermischt sind. Die Schönheit der Naturerscheinungen wird dichterisch dargeboten, wobei implizit immer auf die Vergänglichkeit verwiesen wird. Wird die Darstellung der Menschen überhaupt einbezogen, so herrschen symbolische Einfachheit und Einheit von Leben und Tätigkeit vor, d. h. es werden Hirten, Jäger, Fischer usw. gewählt – immer aber verbunden mit Bildern voller Melancholie, Schwermut, Ängste und düsterer Vergänglichkeits- und Todesahnungen. Bei den Tages- und Jahreszeiten dominieren Abend, Nacht, Herbst und Winter.

Wohllaut und Harmonie prägen T.s Lyrik sowohl in den Bereichen der Vokalklänge und der Rhythmen als auch der Metaphorik, die aber in zunehmendem Maße unentschlüsselbar wird. Solche absoluten Metaphern sind v. a. für T.s Spätwerk bezeichnend. Es sind nicht klar zu deutende Chiffren, die T.s Werke z. T. zu hermetischen Dichtungen werden lassen.

Werkbeschreibungen

Verfall (Gedicht, 1909): T. wählt in diesem Gedicht aus seiner frühen Schaffensphase noch klassische stilistische Formen und Strukturen: das Sonett, fast durchgängig fünfhebiges, jambisches Metrum, ein typisches Reimschema und eine klare Zäsur zwischen den Quartetten und den Terzetten. Inhaltlich dominieren die Themen Verfall und Vergänglichkeit sowie die Motive Abend, Dämmerung, Herbst, Traum, Klage und Todessymbole.

Der Dichter evoziert zunächst friedlich-harmonische Bilder, die mit positiven religiösen Elementen verbunden sind. Diese lösen Sehnsüchte des lyrischen Ichs aus und versetzen es in einen des beengenden Raum-Zeit-Gefüges enthobenen Zustand. Das lässt deutlich T.s Rezeption der Romantik erkennbar werden. Doch werden diese positiv besetzten Bilder sogleich als trügerische Fantasie entlarvt. Die Terzette setzen den Sehnsüchten die Bedrohung der Realität durch Verfall und Tod entgegen. Intensivierend wirken die Farb- bzw. Lichtsymbolik (rot, weiß, dunkel, blau) und ihre Verbindung mit sensitiven und auditiven Wahrnehmungen, die einen synästhetischen Eindruck vermitteln und zudem in Kontrast zu den Aussagen in den Quartetten stehen (etwa der Klagegesang der Amsel und die friedlichen Glockenklänge). In die düstere, von Vergänglichkeitsahnungen geprägte Stimmung werden die tote Materie („Brunnenränder, die verwittern"), die Pflanzenwelt und das Tierreich mit einbezogen. Auf den Menschen wird nur durch Personifizierungen und Vergleiche verwiesen, wodurch die Klage und die Melancholie gemildert erscheinen. Aber der Mensch ist der Vergänglichkeit bedingungslos preisgegeben, seine Träume bleiben unerfüllt. Symbolisch wird dies auch durch das Verschwinden der Aussagen in der ersten Person (in den Terzetten) erkennbar: Das Ich – zur Passivität verdammt – bleibt seinem Geschick ausgeliefert.

Grodek (Gedicht, 1914): Kann auch anhand dieses Gedichts der signifikante stilistische Umbruch zum Zeilenstil nicht nachgewiesen werden, da er im letzten Lebensjahr des Dichters wieder an Bedeutung verlor, so sind doch auch hier typische Entwicklungen und motivische Konstanten erkennbar.

Nur eine Grundstimmung und ein Bildbereich prägen das gesamte Gedicht, das in freien Rhythmen und unter Verzicht auf strophische Strukturen oder Reimbindungen gestaltet ist. Vielfach bilden mehrere Verse (z. B. die ersten sechs) syntaktische und inhaltliche bzw. metaphorische Einheiten.

T.s tief erschütternde und Grauen auslösende persönliche Kriegserlebnisse finden hier in drastischer Form dichterischen Ausdruck. Der Dichter verarbeitet seine deprimierenden, verwirrenden und innerlich zerreißenden Erfahrungen in Einheit stiftenden Metaphern voller melancholischer und schmerzvoller Empfindungen, gemischt mit positiven synästhetischen Elementen. Konstante Motive wie der Abend, der Herbst, die Nacht, die Kälte, der Mond, die Farben Blau, Rot und Gold verbinden sich mit drastischen Bildern des Krieges (sterbende Krieger, die wilde Klage ihrer zerbrochenen Münder, ein zürnender Gott, die blutenden Häupter usw.).

Die düsteren visionären Ahnungen, die T.s Dichtungen zuvor bestimmten, bestätigen sich durch den Einbruch einer grausamen Realität. Es entsteht eine dichterische Sprache von neuer gesteigerter Intensität und einer Chiffrenhaftigkeit, die die inneren emotionalen Vorgänge widerspiegelt. Die übergeordnete Grundaussage, die auch hier in der Verbindung von Resignation und Todeserfahrungen und -ahnungen liegt, bleibt jedoch in ihrer Dominanz klar erfassbar. Auch die zentrale metaphorische Formulierung, die genau in der Mitte des Gedichts steht, spiegelt das wider: „Alle Straßen münden in schwarze Verwesung.“ KP

Kurt Tucholsky

geb. am 9. 1. 1890 in Berlin-Moabit
gest. am 21. 12. 1935 in Göteborg

Kurzbiografie

T. wurde als ältestes von drei Kindern einer gutbürgerlich-jüdischen Familie geboren; sein Vater, Bankkaufmann aus bereits assimiliertem und zu Wohlstand gelangtem Haus, wurde 1901 einer der Direktoren der Berliner Handelsgesellschaft und starb schon 1905. Da der Vater 1893–1899 in einer Vertrauensstellung in Stettin arbeitete, erlebte T. den Norden, für ihn landschaftlich zeitlebens eine anziehende Umgebung. Zu seiner Mutter, die 1943 im KZ Theresienstadt ermordet wurde, hatte T. ein bis zur Verachtung reichendes, offenbar tief gestörtes Verhältnis.

Die Schullaufbahn führte über zwei Gymnasien und eine außerschulische Vorbereitung für den wenig ehrgeizigen, dagegen früh an Literatur, an französischer Sprache und Kultur interessierten T. 1909 zum Abitur, das er als Externer an einem dritten Berliner Gymnasium erwarb. Bereits 1907 arbeitete er anonym beim *Ulk* mit, der humoristischen Wochenbeilage des renommiert-auflagenstarken *Berliner Tageblatts.*

Das im Herbst 1909 aufgenommene Jurastudium, in Berlin mit einer Zwischenstation in Genf betrieben, mündete in einer Dissertation über Hypothekenrecht, die an der juristischen Fakultät Jena angenommen wurde. Verstaubtheit und Praxisferne des Studiums kritisierte T. ebenso wie die obrigkeitsstaatliche Orientierung der Professorenmehrheit.

Als politischer Kommentator begann T. beim sozialdemokratischen *Vorwärts* (1911–1914). 1912 erschien *Rheinsberg. Ein Bilderbuch für Verliebte*, das die Liebesgeschichte des jungen Paars Claire und Wolfgang aus Berlin beschreibt, die sich über Prüderie und Konventionen hinwegsetzen und im Wechsel von Heiterkeit und ironischer Distanz glückliche Tage an jenem Ort erleben, dessen Schloss v. a. seit und durch Friedrich II. zum Bestand preußischer Traditionspflege gehört.

War in der *Rheinsberg*-Erzählung der politische T. nur in Anspielungen spürbar, bot die *Schaubühne*, seit 1918 umbenannt zur *Weltbühne*, T. Gelegenheit, unterschiedlichste Facetten journalistisch-literarischen Talents zu beweisen. Unter dem Pseudonym Ignaz Wrobel war er scharfzüngiger, Autoritäten wie Kirche und Staat angreifender Polemiker. Als Peter Panter veröffentlichte er Unterhaltsameres, z. B. *Ein Pyrenäenbuch* (1927); Theobald Tiger war sein Verseschmied für politische oder auch humoristische Lyrik. Erst nach dem Ersten Weltkrieg erfand T. als letztes Pseudonym Kaspar Hauser u. a. für die Spießbürgersatiren um *Herrn Wendriner*.

Mit Kriegsbeginn versiegte T.s literarische Produktion zunächst; im April 1915 musste er an die Front im Memelgebiet, erlangte aber nach kurzer Zeit einen Schreibstubenposten. Im kurländischen Alt-Autz (Lettland) gründete er eine Feldzeitung und lernte 1917 Mary Gerold kennen, mit der er mehrfach liiert war und die er 1924 nach einer ersten Ehe mit der Ärztin Else Weil (1920–1924) heiratete. Im Oktober 1918 wurde T., 1914 aus der jüdischen Glaubensgemeinschaft ausgetreten und protestantisch getauft, in der deutschen Militärverwaltung Rumäniens zum Feldpolizeikommissar befördert. Diese äußerlich erfolgreiche Militärkarriere T.s findet eine das preußische Offizierswesen sezierend kritisierende Aufarbeitung in der Artikelserie *Militaria*, begonnen 1919.

T., zunächst in einer diffus-positiven Haltung der Novemberrevolution gegenüber, entwickelte sich mehr und mehr zu einem scharfsinnig-deutlichen Kritiker der Weimarer Republik. 1920 wurde er Mitglied in der radikalsozialistischen USPD, nach deren Wiederzusammenschluss mit der SPD verblieb er dort passiv. Seine aktive Mitarbeit in pazifistisch orientierten Vereinigungen steht seiner Redaktionsleitung für den *Pieron (Blitz)* gegenüber, eine antipolnische, agitatorisch-satirische Zeitschrift zugunsten der deutschen Interessen in der Auseinandersetzung um Oberschlesien.

T., der v. a. in den Jahren 1919–1922 auch als Kabarett-Autor tätig war, u. a. für Max Reinhardts *Schall und Rauch*, arbeitete während der Inflationszeit 1923 (bis März 1924) als Bankvolontär. 1924 siedelte er nach Paris als Korrespondent der liberalen *Vossischen Zeitung* und der radikaldemokratisch-pazifistischen *Weltbühne* um. Deren Redaktionsleitung in Berlin übernahm er nach dem Tod seines Mentors Siegfried Jacobssohn Ende 1926 für ein halbes Jahr. 1928 bzw. 1929 erschienen die Sammelbände *Mit 5 PS*, dessen Titel eine Anspielung auf die Pseudonyme des Autors darstellt, und *Das Lächeln der Mona Lisa*, mit denen T. besondere Publikumserfolge erzielte.

Mary Gerold trennte sich von ihm 1928; T. hatte inzwischen Lisa Matthias kennen gelernt, mit der er bis 1931 zusammenlebte. Bei weiter wechselnden Aufenthaltsorten zog es ihn 1930 ins schwedische Hindås (bei Göteborg), dort entwickelte sich die Beziehung zu Gertrude Meyer, die auch als T.s Sekretärin und Dolmetscherin fungierte. Arbeiten für kommunistische Publikationen und die *Weltbühne*, darunter T.s mehrfach in militärkritischen Kontexten benutzte Wendung „Soldaten sind Mörder“, erregten in diesen Jahren die Aufmerksamkeit von Staatsanwälten.

Veröffentlichungen wie die Absage an sein Heimatland *Deutschland, Deutschland über alles* (1929), die vorwiegend heitere Erzählung *Schloß Gripsholm* (1931) oder das mit Walter Hasenclever gemeinsam verfasste, 1932 uraufgeführte Theaterwerk *Christoph Kolumbus oder die Entdeckung Amerikas* zeigten weiterhin die Produktivität des an einem hartnäckigen Nasenleiden laborierenden, insgesamt kränkelnden Autors, der sich bereits 1932 entschloss, nicht mehr zu publizieren. Bei einem Kuraufenthalt in der Schweiz lernte T. in diesem Jahr die Ärztin Hedwig Müller kennen, die letzte bedeutende Beziehung seines Lebens.

Schon tief resigniert über den Aufstieg der Nationalsozialisten in Deutschland erfuhr er von der Verbrennung seiner Werke 1933; neben Aufenthalten in Paris und Zürich lebte T. nun überwiegend in Schweden. Dort unternahm er 1935 den erfolglosen Versuch, sich mit einem Artikel für die Freilassung Carl von Ossietzkys aus der KZ-Haft einzusetzen. Ossietzky, *Weltbühne*-Redaktionsleiter in der Nachfolge T.s seit 1927, war schon für den Friedensnobelpreis im Gespräch. T. verspürte ihm gegenüber ein schlechtes Gewissen, weil Ossietzky wegen einer Verurteilung aufgrund eines T.-Artikels 1932 ins Gefängnis geraten war.

T.s Tod in einem Göteborger Krankenhaus ist meist als Folge eines Selbstmordversuchs betrachtet worden; für Mord gibt es keine Hinweise. Die posthum veröffentlichten *Q-Tagebücher* (1978) und das *Sudelbuch* (1993) belegten die politische und persönliche Tragödie des Autors.

Literarische Einordnung

T. gilt als einer der bedeutendsten politischen Essayisten und Satiriker, Humoristen und Gesellschaftskritiker des 20. Jahrhunderts. Er lieferte in zahlreichen Facetten der Kurzprosa virtuose Beiträge v. a. für die *Weltbühne*, trat aber auch als Autor von Kabarettsongs zwischen purer Unterhaltung und politischer Parteinahme hervor. Stilistische Brillanz v. a. in der kleinen Form und eine ungewöhnliche Produktivität in der frühen und mittleren Phase der Weimarer Republik zeichneten den vielseitigen T. aus, dessen Lyrik konventionellen Mustern folgte.

Seine beißende Kritik an preußisch-deutschem Militarismus, autoritär-überkommener Justiz, sozialer Ungleichheit, kirchlicher Scheinheiligkeit und indifferent-bürokratisierter Politik in der Weimarer Republik wird in der kulturhistorischen Debatte um das Scheitern dieser ersten deutschen Demokratie von einigen als zu radikal, zu geringschätzig v. a. gegenüber den Kräften der Mitte angesehen. T. war in seiner Haltung zwischen linksbürgerlichem Pazifismus und sozialrevolutionärem Pathos schwankend.

Werkbeschreibungen

Deutschland, Deutschland über alles (Sammelband, 1929): In diesem Werk, das T. für einen kommunistischen Verlag zusammenstellte, kombinierte er seine Artikel, eine Generalabrechnung mit dem politischen Zustand der Weimarer Republik, mit Fotomontagen John Heartfields. So entstand eine ebenso plakative wie in der satirisch-kritischen Wirkung verdoppelte Veröffentlichung. Die Mischung aus liebevoll rezensierender Prosa wie *Der Linksdenker* zum Komiker Karl Valentin, ironischer Kritik etwa an der Justiz in der Kurzszene *Wiederaufnahme*, besonders aber plakativ-gereimter Absage an die Weimarer Republik z. B. in *Das Parlament* oder gar pamphletistischer Agitation zu Militärführung (Unterzeile: Tiere sehen dich an) und Industriellen sorgte für heftige Reaktionen v. a. nationalistischer Kreise.

Schloß Gripsholm (Erzählung, 1931): Das Liebespaar Lydia und Kurt, die sich als Prinzessin bzw. Daddy anreden, verbringt seinen Schweden-Urlaub im Schloss Gripsholm am See Mälaren nahe Stockholm. Bleibt es beim Besuch von Kurts Freund Karlchen bei erotischen Anspielungen, entwickelt sich mit der danach angereisten

Billie eine intime Dreierbeziehung. Während dieser Urlaubsverwicklungen gelingt es dem Paar mit den Freunden, die neunjährige Ada Collin aus den Händen von Frau Adriani, der brutalen Leiterin eines in der Nähe des Schlosses gelegenen Kinderheims, zu befreien. Durch Kontakt zur in der Schweiz lebenden Mutter des Mädchens erreichen sie, dass Ada am Ende des unbeschwert-ereignisreichen Urlaubs mit ihnen zurückreisen kann.

T. verarbeitete hier seine Eindrücke aus einem längeren Schweden-Aufenthalt im Sommer 1929. Der kurze Roman erschien 1931, eingeleitet von einem Briefwechsel zwischen dem Autor und seinem Verleger Rowohlt, in dem es um Honorarfragen und Publikumswünsche geht.

Sudelbuch (Aphorismen, 1993): Mit dem Titel und im Stil spielte T. auf jene „Sudelbücher" an, die der Aufklärer und Meister knappster Satire deutscher Sprache Georg Christoph Lichtenberg im ausgehenden 18. Jahrhundert verfasste. Nahm sein literarisches Vorbild wegen der Zensurbedingungen von der Veröffentlichung der Kladdeneinträge Abstand, strebte T. wegen des fragmentarischen Charakters mancher Notiz, seiner zunehmend resignativen Haltung, aber wohl auch mit Blick auf die teilweise sehr persönlichen Anmerkungen keine Publikation an.

Das *Sudelbuch* enthält eine aus T.s Nachlass veröffentlichte Sammlung von Notaten aus den Jahren 1928–1935, dem Todesjahr, deren Abdruck die Nachlassverwalterin Mary Gerold-Tucholsky bis zu ihrem Tod verhindert hatte. Die Themenfülle spiegelt das Gesamtwerk T.s; so wechselt ein Aphorismus wie „Die Russen: aus Hammer und Sichel ein Hakenkreuz" mit einer selbstkritischen Notiz wie „ich möchte lieber mit mir befreundet als ich selbst sein". Einen Einblick in die Gedankenwelt T.s zwischen Wortwitz und Schwermut bietet auch seine berühmte Treppe mit den drei Absätzen „Sprechen – Schreiben – Schweigen". MK

Birgit Vanderbeke

geb. am 8. 8. 1956 in Dahme (Brandenburg)

Kurzbiografie

Mit fünf Jahren zog V. mit ihrer Familie nach Westdeutschland und wuchs in Frankfurt/M. auf. Nach dem Abitur studierte sie dort Jura und Romanistik. Heute lebt V. als freie Schriftstellerin mit ihrem Lebensgefährten und ihrem gemeinsamen Sohn in Südfrankreich in dem kleinen Ort St. Quentin.

Für ihre erste Erzählung *Das Muschelessen* (1990) erhielt sie den Klagenfurter Ingeborg-Bachmann-Preis, wobei z. T. von der Kritik herausgestellt wurde, dass sie damals von einigen vorausgehenden Disqualifikationen von Mitbewerbern profitiert hatte. Doch ihre literarische Anerkennung wuchs. 1997 bekam sie den Kranichsteiner Literaturpreis zugesprochen. 1999 erhielt sie die Roswitha-Medaille der Stadt Bad Gandersheim.

Literarische Einordnung

Als Gegenwartsautorin publiziert V. seit 1990 fast jedes Jahr eine größere Erzählung. Ihre Geschichten erscheinen oft von autobiografischen Zügen bestimmt zu sein. V. selbst aber sieht ihr Werk zwar von eigenen Erlebnissen geprägt ist, wie z. B. in *Ich sehe was, was Du nicht siehst* (1999) der Umzug der Erzählerin von Berlin nach Südfrankreich, doch ist ihr wichtig, dass durch die literarische Gestaltung Neues entsteht: die oft ironische Abbildung meist kleinbürgerlicher typischer Verhältnisse in der Bundesrepublik.

Als Stoffe und Themen wählt V. meist zwischenmenschliche Beziehungen, z. B. zwischen Liebenden oder in der Familie. Liebesbeziehungen finden sich in *Fehlende Teile* (1992) und *Alberta empfängt einen Liebhaber* (1997). Die Familie steht bei *Das Muschelessen* (1990) und bei *Friedliche Zeiten* (1996) im Zentrum. In *Gut genug* (1993) beschreibt V., wie eine unverhoffte Schwangerschaft das Leben von Frau Ragotsky durcheinander bringt. Ein Verwandtschaftsbesuch nach der Geburt, die Untersuchungen bei der Kinderärztin und Gespräche mit anderen Müttern werden dargestellt und das Kinderkriegen mit Pampers und Babynahrung erscheint als mittelschwere Katastrophe.

V. beschreibt die oft schlichten Handlungen in einer eindringlichen, bewusst gestalteten Sprache, die durch elliptische Wendungen und Wiederholungen von Erzählmotiven und sprachlichen Elementen besondere Akzente erhält.

Werkbeschreibungen

Das Muschelessen (Erzählung, 1990): V. thematisiert in dieser Erzählung das familiäre Zusammenleben. Während sich der Vater wegen einer Dienstreise, von der er sich eine Beförderung verspricht, verspätet, sitzen die Mutter und die beiden Kinder – Sohn und Tochter – vor einem Muschelberg wartend am Abendbrottisch. Die achtzehnjährige Tochter ergreift das Wort und führt in einem Monolog aus, was sie schon seit Jahren über die Familie denkt, aber nie zu sagen wagte. Speziell an dem Vater lässt sie kein gutes Haar. Der aus DDR-Verhältnissen stammende Mann hatte stets seine Karriere im Auge, all sein Streben galt hohen, beruflichen Zielen. Für ihn gab es keine Karriere ohne Familie – eine Vorzeigefamilie, in der Frau und Kinder sich der väterlichen Autorität unterordneten. Das Familienleben war also dem äußeren Anschein nach harmonisch, man aß gemeinsam und unternahm Sonntagsausflüge. Was die Kinder und die Mutter aber seit Ewigkeiten denken und fühlen, wird jetzt endlich ausgesprochen. Und so offenbart die Mutter zum Schluss, dass sie ihre Kinder – wie Medea, die ihre eigenen Kinder vergiftete – töten bzw. abtreiben wollte, dass ihr Mann aber dagegen war.

Das heile Bild der Familie zerbröckelt so Stück für Stück, der Patriarch verliert seine Macht und die kleinbürgerliche Enge wird drastisch aufgedeckt.

Alberta empfängt einen Liebhaber (Roman, 1997): Der Roman besteht inhaltlich aus der Rahmenhandlung über die Erzählerin der Geschichte und aus der erzählten Geschichte. Formal gliedert sich der Roman in die drei Bücher *Eine Mizzebill, Jean-Philippe* und *Alberta empfängt einen Liebhaber.*

In *Eine Mizzebill* glauben sich Alberta und Nadan zu lieben, zuerst in den 70er-Jahren in einem Trainingslager, aber bereits der erste Kuss erweist sich dort als Schwierigkeit, trotz günstiger Gelegenheiten kommt es nicht dazu. Alberta fängt eine Beziehung mit Rudi an und Nadan mit Bettina. Alberta liebt Nadan noch, während sie mit Rudi zusammenlebt und auch Nadan hat Alberta nicht vergessen, trotz Militärzeit und Bettina, mit der er schließlich auch zusammenwohnt. Eines Abends sitzen die vier in Bettinas Wohnung und Alberta muss in dieser Situation unbedingt eine Zigarette rauchen, was Bettina von Nadan verboten wurde. Beleidigt fragt Bettina, warum Alberta darf, was sie nicht darf. Weil Alberta eine Mizzebill sei, etwas ungeheuer Schreckliches, vergleichbar mit einer Heuschreckenplage, sagt Nadan. Nach diesem Abend ist zwar klar, was Nadan und Alberta füreinander empfinden, doch wird zugleich jeder seiner Wege gehen. Jahre später in den Achtzigern finden Alberta und Nadan wieder in Nadans Haus zusammen und beschließen durchzubrennen, um aus dem bisherigen Leben auszubrechen und einen Liebestraum zu verwirklichen. Mehr oder weniger spontan fahren sie ohne genaues Ziel los, um später kurz vor Mannheim in einem Gasthaus zu landen, weil auf der Autobahn ein Lastwagen umgekippt war. Doch finden sie in dem Hotel keine Brücke, die zueinander führt. Nadan bekommt Kopfschmerzen und Alberta Zweifel. Sie lieben sich, zusammen leben können sie dagegen nicht. Ein gemeinsamer Alltag scheint undenkbar. Wieder trennen sie sich: Alberta geht nach Lyon und Nadan nach Arizona.

Im zweiten Buch, *Jean Philippe,* meldet sich die fiktive Erzählerin, eine Schriftstellerin, zu der Entstehung der vorangegangenen Geschichte zu Wort. Sie lebt mit ihrem Mann Jean-Philippe und ihrer gemeinsamen Tochter Cécile in Südfrankreich, allerdings sieht sie Jean-Philippe oft nur an den Wochenenden, jeder scheint noch ein eigenes Leben zu haben. Jean-Philippe liest die Geschichte von Alberta und Nadan und hält sie für unvollendet. Seitdem erkundigt er sich immer wieder nach Alberta. Es bleibt ungewiss, ob die Erzählerin selbst Alberta ist. Die Rahmenhandlung und die Geschichte von Alberta gehen fast ineinander über, dadurch erscheint das Geschehen etwas undurchsichtig. Die Erzählerin lässt Alberta und Nadan ihre Wege gehen und schließlich noch einmal zusammentreffen.

In *Alberta empfängt einen Liebhaber* meldet sich Nadan mehrere Jahre später am Telefon. Alberta wartet auf ihn und gerät in Liebesträume. Sie verabreden sich, Alberta bereitet ein Essen vor und am besagten Abend küssen sie sich. Der Abend endet und Nadan kehrt zu seiner schwangeren Frau zurück. Wieder finden Alberta und Nadan nicht zueinander.

V. gestaltet hier keine tragische Liebesgeschichte, nur eine einfache, fast schon banale aus dem Leben, die mit dem Gegensatz von Wirklichkeit und Liebesträumen spielt, denn nicht jede große Liebe hat im Leben Bestand. KH

Martin Walser

geb. am 24. 3. 1927 in Wasserburg (Bodensee)

Kurzbiografie

W. wurde als Sohn eines Gastwirts geboren. Nach Besuch der Oberschule in Lindau (Abitur 1946) und Kriegsdienst (Flakhelfer ab 1943, danach Arbeitsdienst und Militär) studierte W. an der Philosophisch-Theologischen Hochschule in Regensburg (1946–1948), dann in Tübingen Literaturwissenschaft, Philosophie und Geschichte. 1951 promovierte er mit der Dissertation *Beschreibung einer Form. Versuch über Franz Kafka.* W. ist verheiratet mit Katharina Neuner-Jehle und hat vier Töchter.

1949–1957 arbeitete W. in Stuttgart beim Süddeutschen Rundfunk als Reporter, Regisseur und Hörspielautor. Erfahrungen als Schauspieler am Regensburger Studententheater und als Verfasser von Artikeln für Zeitungen und Zeitschriften hatten dazu geführt. Die Öffentlichkeit nahm W.s literarisches Schaffen erstmals 1955 zur Kenntnis, als ein Band mit Erzählungen erschien: *Ein Flugzeug über dem Haus.* Für die darin enthaltene Geschichte *Templones Ende* erhielt W. 1955 den Preis der *Gruppe 47,* einer Gruppe von Schriftstellern und literarisch Interessierten, die neue Akzente in der deutschen Literatur zu setzen suchte. Sein Romanerstling, *Ehen in Philippsburg* (1957), in dem er die Karrieregesellschaft in einer süddeutschen Großstadt beschreibt, wurde sein erster Erfolg. Seit 1957 ist W. freier Schriftsteller, seit 1968 lebt er in Nußdorf/Überlingen am Bodensee.

Typisch für W. ist, dass er bestimmte Personen in seinen Erzählungen und Romanen immer wieder auftauchen lässt, so Anselm Kristlein in der Trilogie *Halbzeit* (1960), *Einhorn* (1966) und *Der Sturz* (1973). In *Halbzeit* sucht W.s Protagonist als Vertreter und Werbefachmann noch den Erfolg und leistet sich neben seinen geschäftlichen viele erotische Eskapaden, in *Einhorn* bemüht er sich als Schriftsteller vergeblich, etwas aus dem Leben in die Erinnerung zu retten, und in *Sturz* geht ihm, der sich immer anpassen musste, die Kraft dazu aus. W.s Figuren, wie Franz Horn (*Jenseits der Liebe*, 1976), Xaver Zürn (*Seelenarbeit*, 1979), Helmut Halm (*Ein fliehendes Pferd*, 1978; *Brandung*, 1985) oder Gottlieb Zürn (*Das Schwanenhaus*, 1980; *Jagd*, 1988) kommen aus dem Mittelstand, sind Journalisten, Immobilienmakler oder Handelsvertreter, Angestellte oder Lehrer, eben normale Repräsentanten einer Überfluss- und Konsumgesellschaft, die mit einer Mischung aus Verachtung und Faszination die Lebenswirklichkeit um sich herum betrachten. Alle Figuren „wirken nicht günstig auf sich", wie W. es in *Meßmers Gedanken* (1985) formulierte, sie fühlen sich vom Leben beschämt und flüchten sich in Wünsche und Lebensvorstellungen anderer Art. Zu den besonderen Stärken des Erzählers W. rechnet die Fachkritik die Kunst, mit einfühlsamer Ironie Intimitäten ebenso diskret wie auch gnadenlos darstellen zu können. „Ein Glanzstück deutscher Prosa", in dem sich W. als Meister der Beobachtung und Virtuose der Sprache bewährte, legte der Autor nach Kritikermeinung 1978 mit der Novelle *Ein fliehendes Pferd* vor.

Politische Akzente setzte W. in der 1987 erschienenen deutsch-deutschen Spionage-Novelle *Dorle und Wolf*, bei der es um das Scheitern des Helden in beiden deutschen Staaten gleichermaßen geht. Als einer der ersten Autoren legte W. mit *Die Verteidigung der Kindheit* (1991) einen Roman vor, dessen Thema in unmittelbarer Beziehung zur deutschen Einheit steht. Hier verbindet der Autor die Geschichte des Zweiten Weltkrieges und der anschließenden deutschen Teilung mit der Lebensgeschichte der heiklen Figur Alfred Dorn. Er ist einer jener empfindlichen Antihelden, die sich letztlich erfolglos mit Minderwertigkeitsgefühlen und Identitätsproblemen abmühen. In der Medienwelt spielt sein 1993 herausgekommener Roman *Ohne einander*, der auf große Zustimmung bei der Kritik und dem Lesepublikum stieß. „Souverän, witzig und mit bitterer Klarsicht hat Martin Walser die auf Wohlstand und Karriere, Macht und Prestige geile Gesellschaft der Bundesrepublik als Haifischgewässer beschrieben", so urteilten die Kritiker. Einen Roman über den deutschen Politikeralltag schrieb W. mit dem 1996 erschienenen Buch *Finks Krieg*, dem eine Auseinandersetzung in der hessischen Staatskanzlei zugrunde liegt. Der Ministerialrat Stefan Fink wird nach einem Regierungswechsel durch Staatssekretär Tronkenburg mithilfe falscher Aussagen entmachtet, weil dieser dessen Amt einem Parteifreund zukommen lassen will. Fink kämpft jahrelang um seine Ehre, führt Krieg gegen Parteienfilz und Ämterpatronage und erreicht letztlich seine Rehabilitierung, ist aber ein anderer Mensch geworden und zieht sich in ein Kloster zurück. W.s Roman *Ein springender Brunnen* (1998) erzählt von einem Schriftsteller, der lernt, sein Leben in die Hand zu nehmen, seinen in Kindertagen gepflanzten „Wörterbaum" zu pflegen und nur noch „seinen" Büchern und „seiner" Sprache zu vertrauen.

Politisch aktiv bezog W. Stellung zu verschiedenen aktuellen Fragen; so startete er als erster Publizist in der Bundesrepublik 1961 eine Wahlkampfinitiative für die SPD. Er engagierte sich in der Gewerkschaft, war einer der scharfzüngigsten öffentlichen Redner, als gegen den Krieg der Amerikaner in Vietnam demonstriert wurde, und galt zeitweise als distanzierter

Sympathisant der DKP. 1988 sorgte er mit seinem Auftritt in der Reihe *Reden über das eigene Land: Deutschland* für Aufsehen, als er bekannte, sich mit der deutschen Teilung nicht abfinden zu können. 1998 kam es anlässlich seiner Dankesrede zur Verleihung des Friedenspreises des deutschen Buchhandels in der Frankfurter Paulskirche zu einer scharfen Auseinandersetzung zwischen ihm und Ignatz Bubis, dem Präsidenten des Zentralrats der Juden in Deutschland. Dieser warf W. „geistige Brandstiftung" vor, weil er die „Instrumentalisierung von Auschwitz" kritisiert und gesagt hatte, die ständige Thematisierung des Holocaust als einer „Moralkeule" erreiche letztlich den gegenteiligen Effekt. Später legten sie ihren Streit weitgehend bei. Beide stimmten darin überein, dass die angemessene Sprache für den Umgang mit der deutschen Vergangenheit noch nicht gefunden sei, und plädierten für das Bemühen um eine gemeinsame Erinnerung.

In seiner vorläufig letzten Veröffentlichung *Tod eines Kritikers* (2002) verlieh W. seiner Wut über den absurden Literaturbetrieb Ausdruck – ein Thema, das eng mit seiner problematischen Beziehung zu Marcel Reich-Ranicki verknüpft ist. Bereits vor seinem Erscheinen löste der Roman eine große Debatte aus, nachdem die *FAZ* den Vorabdruck öffentlich abgelehnt hatte mit der Begründung, W. spiele hier mit antisemitischen Klischees.

Literarische Einordnung

Mit Dutzenden von Romanen, Erzählungen, Theaterstücken, Essays, Reden, Gedicht- und Aphorismensammlungen ist W. einer der produktivsten und – obwohl oft kritisiert – erfolgreichsten westdeutschen Autoren. Man hat ihn einen Epiker der Alltagswelt genannt, einen poetischen „Chronisten des Alltagsbewusstseins und der trivialen Meinungen", der wie kein anderer die Befindlichkeiten der Volksseele einfing und erzählerisch dokumentierte. Seine Figuren sind Angehörige der Mittelschicht, die in ihrem Kampf um sozialen Aufstieg und in ihrer Suche nach privatem Glück beschrieben werden, wobei sie sich bemühen, den gesellschaftlichen Rollen und Konventionen zu genügen.

Im Mittelpunkt von W.s Gesamtwerk steht daher letztlich die literarische Auseinandersetzung mit dem Identitätsverlust des Einzelnen. „Jemand, der die Mangelhaftigkeit seiner Identität nicht nur leidend hinnimmt, sondern in den Beschädigungen das Beschädigende zu erkennen sucht, wird ein Experte für Identitätsbeschädigungen. Wenn er sich mehr für das Beschädigende interessiert, wird er ein realistischer Schriftsteller", so W., „ist sich aber auch der Grenzen solcher Literatur bewusst: Sie drückt bürgerliche Existenz aus, Leben unter bürgerlichen Umständen, Gewissen, Genuss, Hoffnung und Kater in bürgerlicher Gesellschaft."

Die Anerkennung W.s zeigen nicht zuletzt die Ehrungen und Auszeichnungen, mit denen man ihn bedacht hat, z. B. erhielt er den Hesse-Preis (1957), den Gerhart-Hauptmann-Preis (1962), den Schiller-Gedächtnispreis (1980), den Büchner-Preis (1981), den Großen Literaturpreis der Bayerischen Akademie der Schönen Künste (1990), den Dolf-Sternberger-Preis für öffentliche Rede (1994) und nicht zuletzt den Friedenspreis des deutschen Buchhandels (1998).

Werkbeschreibung

Ein fliehendes Pferd (Novelle, 1978): Dieses Werk wurde W.s größter Erfolg: Das unerwartete Wiedersehen zweier ehemaliger Schulfreunde und Kommilitonen, die mit ihren Frauen am Bodensee Urlaub machen, reißt beide für einen Moment aus ihrem verbissen eingeübten Tarnverhalten und bringt sie aus dem mühsam ausbalancierten Gleichgewicht.

Das dramatische Geschehen ist in seinen überraschenden Wendungen und mehrfachen Perspektivenwechseln vorerst nach vielen Richtungen offen, die

Titelmetapher scheint zunächst nur auf einen der Protagonisten zu passen: Studienrat Helmut Halm, Kierkegaard-Leser und Gourmand, der sich ins Innerste verkriechen, inkognito existieren möchte, hat mit dem Leben eigentlich abgeschlossen. Er und seine Gattin Sabine sitzen an der Uferpromenade in einem Straßencafé und beobachten die Vorbeiflanierenden, als plötzlich ein dynamisch wirkender Mann, Klaus Buch, an ihren Tisch tritt und sich als Freund aus alten Studientagen zu erkennen gibt. Begleitet wird er von seiner jungen, attraktiven Frau Helene. Beim Abendessen wird man miteinander vertraut und beschließt gemeinsame sportliche Unternehmungen, wobei sich das Ehepaar Halm zunehmend vereinnahmen lässt. So stimmt Helmut fast schon emphatisch zu, als sein vitaler Gegenspieler Klaus Buch in der Episode, die den Titel liefert, erklärt: „Einem fliehenden Pferd kannst du dich nicht in den Weg stellen. Es muß das Gefühl haben, sein Weg bleibt frei." Doch später kommt es zu Unstimmigkeiten und zu offenen Aggressionen, als Helmut, während eines heftigen Sturmes auf dem See aus nackter Angst um sein Leben, Klaus das Ruder seines Segelbootes aus der Hand stößt und dieser über Bord geht. Am nächsten Tag tritt der Totgeglaubte überraschend ins Zimmer und macht deutlich, dass er, der „Supermann aus der Reklamewelt" vom „Zauderer" Helmut eigentlich innere Stabilität und Ruhe erwartet hatte. Doch jetzt geht man auseinander, enttäuscht und geschlagen. Auf der Flucht sind letztlich alle.

Die Kritik reagierte enthusiastisch: „Eine Novelle, die mit dem Wort ‚meisterlich' eher karg gelobt wäre. (...) Ein Buch, auf dessen 151 Seiten man mehr über die so genannte Krise der Lebensmitte (...) lernen kann als in den fetten Aufklärungsbüchern mit all ihren Statistiken und aufdringlichen Bekenntnissen." Erfolgreich verfilmt wurde die Novelle 1986 unter der Regie von Peter Beauvais. GL

Frank Wedekind

geb. am 24. 7. 1864 in Hannover
gest. am 9. 3. 1918 in München

Kurzbiografie

Seine Jugend verbrachte W. auf dem von seinem Vater, einem welterfahrenen Arzt mit amerikanischer Staatsbürgerschaft, erworbenen Schloss Lenzburg (Schweiz), nachdem seine Familie aus politischen Gründen Deutschland verlassen musste. W. besuchte zunächst die Bezirksschule in Lenzburg, später dann das Gymnasium in Aarau. Schon in dieser Zeit zeigte sich W.s literarisches Talent, es entstanden erste Gedichte und Erzählentwürfe, darunter das komische Kinderepos *Hänseken* (1879) und *Felix und Galathea* (1881). Das Jurastudium in München, zu dem ihn sein Vater drängte, stellte W. hinter seine tatsächlichen Interessen: er belegte heimlich Vorlesungen in Literatur, Philosophie und bildender Kunst, was das Zerwürfnis mit dem Vater herbeiführte, als dieser die Wahrheit erfuhr. W. war gezwungen, zeitweise als Reklamechef bei der Firma Maggi in Kemphtal bei Zürich zu arbeiten.

Durch seine Tätigkeit als Journalist und durch seine Freundschaft zu Karl Henkell, den er in Lenzburg kennen lernte, hatte er Zugang zum Züricher naturalistischen Dichterkreis *Das junge Deutschland* um Gerhart Hauptmann. W. entzog sich bewusst diesem Einfluss und blieb ein Einzelgänger. Als Zirkussekretär fand er im Zirkus Herzog eine positive Gegenwelt zu der Verlogenheit des Bürgertums, die er später in verschiedenen Bühnenstücken wieder aufgriff.

Nach dem Tod des Vaters ging W. nach Berlin, musste aber wegen seines amerikanischen Passes bald nach München zurückkehren. Dort schrieb er seine polemische Auseinandersetzung mit dem Naturalismus in *Die junge Welt* (1889) nieder, und das Schauspiel *Frühlings Erwachen* (1890/91) entstand. W. brach nach Paris auf und war erneut fasziniert von Varieté, Zirkus und Ballett, die ihn zu dem Drama *Der Liebestrank* (1892) anregten.

1899 saß W. wegen Majestätsbeleidigung – er hatte als Mitarbeiter der literarischen Zeitschrift *Simplicissimus* in München die Palästina-Reise des Kaisers verspottet – sieben Monate im Gefängnis von Königsstein. Vorher hatte er noch das Werk *Der Marquis von Keith* (1899) vollenden können. Am Deutschen Theater in Berlin spielte W. in vielen seiner eigenen Stücke selbst mit. 1906 heiratete er die Schauspielerin Tilly Newes. Die Aufführungen seiner Dramen wurden durch Verbote seitens der Zensur wegen angeblicher Unmoral sehr erschwert, was ihn zu dem Stück *Die Zensur* (1907) veranlasste.

W. starb an den Folgen einer Blinddarmoperation.

Literarische Einordnung

W. verwendet als einer der bedeutendsten Dramatiker des frühen 20. Jahrhunderts in vielen seiner Werke neue, den Expressionismus und Surrealismus vorwegnehmende Stilmittel, die allegorische, symbolische und groteske Züge tragen.

Trotz der ähnlichen Thematik und Fragestellung ist W.s Werk von Anfang an ein Gegenstück zum Naturalismus, denn das Wesen des Menschen sieht W. nicht sozial determiniert, sondern triebhaft geleitet. Seine Darstellung des egozentrierten Menschen mit einer ungehemmten Sexualität rief eine Schockwirkung unter seinen Mitmenschen hervor. W. emanzipiert sich von den damaligen eingeengten, bürgerlichen Moralvorstellungen, immer wieder kritisiert er die bürgerliche Scheinmoral und Sexualfeindlichkeit. W.s Stücke galten jahrelang als pornographisch und wurden von der Zensur verboten, das Künstlerische seiner Werke nicht anerkannt. Seine Dramenfiguren erfüllen meist die Rolle von Außenseitern der Gesellschaft wie Bohemiens, Prostituierte (z.B. Lulu im gleichnamigen Theaterstück), Verbrecher, Zirkus- und Varietéleute (z.B. Kunstreiter Kurt Schwichterling in *Der Liebestrank*, 1892), die teilweise die Einsamkeit des verkannten Künstlers widerspiegeln.

Formal weicht W. von bestehenden, geordneten Mustern ab. Szenenfolgen seiner Dramen tragen den Einfluss des Sturm und Drang und lassen an den jungen Georg Büchner erinnern: Statt eines kontinuierlichen Handlungsaufbaus zeigen sie schlaglichtartige Bilder, die Typisches der Personen beleuchten. Pantomimische Elemente bieten zusätzliche Akzente.

Werkbeschreibung

Frühlings Erwachen (Drama, 1890/1891): W.s bekanntestes Stück spielt in einer Kleinstadt um 1890 und zeigt in lockerem Szenenablauf die Schicksale dreier Kinder, die in ihrer Pubertät gegen das Unverständnis des bürgerlichen Elternhauses und gegen ein unmenschliches Schulsystem zu kämpfen haben.

Die 14-jährige, lebenshungrige Wendla Bergmann wird von ihrer Mutter aus Scham nicht aufgeklärt. Die naiven Fragen der Tochter über die Geburt des Neffen beantwortet die Frau ausweichend. Auch der Gymnasiast Moritz Stiefel weiß über das Geschlechtliche nichts und wird von der Schule und seinen Eltern überfordert. Die hohen Erwartungen beider Seiten kann er nicht erfüllen, obwohl er sich um Pflichtbewusstsein und Fleiß bemüht. Sein Schulfreund Melchior Gabor wird im Gegensatz zu Moritz von seiner Mutter verständnisvoll und frei erzogen. In der Schule hat er keine Probleme, er weiß mehr als im Lehrplan vorgesehen ist. So ist Melchior auch längst aufgeklärt und gibt sein Wissen an Moritz weiter. Er verfasst die Aufklärungsschrift *Der Beischlaf* und lässt sie Moritz lesen. Doch statt seine sexuellen Zwangsvorstellungen zu verlieren, reagiert Moritz verschreckt. Er kann sich nicht mehr auf die Schule konzentrieren, was zur Folge hat, dass er nicht versetzt wird. In seiner Angst vor dem strengen Vater denkt Moritz an Flucht nach Amerika und bereitet seinem Leben schließlich selbst ein Ende. Unterdessen treffen Melchior und Wendla aufeinander. Das Mädchen erregt den Jungen, indem es sich von ihm in naiver Begierde mit einem Stock schlagen lässt, er verführt sie bei einer weiteren Begegnung. Nach Moritz' Selbstmord wird Melchior wegen seiner Aufklärungsschrift von der Schule verwiesen und von den hilflosen Eltern in ein Erziehungsheim abgeschoben, nachdem sie auch noch erfahren, dass Wendla ein Kind von Melchior erwartet. Diese weiß nicht um ihren Zustand. Sie stirbt an einer von der Mutter aus Furcht vor Schande veranlassten Abtreibung, die offizielle Todesursache lautet Bleichsucht. In der letzten Szene begegnen sich nachts an Wendlas Grab der tote Moritz und der aus der Anstalt entflohene Melchior. Melchior fühlt sich für Wendlas Tod verantwortlich und denkt an Selbstmord. Moritz unterstützt ihn in diesem Vorhaben. Er führt Melchior das Elend des Lebens vor Augen, so dass Melchior bereit ist, mit Moritz zu gehen. Dann aber erscheint der „vermummte Herr" als Personifikation des Lebens selbst und tritt der Macht des Todes entgegen. Wenigstens für Melchior gibt es schließlich ein Frühlingserwachen, indem er dem vermummten Herrn folgt.

W. kritisiert in diesem Drama, das viele seiner eigenen Schulerfahrungen verarbeitete, die Verlogenheit bürgerlicher Erziehung und Moral, indem er deren katastrophale Auswirkungen exemplarisch vor Augen führt. KH

Peter Weiss

geb. am 8. 11. 1916 in Nowawes (bei Berlin)
gest. am 10. 5. 1982 in Stockholm

Kurzbiografie

W. wuchs in Bremen und Berlin auf. Sein Vater war ein jüdischer Textilfabrikant österreichisch-ungarischer Herkunft, der nach dem Ersten Weltkrieg die tschechoslowakische Staatsangehörigkeit erhalten hatte. 1934 musste die Familie über England in die Tschechoslowakei fliehen.

Da er Maler werden wollte, studierte W. 1936–1938 an der Prager Kunstakademie. 1939 floh er über die Schweiz nach Schweden und wurde 1946 schwedischer Staatsbürger. In diesem Jahr erschien auch sein erstes Buch *Fran ö till ö* (*Von Insel zu Insel*, Prosagedichte), das in schwedischer Sprache veröffentlicht wurde. 1947 reiste W. als Reporter des *Stockholms Tinningen* kurzzeitig nach Deutschland zurück. 1963 heiratete er die Bühnenbildnerin Gunilla Palmstierna, mit der er seit 1952 zusammenlebte und die für viele seiner Theaterstücke die Bühnenausstattung entwarf.

Bis 1960 war er vorwiegend als Filmemacher und Filmtheoretiker tätig. Erst ab 1960 publizierte W. auch in deutschen Verlagen, und der surrealistisch anmutende experimentelle Roman *Der Schatten des Körpers des Kutschers* (1960) wurde vom Suhrkamp Verlag veröffentlicht. Dieses Werk machte W. in Deutschland bekannt. 1961 erschien die autobiografische Erzählung *Abschied von den Eltern*, die sich auf den fast gleichzeitigen Tod der Eltern im Jahre 1959 bezieht. Die Vergangenheitsbewältigung wurde 1962 mit *Fluchtpunkt* fortgesetzt. 1963 erhielt er für diesen Roman den Charles-Veillon-Preis.

Mit dem zweiaktigen Welterfolg *Die Verfolgung und Ermordung Jean Paul Marats, dargestellt durch die Schauspielgruppe des Hospizes zu Charenton unter Anleitung des Herrn de Sade* (1964, 1965 überarbeitet) erschuf W. ein Avantgardestück, in dem anhand der historischen Situationen um 1800 das um die Revolutions- und Freiheitsproblematik kreisende Geschehen auf verschiedenen Handlungsebenen ironisch hinterfragt wird. Das „Oratorium in elf Gesängen" *Die Ermittlung* (1965) dokumentiert den Frankfurter Auschwitz-Prozess. Die Uraufführung fand gleichzeitig in 17 Städten statt – darunter Ost- und Westberlin, Dresden, Essen, Köln, Leipzig, London, München, Potsdam und Stuttgart. 1966 erhielt er den Heinrich-Mann-Preis der Deutschen Akademie der Künste der DDR. Durch seine Auseinandersetzung mit dem Nationalsozialismus stand W. zeitweise dem Marxismus sehr nahe. So engagierte er sich Ende der 60er-Jahre stark gegen den Militäreinsatz der USA in Vietnam. Diese Haltung wurde in Dramen wie *Diskurs über die Vorgeschichte und den Verlauf des lang andauernden Befreiungskrieges in Viet Nam* (1968) und *Trotzki im Exil* (1970) deutlich. *Trotzki im Exil* markiert bereits die Abkehr W.s vom dokumentarischen Theater.

Das Drama *Hölderlin* (1971) behandelt die wachsende Kluft zwischen dichterischer Schöpferkraft und sozialer Wirklichkeit. Darüber hinaus arbeitete W. Franz Kafkas Roman *Der Prozess* für die Bühne um, indem er die Figuren in einen kapitalistischen Kontext stellte (*Der Prozess*, 1965, bzw. *Der neue Prozess*, 1982). In der Zeitschrift *Theater heute* erschienen die Theaterstücke *Gesang vom lusitanischen Popanz* (1967) und *Wie dem Herrn Mockinpott das Leiden ausgetrieben wird* (1968).

Der dreiteilige, fast tausendseitige Roman *Die Ästhetik des Widerstandes* (1975–1981) ist weitgehend aus historischen Dokumenten zusammengesetzt. Thema dieses monumentalen Romanprojekts, an dem W. über zehn Jahre arbeitete, ist das Scheitern der deutschen Linken im antifaschistischen Widerstand.

W. starb in der Stadt, in der er seit Jahrzehnten gewohnt hatte – in Stockholm. Er erhielt posthum den Georg-Büchner-Preis. 1992 rief die Stadt Bochum den Peter-Weiss-Preis ins Leben.

Literarische Einordnung

In W.s Schaffen sind einige grundsätzliche Tendenzen zu erkennen, die das gesamte literarische Werk durchziehen und bestimmen: Das experimentelle Erproben der Sprache (wie in *Der Schatten des Körpers des Kutschers*, 1960), der autobiografische Zug (wie in *Abschied von den Eltern*, 1961) und ein politisches Engagement (wie in *Die Verfolgung und Ermordung Jean Paul Marats, dargestellt durch die Schauspieltruppe des Hospizes zu Charenton unter Anleitung des Herrn de Sade*, 1964, überarbeitete Fassung 1965).

Die politische Parteinahme für eine sozialistische Gesellschaftsordnung wurde W. zunehmend wichtig. In diesem Zusammenhang wandte er sich in *Die Ermittlung* einem dokumentarischen Theaterstil zu. Er besteht darin, dass das Schauspiel im Wesentlichen authentisches zeitgenössisches Material (Berichte, Akten, Interviews, Börsenberichte, Protokolle usw.) verwendet, das lediglich vom Autor arrangiert, aber nicht verändert wird.

Werkbeschreibung

Die Ermittlung (Oratorium in elf Gesängen, 1965): Der Massenmord an den Juden in Auschwitz bedeutete für W. von dem Augenblick, als er davon erfuhr, mehr als Erschütterung. Er, selbst Sohn eines Juden, fühlte sich schuldig, weil er – im Gegensatz zu vielen anderen – vor dem Regime geflohen und so entkommen war. Er nahm an dem Frankfurter Auschwitz-

Prozess, der 1963 begann, teil und besuchte die Reste des Lagers. Bei seiner „Ermittlung" stützte sich W. nicht nur auf eigene Notizen, sondern v. a. auf die Berichte, die Bernd Naumann in der *Frankfurter Allgemeinen Zeitung* veröffentlichte. Der umfassende authentische Stoff wurde konzentriert, geordnet und sprachlich strikter formuliert. W. reduzierte auch die Anzahl der Personen auf 3 Mitglieder des Gerichts, 9 Zeugen und 18 Angeklagte. Die elf Gesänge des Stücks haben Überschriften, an denen sich der Aufbau des Ganzen ablesen lässt. Der *Gesang von der Rampe* (1) schildert den Transport und die Ankunft der Häftlinge und wie ihnen die Wertsachen weggenommen werden. Der *Gesang vom Lager* (2) berichtet vom Marsch ins Lager und den sanitären Verhältnissen, außerdem von der Tätowierung und Einkleidung. Im *Gesang von der Schaukel* (3) steht die „Politische Abteilung", das Folterzentrum des Lagers, im Mittelpunkt. Der *Gesang von der Möglichkeit des Überlebens* (4) spricht von den Beziehungen zwischen Bewachern und Bewachten. In den Gesängen (5) und (6) werden Namen genannt, die ein wenig über die Anonymität des Massensterbens am Ende hinwegtäuschen wollen: *Gesang vom Ende der Lili Tofler* und *Gesang vom Unterscharführer Stark*. Die Gesänge (7), (8) und (9) handeln von Mordtaten außerhalb des Vergasungsbunkers: (7) von den Erschießungen an der Schwarzen Wand, (8) vom „Abspritzen" mit Phenol in der „Krankenstation", (9) vom Sterben in der Stehzelle des Bunkerblocks des Lagers. Gesang (10) handelt von Vergasung *(Gesang vom Zyklon B)* und (11) von der Verbrennung *(Gesang von den Feueröfen)*.

Durch den dokumentarischen Stil und eine dramatische Darstellungsweise, die mehr zu einer Lesung tendiert, versucht W. die Hölle des Grauens nicht nur emotional wirken zu lassen, sondern rational zu verarbeitende Erfahrung des Zuschauers werden zu lassen. WS

Gabriele Wohmann

geb. am 21. 5. 1932 in Darmstadt

Kurzbiografie

W. wurde als drittes von vier Kindern des Pfarrers Daniel Guyot und dessen Frau Luise in Darmstadt geboren, wo sie bis heute wohnt. 1951 machte sie am Nordseepädagogium Langeoog ihr Abitur und begann anschließend ein Studium der Germanistik, Romanistik, Anglistik, Musikwissenschaft und Philosophie an der Universität Frankfurt/M., das sie jedoch nach vier Semestern abbrach. An der Universität lernte sie Reiner Wohmann kennen und heiratete ihn 1953. Als Internatslehrerin ging sie für ein Jahr nach Langeoog, war anschließend eine kurze Zeit an der Volkshochschule und der Handelsschule in Darmstadt tätig, erkannte aber bald, dass ihr eigentliches Interesse dem Schreiben galt. 1956 begann sie regelmäßig zu veröffentlichen.

1957 erschien die Erzählung *Ein unwiderstehlicher Mann* in der Zeitschrift *Akzente* und brachte ihr erste Aufmerksamkeit ein. Neben Kurzprosa und Erzählungen veröffentlichte sie bald ihren ersten Roman *Jetzt und nie* (1958). In diesen frühen Texten sind bereits die für W. typischen Themen enthalten: Angst, Einsamkeit und unterdrückte Gefühle, die in inneren Monologen zutage treten oder in kühlem personalen Erzählen aufgezeigt werden. In den 60er-Jahren nahm W. an den Treffen der *Gruppe 47* teil, einer Gruppe von Schriftstellern und literarisch Interessierten, die neue Akzente in der deutschen Literatur zu setzen suchten.

Im zweiten Roman *Abschied für lange* (1965), in dem die 33-jährige Ich-Erzählerin vom Scheitern ihrer Liebesbeziehung und ihrem Versuch berichtet, ein neues Leben zu beginnen, wird der Grundtenor ihres Schreibens deutlich: Ausgangs- und Endpunkt ist die Familie, die keine wirkliche Geborgenheit kennt. In weiteren Kurzgeschichten und Erzählungen wird das düstere Menschenbild konkretisiert: Paarbindung und Ehe erweisen sich als problembeladen, da sie nur Trostlosigkeit, Unverständnis und Langeweile vermitteln (*Ein netter Kerl, Die Antwort*. In: *Habgier*, 1973), Gleichgültigkeit und Lieblosigkeit machen Kinder zu hilflosen Opfern. So beschreibt der Roman *Paulinchen war allein zu Haus* (1974) aus der Perspektive eines Kindes die Problematik einer modernen Erziehung, die durch ihre Theorielastigkeit Spontaneität und emotionale Bedürfnisse der Kinder verkennt.

Der Roman *Schönes Gehege* (1975) verkörpert das dichterische „Programm" W.s, nämlich die Thematisierung des Privaten, des Alltags. Die Ergiebigkeit des „ziemlich Normalen" wird durch dessen Hauptfigur Plath wiederholt verteidigt: „Das Landläufige, das, was Unzähligen zustoßen kann, zustößt, ohne Paukenschlag, reißt keinen vom Stuhl, rüttelt keinen auf. Aber warum eigentlich nicht?" Auch der Roman *Frühherbst in Badenweiler* (1978) verfolgt diese Linie. Der Roman *Ausflug mit der Mutter* (1976) dagegen ist wohl ihr offenstes autobiografisches Werk, hier schildert sie die Trauer von Mutter und Tochter ein Jahr nach dem Tod des Vaters, reflektiert ihr eigenes Empfinden und ihre Analyse des Verhaltens ihrer Mutter. Familie bekommt hier – im Gegensatz zu anderen Werken – einen eindeutig positiven Wert, sie ist nicht mehr nur der Kampfplatz, sondern zugleich Zufluchtsstätte und kann zu einem Hort der Geborgenheit werden. Ihre relative Ferne zum aktuellen Zeitgeschehen gab W. mit dem Roman *Der Flötenton* (1987) auf, der in der Nach-Tschernobyl-Zeit angesiedelt ist. Jedoch kann hier die Katastrophe von Tschernobyl auch nur kurzfristig die private Langeweile der sich weitgehend selbst bespiegelnden Hauptfiguren erschüttern.

In der Gegenwart sind W.s Werke zunehmend von Krankheit und Tod geprägt. Im Mittelpunkt des Romans *Bitte nicht sterben* (1993) stehen drei alte Schwestern, die das Altern auf recht vergnügliche Weise zu meistern versuchen. Um das Sterben an Krebs geht es im Roman *Aber das war noch nicht das Schlimmste* (1995), zu dem die Kritik bemerkte, er sei über weite Strecken eine Satire auf „die modischen Taktiken, mit dem Krebs, dem Sterben, dem Tod" umzugehen. Der Leser begleitet die weibliche Hauptfigur auf ihrem Leidensweg bis zum Tod. Er erkennt sich selbst in den Figuren ihrer Umgebung wieder, in Verwandten, Freunden, Nachbarn, in ängstlichen Leugnern der Realität, die bis zuletzt dem Kommenden nicht ins Auge zu blicken wagen. Der Roman *Das Handicap* (1996) beschreibt eine Frau, die, nachdem ihre Blindheit zunächst geheilt zu sein scheint, sich von ihrer Familie und Umgebung irritiert und hintergangen fühlt und beschließt, sich in die Krankheit zurück zu flüchten.

Äußerst produktiv ist W. auch als Verfasserin von Erzählbänden. Zu den neueren zählen *Kassensturz* (1989), mit Geschichten vom mühsam verteidigten bürgerlichen Alltagsfrieden und heimlichen zerstörerischen Fluchtversuchen, und *Er saß in dem Bus, der seine Frau überfuhr* (1991), mit dem sie sich – laut Kritik – erneut als „verlässliche Chronistin des Zeitgeistes" auswies. Die Probleme materiell gut gestellter, kinderloser Paare jenseits der Lebensmitte nahm W. in *Das Salz, bitte!* (1992) ins Visier. Diesem Band ließ sie 1994 Liebesgeschichten unter dem Titel *Wäre wunderbar. Am liebsten sofort* und 1995 Frauengeschichten mit dem Titel *Die Schönste im ganzen Land* folgen. Die wohl allgegenwärtige Bosheit im

Leben von Paaren und Familien schildert W. in dem 25 Erzählungen umfassenden Band *Vielleicht versteht er alles* (1997), und um Geschichten von Frauen, in denen dem Leser alles vertraut vorkommt und doch zugleich fremd ist, geht es auch in dem Erzählband *Schwestern* (1999).

Literarische Einordnung

W. hat bisher neben ihren großen Romanen weit mehr als dreihundert Erzählungen, Kurzgeschichten, Skizzen und Szenen, dazu zahlreiche Hör- und Fernsehspiele, mehrere Gedichtbände, Tagebuchaufzeichnungen, essayistische Arbeiten und Werkkommentare verfasst. Damit gilt sie in der Kritik als „Vielschreiberin" und bezeichnet sich auch selbst als „Graphomanin". Sie schreibt, sie lebe „mit ihrer Schreibkrankheit" und akzeptiere sie „als bestimmendes Element ihres sonst normal, spätbürgerlich verlaufenden Lebens".

Zu ihren Schreibthemen machte sie das Leiden in und an der Familie, die Ehe als Beziehungskatastrophe, das Älterwerden als „ein stetiger Seelenselbstmord", die Krankheit und den Tod. Sie kennzeichnet so das Alltagsleben der Gegenwart in z. T. schon satirisch-komischer oder grotesk-zynischer Überzeichnung. Die vielfältigen und nuancierten Aufzeichnungen und Momentaufnahmen aus dem Innenleben unserer Gesellschaft sind analytisch-detailliert und von einem fraulichen Schreibzugriff bestimmt. Die Literaturkritik führte dafür den Begriff des sog. „Wohmannisierens" ein. Signifikant zeichnet W. die Pathologie des Alltagslebens, betreibt die Demaskierung des trügerischen Als-ob. Dabei gilt ihre Aufmerksamkeit immer dem „gewöhnlichen Schrecken, nicht den so genannten großen Ereignissen". Das tägliche Gerede, die „höflichen" Verdrängungsmechanismen, die Langeweile, die intellektuelle Gefühlsarmut, das Leben als „Krankheit zum Tode" präsentiert sie nach Kritikermeinung betont unsentimental, mit Scharfsinn und einer satirischen Brillanz, die ihr das Etikett des „bösen Blicks" einbrachten.

Die mit vielen Literaturpreisen ausgezeichnete W. zählt zu den erfolgreichsten deutschen Schriftstellerinnen der Nachkriegszeit. Ehrungen, die v. a. ihren Scharfblick und ihre sprachliche Gestaltungskraft hervorheben, sind z. B. der Literaturpreis der Freien Hansestadt Bremen (1971), der Stadtschreiber-Literaturpreis des ZDF und der Stadt Mainz (1985) und der Montblanc-Literaturpreis für Kurzgeschichten (1994). Sie ist Mitglied der Deutschen Akademie für Sprache und Dichtung (seit 1980) sowie Honorary Fellow of the American Association of Teachers of German (seit 1994). Poetik-Dozenturen übernahm W. 1983 an der Universität Augsburg und 1988 an der Universität Mainz.

Werkbeschreibung

Die Klavierstunde (Erzählung, 1966): Der kurze, nur höchstens eine Stunde erzählter Zeit umfassende Text verschränkt zwei Innenperspektiven: Die eines ca. 10-jährigen Klavierschülers, dem auf dem Weg zur Klavierstunde all das durch den Kopf geht, was ihn an der „Freiheitsberaubung" der Unterrichtsstunde und der Lehrerin so sehr ängstigt – und die andere: die der Lehrerin, die müde und fast angeekelt Horrorphantasien angesichts des entsetzlich stümperhaften Spiels ihres Schülers entwickelt. Dennoch führt die Handlung beide unaufhaltsam aufeinander zu, die persönlichen Gefühle werden unterdrückt und mit den üblichen, auch sprachlichen, Klischees beginnt die Klavierstunde.

W. zeigt hier, wie schablonenhafte Verhaltensabläufe und gesellschaftliche Zwänge Kommunikation verhindern und Unterdrückung der individuellen Gefühle erzwingen – eine Thematik, die auch im Mittelpunkt anderer Erzählungen W.s steht, z. B. *Ein netter Kerl* (1978) oder *Evas Besuch* (1968). GL

Christa Wolf

geb. am 18.3.1929 in Landsberg/Warthe (heute Gorzów Wielkopolski in Polen)

Kurzbiografie

W. wurde als Christa Ihlenfeld in Landsberg/Warthe geboren. Ihre Eltern führten dort ein Einzelhandelsgeschäft. Gegen Ende des Krieges übersiedelte sie mit ihrer Familie nach Mecklenburg. Nach dem Abitur 1949 trat W. der SED bei und studierte Germanistik in Jena, später in Leipzig. 1951 heiratete sie Gerhard Wolf, sie hat zwei Töchter. 1953–1962 war sie als Redakteurin und Lektorin in verschiedenen Verlagen tätig. Seit 1962 lebt W. als freie Schriftstellerin hauptsächlich in Berlin.

W.s erster Arbeit, *Moskauer Novelle* (1961), die wenig Beachtung fand, folgte 1963 die Erzählung *Der geteilte Himmel*, die Geschichte einer scheiternden Liebe zur Zeit des Mauerbaus in Deutschland. Das Werk ist eines der bedeutendsten Ergebnisse des 1959 in der DDR zum kulturpolitischen Programm erhobenen „Bitterfelder Weges". Gemäß dem damaligen Schlagwort „Schriftsteller an die Basis" war W. in einem Waggonwerk tätig; ihre Erfahrungen dort konnte sie überzeugend in Handlung und Figurenensemble der Erzählung verwerten. W. beschreibt, wie die 20-jährige Rita sich in den Chemiker Manfred verliebt, der einem viel versprechenden Angebot in den kapitalistischen Westen folgt. Rita entscheidet sich dagegen für ein Leben in der sozialistischen Welt der DDR. Der Roman setzt mit dem Ende ein: Ritas Rückschau auf die Ereignisse ermöglichen ihr eine bewusste Entscheidung für den Sozialismus. Durch ihre Thematik wurde die Erzählung in der DDR verständlicherweise begrüßt, entsprach sie doch weitgehend den dort herrschenden Vorstellungen. Kontroversen löste jedoch die für die damalige DDR-Literatur unkonventionelle Erzähltechnik aus, denn die Erzählung ist vom inneren Monolog und der erlebten Rede, von Rückblenden, Vorausdeutungen und dem Wechsel der Erzählperspektive geprägt. Doch trotz teilweise recht heftiger Kritik an ihrem Werk erhielt W. dafür 1963 den Heinrich-Mann-Preis der DDR.

Stürmische Attacken von Kulturfunktionären verbanden sich auch mit der Erzählung *Nachdenken über Christa T.* (1968). Eine Erzählerin, in vielem der Autorin ähnlich, rekonstruiert, gestützt auf Erinnerungen, Tagebücher und Briefe, das Leben ihrer Freundin bis zu ihrem frühen Tod an Leukämie. Mosaikartig verwertete Erinnerungspartikel, Rückblenden, Gedankenspiele und Reflexionen ersetzen dabei den kontinuierlichen Handlungsablauf. Die Rekonstruktion eines scheinbar im Nur-Privaten abgegrenzten Lebens löste eine der heftigsten literaturpolitischen Diskussionen in der DDR aus. Der Anspruch der Christa T. auf individuelle Entfaltung, im Gegensatz zur üblichen Betonung des Gemeinschaftsgedankens im Sozialismus, verbunden mit W.s „modernistischem" Stil missfiel der offiziellen Literaturkritik, doch gelang ihr mit dieser Erzählung der endgültige Durchbruch in Ost und West.

Ergänzt wurde dieser Text durch die Sammlung *Lesen und Schreiben. Aufsätze und Prosastücke* (1972), in der W. Art („zu erzählen heißt: wahrheitsgetreu zu erfinden aufgrund eigener Erfahrung") und Funktion („Literatur hat das Ziel, dem Menschen zu seiner Selbstverwirklichung zu verhelfen") ihres Schreibens zu bestimmen sucht. Ihr dort formulierter Grundsatz, das Schreiben als Verarbeitung, als eine Form von Rechenschaft zu sehen, findet sich auch in der Erzählung *Unter den*

Linden (1974) wieder, noch deutlicher im Roman *Kindheitsmuster* (1976), der die Geschichte einer Kindheit während der Zeit des Nationalsozialismus erzählt. Das Werk setzt sich aus mehreren ineinander verlaufenden Schichten zusammen. Eine Erzählerin beschreibt die Reise mit ihrer Familie in die polnische Heimatstadt Landsberg im Jahr 1971. Der Aufenthalt dort gibt Anlass zu Erinnerungen an ihre Kindheit, von der sie in der dritten Person berichtet und über die sie ihrer Tochter Rechenschaft abzulegen sucht. Zwischen Reisebericht und Erinnerungen schieben sich Notizen aus der Entstehungszeit des Buches zu aktuellen politischen Ereignissen. Der Roman will damit nicht nur „Kindheitsmuster" aus der Vergangenheit bloß legen, sondern auch deren Verlauf bis in die Gegenwart aufzeigen.

Standen schon immer in W.s Werk die Frauen im Vordergrund, so wurde dieser Aspekt ausgeweitet und vertieft in der Erzählung *Kein Ort. Nirgends* (1979). Hier geht es der Autorin um die besonderen Bedingungen einer weiblichen Existenz als Künstlerin und Intellektuelle. Zwei authentische Gestalten der Literaturgeschichte, Karoline von Günderode und Heinrich von Kleist, legen in einem fiktiven Gespräch ihre sich widersprechenden Vorstellungen über das Lesen und Schreiben zur Zeit der Romantik dar. Mit der Erzählung *Kassandra* (1983) hat W. die Auseinandersetzung mit der Rolle der Frau in Gesellschaft und Geschichte gedanklich noch weiter vorangetrieben.

Durch ein aktuelles Ereignis, nämlich die Reaktorkatastrophe von Tschernobyl, bestimmt war ihre Erzählung *Störfall – Nachrichten eines Tages* (1987). W.s letzter Text vor dem Zerfall der DDR *Sommerstück* (1989) ist ein subjektiv gefärbtes Erinnerungsbuch über einen Sommer in einem kleinen Ort in Mecklenburg und ein Bericht über die Abdrängung der Intelligenz ins politische Abseits. 1989 trat W. aus der Sozialistischen Einheitspartei Deutschland (SED) aus, aber trotz heftiger Kritik an den herrschenden Zuständen in der DDR hat sie während und auch nach der Wende ihre grundsätzliche Zustimmung zu sozialistischen Ideen und Vorstellungen immer wieder betont.

Die Erzählung *Was bleibt* (1990) führte nach der Vereinigung der beiden deutschen Staaten zu einem bitteren Literaturstreit. Geschildert wird in dieser Erzählung die Geschichte einer in der ehemaligen DDR lebenden Schriftstellerin, die aufgrund der Überwachung durch den Staatssicherheitsdienst in eine tiefe Lebenskrise gerät. Jahrelange Observierungen und Repressalien der Autorin durch die Staatssicherheit, die nach ihrem schriftlichen Protest gegen die Ausbürgerung des in der DDR unbequemen Liedermachers Wolf Biermann 1976 noch verstärkt wurden, hat sie hier literarisch verarbeitet. Dass W. dieses Werk, das sie bereits im Juni bis Juli 1979 und im November 1989 zu Papier gebracht hatte, erst jetzt, 1990, veröffentlichte, nicht aber als Protestliteratur noch während des DDR-Regimes, kreidete man ihr selbstgerecht an. Verstärkt wurden diese Angriffe in den Massenmedien, nachdem W. in den Verdacht geriet, als Informantin der Staatssicherheit tätig gewesen zu sein. Bestätigt wurden letztlich nur lose Kontakte 1959–1962, die dann wegen offensichtlich geringen Interesses seitens der Staatsorgane beendet wurden. Ihre Erfahrungen aus der Zeit der Wende und in den Jahren danach hat W. niedergelegt in *Auf dem Weg nach Tabou. Texte 1990–1994* (1994), einer Sammlung von Reden und Aufsätzen, Briefen und Tagebuchaufzeichnungen.

Ihr jüngstes literarisches Werk ist der Roman *Medea. Stimmen* (1996), der zu einer vielschichtigen Interpretation des antiken Mythos herausfordert.

Literarische Einordnung

Die Themen, die W. durchgängig in ihren Werken behandelt, sind überschaubar, wenn auch unterschiedlich akzentuiert. Zwar ist das Schreiben für sie immer auch die verantwortungsbewusste Auseinandersetzung mit der politischen Gegenwart und die Stellungnahme zu gesellschaftspolitischen Fragen gewesen, ihre klare Zustimmung zu sozialistischen Prinzipien und Grundhaltungen ist jedoch nur in ihren frühen Werken deutlich ablesbar; sie wird zunehmend ergänzt und überlagert von Themen, die ihr bedeutsam erscheinen: das Streben nach Individualität und Selbstverwirklichung, wobei kritische und emanzipatorische Gesichtspunkte deutlich an Gewicht zunehmen.

Bestimmend für ihre literarischen Texte ist eine komplexe Erzählweise mithilfe von virtuos eingesetzten modernen Erzählstrukturen und Erzählelementen, die vom Leser ein hohes Maß an Eigenaktivität verlangen und ihn zu differenzierter persönlicher Stellungnahme auffordern.

W. ist eine Autorin, die sich der Kritik aussetzt und sie herausfordert. Doch gilt sie, trotz vielfältiger Angriffe, als eine der bekanntesten deutschsprachigen Autorinnen der Gegenwart. Nationale und internationale Anerkennung zeigen die vielfältigen Literaturpreise und Ehrungen, die ihre intellektuelle Brillanz und sprachliche Gestaltungskraft hervorheben.

Werkbeschreibungen

Kassandra (Erzählung, 1983): Der Entstehungsprozess dieses Textes ist in den *Voraussetzungen einer Erzählung: Kassandra* (1983) dokumentiert: Das Studium antiker Texte während einer Griechenlandreise (1980) und die Konfrontation mit einer Kultur, die der Frau traditionell eine untergeordnete Rolle zuweist, weckte W.s Interesse an der Kassandra-Gestalt.

Vor dem Löwentor in Mykene stehend, weiß W.s Kassandra, gefangen von dem siegreich aus dem Trojanischen Krieg heimkehrenden Agamemnon, um ihren unmittelbar bevorstehenden Tod. In dieser Situation blickt sie in einem einzigen Monolog noch einmal auf ihr Leben und auf den Fall Trojas zurück, den sie vergebens geweissagt hatte. Früh hatte sie den Wahnsinn des Krieges erkannt, der vordergründig um Helena, in Wirklichkeit aber um handelspolitische Interessen, geführt wurde. Mit ihrer öffentlich vorgebrachten Forderung nach seiner Beendigung fand sie bei den Herrschenden kein Gehör. W. verleiht dieser Frauengestalt der Zeitenwende vom Matriarchat zum Patriarchat ein Bewusstsein, das es ihr ermöglicht, die weibliche Perspektive zu den Ereignissen zu verkörpern. So wird Achill, für die abendländische Tradition das Idealbild des Helden schlechthin, in der Betrachtung Kassandras zum Symbol der Gewalt („Achill, das Vieh"). Betont wird die Vermeidbarkeit des Krieges und nicht die Heroisierung der an ihm Beteiligten. Gewalt gegen Menschen, Frauen wie Männer, so ein zentrales Thema der Erzählung, führt zwangsläufig zur Zerstörung der Persönlichkeit und verhindert die Entfaltung der Individualität.

Von den Ereignissen wird im Angesicht des Todes erzählt; es ist ein Erzählen, in dem sich die Angst und das Nichtwahrhabenwollen niederschlagen und in dem bis zuletzt um Einsicht gerungen wird. Das Kriegsgeschehen ist zwar zeitlich ziemlich kontinuierlich erzählt, wird aber immer wieder unterbrochen von Hinweisen auf die augenblickliche Situation Kassandras. Es wird von einzelnen Kriegsereignissen berichtet, von der Landung der Griechen, vom Kampf und Tod der Amazone Penthesilea, vom Tod Achills. Dazwischen schieben sich, z. T. szenisch ausgestaltet, Kassandras Erinnerungen: an Aineas, ihren Geliebten, an Hektor, ihren Bruder, an Polyxena, ihre Schwester, an die Kindheit vor dem Krieg. Dem teilweise etwas ratlosen Leser bleibt die Aufgabe, das Erinnerungsmosaik zusammenzusetzen und die darin verkörperten Grundsätze und Positionen wertend in sich aufzunehmen und zu verarbeiten.

Medea. Stimmen (Roman, 1996): Der Medea-Mythos wurde von Euripides, dem griechischen Dichter, in die Literatur eingeführt. Er stellte Medea als Mörderin dar, die ihre Kinder tötete, um ihren untreuen Geliebten Jason zu strafen. W. erzählt ihre Geschichte neu und deutet sie um. Ihre Medea, die Tochter des Königs von Kolchis am Schwarzen Meer, kann und will in ihrer Heimat nicht bleiben und flieht mit Jason, der mit ihrer Hilfe das ersehnte „Goldene Vlies“ erworben hat, in das reiche Korinth. Der Roman setzt ein, als sie dort auf die Spur eines Verbrechens kommt, dem König Kreon seine Herrschaft verdankt: die Ermordung der Königstochter Iphinoe. Sechs Stimmen – Medea und Jason, Gegenspieler und Freunde – berichten in Monologen, die sich ergänzen und widersprechen, wie sie zwar das Verbrechen aufdeckt, aber durch Intrigen und Machtmissbrauch selbst zum Sündenbock gemacht wird. Aufgrund ihrer Eigenständigkeit und ihres unbeugsamen Stolzes stoßen die Korinther sie in Verbannung und töten ihre Kinder.

W. befasst sich mit dem Medea-Mythos in mehreren Ebenen. In der ersten Ebene beschreibt sie das Schicksal der Fremden, die aus ihrer Heimat flieht und sich in den Schutz einer fremden Gesellschaft begibt. Selbstbewusstsein wird als unpassende Anmaßung gegenüber den großzügigen Gastgebern ausgelegt. Man erwartet von ihr Dankbarkeit und Unterwürfigkeit statt Eigenständigkeit. Diese schwelende Ablehnung des Fremden steigert sich bei der ersten Gelegenheit zu Hass und Gewalt. Eine andere Ebene beschreibt die Position einer starken Frau in einer patriarchalischen Gesellschaft. Die schwachen Männer, wie Jason, können ihr Rollenverständnis nicht mit diesem Frauenbild vereinen, und die starken, wie Kreon, sehen in ihr eine lästige Konkurrentin und Gegnerin, die aus dem Weg geräumt werden muss. Eine weitere Ebene des Romans besteht in dem Versuch W.s, ihre persönlichen Erfahrungen aus der Zeit der Wende und danach literarisch zu verarbeiten.

Störfall – Nachrichten eines Tages (Erzählung, 1987): W. gestaltet in dieser Erzählung die „Nachrichten eines Tages“ in der Wahrnehmung einer Ich-Erzählerin. Es handelt sich um den Tag im Mai 1986, an dem die Nachricht von dem Reaktorunfall in Tschernobyl um die Welt ging. Der Tagesablauf der Ich-Erzählerin ist vordergründig banal: Erledigungen im Dorf, Gartenarbeit, einige Telefonate, Fernsehen am Abend. Von eigentlichem Interesse sind ihre Reflexionen über die Katastrophe und die gleichzeitig stattfindende Hirnoperation des Bruders. Zwar bemüht um eine objektive Aufklärung, die sich in Form von Definitionsversuchen aus dem Bereich der Atomenergie und der Medizin niederschlägt, stellt die Erzählerin doch auf sehr subjektive Weise ihre Betroffenheit von der privaten wie öffentlichen Krise dar. Das zentrale Thema der Erzählung wird damit die problematische Spannung zwischen allgemeiner technischer Entwicklung auf der einen Seite und den Bedürfnissen des Einzelnen auf der anderen Seite.

Den beiden Ereignissträngen – Reaktorunglück und Gehirnoperation – entsprechen zwei Erzählebenen: die Ich-Erzählebene, in der die Schilderung des Tagesablaufs der Ich-Erzählerin mit Nachrichten aus Tschernobyl durchsetzt sind, sowie der „Du“-Erzählstrang, der aus einer einfühlsamen Ansprache an den Bruder besteht, welche die Operation aus der Ferne begleitet. Auf beiden Erzählebenen werden die Einzelereignisse und Reflexionen mithilfe der Montagetechnik, des inneren Monologs und des Wechsels der Zeitebenen miteinander eng verflochten. Auch diese sehr eigenwillige Perspektive macht die Ohnmacht des Einzelnen deutlich, der sich Situationen ausgesetzt sieht, die er selbst nicht mehr aktiv beeinflussen kann. GL

Carl Zuckmayer

geb. am 27. 12. 1896 in Nackenheim /Rhein
gest. am 18. 1. 1977 in Visp (Schweiz)

Kurzbiografie

Der Fabrikantensohn aus einer Weinhändlerfamilie besuchte in Mainz das Gymnasium. Mit der Landschaft seiner Heimat am Rhein war Z. sein Leben lang tief verwurzelt, er machte sie mehrmals zum Schauplatz seiner Werke. 1914 zog er als 18-Jähriger freiwillig in den Krieg. Bereits in dieser Zeit fing Z. an, erste Gedichte zu schreiben. Ein nach dem Krieg begonnenes naturwissenschaftliches Studium brach er bald ab, um sich ganz dem Theater zu widmen. Er war Regieassistent in Berlin und Dramaturg in Kiel, später in München. Über mehrere Stationen kam er schließlich 1925 ans Deutsche Theater in Berlin, wo er zusammen mit Bertolt Brecht als Dramaturg arbeitete.

Nicht nur als Lyriker, sondern auch als Dramatiker begann er als Expressionist. So stammt aus der Anfangszeit das Theaterstück *Der Kreuzweg* (1921), aus dem er später einzelne Abschnitte als Gedichte in dem Versband *Der Baum* (1926) aufnahm. Großen Bühnenerfolg erlangte Z. mit *Der fröhliche Weinberg* (1925), einem derben Lustspiel über komplizierte Liebesverhältnisse auf einem Weingut in Rheinhessen. Die zeitgenössische Kritik schwankte zwischen Entrüstung über die allzu grelle Darstellung des Sexuellen und Begeisterung, weil der von vielen kritisierte Expressionismus hier mit Wärme, Vitalität und Humor in der Menschendarstellung überwunden wurde.

Dass der Autor die Kunst intensiver Menschengestaltung beherrschte und es verstand, die Möglichkeiten der Bühne auszunutzen, zeigt sich auch in seinen in Berlin uraufgeführten Stücken *Schinderhannes* (1927) und *Katharina Knie* (1928). Für beide Dramen verwendete Z. wiederum Stoffe, die aus dem Leben des Volkes gegriffen sind. Der *Schinderhannes* spielt in Rheinhessen zur Zeit Napoleons und handelt von einem Räuberhauptmann – einer Art Robin Hood –, der schließlich verraten und hingerichtet wird. Das Seiltänzerstück *Katharina Knie* spielt im Zirkus-Milieu. Z. verfasste auch das Drehbuch zu dem Film *Der blaue Engel* nach Heinrich Manns Roman *Der Untertan*.

Seinen größten Erfolg erreichte Z. mit *Der Hauptmann von Köpenick* (1931), dem „deutschen Märchen" von dem Schuster Voigt, der nach einem Fehltritt vergebens ins bürgerliche Leben zurückstrebt und in einer gestohlenen Hauptmannsuniform den wilhelminischen Obrigkeitsstaat durch dessen eigene Grundsätze karikiert.

Diese Komödie alleine hätte schon ausgereicht, Z. für das Dritte Reich untragbar zu machen. Da er 1932 auch noch öffentlich Stellung gegen die Nationalsozialisten bezog und zudem noch jüdischer Herkunft war, wurde 1933 ein Aufführungsverbot gegen seine Stücke ausgesprochen. Er emigrierte mit seiner Frau (Heirat 1925), der Schauspielerin und späteren Autorin Alice Herdan, zuerst nach Österreich. Z. lebte nun in Henndorf bei Salzburg; der Berliner Theaterszene blieb er jedoch weiterhin eng verbunden. Nach einem kurzen Aufenthalt in der Schweiz ging Z. 1939 in die USA. Dort arbeitete er als Drehbuchautor und Dozent, dann als Farmer und Schriftsteller.

1946 entstand das Drama *Des Teufels General*, in dem er sich mit dem Ethos der Freiheit des Einzelnen und seinem Verhältnis zur staatlichen Gewalt am Beispiel des NS-Regimes auseinander setzte. Ein weiteres Kriegsstück Z.s heißt *Der Gesang im Feuerofen* (1950) und schildert den Leidensweg einer französischen Widerstandsgruppe, die das Weihnachtsfest in einem nach ihrem Zusammentreffen von den Deutschen angezündeten Schloss erlebt. Z.s pazifistische und völkerverbindende Botschaft kommt in diesem Stück besonders deutlich zum Ausdruck.

Obwohl im Nachkriegsdeutschland als Autor geehrt, wollte Z. nicht mehr dort leben. Seit 1951 lebte er wechselweise in den USA, der Bundesrepublik und der Schweiz. Seit 1958 lebte Z. in Saas-Fee (Schweiz), wo er 1966 Schweizer Bürger wurde. Er erhielt u.a. 1925 den Kleist-Preis und 1929 den Georg-Büchner-Preis. Seine Biografie *Als wär's ein Stück von mir* (1966) ist ein wichtiges Dokument zur Literaturgeschichte des 20. Jahrhunderts.

Weitere Werke Z.s sind z.B. *Das kalte Licht* (1955), *Die Uhr schlägt eins* (1960), *Der Rattenfänger* (1975) und *Rembrandt. Ein Film* (posthum 1980) sowie die Romane bzw. Erzählungen *Ein Sommer in Österreich* (1937), *Der Seelenbräu* (1945), *Engele von Löwen* (1955) und *Die Fastnachtsbeichte* (1959).

Literarische Einordnung

Z. war in seinen Anfängen stark vom Expressionismus geprägt. Seine Erfolge gründen dann jedoch auf seinen Fähigkeiten einer theaterwirksamen lebendigen Charakterdarstellung, die mit Natürlichkeit, Humor und Satire verknüpft ist. Dabei verwendet er oft die rheinhessische Mundart, etwa in *Der fröhliche Weinberg*. Insofern lässt sich Z. als Fortsetzer des Volksstücks, das schwankhafte Züge trägt, ansehen.

Die eigene Kriegserfahrung führt aber auch zu ernster Thematik, wie dem Konflikt zwischen dem Einzelnen und dem Staat, verbunden mit der Frage nach möglichem Widerstand gegen eine ungerechte Staatsordnung – komödienhaft behandelt in *Der Hauptmann von Köpenick*, eher tragisch in *Des Teufels General*.

Werkbeschreibungen

Der Hauptmann von Köpenick (Drama, 1931): Das Stück, dem Z. selbst den ironischen Untertitel *Ein deutsches Märchen in drei Akten* gegeben hat, handelt von dem Schuster Wilhelm Voigt, der in seiner Jugend aus Not mit dem Gesetz in Konflikt geraten ist. Dafür musste er 15 Jahre ins Zuchthaus, nach deren Ablauf er in den Teufelskreis der Bürokratie gerät. Er will in seiner Heimat Berlin bleiben, allerdings verweigert man ihm dort sowohl eine Aufenthaltsgenehmigung als auch einen Pass, mit dem er ausreisen könnte. Auch ein Einbruch in das Potsdamer Polizeirevier, der ihm zu dem ersehnten Pass verhelfen soll, geht schief, was weitere Haftstrafen bedeutet. Mit 56 Jahren hat Voigt mehr als 30 Jahre seines Lebens im Zuchthaus verbracht, als er in einem Trödlerladen in Berlin auf eine Hauptmannsuniform stößt, deren Erwerb sein weiteres Leben verändert. Mit dieser Uniform wird er überall akzeptiert und er hält eine Abteilung Soldaten an, mit denen er das Köpenicker Rathaus besetzt und den Bürgermeister verhaften und nach Berlin führen lässt. Er selbst reist auch mit der Stadtkasse dorthin, jedoch bleibt die Kasse bis auf einen geringen Betrag unberührt, da er kein Geld, sondern einen Pass haben will. Allerdings ist Voigt auch diesmal vom Pech verfolgt, da die Köpenicker Stadtverwaltung keine Passbehörde ist. Deshalb stellt er sich der Polizei, nachdem er ihnen das Versprechen abgenommen hat, dass ihm nach Absitzen der zu erwartenden Strafe ein Pass ausgehändigt wird.

Z. verwendet in diesem Drama nicht wie so oft den Dialekt einer Landschaft, sondern den einer Großstadt, nämlich das Berlinerische. Das befähigt ihn dazu, seine Personen lebendig und interessant zu gestalten. Durch Überpointierung im Dialog und durch grotesk-komische Situationen werden Mängel des preußischen Staates nicht nur aufgedeckt, sondern zugleich der Lächerlichkeit preisgegeben.

Das Drama ist eine beißende Satire auf die Obrigkeitsgläubigkeit der Deutschen, die in der Zeit des Nationalsozialismus noch an Aktualität gewann. Trotz aller Kritik wirkt das Stück insgesamt versöhnlich, was durch das befreite Lachen Wilhelm Voigts am Schluss, als er sich zum ersten Mal selbst in der Hauptmannsuniform sieht, deutlich wird.

Des Teufels General (Drama, 1946): Das dreiaktige Stück, das Z. 1946 aus Amerika mit nach Deutschland brachte, hat den deutschen Widerstand gegen Hitler zum Thema. Gewidmet wurde es den Freunden Theodor Haubach, Wilhelm Leuschner und Graf Hellmuth von Moltke, die von den Nationalsozialisten wegen ihrer Teilnahme an der Verschwörung des 20. Juni 1944 hingerichtet wurden. Der Titelfigur des Fliegergenerals Harras diente Ernst Udet als Vorbild, der 1941 laut offiziellen Angaben bei der Erprobung eines neuen Kampfjets ums Leben kam. General Harras hat sich aus seiner Leidenschaft zum Fliegen zum Aufbau von Hitlers Luftwaffe bereitgefunden, obwohl er ein Gegner des Regimes ist. Er ist sich dieser Verführung bewusst, aber unternimmt nichts, um seine Situation zu ändern. Da sich in seinem Haus regelmäßig Menschen treffen, die gegen die Nationalsozialisten sind, gerät er in den Verdacht, für unerklärliche Materialfehler bei der Luftwaffe verantwortlich zu sein. Nach einem mehrtägigen Aufenthalt im Hauptquartier der Gestapo bekommt er die Auflage, die Sabotageakte innerhalb von zehn Tagen aufzuklären. Dabei stellt er fest, dass sein engster Mitarbeiter Chefingenieur Oderbruch und andere ungenannte Männer diese Sabotageakte verüben, um den sinnlosen Krieg zu beenden. Zwar entdeckt Harras den Verrat, doch führt er dann durch einen Flug mit einem sabotierten Flugzeug seinen Tod bewusst herbei.

Z. problematisiert hier Verhaltensmöglichkeiten des Einzelnen gegenüber einem inhumanen Staat. WS

Stefan Zweig

geb. am 28. 11. 1881 in Wien
gest. am 23. 2. 1942 in Petropolis
(bei Rio de Janeiro)

Kurzbiografie

Z., Sohn eines jüdischen Industriellen, verbrachte seine Kindheit in Wien bei seinen Eltern, die christliche Feste, wie etwa Weihnachten, auch in ihrer verweltlichten Form nicht mitfeierten. Z. selbst kehrte sich bald von dieser streng jüdischen Einstellung ab, studierte in Berlin und Wien Philosophie, Germanistik und Romanistik, schloss seine Studien mit dem Doktorat ab und war viel auf Reisen (Europa, Indien, Nordafrika, Nord- und Mittelamerika). Bereits in dieser Zeit veröffentlichte er Gedichte (*Silberne Saiten*, 1901; *Die frühen Kränze*, 1907).

Während des Ersten Weltkriegs war Z. gemeinsam mit Robert Müller und Rainer Maria Rilke Mitarbeiter des österreichischen Kriegspressehauptquartiers (KPQ), einer Zensurbehörde. Wegen seiner pazifistischen Haltung zog er während des Krieges in die Schweiz. 1919 verlegte er seinen festen Wohnsitz nach Salzburg, wo er Biografien und von der Psychoanalyse beeinflusste Novellen schrieb, darunter *Angst* (1925) und *Verwirrung der Gefühle* (1927). In dieser Zeit entstanden auch zahlreiche Essays, z. B. *Drei Meister* (1920, über Honoré de Balzac, Charles Dickens und Fjodor Dostojewski), in denen Z. seine literarischen Vorbilder würdigt.

Der Autor Z. war schon früh erfolgreich. 1934 aber musste er als Jude Österreich wegen der Nationalsozialisten verlassen und emigrierte nach England, 1940 dann in die Gegend von New York, im August 1941 nach Petropolis bei Rio de Janeiro.

In erster Ehe war er mit Friederike Z., geb. von Winternitz, verheiratet, von der er sich auf dem Weg ins Ausland trennte. Gemeinsam mit seiner zweiten Frau Lotte, geb. Altmann, nahm er sich in Rio das Leben, weil er den Untergang der alten Ordnung, der „Welt von gestern", nicht mitansehen konnte. *Die Welt von gestern* ist auch der Titel seiner Autobiografie (1942), die das alte Europa und besonders Österreich anhand seiner persönlichen Erlebnisse widerspiegelt.

Literarische Einordnung

In seiner Anfangszeit schrieb Z. Gedichte und Dramen, die vom Wiener Impressionismus (Hugo von Hofmannsthal) und vom französischen Symbolismus (Charles Baudelaire) beeinflusst waren. Später lag sein Schwerpunkt auf der Verarbeitung von Geschichte, wie z. B. in *Sternstunden der Menschheit* (1927), in denen der Autor große (zumeist schöpferische) Einzelleistungen von Menschen in historischen Umschwungphasen beschreibt.

In seinen Novellen gelang es ihm nicht nur, charakteristische Seelenzustände des modernen Menschen exemplarisch darzustellen, sondern auch mithilfe von Sigmund Freuds Psychoanalyse die Hintergründe unter der Oberfläche eines bürgerlichen Daseins aufzudecken. Zu Z.s Spätwerk gehören die stark erzählerischen Romanbiografien *Marie Antoinette* (1932) und *Maria Stuart* (1935).

Sowohl seine Novellen und Biografien als auch seine dichterischen Essays werden durch subtile Sprache und klaren, glatten Stil in anschaulichen Darstellungen bestimmt.

Werkbeschreibung

Schachnovelle (Novelle, 1941): Diese Erzählung, die Z. nur wenige Wochen vor seinem Tod niederschrieb, besitzt eine ganz besondere Faszination: Zum einen wird die Handlung auf ein Minimum reduziert und verdichtet, zum anderen ist dem Leser stets die politische Brisanz gegenwärtig.

Der Ich-Erzähler beobachtet auf einer Schiffsreise von New York nach Buenos Aires, wie ein Millionär den an Bord befindlichen Schachweltmeister Mirko Czentovic zu einer Simultanpartie herausfordert. Nachdem die Partie schon für verloren gehalten wird, mischt sich ein bis dahin unbeteiligter Passagier, Dr. B., in das Spiel ein und erreicht immerhin noch ein Remis gegen den Weltmeister. In den folgenden Gesprächen stellen sich die Lebensläufe von Mirko Czentovic als auch von Dr. B. heraus. Über Dr. B. erfährt der Leser, dass er von den Nazis fast ein Jahr lang in Wien in Einzelhaft gehalten wurde und sich seine Widerstandskraft nur dadurch erhalten konnte, dass er auf dem Weg zu einem Verhör einem Beamten ein Buch über 150 Schachpartien gestohlen hat. Zuerst begnügte er sich mit dem Nachspielen dieser Partien, bis er schließlich in Gedanken gegen sich selbst spielte, was auf Dauer zu Nervenfieber führte. Der Arzt in der Klinik hatte Mitleid mit ihm und sorgte für seine Entlassung. Durch die weiteren Schachpartien auf dem Schiff wird Dr. B. wieder an den Rand des Nervenfiebers getrieben und bricht die Partie mit dem Vorsatz ab, nie wieder ein Schachbrett anzurühren.

Die novellistische Struktur zeigt sich an typischen Merkmalen: Die Begegnung zwischen Dr. B. und Czentovic kann im Sinne goethescher Novellentheorie als die „unerhörte Begebenheit" verstanden werden. Das für eine Novelle charakteristische Dingsymbol wird durch das Schachbrett (das Schachspiel) erfüllt und der Ausbruch des Nervenfiebers während der Partie an Bord kann als Höhe- und damit gleichzeitig als Wendepunkt gelten, in dem Z.s psychoanalytisch beeinflusste Erzähltechnik besonders hervortritt. WS

Bildnachweis

Archiv für Kunst und Geschichte, Berlin: 6, 11, 13, 25, 43, 69, 77, 83, 87, 91, 96, 98, 106, 157, 167, 169, 181, 186, 202, 223
C. F. Beddies & Sohn, Braunschweig: 163
Kurt Bethke, Kelkheim: 49
Bilderberg: 9 (Foto: Andrej Reiser)
bpk, Berlin: 22, 74, 112, 159
Deutsches Eichendorff-Museum und -Archiv, Wangen: 40
Deutsches Literaturarchiv / Schiller-Nationalmuseum, Marbach: 79, 135, 138, 148
Diogenes Verlag AG Zürich: 1 (aus: Stephan Reinhardt, *Alfred Andersch. Eine Biographie.* Copyright © 1990 by Diogenes Verlag AG Zürich)
dpa: 183
dpa, Süddeutscher Verlag Bilderdienst: 27
Freies Deutsches Hochstift / Goethemuseum, Frankfurt/M.: 55
Brigitte Friedrich, Köln: 214
Georg-Trakl-Forschungs- und Gedenkstätte, Salzburg: 198
Gleimhaus, Halberstadt: 127
Harenberg Kommunikation Verlags- und Medien GmbH & Co. KG, Dortmund 1998, S. 492, 734, 862, 1069: 95, 154, 171, 192
Historia-Photo, Hamburg: 62, 194
Historisches Museum der Stadt Wien: 67
International Historical Press Collection, Stockholm: 210
Keystone Pressedienst, Hamburg: 110
Klett-Cotta Verlag, Stuttgart: 53
Isolde Ohlbaum, München: 72, 115, 121, 126, 178, 196, 205, 207, 217
Österreichische Nationalbibliothek: 100, 124
© peitschphoto.com: 16, 63, 81, 102, 103, 151, 161, 166, 179, 212
Pressefoto Binder, Berlin: 221
Reclam Verlag, Stuttgart: 92
Eduard Rieben, Bern: 34
Anita Schiffer-Fuchs, Köln: 105
Ekko von Schwichow, Berlin: 156
Staatliche Museen zu Berlin, Preußischer Kulturbesitz Kupferstichkabinett: Brentano
Städtische Galerie im Lenbachhaus, München: 18 (Rudolf Schlichter: Bert Brecht, 1926)
Stiftung Archiv der Akademie der Künste, Berlin: 132
Süddeutscher Verlag, Bilderdienst: 46
Erich Trunz: 70
Ullstein Bilderdienst, Berlin: 4 (Foto: Buhs/Remmler), 29, 117, 143 (Foto: J. Ritter)
Ruth Walz, Berlin: 190
Hilde Zemann, München: 38
Zentralbibliothek Zürich, Graphische Sammlung: 146, 188

Umschlagbild (in Leserichtung zeilenweise von links nach rechts):
Schneider: © peitschphoto.com
Jandl: © peitschphoto.com
Schiller: Harenberg Kommunikation Verlags- und Medien GmbH & Co. KG, Dortmund 1998, S. 862

Hein: © peitschphoto.com
Wohmann: Brigitte Friedrich, Köln
Handke: Isolde Ohlbaum, München
Th. Mann: Deutsches Literaturarchiv / Schiller-Nationalmuseum, Marbach
Horváth: Österreichische Nationalbibliothek
Brecht: Städtische Galerie im Lenbachhaus, München (Rudolf Schlichter, 1926)
H. Mann: Stiftung Archiv der Akademie der Künste, Berlin
Hofmannsthal: Harenberg Kommunikation Verlags- und Medien GmbH & Co. KG, Dortmund 1998, S. 492
Eich: Hilde Zemann, München
Bachmann: Ullstein Bilderdienst, Berlin (Foto: Buhs / Remmler)
Dürrenmatt: Eduard Rieben, Bern
Vanderbeke: Isolde Ohlbaum, München
Schlink: Isolde Ohlbaum, München
Jenny: Anita Schiffer-Fuchs, Köln
Timm: Isolde Ohlbaum, München
Goethe: Freies Deutsches Hochstift / Goethemuseum, Frankfurt/M.
Frisch: Kurt Bethke, Kelkheim
Grass: © peitschphoto.com
S. Lenz: Isolde Ohlbaum, München
Droste-Hülshoff: (gemeinfrei)
Seghers: dpa
Tucholsky: AKG
Jelinek: © peitschphoto.com
Ransmayr: © peitschphoto.com

Ihre Meinung ist uns wichtig!

Ihre Anregungen sind uns immer willkommen. Bitte informieren Sie uns mit diesem Schein über Ihre Verbesserungsvorschläge!

Titel-Nr.	Seite	Vorschlag

Bitte hier abtrennen

Bitte hier abtrennen

Zutreffendes bitte ankreuzen! Die Absenderin/der Absender ist:

- ☐ Lehrer/in in den Klassenstufen: ____
- ☐ Fachbetreuer/in
  Fächer: ____
- ☐ Seminarlehrer/in
  Fächer: ____
- ☐ Regierungsfachberater/in
  Fächer: ____
- ☐ Oberstufenbetreuer/in
- ☐ Schulleiter/in
- ☐ Referendar/in, Termin 2. Staats-
  examen: ____
- ☐ Leiter/in Lehrerbibliothek
- ☐ Leiter/in Schülerbibliothek
- ☐ Sekretariat
- ☐ Eltern
- ☐ Schüler/in, Klasse: ____
- ☐ Sonstiges: ____

STARK Verlag
Postfach 1852
85318 Freising

14-V1T

Bitte ausfüllen und im frankierten Umschlag
an uns einsenden. Für Fensterkuverts geeignet.

Kennen Sie Ihre Kundennummer?
Bitte hier eintragen.

Absender (Bitte in Druckbuchstaben!)

Name/Vorname

Straße/Nr.

PLZ/Ort

Telefon privat

Geburtsjahr

E-Mail

Schule/Schulstempel (Bitte immer angeben!)

Unterrichtsfächer: (Bei Lehrkräften!)

(Bitte blättern Sie um)